MIDDLE SCHOOL
ENGLISH 1

자습서

양현권 · □□□ ... 영

MIDDLE SCHOOL
ENGLISH 1 자습서

지 은 이	양현권, 이창수, 김기택, 최정윤, 고아영
연 구 원	이성우, 박소현
영문교열	Thomas Field
디 자 인	로브웍스
맥 편 집	이츠북스
마 케 팅	원선경, 박혜선
영 업	김정원, 한기영, 주성탁, 박인규, 장순용
제 작	김민중, 황인경, 장선진, 심현보

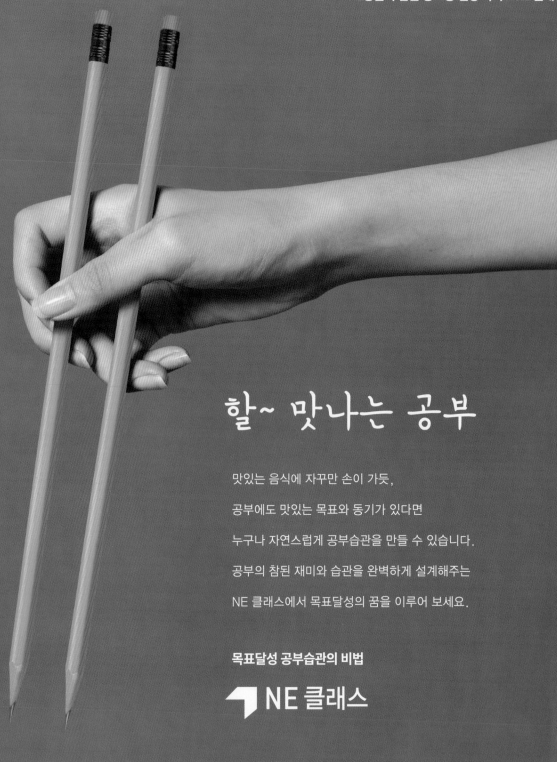

Welcome to
Middle School
English
1

이 책의 차례

이 책의 구성과 특징

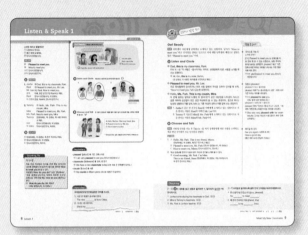

Script & 해석 & 해설

대본과 해석, 해설을 제공하여 듣기·말하기 내용을 바로 확인할 수 있으며, 필수적인 학습 내용을 한눈에 파악할 수 있도록 했습니다.

어휘 & Quiz

교과서 본문에 나오는 어휘의 발음과 뜻, 예문을 제시하고 Quiz로 바로 확인할 수 있도록 했습니다.

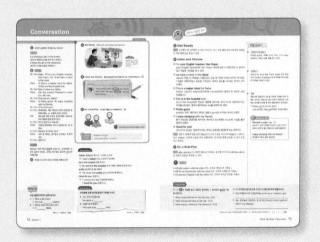

Write it / Say it / Circle it

학습한 내용에 대한 이해도를 스스로 평가할 수 있도록 다양한 유형의 문제를 코너 곳곳에 제시하였습니다.

예시 답안

생각의 폭을 넓히고 다양한 표현을 익힐 수 있도록 풍부한 예시 답안을 제시하였습니다.

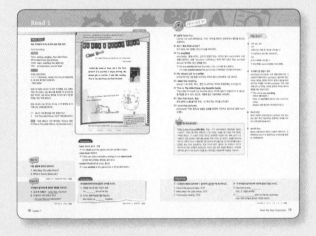

지문 해석 & 구문 해설

교과서 읽기 지문에 대한 전체 해석을 제공하고 주요 문장을 선별해 구조와 문법 사항을 상세하게 설명했습니다.

학습도우미

의사소통 기능과 어휘 중 보충 설명이 필요하거나 구문 해설에서 다루는 문법 사항 중 알아 두면 좋을 심화 내용을 정리하였습니다.

Check-up

본문 및 문법 사항에 대한 이해도를 평가할 수 있도록 학습한 내용에 대한 추가 Check-up 문제를 제공합니다.

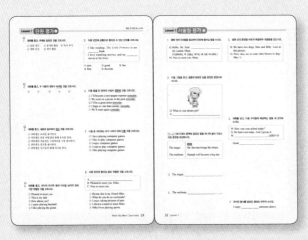

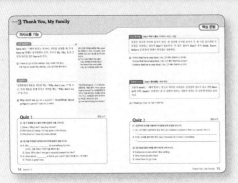

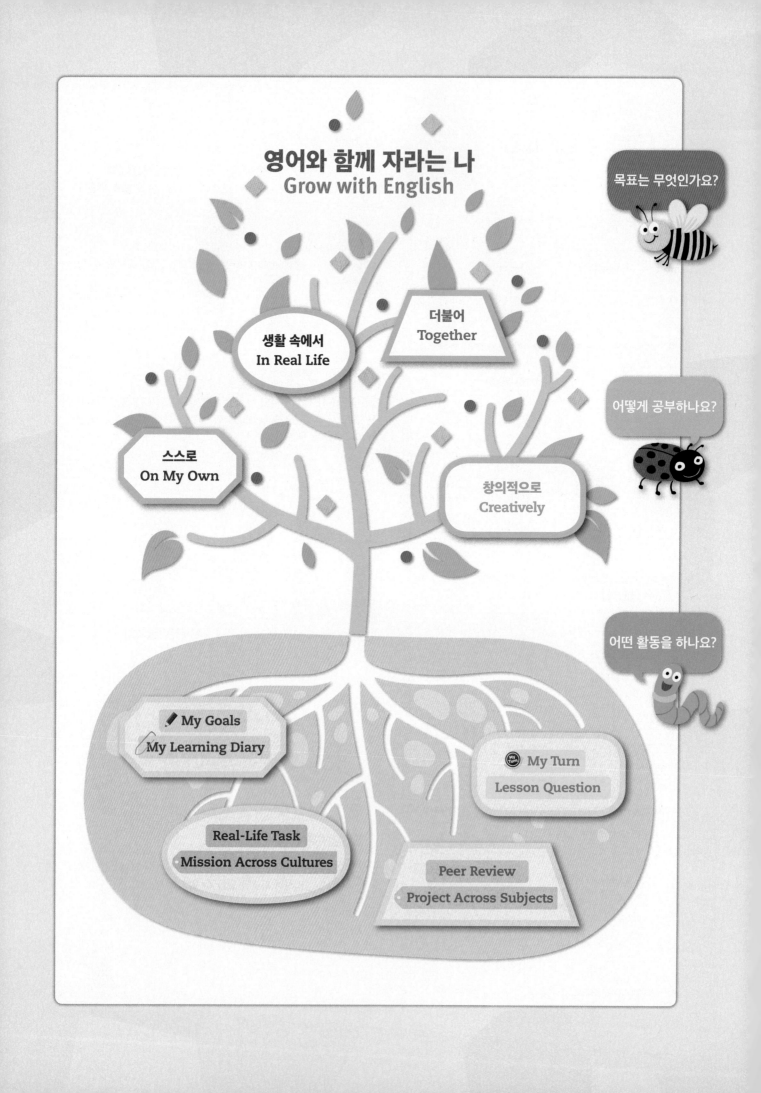

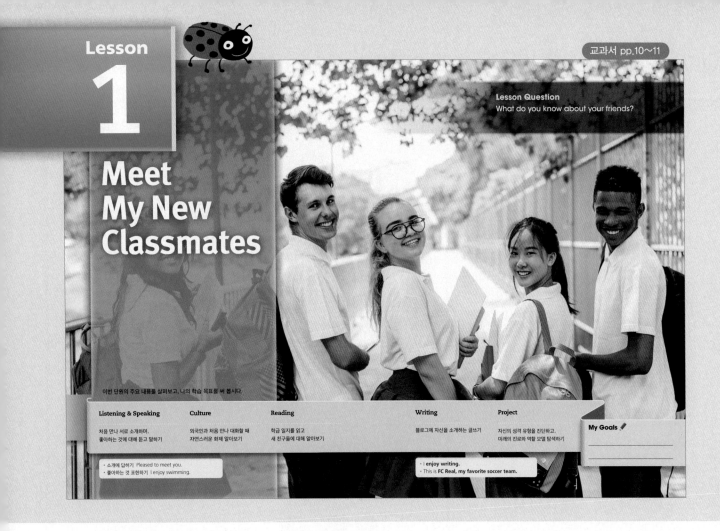

Meet My New Classmates

Lesson Question
What do you know about your friends?

이번 단원의 주요 내용을 살펴보고, 나의 학습 목표를 써 봅시다.

Listening & Speaking	Culture	Reading	Writing	Project
처음 만나 서로 소개하며, 좋아하는 것에 대해 듣고 말하기	외국인과 처음 만나 대화할 때 자연스러운 화제 알아보기	학급 일지를 읽고 새 친구들에 대해 알아보기	블로그에 자신을 소개하는 글쓰기	자신의 성격 유형을 진단하고, 미래의 진로와 역할 모델 탐색하기

My Goals

• 소개에 답하기 Pleased to meet you.
• 좋아하는 것 표현하기 I enjoy swimming.

• I enjoy writing.
• This is FC Real, my favorite soccer team.

학습목표

• 자신에 대한 이해를 바탕으로 적성에 맞는 진로를 탐색할 수 있다.
• 소개하는 말과 좋아하는 것에 대한 말을 듣고 이해하며 답할 수 있다.
• 학급 친구들의 소개 글을 읽고, 자신을 소개하는 글을 쓸 수 있다.
• 상대방의 문화권에 알맞은 대화 화제를 골라 말할 수 있다.

의사소통 기능

소개에 답하기
Pleased to meet you.(만나서 반갑습니다.)

좋아하는 것 표현하기
I enjoy swimming.(나는 수영을 즐긴다.)

언어 형식

목적어로 쓰이는 동명사
I enjoy writing.(나는 글쓰기를 즐긴다.)

동격
This is FC Real, my favorite soccer team.
(이것은 내가 가장 좋아하는 축구팀인 FC Real이야.)

Lesson Question
What do you know about your friends?
(여러분은 친구들에 대해 무엇을 알고 있나요?)

예시 답안

My friend, Bill, plays soccer very well.
(내 친구인 Bill은 축구를 아주 잘합니다.)
I know his / her / their names.
(나는 그의/그녀의/그들의 이름을 알고 있습니다.)
I know his / her / their hobbies.
(나는 그의/그녀의/그들의 취미를 알고 있습니다.)
I don't know much about him / her / them.
(나는 그/그녀/그들에 대해서 잘 알지 못합니다.)

My Goals

예시 답안

• 친구와 서로 자기소개를 할 수 있다.
• 내가 좋아하는 것을 말할 수 있다.
• 외국인과 대화할 때 적절한 화제를 고를 수 있다.
• 블로그에 내 소개 글을 쓸 수 있다.
• 나의 진로와 역할 모델에 대해 말할 수 있다.

Listen & Speak 1

소년은 뭐라고 말할까요?
- ☐ 나중에 또 만나요.
- ☐ 좋은 하루 보내세요.
- ☑ 만나서 반갑습니다.

대본·해석

B **Pleased to meet you.**
M Nice to meet you.
소년 만나서 반갑습니다.
남자 만나서 반갑구나.

Ⓐ 대본·해석

1. Junha ① Dad, this is my classmate, Rani.
   Rani ② Pleased to meet you, Mr. Lee.
   Mr. Lee Hi, Rani. Nice to meet you.
   준하   아빠, 같은 반 친구인 Rani라고 해요.
   Rani   만나서 반갑습니다, 이 선생님.
   이 선생님 안녕, Rani야. 만나서 반갑구나.

2. Tommy ③ Hello, Ms. Park. This is my cousin, Mira.
   Mira   Pleased to meet you, Ms. Park.
   Ms. Park Nice to meet you, Mira.
   Tommy   안녕하세요, 박 선생님. 제 사촌 미라라고 해요.
   미라   만나서 반갑습니다, 박 선생님.
   박 선생님 만나서 반갑구나, 미라야.

Ⓑ 본문 해석

A 안녕하세요, 이 선생님. 제 친구 지수라고 해요.
B 만나서 반갑습니다, 이 선생님.
C 만나서 반갑구나, 지수야.

Speaking Tip

첫 인사말

처음 만난 자리에서 인사를 건넬 때는 상대방의 나이에 관계없이 It is(주어+동사)를 생략한 Nice to meet you.를 쓸 수 있다.
의문형인 How do you do? 또한 '안녕하세요', '처음 뵙겠습니다'라는 의미의 정중한 인사말 표현으로, 이에 답할 때도 How do you do?라고 한다.
예 **How do you do, Mr. Kim?**
　　(처음 뵙겠습니다, 김 선생님.)

Get Ready   What will the boy say?

Nice to meet you.
- ☐ See you again.
- ☐ Have a good day.
- ☑ Pleased to meet you.

🎧 Check the answer with your partner.

Ⓐ Listen and Circle   처음 만난 사람끼리 동그라미로 묶어 봅시다. 🎧

1. Rani / Junha / Mr. Lee
2. Tommy / Mira / Ms. Park

Expression+
Nice to meet you.

Ⓑ Choose and Talk   한 사람이 선생님의 역할을 맡아 다음과 같이 선생님께 짝을 소개하는 대화를 해 봅시다. 👥👥

A: Hello, **Ms. Lee**. This is my friend, **Jisu**.
B: Pleased to meet you, **Ms. Lee**.
C: Nice to meet you, **Jisu**.

◆ 인사를 드리고 싶은 선생님을 찾아가 짝을 소개해 봅시다.

Vocabulary

- **pleased** [pli:zd] 형 기쁜, 만족스러운
  예 I am very **pleased** to see you.(만나서 반갑습니다.)
- **classmate** [klǽsmeìt] 명 급우, 반 친구
  예 We have a new **classmate** today.(오늘 새로 온 전학생이 있어요.)
- **cousin** [kʌ́zn] 명 사촌
  예 My **cousin** is fifteen years old.(내 사촌은 15살이야.)

Word Quiz

우리말에 맞게 빈칸에 알맞은 단어를 쓰시오.

1. 새로 온 학생은 중국에서 왔다.
   The new _____ is from China.
2. 그녀는 내 사촌이야.
   She's my _____.

정답 1. classmate   2. cousin

Get Ready

해설 여학생이 어른에게 남학생을 소개하고 있는 상황이다. 남자가 "Nice to meet you."라고 인사말을 건네고 있으므로 이에 대한 남학생의 대답으로 알맞은 말은 "Pleased to meet you."이다.

Ⓐ Listen and Circle

❶ Dad, **this is** my classmate, Rani.

this is ~는 '이 사람은 ~입니다'라는 의미로, 상대방에게 다른 사람을 소개할 때 쓰는 표현이다.

> 예 Mr. Kim, **this is** my sister, Sumin.
> (김 선생님, 이 사람은 제 여동생 수민이라고 해요.)

❷ **Pleased to meet you, Mr. Lee.**

주로 윗사람에게 인사하거나 여러 사람 앞에서 격식을 갖추어 인사할 때 쓰며, "Nice to meet you."보다 공손한 표현이다.

❸ Hello, **Ms. Park. This is my cousin, Mira.**

두 번째 쉼표는 앞뒤로 나열된 두 명사(구)가 같은 대상임을 나타낸다. Ms.는 결혼 여부와 상관없이 모든 성인 여성에게 쓸 수 있는 호칭이다. 참고로 Mr.는 남성의 성명이나 이름 앞에, Mrs.는 기혼 여성의 성이나 이름 앞에 쓰는 호칭이다.

해설 1. Junha가 같은 반 친구인 Rani를 아빠에게 소개하고 있는 상황이므로 처음 만나는 사람은 Rani와 아빠인 Mr. Lee이다.
  2. Tommy가 사촌인 Mira를 Ms. Park에게 소개하고 있는 상황이므로 처음 만나는 사람은 Mira와 Ms. Park이다.

Ⓑ Choose and Talk

해설 가볍게 인사를 나눈 후 This is ~를 써서 상대방에게 다른 사람을 소개하고, 처음 만난 사이에서 쓰는 인사말을 건넨다.

예시 답안

1. A Hello, Ms. Park. This is my friend, Minsu.
  (안녕하세요, 박 선생님. 제 친구 민수라고 해요.)
  B Pleased to meet you, Ms. Park.(만나서 반갑습니다, 박 선생님.)
  C Nice to meet you, Minsu.(만나서 반갑구나, 민수야.)

2. 학교 선생님을 찾아가 다음과 같이 자신과 친구를 소개해 볼 수 있다.
  예 Good morning, Mr. Park. I'm Mira.
  This is my friend, Jinsu.(안녕하세요, 박 선생님. 저는 미라입니다. 제 친구 진수라고 해요.)

Check-up

[1~3] Ⓐ의 대화를 읽고 내용과 일치하면 T, 일치하지 않으면 F에 표시하시오.

1 Junha is introducing his classmate to Dad. **T F**
2 Mira is Tommy's classmate. **T F**
3 Ms. Park is Junha's teacher. **T F**

[4~5] 우리말과 일치하도록 괄호 안의 단어들을 바르게 배열하시오.

4 만나 뵙게 돼 반갑습니다.(you, pleased)
  I'm _____ to meet _____.

5 제 친구 진수라고 해요.(friend, this)
  _____ is my _____, Jinsu.

정답 1. T 2. F 3. F 4. pleased, you 5. This, friend

Listen & Speak 2

소녀는 뭐라고 말할까요?
- ☐ 요리하기
- ☑ 춤추기
- ☐ 수영하기

대본·해석

G I enjoy **dancing** in my free time.
소녀 나는 여가 시간에 춤추는 걸 좋아해.

A 대본·해석

1. Junha ❶ Mina, what do you do in your free time?
Mina ❷ I enjoy cooking.
준하 미나야, 넌 여가 시간에 뭘 하니?
미나 난 요리하는 걸 좋아해.

2. Mina ❸ Junha, what do you do on weekends?
Junha I enjoy playing sports.
Mina ❹ What sports do you play?
Junha I play baseball and tennis.
미나 준하야, 넌 주말에 뭘 하니?
준하 난 운동하는 걸 좋아해.
미나 어떤 운동을 하니?
준하 난 야구랑 테니스를 해.

B 본문 해석

A 나는 수영하기랑 노래 부르기를 좋아해.
B 너는 민호니?
A 응, 나는 민호야. / 아니, 나는 민호가 아니야.

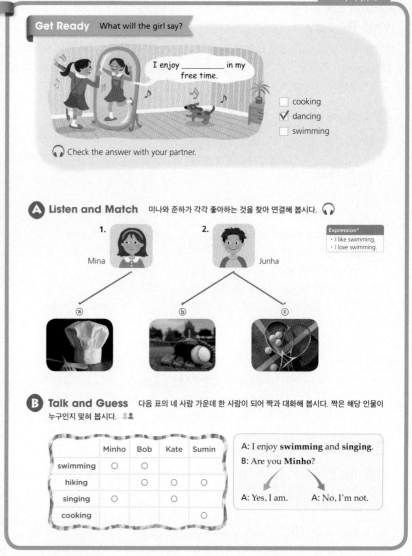

Get Ready What will the girl say?

I enjoy _____ in my free time.

- ☐ cooking
- ☑ dancing
- ☐ swimming

🎧 Check the answer with your partner.

A Listen and Match 미나와 준하가 각각 좋아하는 것을 찾아 연결해 봅시다. 🎧

1. Mina   2. Junha

Expression⁺
- I like swimming.
- I love swimming.

ⓐ ⓑ ⓒ

B Talk and Guess 다음 표의 네 사람 가운데 한 사람이 되어 짝과 대화해 봅시다. 짝은 해당 인물이 누구인지 맞혀 봅시다.

	Minho	Bob	Kate	Sumin
swimming	○	○		
hiking		○	○	○
singing	○		○	
cooking				○

A: I enjoy **swimming** and **singing**.
B: Are you **Minho**?

A: Yes, I am.   A: No, I'm not.

Speaking Tip

좋아하는 것 말하기

좋아하는 것이나 즐겨 하는 활동을 말할 때는 like(좋아하다), enjoy(즐기다), love(애호하다) 등의 동사를 써서 I like[love, enjoy] 등으로 표현할 수 있다. 반대로 like, enjoy, love 앞에 do[does] not을 쓰면 부정의 의미를 나타낼 수 있다.
예 I like[love] sports.(난 운동을 좋아해.)
I like reading books but I **don't like** fishing.
(난 독서는 좋아하지만 낚시는 좋아하지 않아.)

Vocabulary

- **free time** 한가한 시간, 여가 시간
  예 I do not have much **free time**.(나는 여가 시간이 별로 없어.)
- **enjoy** [indʒɔ́i] 동 즐기다
  예 I **enjoy** reading very much.(나는 독서를 매우 좋아해.)
- **weekend** [wíːkènd] 명 주말
  예 Have a good **weekend**! (주말 잘 보내(세요))!

Word Quiz

다음 우리말을 읽고 빈칸에 알맞은 단어를 쓰시오.

1. 너는 여가 시간에 뭘 하니?
   What do you usually do in your _____?
2. 지난 주말에 뭐 했어?
   What did you do last _____?

정답 1.free time   2. weekend

Get Ready

해설 여학생이 음악에 맞춰 춤을 추고 있으므로 춤추기(dancing)가 적절하다.

A Listen and Match

❶ **Mina, what do you do in your free time?**
시간을 한정할 때는 전치사 in을 쓰며, free time 대신 leisure time(여가 시간)
이나 spare time(여유시간)을 쓸 수 있다.

❷ **I enjoy cooking.**
좋아하거나 즐겨 하는 것을 나타낼 때는 「enjoy+동명사」 형태를 쓸 수 있다.
예 **I enjoy playing** sports.(나는 운동을 즐겨.)

❸ **Junha, what do you do on weekends?**
요일이나 날짜를 나타내는 말 앞에는 전치사 on을 쓴다.
예 **On weekends**, the office opens at 9 a.m.(주말에는 아침 9시에 사무실 문을 연다.)

❹ **What sports do you play?**
what은 '무슨, 어떤'이라는 의미의 의문형용사이므로 수식하는 명사는 뒤에 온다. '~ (운동)을 하다'는 「play + 명사(운동경기명)」 형태를 쓴다.
예 **What time** is it?(몇 시니?)

해설 1. 미나는 여가 시간에 요리하기(cooking)을 즐긴다고 말한다.
　　2. 준하는 운동(sports)을 즐기며, 그중에서도 야구(baseball)와 테니스 (tennis)를 좋아한다고 말한다.

B Talk and Guess

해설 즐겨 하는 것이 무엇인지 표현할 때는 「enjoy+(동)명사」 형태를 쓰고, 상대방을 확인할 때는 Are you ~?(너는 ~니?) 형태로 물을 수 있다. 이에 대한 긍정형 응답은 I am ~, 부정형 응답은 I'm not ~으로 나타낼 수 있다.

예시 답안

1. A I enjoy swimming and hiking.(나는 수영과 하이킹을 즐겨.)
   B Are you Bob?(네가 Bob이니?)
   A Yes, I am.(응, 그래.) / No, I'm not.(아니 그렇지 않아.)
2. A I enjoy hiking and singing.(나는 하이킹과 노래 부르기를 즐겨.)
   B Are you Kate?(네가 Kate니?)
   A Yes, I am.(응, 그래.) / No, I'm not.(아니 그렇지 않아.)
3. A I enjoy hiking and cooking.(나는 하이킹과 요리를 즐겨.)
   B Are you Sumin?(네가 수민이니?)
   A Yes, I am.(응, 그래.) / No, I'm not.(아니 그렇지 않아.)

학습 도우미 ▶

○ 의사소통 기능 ②
좋아하는 것 표현하기
동사 enjoy는 '동사+-ing' 형태의 동명사를 목적어로 취하며 to부정사(to+동사원형) 형태는 쓸 수 없다.
예 Thanks. I really **enjoyed talking with you**.
(고마워요. 당신과 대화하는 것이 정말 즐거웠어요.)
참고로, 남에게 무엇을 주거나 추천할 때는 단독으로 쓸 수 있으며, 이때는 '마음껏 즐겨(요)!'라는 의미를 나타낸다.
예 **Enjoy!**(자, 어서 드세요!/즐겁게 읽어!)

○ 동명사 만들기
1 대부분의 경우 동사원형에 -ing를 붙인다.
　예 play → play**ing**
2 동사의 마지막 철자가 -e로 끝나는 경우 e를 생략하고 -ing를 붙인다.
　예 dance → danc**ing**
3 '단모음+단자음'으로 끝나는 경우 마지막 자음을 한 번 더 쓰고 -ing를 붙인다.
　예 swim → swim**ming**
4 -ie로 끝나는 동사는 ie를 y로 고치고 -ing를 붙인다.
　예 die → dy**ing**

○ 명사의 복수형
weekend(주말)에 -s가 붙으면 '주말마다, 매 주말'이라는 반복의 의미를 나타내며, sport(운동)에 -s가 붙으면 운동이나 운동 (경기) 일반을 총칭한다.

Check-up

[1~3] **A**의 대화를 읽고 내용과 일치하면 T, 일치하지 않으면 F에 표시하시오.

1 Mina enjoys sports. T F
2 Junha plays baseball in his free time. T F
3 Junha plays tennis on weekends. T F

[4~6] 주어진 문장을 부정문으로 바꾸시오.

4 I'm shy. - _____
5 I play tennis. - _____
6 I enjoy hiking. - _____

정답 1. F 2. T 3. T 4. I'm not shy. 5. I don't play tennis. 6. I don't enjoy hiking.

Conversation

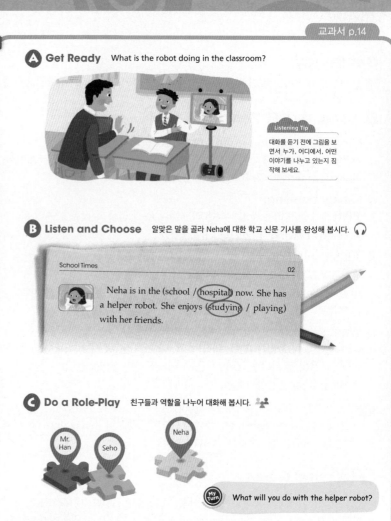

A Get Ready　What is the robot doing in the classroom?

> **Listening Tip**
> 대화를 듣기 전에 그림을 보면서 누가, 어디에서, 어떤 이야기를 나누고 있는지 짐작해 보세요.

A 로봇은 교실에서 무엇을 하고 있나요?

예시 답안

It is showing a girl on the screen.
(로봇이 화면에 소녀를 보여 주고 있어요.)
It brings the girl to the classroom.
(로봇이 소녀를 교실로 데려와요.)

B 대본·해석

Mr. Han　Hello, ❶ I'm your English teacher, Han Hojun. Oh, ❷ we have a robot in the class!

Seho　❸ This is a helper robot for Neha. ❹ She is in the hospital now.

Mr. Han　Nice to meet you, Neha.

Neha　(*On the screen*) Pleased to meet you, Mr. Han.

Mr. Han　How are you, Neha?

Neha　❺ Pretty good. ❻ I enjoy studying with my friends.

Mr. Han　❼ Good for you!

한 선생님　안녕하세요, 저는 여러분의 영어 선생님인 한 호준이에요. 오, 교실에 로봇이 있군요!

세호　Neha를 위한 도우미 로봇이에요. Neha는 지금 병원에 입원 중이거든요.

한 선생님　만나서 반갑구나, Neha야.

Neha　(화면에 등장하여) 만나서 반갑습니다, 한 선생님.

한 선생님　Neha야, 잘 지내고 있니?

Neha　아주 잘 지내요. 친구들과 공부하는 게 즐거워요.

한 선생님　잘됐구나!

본문 해석

Neha는 지금 (학교/병원)에 있습니다. 그녀에게는 도우미 로봇이 있어요. 그녀는 친구들과 즐겁게 (공부/놀이)를 해요.

C 여러분은 도우미 로봇과 무엇을 하겠습니까?

B Listen and Choose　알맞은 말을 골라 Neha에 대한 학교 신문 기사를 완성해 봅시다.

> School Times　　　　　　　　02
>
> Neha is in the (school / hospital) now. She has a helper robot. She enjoys (studying / playing) with her friends.

C Do a Role-Play　친구들과 역할을 나누어 대화해 봅시다.

Mr. Han　Seho　　Neha

My Turn　What will you do with the helper robot?

Sounds in Use
• Pleased to meet you.
• I enjoy studying with my friends.

Vocabulary

• helper [hélpər] 몡 조수 , 조력자, 도우미
  예 I need a **helper**.(나는 도우미가 필요해.)
• be in the hospital 입원 중이다
  예 My dad **is in the hospital**.(우리 아빠는 병원에 입원 중이셔.)
• pretty [príti] 뭐 꽤, 대단히
  예 The music was **pretty** good.(음악이 꽤 좋았어.)
• Good for you. 잘됐구나.
  예 A I passed the test.(시험에 합격했어.)
  B **Good for you.**(잘됐구나.)

Word Quiz

우리말에 맞게 빈칸에 알맞은 단어를 쓰시오.

1. 그는 도우미가 필요해.
   He needs a _____.
2. 시험은 꽤 어려웠어.
   The exam was _____ hard.

정답 1. helper 2. pretty

Write it

다음 질문에 영어로 답해 봅시다.

1. Q Who is Mr. Han?
   A He is an _____ teacher.
2. Q What does the robot do?
   A It _____ Neha.

정답 1. English 2. helps

🅐 Get Ready

[해설] 교실에서 한 남학생이 로봇을 가리키고 있고 로봇 화면 속의 여학생과 선생님이 서로에게 손을 흔들고 있다.

🅑 Listen and Choose

❶ I'm your English teacher, Han Hojun.
your English teacher와 Han Hojun 사이에 쉼표가 쓰였으므로 두 명사가 같은 대상을 가리킴을 알 수 있다.

❷ we have a robot in the class!
class는 '학급, 반 (학생들), 수업(시간), 교실' 등 다양한 의미로 쓰이며, 여기서는 '(수업이 이루어지는) 교실'을 가리킨다. 따라서 장소를 나타내는 전치사 in이 쓰였다.

❸ This is a helper robot for Neha.
helper robot은 helper(도우미)와 robot(로봇)이 합쳐져 한 단어로 쓰인 복합명사다.

❹ She is in the hospital now.
be in the hospital은 단순히 '병원에 있다'라는 뜻이 아니라 '입원하다'라는 의미를 나타낸다. 영국식 영어에서는 the를 생략하기도 한다.

❺ Pretty good.
pretty는 '아주, 매우'라는 의미로, 형용사 good을 수식하는 부사로 쓰였다.

❻ I enjoy studying with my friends.
동사 enjoy는 동명사를 목적어로 취하므로 동사원형인 study에 -ing를 붙인 형태가 쓰였다.

❼ Good for you!
Good for you!는 '잘됐구나!'라는 의미로 상대방을 칭찬할 때 쓰는 표현이다.

[해설] 세호가 병원에 입원 중인 Neha의 도우미 로봇을 가리키며 Neha를 소개하고 있고, Neha는 로봇의 도움을 받아 병원에서도 친구들과 함께 공부할 수 있어 즐겁다고 말한다.

🅒 Do a Role-Play

[해설] play, practice 등 다양한 활동을 나타내는 동사에 전치사구(with the robot)를 덧붙여 표현을 확장할 수 있다.

 예시 답안

I will play games with the robot.(나는 로봇과 게임을 할 거예요.)
I will do my homework with the robot.(나는 로봇과 숙제를 할 거예요.)
I will practice English with the robot.(나는 로봇과 영어를 연습할 거예요.)

학습 도우미 ◉

안부인사에 답하기
Pretty good. 외에도 (I'm) Fine. / I'm okay, thanks. / Very well. 등을 쓸 수 있다.

칭찬하기
Good for you! 외에 That's Great! 같은 문장이나 Terrific! / Fantastic! 등 한 단어를 써서 감탄의 의미를 나타낼 수 있다.

연음
연음이란 발음하기 쉽도록 단어와 단어를 이어 말하는 것으로, 자음으로 끝난 단어가 모음으로 시작하는 단어를 만났을 때 주로 연음 현상이 일어난다.
예 Where is it?(그거 어디 있어?)
Everybody, listen up!(여러분, 잘 들으세요!)

🔊 **Sounds in Use**

Pleased to meet you. [tʃ]
끝소리가 /t/인 단어와 첫소리가 /j/인 단어가 연이어 오면 두 음이 연음되어 /tʃ/로 발음된다.

I enjoy studying with my friends. ↘
평서문의 억양은 끝이 내려간다.

Check-up

[1~3] 🅑의 대화를 읽고 내용과 일치하면 T, 일치하지 <u>않으면</u> F에 표시하시오.

1 Neha meets Mr.Han for the first time. **T** **F**
2 Seho introduces Neha to Mr. Han. **T** **F**
3 Neha enjoys studying in the classroom. **T** **F**

[4~5] 우리말과 일치하도록 주어진 단어를 올바르게 배열하시오.

4 저는 여러분의 수학 선생님이에요.(math / your / I / teacher / am)

_____

5 저는 친구들과 게임하는 걸 즐겨요.(friends / enjoy / games / with / I / my / playing)

_____

정답 1. T 2. T 3. F 4. I am your math teacher. 5. I enjoy playing games with my friends.

Real-Life Task

대본·해석

Mira Pleased to meet you, everyone. I'm Mira. I enjoy drawing. ❶ I can draw cartoons for our class.

미라 여러분, 안녕하세요. 저는 미라입니다. 저는 그림 그리는 걸 좋아해요. 저는 우리 반을 위해 만화를 그릴 수 있어요.

본문 해석

A 너는 여가 시간에 뭐하니?
B 나는 춤추는 걸 좋아해. 너는 어때?
A 나는 만화 그리는 걸 좋아해.

예시 대화

1 A What do you do in your free time?
  B I enjoy singing. ❷ How about you?
  A I enjoy reading books.
  A 너는 여가 시간에 뭘 하니?
  B 나는 노래 부르는 걸 즐겨. 너는 어때?
  A 나는 독서를 좋아해.

2 A What is your hobby?
  B My hobby is soccer. ❸ I enjoy playing soccer after school. What about you?
  A My hobby is cooking. ❹ I enjoy cooking hot foods.
  A 너는 취미가 뭐니?
  B 내 취미는 축구야. 나는 방과 후에 축구하는 걸 즐겨. 너는 어때?
  A 내 취미는 요리야. 난 매운 음식을 요리하는 걸 즐겨.

본문 해석

운동을 좋아하는 사람, 재미있는 사람, 책을 좋아하는 사람

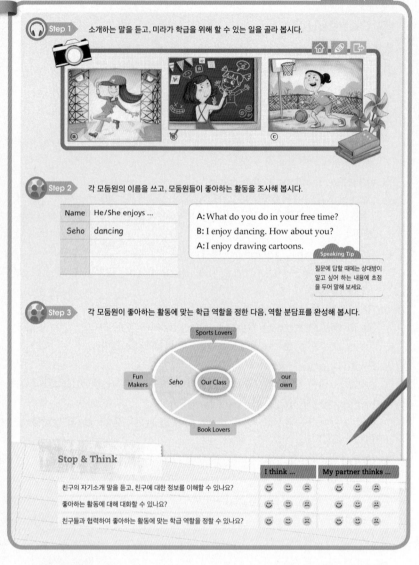

Step 1 소개하는 말을 듣고, 미라가 학급을 위해 할 수 있는 일을 골라 봅시다.

Step 2 각 모둠원의 이름을 쓰고, 모둠원들이 좋아하는 활동을 조사해 봅시다.

Name	He/She enjoys ...
Seho	dancing

A: What do you do in your free time?
B: I enjoy dancing. How about you?
A: I enjoy drawing cartoons.

Speaking Tip
질문에 답할 때에는 상대방이 알고 싶어 하는 내용에 초점을 두어 말해 보세요.

Step 3 각 모둠원이 좋아하는 활동에 맞는 학급 역할을 정한 다음, 역할 분담표를 완성해 봅시다.

Sports Lovers / Fun Makers / Seho / Our Class / our own / Book Lovers

Stop & Think

	I think ...	My partner thinks ...
친구의 자기소개 말을 듣고, 친구에 대한 정보를 이해할 수 있나요?	☺ ☺ ☹	☺ ☺ ☹
좋아하는 활동에 대해 대화할 수 있나요?	☺ ☺ ☹	☺ ☺ ☹
친구들과 협력하여 좋아하는 활동에 맞는 학급 역할을 정할 수 있나요?	☺ ☺ ☹	☺ ☺ ☹

Vocabulary

- draw [drɔː] 동 그리다 (draw-drew-drawn)
  예 You **drew** a pretty picture.(너 예쁜 그림을 그렸구나.)
- cartoon [kɑːrtúːn] 명 만화(책)
  예 He is reading his favorite **cartoon**.(그는 제일 좋아하는 만화책을 읽고 있다.)
- fun [fʌn] 명 재미
  예 It was a lot of **fun**.(정말 재미있었어.)

다음 질문에 영어로 답해 봅시다.

1. Q What does Mira enjoy doing?
   A She enjoys _____ cartoons.
2. Q What type of person is she?
   A She is a(n) _____.

정답 1. drawing 2. artist

Word Quiz

우리말에 맞게 빈칸에 알맞은 단어를 쓰시오.

1. 학생들은 지도를 그렸다.
   The students _____ a map.
2. "Arthur"는 인기 있는 만화다.
   Arthur is a popular _____.

정답 1. drew 2. cartoon

 Step 1

❶ I can draw cartoons for our class.
can은 '~할 수 있다'라는 의미로 능력을 표현할 때 쓰는 조동사이며 뒤에는 동사원형이 나온다.
예) I **can do** it.(나는 그것을 할 수 있다.)

[해설] 미라는 자신을 소개한 후 그림 그리기를 즐기고(enjoy drawing) 학급을 위해 만화를 그릴 수 있다(can draw cartoons)고 말했다.

 Step 2

❷ How about you?
How about ~?는 '~는 어때?'라는 의미로 상대방의 의견을 묻거나 '~하는 건 어때?, ~할까?'라는 의미로 제안 또는 권유할 때 쓰인다. What about you?도 같은 의미를 나타낸다.

❸ I enjoy playing soccer after school.
전치사 after는 '(시간·순서상으로) 뒤에[후에]'를 의미한다.
예) Brush your teeth **after** meals.(식사 후에는 이를 닦아라.)

❹ I enjoy cooking hot foods.
이때의 hot은 '(날씨·기온·온도가) 더운[뜨거운]'이라는 의미가 아닌 '매운, 얼얼한'이라는 의미로 쓰였다. food(음식)은 원래 셀 수 없는 명사이지만 '음식' 일반을 총칭할 때는 복수형을 쓸 수 있다.

[해설] 주로 어떤 활동을 즐기는지 표현할 때는 「enjoy+(동)명사」 형태를 써서 나타낸다.

 Step 3

[해설] 친구들이 좋아하는 것과 성향을 연결하여 Step 3의 학급 역할 분담표를 다음과 같이 영어로 표현할 수 있다.

[예시 답안]

Gardeners(원예가), Artists(예술가)/Painters(화가), Creative thinkers(창의적인 사람), Sports Lovers(운동을 좋아하는 사람), Art lovers(미술애호가), Nature lovers(자연을 좋아하는 사람)...

1. Seho **enjoys playing soccer**. He is a **sports lover.**
(세호는 축구를 좋아합니다. 그는 운동을 좋아하는 사람입니다.)
2. Suji **enjoys drawing**. She is an **art lover.**
(수지는 그림 그리기를 즐깁니다. 그녀는 미술애호가입니다.)

학습 도우미

◇ 동사의 종류
be동사
'~이다, ~이 있다'라는 뜻으로 쓰이며 존재나 상태를 나타낸다.
예) am, are, is

일반동사
다양한 의미의 동작이나 행위를 나타낸다.
예) go(가다), do(하다), like(좋아하다), eat(먹다), sleep(자다), study(공부하다)...

조동사
be동사나 일반동사의 원형과 함께 쓰여 의무, 능력, 의지, 시제 등을 나타낸다.
예) can, will, must, may, should...

◇ 조동사 can
can은 '~할 수 있다'라는 의미의 '능력, 가능성'을 나타내거나 '~해도 좋다'라는 의미의 허가를 나타낼 때 쓰인다. 부정형은 can not, 또는 cannot으로 쓰며, 축약형은 can't이다.
예) I **can** drive a car.(나는 차를 운전할 수 있다.)
Can I use your phone?
(전화를 써도 될까요?)

Check-up

[1~2] 괄호 안의 단어를 알맞은 형태로 고쳐 현재시제 문장을 완성하시오.

1 He _____ TV. (watch)
2 She _____ English. (study)

3 괄호 안의 우리말과 의미가 일치하도록 빈칸에 알맞은 말을 쓰시오.

She doesn't like _____ _____.
(그녀는 매운 음식을 좋아하지 않는다.)

Mission Across Cultures

Good and Bad Topics for a First Meeting

외국인과 처음 만나 대화할 때 자연스러운 화제는 무엇일까요? 다음에서 골라 봅시다.

 hobbies
 money
 looks
 age
 food
 sports

답: hobbies, food, sports

본문해석

첫 만남에 좋은 화제와 나쁜 화제

• 취미 ☑ • 돈 ☐ • 외모 ☐
• 나이 ☐ • 음식 ☑ • 운동 ☑

해설 상대방과 처음 만나는 자리에서는 여행, 스포츠, 문화, 즐겨 하는 취미 등 가벼운 대화를 나눌 수 있는 일상적인 화제가 좋다.

👥 Mission

본문해석

1. 나쁜 화제는 무엇인가?
2. ~에 대해서는 이야기하지 마세요.

예시 답안

순위	나쁜 화제
1	money
2	looks
3	age

Don't talk about **money / looks / age**.
(돈/외모/나이에 대해서는 이야기하지 마세요.)

해설 다른 문화권 출신의 외국인과 처음 만나는 자리에서는 출신 문화권에서 금기시하는 주제는 되도록 피해야 한다.

👥 Mission

1. 외국인과 처음 만나서 대화할 때 피해야 할 화제를 조사해 봅시다.

What are bad topics?

2. 모둠별로 조사한 내용을 발표한 다음, 학급 전체의 조사 결과를 모아 피해야 할 화제의 순위를 정해 봅시다.

Rank	Bad Topics
1	
2	
3	

Don't talk about ...

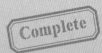 Complete

Culture Tip

가벼운 대화(Small talk)를 나눌 때

대화의 화제로는 날씨나 여행, 음식, 취미 생활 같은 평범하고 일상적인 주제나 공통 관심사가 적절하다. 종교를 중시하는 아랍권의 경우 이슬람 종교나 가족 중 여성에 대한 언급은 자제해야 한다. 인도에서는 신분 제도와 관련된 화제를 피하는 것이 좋다. 중국의 경우 정치적인 배경을 고려해 3Ts, 즉 '티베트 천안문, 대만(Tibet, Tiananmen, Taiwan)'에 대한 언급은 삼가야 한다. 대체로 국가를 막론하고 인종, 종교, 정치 등 논쟁으로 번지기 쉬운 화제는 피해야 한다.

첫 만남에서 "How old are you?"(나이가 어떻게 되세요?) 등으로 상대의 나이를 묻거나 "Are you married?"(결혼하셨나요?) 같은 사적인 질문을 던지는 일도 되도록 피해야 한다.

한편, 대화를 나눌 때는 상대의 눈을 맞추며 고개를 끄덕거리거나 "I see."(그렇군요.), "Uh-huh"(아, 네.) 등의 말로 맞장구를 치면 상대방의 말을 경청하고 있다는 인상을 줄 수 있다.

Vocabulary

• topic [tá:pik] 명 화제, 주제
  예 The **topic** for today is "Science."(오늘의 주제는 "과학"입니다.)
• look [luk] 명 모양, 외관, 겉모습
  예 Our website changed **looks**.(우리 웹사이트의 모습이 바뀌었다.)
• complete [kəmplí:t] 형 완성된, 완결된
  예 The work is **complete**.(작업이 완료되었다.)
• hobby [hɑ:bi] 명 취미
  예 My **habby** is reading English books.(내 취미는 영어책을 읽는 것이다.)

Word Quiz

우리말에 맞게 빈칸에 알맞은 단어를 쓰시오.

1. 글짓기 주제가 뭐니?
   What is the _____ of the essay?
2. 임무를 완료했다.
   The mission is _____.

정답 1. topic 2. complete

Before I Read

Ⓐ 자신을 소개할 때 포함하고 싶은 화제에 대해 짝과 대화해 봅시다.

My name is...

I enjoy...

My dream job is...

my own

Ⓑ 다음 방의 주인에 대한 정보를 읽고, 해당하는 그림을 찾아 기호를 써 봅시다.

ⓐ I love pictures.
ⓑ I like soccer.
ⓒ I enjoy watching the sky.
ⓓ My favorite book is *The Little Prince*.

Vocabulary

- dream [driːm] 형 이상적인, 꿈 같은
  예 This is my **dream** car.(이건 꿈에 그리던 자동차야.)
- picture [píktʃər] 명 그림
  예 Look at the first **picture**.(첫 번째 그림을 보세요.)
- watch the sky 하늘을 관찰하다
  예 Do you like to **watch the sky**?(하늘을 관찰하는 것을 좋아하니?)
- favorite [féivərit] 형 가장 좋아하는
  예 What is your **favorite** color?(네가 가장 좋아하는 색깔은 뭐니?)

Word Quiz

우리말에 맞게 빈칸에 알맞은 단어를 쓰시오.

1. 저건 내가 꿈에 그리던 집이야.
   That's my _____ house.
2. 가을은 내가 가장 좋아하는 계절이야.
   Autumn is my _____ season.

정답 1. dream 2. favorite

Ⓐ

본문해석
- 내 이름은 ~이다.
- 나는 ~을 즐긴다.
- 내가 꿈꾸는 (이상적인) 직업은 ~이다.

예시 답안
My name is Kim Jimin.(내 이름은 김지민입니다.)

해설 영어로 이름을 쓸 때는 성, 이름 순으로 띄어 써야 한다.

I enjoy **cooking / playing go / listening to music / playing baseball**.
(나는 **요리하기/바둑 두기/음악 감상/야구하기**를 즐긴다.)

해설 play go는 '바둑을 두다'라는 의미의 숙어이다.

My dream job is **a cook / baseball player / scientist / computer programmer / singer**.
(내 희망 직업은 **요리사/야구선수/과학자/컴퓨터 프로그래머/가수**이다.)

해설 직업을 나타내는 명사형을 쓴다. 참고로, '요리사'라는 의미의 명사 cook은 '요리하다'라는 의미의 동사와 형태가 같다.

예시 답안
- I'll tell you my name, my dog's name, and my dream job.(제 이름과 강아지 이름, 그리고 희망 직업을 말하겠습니다.)

Ⓑ

본문해석
ⓐ 나는 그림을 매우 좋아한다.
ⓑ 나는 축구를 좋아한다.
ⓒ 나는 하늘을 관찰하는 것을 즐긴다.
ⓓ 내가 가장 좋아하는 책은 『어린 왕자』이다.

해설 각 문장의 핵심어(pictures, soccer, watching the sky, book)와 연관된 그림을 찾는다.

Write it

우리말에 맞게 주어진 단어를 바르게 배열하시오.

1. 내 희망 직업은 과학자이다.
   My dream _____.
   (scientist / a / job / is)
2. 나는 농구를 즐기지 않는다.
   I don't _____.
   (playing / enjoy / basketball)

정답 1. job is a scientist 2. enjoy playing basketball

Read 1

First Reading 글을 훑어 읽고, 각 친구들이 좋아하는 것에 밑줄을 그어 봅시다.
Second Reading 글을 소리 내어 다시 읽어 봅시다.

Main Idea

학급 친구들의 자기소개 글이 실린 학급 일지

First Reading

모범답안

Yuna writing, reading, *The Little Prince*
Minsu that book, the pictures
Jimin stars, watching the night sky
Inho (soccer) stars, soccer team

본문 해석

우리는 멋진 팀이다.
학급 일지 안녕하세요, 여러분! 이건 우리 반 학급일지예요. ❶ 모두 즐기면서 써 봅시다.
– 담임 선생님

안녕! 내 이름은 유나야. ❷ 내가 첫 번째로 쓰는 사람인 거야? ❸ 신난다. 나는 글쓰기를 좋아해. ❹ 내 장래 희망은 작가야. 나는 독서도 좋아해. ❺ 이건 내가 가장 좋아하는 책인 『어린 왕자』야.

안녕, 유나야. 나는 민수야. ❻ 나도 그 책 좋아해. ❼ 거기에 나온 그림을 좋아하거든.

Q1 유나가 가장 좋아하는 책은 무엇인가요?
A It is *The Little Prince*.(그것은 『어린 왕자』이다.)

해설 『어린 왕자』가 가장 좋아하는 책이라고 말했다.(This is *The Little Prince*, my favorite book.)

We Are a Great Team

Class Book

Hi, class! This is our class book. Let's have fun!
– *Your teacher*

Hello! My name is Yuna. Am I the first writer? I'm excited. I enjoy writing. My dream job is a writer. I also like reading. This is *The Little Prince*, my favorite book.

Hi, Yuna. I'm Minsu. I like that book, too. I love the pictures.

The Little Prince
프랑스의 비행사이자 소설가인 생텍쥐페리가 쓴 소설로. 어린 왕자가 자신이 살던 작은 별을 떠나 여행을 하면서 겪은 일과 만난 사람들에 대해 쓴 이야기

Q1. What is Yuna's favorite book? It is *The Little Prince*.

· team   · class book   · excited   · favorite

Say it

다음 질문에 영어로 답하시오.

1. Who likes *The Little Prince*?
2. What is Yuna's dream job?

정답 1. Yuna and Minsu 2. a writer

Circle it

우리말과 일치하도록 올바른 형태를 고르시오.

1. 내가 첫 번째야? – Is he / Am I the first?
2. 넌 즐거운 시간 보내고 있니?
   – Do you / Are you having fun?

정답 1. Am I 2. Are you

Vocabulary

· team [ti:m] 몡 팀 , 단체
  예 Our **team** won the game.(우리 팀이 경기에서 이겼다.)
· class book 학급일지
  예 There are many interesting writings in our **class book**.
  (우리반 학급 일지에는 재미있는 글이 많다.)
· excited [iksáitid] 혱 신나는, 흥분된
  예 I was **excited** at the game.(나는 그 경기로 들떠 있었다.)

Word Quiz

우리말에 맞게 빈칸에 알맞은 단어를 쓰시오.

1. 여행을 떠나게 돼서 마음이 설레.
   I'm _____ about the trip.
2. 우리는 함께 학급일지를 만들었다.
   We made our _____ together.

정답 1. excited 2. class book

① **Let's** have fun.

Let's는 Let us의 축약형으로, '우리 ~하자'를 뜻하며 권유하거나 제안할 때 쓰는 표현이다.

② Am I **the first** writer?

first 등의 서수 앞에는 반드시 the를 써야 한다.

③ I'm **excited**.

excited는 '흥분시키다, 들뜨게 만들다'라는 의미의 동사 excite에서 나온 형용사형이다. 보통 「excited + to부정사」(~하게 되어 신난) 또는 excited about(~에 대해 신난) 형태를 쓴다.

예 He was **excited to** hear the news. (그는 그 소식을 듣고 들떴다.)
I'm really **excited about** the school trip.(수학여행을 가게 돼서 무척 설레.)

④ My dream job is a **writer**.

writer(작가)는 '(글 등을) 쓰다'라는 의미의 동사 write에서 나온 명사다.

⑤ I **also** like reading.

also는 '(~도) 또한, 역시, ~뿐만 아니라'라는 의미로 부정문에는 쓰지 않는다.

⑥ This is *The Little Prince*, my favorite book.

The Little Prince와 my favorite book 사이에 쉼표가 쓰였으므로 두 명사는 동격임을 알 수 있다. 참고로, 작품명 등은 이탤릭체로 나타낸다.

⑦ I like that book, **too**.

문장 끝에 too를 붙이면 '또한, ~도 역시'라는 의미를 나타낸다.

⑧ I love the pictures.

pictures는 『어린 왕자』에 삽입된 삽화를 한정해 가리키고 있으므로 앞에 the가 쓰였다.

Do You Know?

『The Little Prince(어린 왕자)』 프랑스 작가 생텍쥐페리가 1943년에 발표한 소설이다. 사막에 불시착한 비행사인 '나'는 이상한 소년을 만나 양을 그려 달라는 부탁을 받는다. 그 소년은 유일한 친구인 장미꽃을 자신이 사는 별에 남겨 두고 여행길에 오른 왕자로서 몇몇 별을 순례한 후에 지구에 온 것이다. 외로운 왕자에게 여우 한 마리가 나타나서, 본질적인 것은 눈에 보이지 않는다는 것, 다른 존재를 길들여 인연을 맺는 일이 중요하다는 것을 가르쳐 준다. 왕자는 이 세계에서 자기가 책임져야만 하는 장미꽃이 존재한다는 사실에 깊은 뜻이 있음을 깨닫는다. 시적이며 철학적인 분위기 속에 인생의 지혜를 담고 있어 많은 사람들에게 사랑받는 작품이다.

학습 도우미 ▶

○ **기수 vs. 서수**

기수
사물의 많고 적음 등 개수를 나타내는 수
예 one(하나), two(둘), three(셋)...

서수
순서나 차례를 나타내는 수
예 first(첫째), second(둘째), third(셋째)...

○ **주의해야 할 형용사 형태**

exciting과 excited는 모두 형용사형이지만 그 쓰임에 주의해야 한다. exciting은 '흥분하게 하는'이라는 의미로, 문장의 주어가 동작의 흥분을 불러일으키는 주체를 나타내며 excited는 '어떤 것에 의해 신이 난'이라는 의미로 문장의 주어는 동작의 영향을 받는 대상이 된다.

예 The movie was **exciting**.
(영화가 재미있었어.)
Kate is **excited** about the summer camp.
(Kate는 여름 캠프에 가게 돼 들떠 있다.)

○ **the의 쓰임**

명사가 앞에서 언급되었거나 상대방도 이미 알고 있는 경우 '특정' 대상이라는 한정적인 의미를 나타내기 위해 앞에 the를 쓴다.

○ **also와 too**

also는 보통 동사의 앞이나 be동사 뒤에 온다. 구어체에서는 too가 더 일반적으로 쓰이며 보통 문장 끝 부분에 놓는다.

Check-up

[1~3] 문장이 본문과 일치하면 T, 일치하지 <u>않으면</u> F에 표시하시오.

1 Yuna is the second writer. T F

2 Minsu likes *The Little Prince*. T F

3 Yuna enjoys reading. T F

[4~5] 우리말과 일치하도록 빈칸에 알맞은 말을 쓰시오.

4 I like that picture, _____.
(나도 그 그림을 좋아해.)

5 I _____ _____ with my friends yesterday.
(나는 어제 친구들과 즐거운 시간을 보냈다.)

정답 1. F 2. T 3. T 4. too 5. had fun

Read 2

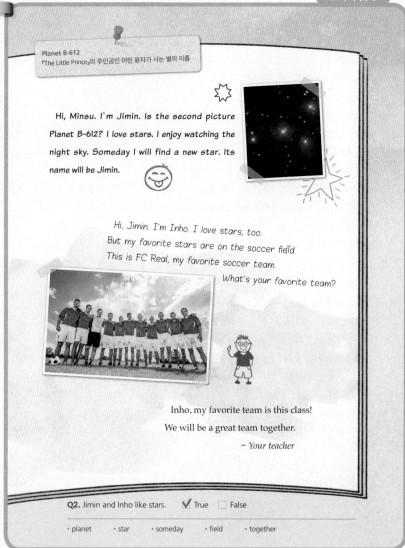

Planet B-612
『The Little Prince』의 주인공인 어린 왕자가 사는 별의 이름

Hi, Minsu. I'm Jimin. Is the second picture Planet B-612? I love stars. I enjoy watching the night sky. Someday I will find a new star. Its name will be Jimin.

Hi, Jimin. I'm Inho. I love stars, too.
But my favorite stars are on the soccer field.
This is FC Real, my favorite soccer team.
What's your favorite team?

Inho, my favorite team is this class!
We will be a great team together.
– *Your teacher*

Q2. Jimin and Inho like stars. ☑ True ☐ False

· planet　· star　· someday　· field　· together

본문 해석

안녕, 민수야. 나는 지민이야. ❶ 두 번째 그림이 B-612 행성이지? 나는 별을 좋아해. ❷ 밤하늘을 바라보는 걸 즐겨. ❸ 언젠가 나는 새로운 별을 발견할 거야. ❹ 그 별의 이름은 '지민'이라고 해야지.

안녕, 지민아. 나는 인호야. 나도 별을 좋아해. ❺ 그런데 내가 제일 좋아하는 별은 축구장에 있어. ❻ 이건 내가 가장 좋아하는 축구팀인 FC Real이야. ❼ 너는 어느 팀을 가장 좋아하니?

인호야, 내가 가장 좋아하는 팀은 우리 반이란다! 우리는 훌륭한 팀이 될 거야. – 담임 선생님

Q2 지민과 인호는 별을 좋아한다.
☑ 참　☐ 거짓

해설 지민이가 "I love stars."라고 쓰고 인호도 이어 "I love stars, too."라고 쓴 것으로 보아 둘 다 별을 좋아하지만 지민이가 의미하는 star는 '별, 항성'을 가리키는 반면, 인호가 의미하는 star는 '하늘의 별이 반짝이듯 두각을 나타내 주목을 받는 사람'이라는 비유적 의미를 나타낸다.

Say it

다음 질문에 영어로 답 하시오.

1. What does Jimin enjoy?
2. What is Inho's favorite team?

정답 1. watching the night sky　2. FC Real

Circle it

우리말과 일치하도록 올바른 형태를 고르시오.

1. 두 번째 그림은 뭐니?
 – What is/are the second picture?
2. 넌 별을 좋아하니?
 – Do you / Are you love stars?

정답 1. is　2. Do you

Vocabulary

- **planet** [plǽnit] 명 행성
 예 Earth is our home **planet**.(지구는 우리의 고향 행성이다.)
- **star** [stɑːr] 명 별, 유명인
 예 She is a film **star**.(그녀는 인기 있는 영화배우다.)
- **someday** [sʌ́mdei] 부 (미래의) 언젠가
 예 **Someday** I will be famous.(나는 언젠가는 유명해질 거야.)
- **field** [fiːld] 명 경기장, 들판
 예 Where is the baseball **field**?(야구장이 어디인가요?)
- **together** [təgéðər] 부 같이, 함께
 예 We grew up **together**.(우린 같이 자랐다.)

Word Quiz

우리말에 맞게 빈칸에 알맞은 단어를 쓰시오.

1. 소가 들판에서 풀을 뜯고 있다.
 The cows are eating grass in the _____.

2. 그들은 새로운 행성을 발견했다.
 They found a new _____.

정답 1. field　2. planet

❶ Is the second picture Planet B-612?

the second picture가 주어, Planet B-612가 주어와 동격임을 나타내는 보어로 주어와 be동사의 자리가 바뀐 의문문 형태다. second는 '두 번째'라는 뜻의 서수이므로 앞에 the를 썼다.

❷ I enjoy watching the night sky.

the는 시간을 나타내는 명사 앞에 쓰이기도 한다.

(예) the day(대낮), the night(한밤), the afternoon(오후), the morning(오전)

❸ Someday I will find a new star.

someday는 미래의 어느 시기나 특정한 날을 가리킨다. 참고로, 같은 의미를 나타내는 one day는 과거와 미래 시점 모두 사용 가능하지만 someday는 미래를 나타낼 때만 쓰인다는 데 유의한다.

❹ Its name will be Jimin.

its는 it의 소유격으로 its name은 Jimin이 발견할 a new star의 이름을 가리킨다.

❺ But my favorite stars are on the soccer field.

여기서 stars는 앞서 언급한 하늘의 '별'이 아닌 유명 축구 선수들을 가리킨다. on은 '접촉'을 나타내는 전치사이다.

❻ This is FC Real, my favorite soccer team.

쉼표 앞과 뒤에 있는 FC Real과 my favorite soccer team은 같은 대상을 가리키는 동격 관계를 나타낸다. FC는 football club의 약자이며, Real은 '왕실의 인정을 받은 팀'이라는 스페인어로 영어의 royal과 뜻이 같다.

❼ What's your favorite team?

「What's your favorite+명사?」는 좋아하는 것을 물을 때 쓰는 의문문 표현으로, 답할 때는 「My favorite+명사+is ~.」 형태를 쓴다.

Do You Know?

B-612 생텍쥐페리의 소설 『어린 왕자』에 나오는 어린 왕자가 사는 행성의 이름. 1909년 터키의 천문학자에 따르면 화성과 목성 사이의 많은 소행성들 중의 하나라는 설도 있다.

학습 도우미 ▶

○ **다의어(多義語)**

다의어란 두 가지 이상의 뜻을 가진 단어를 말한다. star는 '별, 항성', '별 모양[무늬](의 것)', (장성·계급의) 별', '(가수·배우·운동선수 등) 스타', '(영화·연극 등에서의) 주연[주역]' 등을 의미하는 다의어이다.

(예) the Polar[or North] **Star** 북극성
a four-**star** general 4성 장군
a football **star** 축구계의 스타
film[movie] **star** 영화배우

○ **전치사 on**

on은 뒤에 나오는 명사와의 '접촉, 상태, 즉 '표면에 붙어[맞닿아]'라는 의미를 나타낸다.

(예) A fly is **on** the ceiling.(천장에 파리가 있다.)

○ **미래시제를 나타내는 will**

will은 미래시제를 나타내는 조동사로, '~할 것이다'(미래) 또는 '~하겠다, ~할 작정이다'(의지)를 의미한다.

(예) They **will** arrive in Chicago tomorrow.
(그들은 내일 시카고에 도착할 것이다.)

Check-up

[1~3] 문장이 본문과 일치하면 T, 일치하지 <u>않으면</u> F에 표시하시오.

1 Inho likes soccer. T F

2 Jimin loves to watch the stars in the sky. T F

3 Jimin is the name of the planet. T F

[4~5] 우리말과 일치하도록 빈칸에 알맞은 말을 쓰시오.

4 We looked at the _____ _____.
(우리는 밤하늘을 보았다.)

5 She is in the _____ grade.
(그녀는 2학년이다.)

After I Read

A

해설

- 유나가 『어린 왕자』를 좋아한다고 하자 민수도 그림이 마음에 들어 그 책을 좋아한다고 했으므로 두 사람을 이어 주는 화제는 『어린 왕자』이다.
- 지민은 어린 왕자가 사는 별인 Planet B-612 그림을 보고 별을 관찰하는 걸 좋아한다고 했으므로 민수와 지민을 이어 주는 화제는 Planet B-612이다.
- 인호는 축구장의 '별'인 축구 선수들을 좋아한다고 했으므로 지민과 인호를 이어주는 화제는 별(stars)이다.

B

해설

1. 별을 관찰하고 있으므로 지민이다.
2. 『어린 왕자』 책을 들고 있으므로 유나이다.
3. 축구공을 들고 있으므로 인호이다.
4. 『어린 왕자』에 등장하는 그림을 들고 있으므로 민수이다.

My Turn 본문 해석

A 너는 누구의 글이 마음에 드니?
B 나는 유나의 글이 마음에 들어. 나도 『어린 왕자』를 무척 좋아하거든.

예시 답안

- I like Inho's writing. It's funny.
  (나는 인호의 글이 좋아. 재미가 있거든.)
- I like Jimin's writing. It's witty.
  (나는 지민의 글이 좋아. 재치가 있거든.)

Write it

주어진 단어를 이용하여 문장을 완성하시오.

1. 그건 누구의 고양이야?
   _____ it? (is, cat, whose)
2. 나도 그 축구팀을 좋아해.
   I _____. (team, like, too, that)

정답 1. Whose cat is 2. like that team, too

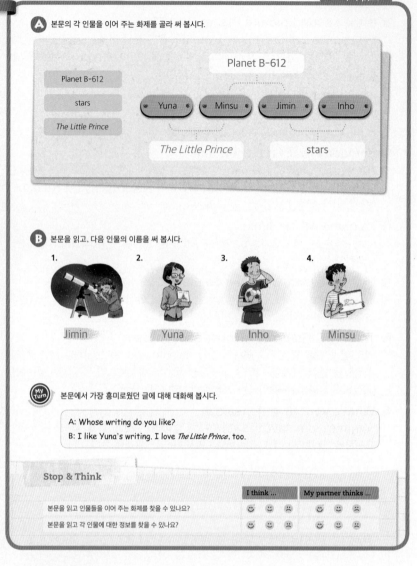

A 본문의 각 인물을 이어 주는 화제를 골라 써 봅시다.

Planet B-612

Planet B-612   stars   The Little Prince

Yuna Minsu Jimin Inho

The Little Prince   stars

B 본문을 읽고, 다음 인물의 이름을 써 봅시다.

1. Jimin 2. Yuna 3. Inho 4. Minsu

My Turn 본문에서 가장 흥미로웠던 글에 대해 대화해 봅시다.

A: Whose writing do you like?
B: I like Yuna's writing. I love *The Little Prince*, too.

Stop & Think

	I think ...	My partner thinks ...
본문을 읽고 인물들을 이어 주는 화제를 찾을 수 있나요?	☺ ☺ ☹	☺ ☺ ☹
본문을 읽고 각 인물에 대한 정보를 찾을 수 있나요?	☺ ☺ ☹	☺ ☺ ☹

Vocabulary

- whose [huːz] 형 (의문문에서) 누구의
  예 **Whose** house is that? (저건 누구의 집이에요?)
- writing [ráitiŋ] 명 글쓰기, 집필, 글[저작물]
  예 She has a talent for **writing**. (그녀는 글짓기에 재능이 있다.)

Sum up!

본문 내용과 일치하도록 빈칸에 알맞은 말을 써 넣으시오.
Yuna is excited to be the _____ writer of the class book. She enjoys _____ and reading. Her _____ book is *The Little Prince*.
Minsu _____ likes *The Little Prince* because he loves the pictures.
Jimin likes _____ the night sky because she loves stars. She hopes to find a new star _____.
Inho's favorite stars are on FC Real, the soccer _____.
The teacher thinks the _____ will be a great team together.

정답 first, writing, favorite, also, watching, someday, team, class

Language Detective

교과서 p.21

A I enjoy writing.

> Do you **enjoy** cooking?
>
> No, I don't. But I **enjoy** eating.

enjoy 다음에 오는 단어는 어떤 모양일까요?

내가 즐겨하는 활동과 즐겨하지 않는 활동에 대해 써 봅시다.

I enjoy _____.
But I don't enjoy _____.

- sing
- swim
- play soccer
- cook
- my own

B This is FC Real, my favorite soccer team.

> Who are you?
>
> I'm *Cheong*, your daughter.

쉼표 앞의 말과 뒤의 말은 어떤 관계일까요?

다음 인물과 정보를 연결한 다음, 짝에게 인물을 소개해 봅시다.

1. Stephen Hawking
2. J. K. Rowling
3. Vincent van Gogh

writer   painter   scientist

A: Who is he/she?
B: He/She is _____, a famous _____.

More Info

스티븐 호킹(Stephen Hawking, 1942~)
영국의 이론물리학자로, 루게릭병을 진단받아 투병생활을 이어가면서도 연구를 병행하여 상대성 이론, 우주론, 블랙홀 연구 분야에 뛰어난 업적을 남겼다.

J. K. 롤링(Joan K. Rowling, 1965~)
영국 웨일스 태생으로, '해리 포터 시리즈'가 베스트셀러에 등극하면서 각종 문학상을 휩쓰는 등 영국 최고의 작가 반열에 올랐다.

빈센트 반 고흐(Vincent Willem van Gogh, 1853~1890)
네덜란드 화가로 대표적인 후기 인상주의 작가로 알려져 있다. 20세기 미술에 지대한 영향을 미쳤으며, 특히 〈빈센트의 방〉, 〈별이 빛나는 밤〉, 〈밤의 카페〉등이 유명하다.

- 동사의 목적어로 쓰이는 동명사
- 동격 명사구의 쓰임과 형식 이해하기

 A

본문해석

나는 글쓰기를 좋아한다.
손오공 너는 **요리하는 걸 좋아하니?**
저팔계 아니, 그렇지 않아. 하지만 난 **먹는 건 좋아해.**

예시답안

- I enjoy singing. But I don't enjoy playing soccer.
(난 노래 부르는 걸 즐겨. 하지만 축구는 좋아하지 않아.)
- I enjoy swimming. But I don't enjoy cooking.
(난 수영을 좋아해. 하지만 요리는 좋아하지 않아.)

해설 즐겨 하는 활동과 그렇지 않은 활동을 나타내는 반대 관계라는 데 유의한다.

Q enjoy 다음에 오는 단어는 어떤 모양일까요?

모범답안

enjoy 다음에는 「동사원형 + -ing」 형태를 써야 한다.

 B

본문해석

이건 내가 가장 좋아하는 축구팀인 FC Real이야.
심봉사 당신은 누구시요?
심청   저는 당신의 딸인 청입니다.

예시답안

1 A Who is he?
  B He is <u>Stephen Hawking</u>, a famous <u>scientist</u>.
  A 그는 누구니?
  B 그는 유명한 과학자인 스티븐 호킹이야.
2 A Who is she?
  B She is <u>J. K. Rowling</u>, a famous <u>writer</u>.
  A 그녀는 누구니?
  B 그녀는 유명한 작가인 J.K.롤링이야.
3 A Who is he?
  B He is <u>Vincent van Gogh</u>, a famous <u>painter</u>.
  A 그는 누구니?
  B 그는 유명한 화가인 빈센트 반 고흐야.

해설 각 사진 속 인물들과 그들의 업적 및 활동을 생각해 보고 그에 해당하는 직업명을 찾아 연결한다.

Q 쉼표(,) 앞뒤의 말은 어떤 관계일까요?

모범답안

쉼표 앞뒤의 단어들은 같은 대상을 나타내는 동격 관계이다. 예를 들어, Stephen Hawking과 a famous scientist는 같은 사람을 가리킨다.

Ⓐ 목적어로 쓰이는 동명사

동사원형 + -ing ~하기, ~하는 것

A What do you do in your free time?(넌 여가 시간에 뭘 하니?)
B I enjoy **swimming**. What do you do?(난 수영을 즐겨. 넌 뭘 하니?)
A I enjoy **hiking**.(난 하이킹을 즐겨.)

> 실력 쑥쑥
>
> enjoy는 '동사원형+-ing' 형태의 목적어를 취하는 동사이다. 이러한 목적어를 취하는 동사로 stop(멈추다), mind(꺼리다), quit(그만두다) 등이 있다. want(원하다), hope(바라다), ask(부탁하다) 등은 「to+동사원형」 형태를 목적어로 취하는 동사이다. 참고로, like와 love 등의 동사는 두 형태 모두 목적어로 취할 수 있다.

> to부정사(to+동사원형)를 목적어로 취하는 동사
> want(원하다), wish(바라다), hope(희망하다), promise(약속하다), ask(묻다, 부탁하다)
> 예 My sister **promised to help** me.
>   (여동생이 날 도와주겠다고 약속했다.)
> 동명사(동사원형-ing)를 목적어로 취하는 동사
> enjoy(즐기다), mind(꺼리다), quit(그만두다), finish(마치다), stop(멈추다)
> 예 She **finished doing** homework.
>   (그녀는 숙제를 다 끝냈다.)
> to부정사/동명사 모두 목적어로 취하는 동사
> like(좋아하다), begin(시작하다), start(시작하다), love(사랑하다), prefer(선호하다), hate(싫어하다)
> 예 He **began to cry**.(그는 울기 시작했다.)

Ⓑ 동격

명사(구) + 쉼표(,) + 명사(구)
두 단어(구)가 같은 대상임을 나타낼 때 쉼표를 쓴다.

· This is **my friend, Sujin**. (내 친구 수진이라고 해.)
· My role model is **Jane Goodall, an animal scientist**.
  (내 역할 모델은 동물과학자인 Jane Goodall이야.)
· **Mr. Han, my English teacher**, is very kind.
  (영어를 담당하시는 한 선생님은 무척 친절하셔.)

> 실력 쑥쑥
>
> 앞에 나온 명사를 부연 설명하기 위해 해당 명사의 앞이나 뒤에 또 다른 명사(구)를 써서 나타내는 것을 '동격'이라고 한다. 예를 들어, 첫 번째 문장에서 my friend(내 친구)가 Sujin임을 쉼표로 덧붙여 설명하고 있으므로 두 단어는 같은 대상을 가리키는 동격 관계이다.

> 동격을 나타내는 쉼표(,)
> 명사나 명사구를 보충 설명하기 위해 또 다른 명사(구)를 덧붙일 때는 두 명사를 나란히 쓰고 두 명사(구) 사이에 쉼표를 쓴다. 이때 쉼표는 두 명사의 관계가 동격(같은 자격이나 등급)임을 뜻한다.
> 예 **My daughter, Ellen**, is five years old.
>   (내 딸인 엘렌은 다섯 살이다.)

Check-up

[1~3] 괄호 안에서 어법상 알맞은 것을 고르시오.

1 He enjoys (cooking / to cook).
2 I wish (to send / sending a letter).
3 She finished (reading / to read).

[4~5] 다음 중 어법상 어색한 부분을 찾아 바르게 고치시오.

4 I quit play the guitar.
5 What do you want buying?
6 This is Susan my cousin.

정답 1. cooking 2. to send 3. reading 4. play → playing 5. buying → to buy 6. Susan, my cousin

Let's Write

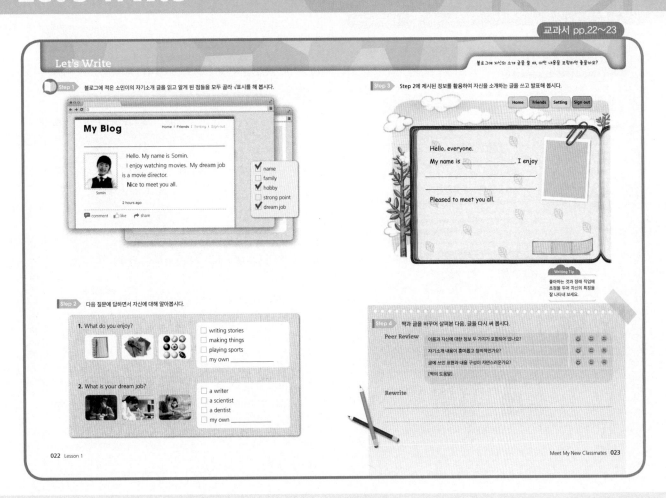

Step 1

해석

안녕. 내 이름은 소민이야.
나는 영화 보는 걸 좋아해. 내 희망 직업은 영화감독이야.
모두 만나서 반가워.

모범 답안

☑ 이름　☐ 가족　☑ 취미　☐ 장점　☑ 희망 직업

Step 2

해석·정답

1. 여러분은 무엇을 즐겨 하나요?

☐ 글쓰기　☐ 만들기　☐ 운동하기　☐ my own

예시 답안

playing computer games(컴퓨터 게임하기), watching movies(영화 감상), reading books(독서), dancing(춤추기), cooking(요리), jogging(조깅), shopping(쇼핑)

2. 여러분이 꿈꾸는 직업은 무엇인가요?

☐ 작가　☐ 과학자　☐ 치과의사　☐ my own

예시 답안

a computer programmer(컴퓨터 프로그래머), a teacher(교사), a pilot(비행기 조종사), a CEO(최고 경영자), a designer(디자이너), a soccer player(축구 선수), a singer(가수)

Step 3

예시 답안

Hello, everyone.
My name is Somin. I enjoy writing short stories. My dream job is a writer.
Pleased to meet you all.
(안녕하세요, 여러분. 제 이름은 소민입니다. 저는 단편소설 쓰기를 즐깁니다. 제 희망 직업은 작가입니다. 모두 만나서 반갑습니다.)

Writing TIP

이름의 철자를 활용한 자기소개 글쓰기

자기소개 글을 쓸 때 이름의 철자를 활용하면 좀 더 창의적이고 흥미로운 글쓰기를 할 수 있다.

예) Hello, I am **B**enji. I speak **E**nglish. I like **n**ew shoes. I like **j**umping on my bed. I love **i**ce cream. Nice to meet you.

(안녕, 나는 벤지야. 나는 영어를 해. 난 새 신발을 좋아해. 나는 침대 위에서 뛰는 걸 좋아해. 난 아이스크림을 좋아해. 만나서 반가워.)

Vocabulary

movie [múːvi] 명 영화　director [diréktər] 명 감독

all [ɔːl] 대 모두, 다　dentist [déntist] 명 치과의사

Project Across Subjects

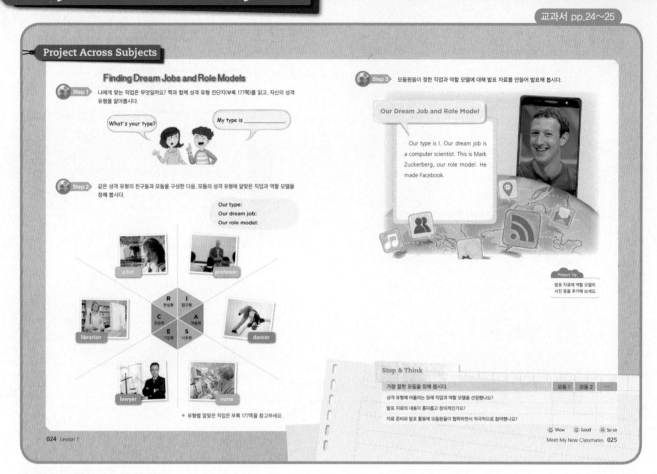

희망 직업과 역할 모델 찾기

활동 방법

1. Holland의 성격 유형 진단지를 읽으며 자신의 성격 유형을 파악한다.
2. 같은 성격 유형을 가진 학생들끼리 모둠을 만든다.
3. 성격 유형에 어울리는 직업을 찾아 정한다.
4. 모둠별로 자신들의 유형에 적합한 직업과 역할 모델을 조사하여 발표 자료를 만들어 발표한다.

본문 해석

소녀 너는 무슨 유형이니?

예시 답안 소년 나는 I 유형이야.

예시 답안 우리의 유형: I 우리의 희망 직업: a computer scientist
우리의 역할 모델: Mark Zuckerberg

▶ (시계 방향으로)
교수 I(Investigative: 연구의), 무용수 A(Artistic: 예술적인), 간호사 S(Social: 사회적인), 법률가 E(Enterprising: 진취적인), 도서관의 사서 C(Conventional: 관습적인), 조종사 R(Realistic: 현실적인)

우리의 이상적인 직업과 역할 모델

우리의 유형은 I이다. 우리의 희망 직업은 컴퓨터 과학자이다. 이 사람은 우리의 역할 모델인 Mark Zuckerberg이다. 그는 Facebook을 만들었다.

예시 답안

Our type is A. Our dream job is a writer. This is J. K. Rowling, our role model. She wrote *Harry Potter* series.
(우리의 유형은 A이다. 우리의 희망 직업은 작가이다. 이 사람은 우리의 역할 모델인 J. K. Rowling이다. 그녀는 『해리포터』 시리즈를 썼다.)

Holland 성격 유형 진단지 (부록 177쪽)			
R	나는 도구를 써서 일하는 걸 좋아한다.	나는 동물을 좋아한다.	나는 물건을 잘 만들 수 있다.	나는 요리를 좋아한다.
I	나는 문제 푸는 걸 좋아한다.	나는 과학을 좋아한다.	나는 수학을 잘할 수 있다.	난 패턴 찾길 좋아한다.
A	나는 새로운 걸 즐겨 만든다.	나는 음악과 예술을 좋아한다.	나는 좋은 배우다.	나는 그리길 좋아한다.
S	나는 사람을 돕는 걸 즐긴다.	나는 가르치는 걸 좋아한다.	나는 병자를 잘 돌볼 수 있다.	나는 협력을 좋아한다.
E	나는 항상 목표를 세운다.	나는 파는 걸 좋아한다.	나는 좋은 리더다.	나는 강연하길 좋아한다.
C	나는 책상 정리를 즐긴다.	나는 기록하는 걸 좋아한다.	나는 사소한 것들을 확인한다.	나는 뚜렷한 룰을 좋아한다.

Vocabulary

type [taɪp] 몡 유형 role model 본보기, 역할모델 pilot [páɪlət] 몡 조종사 professor [prəfésə(r)] 몡 교수

dancer [dǽnsə(r)] 몡 무용수, 춤꾼 nurse [nɜːrs] 몡 간호사 lawyer [lɔ́ːjə(r)] 몡 변호사 librarian [laɪbréəriən] 몡 사서

Check My Progress

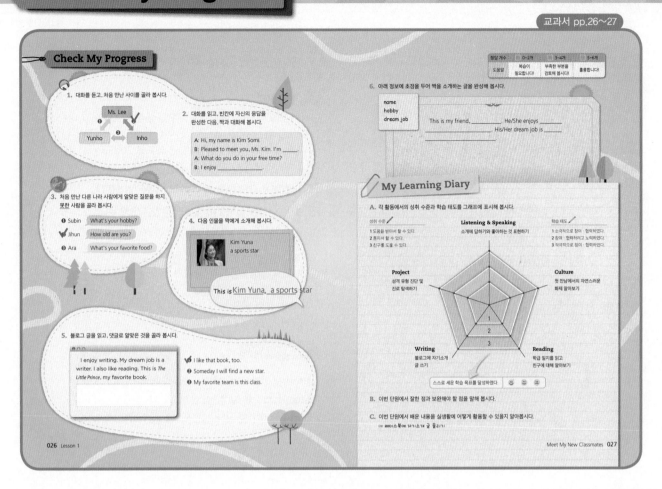

정답

1. ② 2. 모범 답안 Lee Jisu, listening to music 3. ② 4. This is Kim Yuna, a sports star. 5. ① 6. 모범 답안 Choi Ho Jun, playing the guitar, a musician

1.

대본·해석

B1 Hello, Ms. Lee.
W Hi, Yunho.
B1 This is my brother, Inho.
W Hi, Inho. Nice to meet you.
B2 Pleased to meet you, Ms. Lee.
소년1 안녕하세요, 이 선생님.
여자 안녕, 윤호야.
소년1 제 동생 인호라고 해요.
여자 안녕, 인호야. 만나서 반갑구나.
소년2 만나서 반갑습니다, 이 선생님.

해설 윤호와 이 선생님은 이미 알고 있는 사이이고, 윤호가 동생인 인호를 이 선생님께 소개하고 있으므로 처음 만난 사이는 ② '이 선생님과 인호'이다.

2.

해석

A 안녕, 내 이름은 김소미야.
B 만나서 반갑습니다. 김 선생님. 저는 _____ 입니다.

A 넌 여가 시간에 뭘 하니?
B 전 _____를 즐겨 해요.

해설 자신을 소개하는 상황이므로 첫 번째 빈칸에는 자신의 이름을 쓰고, 두 번째 빈칸에는 즐겨 하는 여가 활동을 쓴다.

3.

해석

① 수빈: 취미가 무엇인가요?
② 지훈: 몇 살이세요?
③ 아라: 가장 좋아하는 음식은 무엇인가요?

해설 나이를 묻는 것은 실례가 될 수 있으므로 ②는 피하는 것이 좋다.

4.

해석

이 사람은 스포츠 스타인 김연아입니다.

해설 쉼표를 써서 동격 구문으로 나타낸다.

5.

해석

나는 글쓰기를 즐긴다. 내 희망 직업은 작가이다. 나는 독서도 좋아한다. 이것은 내가 가장 좋아하는 책인 『어린 왕자』이다.
① 나도 그 책을 좋아해.
② 언젠가 나는 새로운 별을 발견할 거야.
③ 내가 가장 좋아하는 팀은 이 학급이야.

6.

이 사람은 매 친구인 ___(이름)___ 이다. 그/그녀는 ___(취미)___ 를 즐겨한다. 그의/그녀의 희망 직업은 ___(직업)___ 이다.

My Learning Diary

A. 활동 방법

1 1차시에 작성한 My Study Planner를 살펴보고, 스스로 실천 정도를 확인한다.

2 각 활동에서의 성취 수준과 학습 태도를 그래프에 표시한다.

3 그래프 아래의 점검표를 완성한다.

B. 단원에서 잘한 점과 보완해야 할 점을 말해 본다.

C. 배운 내용을 실생활에 활용할 방법을 말해 본다.

실생활 예시

- 영어 선생님께 영어로 자기소개하기
- 페이스북에 자기소개 글 올리기
- 블로그에 자기소개 글 올리기
- 우리 반 영어 학급 일지 쓰기
- 외국인 친구와 이메일 편지 교환하기

Vocabulary

brother [brʌ́ðər] 명 형제, 오빠, 형, 남동생

star [staɪr] 명 별, 항성, 인기인, 스타

find [faind] 동 찾다, 발견하다(find-found-found)

Lesson 1 단원 평가

1 대화를 듣고, 주제로 알맞은 것을 고르시오.

① 운동 경기   ② 동아리 활동   ③ 독서 후기
④ 영화 감상   ⑤ 취미 활동

5 다음 빈칸에 공통으로 들어갈 수 있는 단어를 고르시오.

> ・I like reading. *The Little Princess* is my
> _____ book.
> ・I love watching movies, and my _____
> movie is *Toy Story*.

① new   ② good   ③ fun
④ first   ⑤ favorite

2 대화를 듣고, 두 사람의 대화가 <u>어색한</u> 것을 고르시오.

①   ②   ③   ④   ⑤

6 다음 밑줄 친 단어의 쓰임이 <u>잘못된</u> 것을 고르시오.

① I'll become a newspaper reporter <u>someday</u>.
② We went on a picnic to the park <u>someday</u>.
③ I'll be a great artist <u>someday</u>.
④ I hope to visit that country <u>someday</u>.
⑤ We'll meet again <u>someday</u>.

3 대화를 듣고, 내용과 일치하지 <u>않는</u> 것을 고르시오.

① 여학생은 요리를 좋아한다.
② 여학생은 보통 여동생과 함께 요리를 한다.
③ 여학생의 여동생은 스파게티를 가장 좋아한다.
④ 남학생은 축구를 좋아한다.
⑤ 남학생은 친구들과 함께 축구를 한다.

7 다음 중 의도하는 바가 나머지 넷과 <u>다른</u> 것을 고르시오.

① I love playing computer games.
② I like to play computer games.
③ I enjoy computer games.
④ I want to play computer games.
⑤ I like playing computer games.

8 다음 빈칸에 들어갈 말로 적절한 것을 고르시오.

> A: _____
> B: Pleased to meet you, Mike.
> C: Nice to meet you.

① Hyena, this is my friend Mike.
② What do you do on weekends?
③ I enjoy taking pictures of pets.
④ I always wanted to meet Mike.
⑤ Mike loves playing sports.

4 대화를 듣고, 여자의 마지막 말에 이어질 남자의 말로 가장 적절한 것을 고르시오.

① Pleased to meet you.
② This is my dad.
③ How about you?
④ I enjoy playing baseball.
⑤ I like playing the guitar.

[9-12] 다음 글을 읽고, 물음에 답하시오.

> Hi, class! This is our class book. Let's have fun!
> -Your teacher
>
> Hello! My name is Yuna. (I, writer, the, am, first)? I'm (A) exciting. I enjoy writing. My dream job is a writer. I also like reading. This is (B) *The Little Prince*, my favorite book.

9 윗글을 읽고, 글의 내용과 일치하지 <u>않는</u> 것은?

① Yuna's class has a class book.
② Yuna likes writing.
③ Yuna loves reading.
④ Yuna wants to be a writer.
⑤ Yuna wrote the book, *The Little Prince*.

10 다음 중 밑줄 친 (B) *The Little Prince*, my favorite book과 쓰임이 같은 것은?

① It was a <u>cold, snowy</u> day.
② Would you like <u>coffee, tea</u>, or juice?
③ I met <u>Kevin, Mike</u>, and Erin at the park.
④ <u>Our dog, Charlie</u>, likes to play with toys.
⑤ <u>Jack, of course</u>, will come.

11 윗글의 밑줄 친 (A) exciting을 어법에 맞게 고쳐 쓰시오.

_____

12 괄호 안의 낱말을 올바르게 배열하여 의문문을 완성하시오.

_____

[13-16] 다음 글을 읽고, 물음에 답하시오.

> Hi, Yuna. I'm Minsu. I like that book, (ⓐ). I love (ⓑ) pictures.
>
> Hi, Minsu. I'm Jimin. Is the second picture Planet B-612? I love stars. (A) <u>I enjoy watching the night sky.</u> (B) <u>Someday I will find a new star.</u> (C) <u>Its</u> name will be Jimin.

13 윗글의 빈칸 ⓐ, ⓑ에 들어갈 말로 맞게 짝지어진 것은?

	ⓐ	ⓑ
①	also	its
②	too	the
③	too	a
④	also	the
⑤	too	a

14 윗글의 밑줄 친 (B) Someday I will find a new star.를 통해 알 수 있는 지민의 성향으로 적절한 것은?

① 재미있는　　　② 용감한
③ 게으른　　　　④ 포부가 큰
⑤ 친절한

15 윗글의 밑줄 친 (A) I enjoy watching the night sky.의 주어를 you로 바꾸어 의문문 형태로 쓰시오.

_____ _____ enjoy watching the night sky?

16 윗글 (C)의 its가 가리키는 대상을 찾아 쓰시오.

_____

17 윗글의 ①～⑤ 중 주어진 문장이 들어갈 알맞은 곳은?

What's your favorite team?

①　　②　　③　　④　　⑤

18 문맥상 빈칸에 들어갈 가장 적절한 말은?

① And　　　② Or　　　③ But
④ So　　　　⑤ Also

19 윗글의 밑줄 친 ⓐ～ⓔ 중 어법상 틀린 것은?

① ⓐ　② ⓑ　③ ⓒ　④ ⓓ　⑤ ⓔ

[17-20] 다음 글을 읽고, 물음에 답하시오.

Hi, Jimin. I'm Inho. I love stars, too. (①)
_____ my favorite (A)stars are ⓐon the soccer field. (②) ⓑThis is FC Real, my favorite soccer team. (③)

Inho, my favorite team ⓒis this class! (④) We ⓓwill a great team ⓔtogether. (⑤)
　　　　　　　　　　　　　　　　　– Your teacher

20 윗글의 밑줄 친 (A) stars와 의미가 같은 것은?

① The North Star is a very bright star.
② Is the Sun a star?
③ A man is wishing on a star.
④ She became a movie star.
⑤ There are 50 stars on the US flag.

1 괄호 안의 우리말을 참고하여 빈칸에 들어갈 말을 쓰시오.

G: Hello, Mr. Park. _____ _____
   my cousin, Mina.
   (안녕하세요, 박 선생님. 여기는 제 사촌 미나예요.)
M: Nice to meet you, Mina.

2 다음 그림을 보고, 질문에 알맞은 답을 완전한 문장으로 쓰시오.

Q: What is your dream job?
A: _____

[3-4] 〈보기〉에서 문맥에 알맞은 말을 하나씩 골라 자연스러운 문장을 완성하시오.

The singer	보기
	Mr. Stevens brings the letters.
The mailman	
	Hannah will become a big star.

3 The singer, _____.

4 The mailman, _____.

5 괄호 안의 문장을 바르게 배열하여 의문문을 만드시오.

B: We have two dogs, Max and Billy. Loot at this picture.
G: Wow, they are so cute! (this / brown / is / dog / Max / ?)

6 대화를 읽고, 다음 우리말에 해당하는 말을 세 단어로 쓰시오.

W: How was your school today?
G: We had a test today. And I got an A.
W: _____.(잘했구나!)

Good _____ _____

7 주어진 동사를 알맞은 형태로 바꾸어 쓰시오.

I enjoy _____ cartoons.(draw)

Lesson 2

Fun Plans for Happy Days

Lesson Question
What do you do on weekends?

이번 단원의 주요 내용을 살펴보고, 나의 학습 목표를 써 봅시다.

Listening & Speaking	Culture	Reading	Writing	Project
관심 있는 활동과 여가 활동 계획에 대해 듣고 말하기	여러 나라 중학생들의 방과 후 활동 조사하기	학교 동아리 활동을 소개하는 글 읽기	관심 있는 동아리 포스터 만들기	방과 후 활동 조사하여 발표하기

My Goals

- 의도 표현하기 I'm going to play soccer.
- 관심 표현하기 I'm interested in cooking.

- **Are** you **going to** go rock-climbing?
- Do you **want to learn** some magic tricks?

학습목표

- 관심과 계획에 대한 말을 듣고 발화의 목적을 이해할 수 있다.
- 흥미 및 의도에 대해 대화하며 자신의 계획을 말할 수 있다.
- 교내 동아리 포스터를 읽고 이해하며 자신의 의견을 표현할 수 있다.
- 방과 후 활동 등 여가 활동에 대해 의사소통하고 정보를 교환할 수 있다.

의사소통 기능

의도 표현하기
I'm going to play soccer.(나는 축구를 할 것이다.)

관심 표현하기
I'm interested in cooking.(나는 요리에 관심이 있다.)

언어 형식

be going to 의문문
Are you **going to** go rock-climbing?
(너는 암벽 등반을 하러 갈 거니?)

목적어로 쓰이는 to부정사
Do you **want to learn** some magic tricks?
(너는 마술을 배우고 싶니?)

Lesson Question
What do you do on weekends?
(여러분은 주말에 무엇을 하나요?)

예시 답안

I enjoy playing badminton.
(나는 배드민턴을 칩니다.)
I watch TV on weekends.
(나는 주말에 TV를 봅니다.)
I learn Chinese on weekends.
(나는 주말에 중국어를 배웁니다.)
I usually go shopping with my mom.
(나는 주로 엄마와 쇼핑을 갑니다.)

My Goals

예시 답안

- 동아리 가입과 주말 계획에 대해 의사소통할 수 있다.
- 여러 나라 학생들의 방과 후 활동을 조사하여 발표할 수 있다.
- 여러 가지 학교 동아리 포스터를 읽고 이해할 수 있다.
- 좋아하는 학교 동아리에 대해 포스터를 만들 수 있다.
- 현재와 앞으로의 여가 활동에 대해 조사하여 발표할 수 있다.

Listen & Speak 1

교과서 p.30

소년은 뭐라고 말할까요?
- ☐ 영화를 보다
- ☐ 동물원에 가다
- ☑ 자전거를 타러 가다

대본·해석

B I'm going to **go bike riding** this Saturday.
소년 나는 이번 주 토요일에 자전거를 타러 갈 거야.

Ⓐ 대본·해석

1. G ❶ Are you going to clean the windows, Jiho?
   B ❷ Yes, I am.
   소녀 지호야, 너는 창문을 닦을 거니?
   소년 응. 그럴 거야.

2. G Are you going to make a timetable, Junha?
   B ❸ Yes, I'm going to put it on the wall.
   소녀 준하야, 너는 시간표를 만들 거니?
   소년 응, 나는 그걸 벽에 붙여 놓을 거야.

3. G1 What are you going to do for our classroom, Nami?
   G2 I'm going to draw pictures.
   소녀1 나미야, 너는 우리 교실을 위해 무엇을 할 거니?
   소녀2 나는 그림을 그릴 거야.

Ⓑ 본문 해석

A 너는 방과 후에 뭘 할 거니?
B 나는 축구를 할 거야.

예시 답안

이름	방과 후 계획
Minsu	go swimming(수영하러 가기)
Sujin	play badminton(배드민턴 치기)

Get Ready What will the boy say?

I'm going to _____ this Saturday.

THURSDAY	FRIDAY	SATURDAY

- ☐ watch a movie
- ☐ go to the zoo
- ☑ go bike riding

🎧 Check the answer with your partner.

Ⓐ Listen and Number 대화의 내용에 알맞은 그림을 찾아 번호를 써 봅시다. 🎧

Ⓑ Talk and Write 방과 후 활동 계획에 대해 대화하며, 활동 계획표를 완성해 봅시다. 👥

A: What are you going to do after school?
B: I'm going to **play soccer**.

Name	After-School Plan

Vocabulary

- **bike** [baik] 명 자전거
  예 The man is on his **bike**.(남자가 자전거를 타고 있다.)
- **timetable** [táimteibl] 명 시간표
  예 People check the bus **timetable**.(사람들이 버스 시간표를 확인한다.)
- **draw** [drɔː] 동 그리다 (draw-drew-drawn)
  예 She is going to **draw** a map.(그녀는 지도를 그릴 거야.)

Speaking Tip

요일/날짜 표현하기

요일이나 특정한 날짜를 나타낼 때는 앞에 전치사 on을 쓴다. 단, this/last/next 등으로 의미를 한정할 때는 on을 쓰지 않는다. 요일에 -s를 붙이거나 앞에 every를 쓰면 '~요일마다'를 뜻한다.
예 The shop doesn't open **on Monday**.
(그 가게는 월요일에 문을 열지 않는다.)
I go to a movie **on Fridays**.
(나는 금요일마다 영화를 보러 간다.)
We're going to a movie **this Saturday**.
(우리는 이번 토요일에 영화를 보러 갈 것이다.)

Word Quiz

우리말에 맞게 빈칸에 알맞은 단어를 쓰시오.

1. 나는 그 고양이를 그리고 싶어.
   I want to _____ the cat.
2. 나는 우리 반을 위해 시간표를 만들 거야.
   I'm going to make a _____ for our classroom.

정답 1. draw 2. timetable

Get Ready

해설 제시된 요일별 활동으로 보아 토요일(Saturday)에는 자전거를 타러 갈 것 (go bike riding)임을 알 수 있다.

Ⓐ Listen and Number

❶ **Are** you **going to** clean the windows, Jiho?

가까운 미래의 일이나 계획을 나타낼 때는 be going to를 쓴다. 상대방의 계획을 물을 때는 be동사와 주어의 위치를 바꾸어 의문문을 만든다.

예 **Are** you **going to** call him?(너는 그에게 전화할 거니?)

❷ **Yes, I am.**

be동사로 시작하는 의문문에는 be 동사로 답한다.

예 A: Are you going to take a bus?(너는 버스를 탈 거니?)
B: Yes, I **am**. / No, I'm not.(응, 탈 거야. / 아니, 안 탈 거야.)

❸ **Yes, I'm going to put it on the wall.**

하고자 하는 일이나 의도를 나타낼 때도 be going to를 쓴다. 전치사 on은 '~ 위에[표면, ~에 붙여서]'라는 의미로 '(표면에) 접촉하거나 부착된 상태'를 나타낸다.

해설 1. 지호가 유리창을 닦겠다고 했으므로 첫 번째 그림이 적절하다.
2. 준하가 시간표를 벽에 붙이겠다고 했으므로 세 번째 그림이 적절하다.
3. 나미가 그림을 그릴 것이라고 했으므로 두 번째 그림이 적절하다.

Ⓑ Talk and Write

해설 be going to를 써서 친구들과 방과 후 계획을 묻고 답한다.

예시 답안

1. A What are you going to do after school?(너는 방과 후에 뭘 할 거니?)
B I'm going to go to the school library.(나는 학교 도서관에 갈 거야.)

2. A What are you going to do after school?(너는 방과 후에 뭘 할 거니?)
B I'm going to play the piano.(나는 피아노를 칠 거야.)

학습 도우미 ▶

○ **의사소통 기능 ①**
의도 표현하기
be going to는 '~할 것이다'라는 의미로, 의도 나 계획을 나타낼 때 쓴다. will이 말하는 시점 에 결정한 미래의 일이나 단순한 예측을 나타낸 다면, be going to는 의도 또는 이미 예정되 어 있거나 결정된 계획을 나타낸다.

예 I'm going to cook dinner.
(나는 저녁을 준비할 거야.)

○ **동사 put**
일상생활에서 자주 쓰이는 동사 put은 문맥에 따라 다양한 의미를 나타낸다. 주로 '(특정한 장소·위치 에) 놓다[두다/넣다]'라는 뜻으로 쓰이며, 여기서는 '부착하다, 붙이다, 달다'라는 뜻으로 쓰였다. 시제 에 따른 동사 변화형은 모두 같다. (put-put-put)

예 He put the box on the shelf.
(그는 상자를 선반 위에 올려 두었다.)

○ **after class / after school**
'수업 끝나고'라는 의미의 after class와 '방과 후' 라는 의미의 after school에서는 명사 앞에 관사 (a/an)를 쓰지 않는다. 이처럼 '학교'가 건물이나 시설물을 가리키는 것이 아니라 '교육이 이루어지 는 곳'이라는 추상적인 의미를 나타낼 때는 관사를 쓰지 않는다.

Check-up

[1~3] Ⓐ의 대화를 읽고 내용과 일치하면 T, 일치하지 않으면 F에 표시하시오.

1 Jiho is going to clean the windows. [T][F]
2 Junha is going to make a table. [T][F]
3 Nami is going to take pictures. [T][F]

[4~5] 우리말과 일치하도록 주어진 단어를 올바르게 배열하시오.

4 나는 이번 주 금요일에 배드민턴을 칠 거야.(to, play, going)
I'm ＿＿＿＿ ＿＿＿＿ ＿＿＿＿ badminton this Friday.

5 너는 그 책을 살 거니?(going, are, buy)
＿＿＿＿ you ＿＿＿＿ to ＿＿＿＿ the book?

정답 1. T 2. F 3. F 4. going to play 5. Are, going, buy

Listen & Speak 2

소녀는 뭐라고 말할까요?
- ☑ 음악
- ☐ 영어
- ☐ 컴퓨터

대본·해석

G I'm interested in **music**.
소녀 나는 음악에 관심이 있어.

A **대본·해석**

1. G ❶ What books are you interested in, Tom?
   B ❷ I'm interested in comic books.
   소녀 Tom, 너는 어떤 책에 관심이 있니?
   소년 나는 만화책에 관심이 있어.

2. B ❸ Are you interested in history books, Mina?
   G Yes, I am.
   소년 미나야, 너는 역사책에 관심이 있니?
   소녀 응, 그래.

3. B What books is Yujin interested in?
   G She's interested in science books.
   소년 유진이는 어떤 책에 관심이 있니?
   소녀 그녀는 과학책에 관심이 있어.

B **본문 해석**

A 너는 무엇에 관심이 있니?
B 나는 요리에 관심이 있어. 너는 어때?
A 나는 로봇에 관심이 있어.

Get Ready What will the girl say?

I'm interested in _____.

- ☑ music
- ☐ English
- ☐ computers

🎧 Check the answer with your partner.

A **Listen and Write** 관심 있는 책에 대한 조사표를 완성해 봅시다. 🎧

Students	**1.** Tom	**2.** Mina	**3.** Yujin
Books	comic books	history books	science books

· comic   · science   · history

B **Talk and Shout** 다음과 같이 대화하며, 자신과 흥미가 같은 세 사람을 찾아봅시다.

A: What are you interested in?
B: I'm interested in **cooking**. How about you?
A: I'm interested in **robots**.

How to Do
1. 각자의 흥미를 종이에 적습니다.
2. 자신과 흥미가 같은 사람 세 사람을 찾으면, 종이를 펼쳐 보이며 "We're interested in ..."이라고 외칩니다.

Speaking Tip

관심사 표현하기

관심사를 나타낼 때는 be interested in(~에 관심이 있다) 형태를 쓴다. 전치사 in 뒤에는 명사나 '동사원형+ing'의 동명사 형태가 온다. 참고로, 주어가 관심의 대상일 때는 형용사 interesting을 쓴다.

예 **I'm interested in** science.
(나는 과학에 관심이 있다.)
I'm interested in collecting stamps.
(나는 우표 수집에 관심이 있다.)
The book is **interesting**.
(그 책은 재미있다.)

Vocabulary

- interested [íntərestid] 형 흥미있는
  예 I am **interested** in sports.(나는 스포츠에 관심이 있어.)
- comic book 만화책
  예 He is reading a **comic book**.(그는 만화책을 읽고 있다.)
- history [hístəri] 명 역사, 역사학
  예 My favorite subject is **history**.(내가 가장 좋아하는 과목은 역사이다.)
- cooking [kukíŋ] 명 요리
  예 My parents like **cooking**.(우리 부모님은 요리를 좋아하신다.)

Word Quiz

우리말에 맞게 빈칸에 알맞은 단어를 쓰시오.

1. 그녀는 수영에 관심이 있다.
   She is _____ in swimming.
2. 이 만화책은 매우 웃기다.
   This _____ book is very funny.

정답 1. interested 2. comic

36 Lesson 2

Get Ready

[해설] 여학생이 피아노를 보면서 관심을 표현하고 있으므로 음악(music)이 적절하다.

A Listen and Write

❶ **What books are you interested in, Tom?**
what 뒤에 명사가 나온 것으로 보아 '어떤'이라는 의미의 의문형용사로 쓰였음을 알 수 있다. '~에 관심이 있다'는 「be + interested + in」 형태로 나타낸다.
> (예) **What color** is it?(그건 무슨 색이니?)

❷ **I'm interested in comic books.**
be interested in 대신 take[have] (an) interest in을 쓸 수도 있다.
> (예) She **took[had] (an) interest** in music.(그녀는 음악에 관심이 있었어.)

❸ **Are you interested in history books, Mina?**
의문사가 없는 의문문은 be동사(am/are/is 등) 또는 조동사(will/can/should 등)가 문장의 맨 앞에 온다. 이때 be동사는 주어와 수일치시킨다.
> (예) **Are** you ready to order? (주문하시겠어요?)
> **Will** you have some more cake? (케이크 더 드실래요?)
> **Is she** your friend? (그녀는 당신의 친구인가요?)

[해설] 1. Tom은 만화책에 관심이 있다고 말한다.
2. 미나는 역사책에 관심이 있다고 말한다.
3. 여학생은 유진이가 과학책에 관심이 있다고 말한다.

B Talk and Shout

[해설] 상대방의 질문에 답을 한 후 같은 질문을 상대방에게 되풀이해 물을 때는 How about you?를 쓴다.

[예시 답안]

1. A What are you interested in?(너는 무엇에 관심이 있니?)
   B I'm interested in math. How about you?
   (나는 수학에 관심이 있어. 너는 어때?)
   A I'm interested in music.(나는 음악에 관심이 있어.)

2. A What are you interested in?(너는 무엇에 관심이 있니?)
   B I'm interested in hiking. How about you?
   (나는 하이킹에 관심이 있어. 너는 어때?)
   A I'm interested in camping.(나는 캠핑에 관심이 있어.)

학습 도우미

의사소통 기능 ②
관심 표현하기
be interested in ~은 어떤 대상에 대한 흥미나 관심을 나타낼 때 쓴다. be동사 대신 get, become, feel 등을 사용하기도 하며 관심의 정도를 나타낼 때는 be very (much) interested in ~형태를 쓰기도 한다.
> (예) He **is very much interested in fashion**. (그는 패션에 관심이 많아.)

comic의 의미
comic은 형용사나 명사로 쓰일 수 있다. 형용사로 쓰일 때는 '웃기는, 익살맞은, 만화의, 코미디의'를, 명사로 쓰이면 '코미디언, 만화책[잡지]'을 의미한다. '만화책'을 뜻할 때는 book을 함께 쓰거나 생략할 수 있다.
> (예) He is a **comic** book writer.
> (그는 만화 작가야.)

How about ~?
How about ~?는 상대방에게 제안 또는 권유할 때 쓰는 표현으로, 전치사 about 뒤에는 명사 또는 동사-ing 형태의 동명사가 온다. '너는 어때?'라는 의미를 나타낼 때는 What about you?를 쓸 수도 있다.
> (예) I'm doing fine. **How about you**?
> (난 잘 지내. 넌 어때?)
> **How about joining** us for lunch?
> (우리랑 같이 점심 먹는 건 어때?)

[Check-up]

[1~3] A의 대화를 읽고 내용과 일치하면 T, 일치하지 않으면 F에 표시하시오.

1 Tom is interested in comics. T F
2 Mina is interested in history books. T F
3 Yujin is interested in science books. T F

[4~5] 우리말에 일치하도록 빈칸에 알맞은 말을 쓰시오.

4 _____ are you interested in?
(너는 무엇에 관심이 있니?)

5 I'm interested in _____.
(나는 요리에 관심이 있어.)

정답 1. T 2. T 3. T 4. What 5. cooking

Conversation

A 나라와 세호는 무엇에 대해 이야기하고 있나요?

예시 답안

- They're talking about Dokdo.
  (그들은 독도에 대해 이야기하고 있다.)
- They're talking about school clubs.
  (그들은 학교 동아리에 대해 이야기하고 있다.)

B 대본·해석

Nara ❶ Which club are you going to join, Seho?

Seho I'm going to join Dokdo Sarang. ❷ What about you?

Nara Well, I have no idea. ❸ But I'm interested in Dokdo, too.

Seho ❹ Let's join the club together, Nara.

Nara ❺ What do they do there?

Seho Lots of things. ❻ They campaign for Dokdo. They also work for VANK.

Nara ❼ That sounds exciting. I'll join the club with you.

나라 세호야, 너는 어떤 동아리에 가입하고 싶니?
세호 나는 '독도사랑'에 가입할 거야. 너는 어때?
나라 음, 잘 모르겠어. 하지만 나도 독도에 관심이 있어.
세호 나라야, '독도사랑' 동아리에 같이 가입하자.
나라 거기서는 뭘 하니?
세호 많은 일을 해. 독도를 위해서 캠페인을 펼쳐. '반크'에서 활동하기도 하지.
나라 재미있겠다. 나도 너랑 그 동아리에 가입할래.

본문 해석

'독도사랑'에 오신 걸 환영합니다!
여러분은 독도에 관심이 있으신가요?
오셔서 저희와 함께하세요!
우리는 독도를 위한 캠페인을 합니다.
우리는 또한 '반크'에서 활동합니다.

C 여러분 '독도사랑'에서 무엇을 하고 싶습니까?

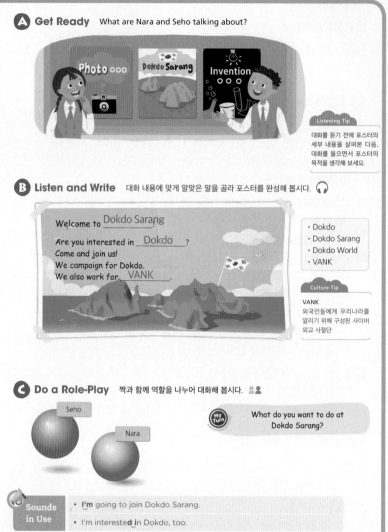

A Get Ready   What are Nara and Seho talking about?

Photo ooo   Dokdo Sarang   Invention

> **Listening Tip**
> 대화를 듣기 전에 포스터의 세부 내용을 살펴본 다음, 대화를 들으면서 포스터의 목적을 생각해 보세요.

B Listen and Write   대화 내용에 맞게 알맞은 말을 골라 포스터를 완성해 봅시다.

Welcome to ___Dokdo Sarang___
Are you interested in ___Dokdo___?
Come and join us!
We campaign for Dokdo.
We also work for ___VANK___.

- Dokdo
- Dokdo Sarang
- Dokdo World
- VANK

> **Culture Tip**
> VANK
> 외국인들에게 우리나라를 알리기 위해 구성된 사이버 외교 사절단

C Do a Role-Play   짝과 함께 역할을 나누어 대화해 봅시다.

Seho

Nara

My Turn   What do you want to do at Dokdo Sarang?

> **Sounds in Use**
> - I'm going to join Dokdo Sarang.
> - I'm interested in Dokdo, too.

Vocabulary

- which [witʃ] 의 어느, 어떤
- club [klʌb] 명 동아리, 동호회
  예 I want to join the drama **club**.(나는 연극 동아리에 가입하고 싶어.)
- join [dʒɔín] 동 가입하다
- have no idea 알지 못하다
- campaign [kæmpéin] 동 캠페인을 하다, ~을 알리기 위해 조직적으로 노력하다
  예 Let's **campaign** for clean air.(깨끗한 공기를 위한 캠페인을 벌이자.)
- VANK 사이버 외교 사절단(Voluntary Agency Network for Korea)
- sound [saund] 동 ~처럼 들리다[생각되다]
  예 That **sounds** true.(그거 맞는 말처럼 들리는데.)

Write it

다음 질문에 영어로 답해 봅시다.

1. Q Which club is Seho going to join?
   A He _____ Dokdo Sarang.
2. Q What is Nara interested in?
   A She _____ Dokdo.

정답 1. is going to join 2. is interested in

Word Quiz

우리말에 맞게 빈칸에 알맞은 단어를 쓰시오.

1. 나는 미술 동아리에 가입하고 싶다.
   I want to _____ the art club.
2. 너는 어느 나라에 가고 싶니?
   _____ country do you want to visit?

정답 1. join 2. Which

A Get Ready

해설 남학생과 여학생이 사진(Photo), 독도사랑(Dokdo Sarang), 발명 (Invention) 포스터를 보며 이야기하는 것으로 보아 동아리 활동에 대한 것임을 알 수 있다.

B Listen and Write

❶ **Which club are you going to join, Seho?**
which 뒤에 명사가 나온 것으로 보아 '어떤'이라는 의미의 의문형용사로 쓰였음을 알 수 있다.

❷ **What about you?**
How about you?와 같은 의미로, 상대방의 질문에 답을 한 후 같은 질문을 상대방에게 되풀이해 물을 때 쓴다.

❸ **But I'm interested in Dokdo, too.**
'~도 또한, 역시'라는 의미의 too를 긍정문 끝에 붙이면 상대방의 말에 대한 동의를 나타낸다.

❹ **Let's join the club together, Nara.**
Let's ~는 Let us의 줄임말로 '~하자'라는 의미의 제안 또는 권유를 나타낸다.

❺ **What do they do there?**
there은 '거기에서'라는 의미의 부사로 쓰였다. 여기에서는 in the club의 의미로 볼 수 있다.

❻ **They campaign for Dokdo.**
campaign은 명사 또는 동사로 쓰일 수 있으며, 명사로 쓰일 때는 '캠페인, (정치적·사회적) 운동'을 의미하며, 동사로 쓰이면 '캠페인(운동)을 벌이다'라는 뜻을 나타낸다.

❼ **That sounds exciting.**
지각동사 sound 뒤에는 형용사가 나온다.

해설 세호가 '독도사랑' 동아리에 가입할 계획이라고 말하자 나라도 독도에 관심이 있으니 함께 가입하겠다고 했으며 세호는 '독도사랑'에서 '반크' 활동도 한다고 말한다.

C Do a Role-Play

해설 역할극을 하며 '독도사랑'에서 하고 싶은 동아리 활동에 대해 말해 본다.

 예시 답안

- I want to draw pictures of Dokdo.(나는 독도를 그리고 싶다.)
- I want to visit Dokdo with the club members.
  (나는 동아리 친구들과 독도를 방문하고 싶다.)
- I want to make a website for Dokdo.(나는 독도 웹사이트를 만들고 싶다.)

Real-Life Task

대본·해석

M Hello, everyone! Welcome to Student Radio. Today we're going to talk about our weekend plans. ❶ I'm going to draw pictures in the park. What are you going to do this weekend?

남자 여러분, 안녕하세요. 〈학생 방송〉에서 여러분을 환영합니다. 오늘은 주말 계획에 대해 이야기하려고 합니다. 저는 공원에서 그림을 그릴 거예요. 여러분은 이번 주말에 무엇을 할 건가요?

본문 해석

A 너는 이번 주말에 무엇을 할 거니?
B ❷ 나는 하이킹을 갈 거야.
A 멋지다. ❸ 나도 하이킹 좋아해. 같이 하이킹 가자. /
   ❹ 그렇구나. 즐거운 시간 보내.

예시 대화

1 A What are you going to do this weekend?
   B I'm going to go swimming.
   A All right. Have a good time.
   A 너는 이번 주말에 무엇을 할 거니?
   B 나는 수영하러 갈 거야.
   A 그렇구나. 즐거운 시간 보내.

2 A Are you going to go camping this weekend?
   B Yes, I am. What are you going to do?
   A I enjoy camping, too. Let's go together.
   A 너는 이번 주말에 캠핑하러 갈 거니?
   B 응. 그럴 거야. 너는 뭘 할 거니?
   A 나도 캠핑 좋아해. 같이 캠핑하러 가자.

본문 해석

우리는 민호, 나라, 미진, 그리고 수민입니다. 우리는 하이킹에 관심이 있습니다. 우리는 이번 주 토요일에 하이킹을 갈 것입니다. 여러분은 이번 주말에 무엇을 할 건가요?

다음 질문에 영어로 답해 봅시다.

1. Q What is Mijin interested in?
   A She is interested in _____ .
2. Q When is Minho going to go hiking?
   A He is going to go hiking _____ .

정답 1. hiking 2. this Saturday

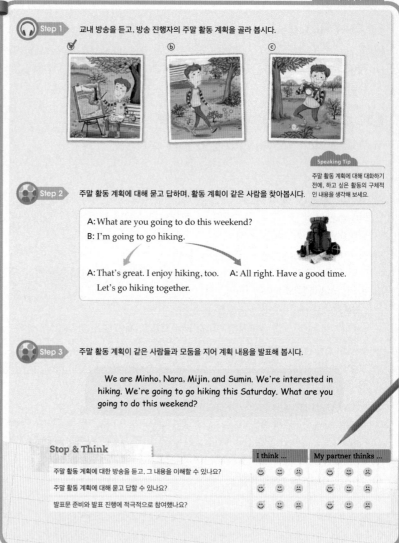

교내 방송을 듣고, 방송 진행자의 주말 활동 계획을 골라 봅시다.

ⓐ ⓑ ⓒ

Speaking Tip
주말 활동 계획에 대해 대화하기 전에, 하고 싶은 활동의 구체적인 내용을 생각해 보세요.

Step 2 주말 활동 계획에 대해 묻고 답하며, 활동 계획이 같은 사람을 찾아봅시다.

A: What are you going to do this weekend?
B: I'm going to go hiking.

A: That's great. I enjoy hiking, too.   A: All right. Have a good time.
   Let's go hiking together.

Step 3 주말 활동 계획이 같은 사람들과 모둠을 지어 계획 내용을 발표해 봅시다.

We are Minho, Nara, Mijin, and Sumin. We're interested in hiking. We're going to go hiking this Saturday. What are you going to do this weekend?

Stop & Think

	I think ...	My partner thinks ...
주말 활동 계획에 대한 방송을 듣고, 그 내용을 이해할 수 있나요?	☺ ☺ ☹	☺ ☺ ☹
주말 활동 계획에 대해 묻고 답할 수 있나요?	☺ ☺ ☹	☺ ☺ ☹
발표문 준비와 발표 진행에 적극적으로 참여했나요?	☺ ☺ ☹	☺ ☺ ☹

Vocabulary

• welcome to ~로 어서 오십시오, ~에 참 잘 오셨습니다
  예 **Welcome to** Seoul.(서울에 오신 걸 환영합니다.)
• plaan [plæn] 명 계획
  예 What is you **plan**?(네 계획은 뭐니?)
• picture [píktʃər] 명 그림, 회화, 초상화
  예 Yujin is drawing a **picture**.(유진이는 그림을 그리고 있다.)

Word Quiz

다음 우리말을 읽고 빈칸에 알맞은 단어를 쓰시오.

1. '산타의 집'에 오신 걸 환영합니다.
   _____ to the Home of Santa Claus.
2. 나 이번 주말에 생일 파티가 있어.
   I have a birthday party this _____ .

정답 1. Welcome 2. weekend

 Step 1

❶ **I'm going to draw pictures in the park.**
picture는 '그림, 사진, 영화' 등 다양한 의미로 쓰인다. 동사 draw와 함께 쓰이면 '그림, 회화'를 뜻하며 동사 take와 함께 쓰이면 '사진'을 뜻한다.
　예 Will you take a **picture** for me?(사진 한 장 찍어 줄래?)
　　The girl is drawing a **picture**.(그 소녀는 그림을 그리고 있다.)

해설 라디오 프로그램의 진행자는 청취자의 주말 계획을 묻기 전에 자신은 주말에 공원에서 그림을 그릴 것(draw pictures in the park)이라고 말했다.

 Step 2

❷ **I'm going to go hiking.**
「go+동명사」 형태는 '~하러 가다'라는 의미를 나타내며 주로 운동, 취미 활동 등을 표현할 때 쓰인다.
　예 I'm going to **go shopping** with my mom.(나는 엄마랑 쇼핑하러 갈 거야.)

❸ **I enjoy hiking, too.**
부사 too를 긍정문의 끝에 붙이면 상대방의 의견에 대한 동의를 나타낼 수 있다. 이때 too는 '역시, ~도 또한'이라는 의미로 쓰였다.
　예 A: I like reading comic books.(나는 만화책 읽기를 즐겨.)
　　B: I like reading them, **too**. (나도 그래.)

해설 어떤 활동을 즐겨 하는지 나타낼 때는 「enjoy + (동)명사」 형태를 쓴다.

❹ **All right. Have a good time.**
All right.는 승낙을 나타낼 때('알았어, 좋아, 됐어'), 감사나 사과의 표현에 응답할 때('천만에, 괜찮아'), 주의를 집중시킬 때('자, 저') 등 다양한 의미로 자주 쓰이는 감탄사 표현이다.

 Step 3

해설 주말 활동 계획이 같은 사람끼리 모둠을 지어 be interested in을 이용해 관심사와 가까운 미래의 계획을 발표해 본다.

예시 답안

We are Jihoon, Somi, and Jihye. We're interested in sports. We're going to play basketball this Sunday.(우리는 지훈, 소미, 지혜입니다. 우리는 스포츠에 관심이 있습니다. 우리는 이번 주 일요일에 농구를 할 것입니다.)

학습 도우미

○ **동의하기**
also, too와 so를 이용하여 긍정문에 대한 동의를 표현할 수도 있다. also는 주로 동사의 앞, be동사 뒤에 오며 so는 「So + 동사 +주어」의 형태를 취한다.
　예 A: I'm interested in opera.
　　　(난 오페라에 관심이 있어.)
　　B: I'm **also** interested in it. / I'm interested in it, **too**. / Me, **too**. / So am I.(나도 그래.)

○ **부사 too**
too가 형용사나 부사를 수식하는 경우 '너무 ~한'이라는 의미를 나타내며 긍정문의 끝에 위치해 문장 전체를 수식하면 '~도 또한, 역시'라는 뜻을 나타낸다.
　예 It's **too** big.(그건 너무 커.)

Check-up

[1~2] 괄호 안의 단어를 알맞은 형태로 고쳐 문장을 완성하시오.

1 What _____ you going to do this Saturday?(be)
2 Let's go _____.(hike)

3 괄호 안의 우리말과 의미가 일치하도록 빈칸에 알맞은 말을 쓰시오.

I'm going to draw a _____ of my family.
(나는 우리 가족의 그림을 그릴 것이다.)

정답 1. are 2. hiking 3. picture

교과서 p.34

대본·해석

1. My name is Bihong. I live in Shanghai.
   I play go after school.
   (내 이름은 Bihong이야. 나는 상하이에 살아. 나는 방과 후에 바둑을 둬.)

2. I'm Stacy. I live in Melbourne. I go horse riding.
   (나는 Stacy야. 나는 멜버른에 살아. 나는 승마를 해.)

3. My name is Ama. I live in Nairobi.
   I make African masks after school.
   (내 이름은 Ama야. 나는 나이로비에 살아. 나는 방과 후에 아프리카 민속 탈을 만들어.)

4. I'm Rodrigo. I live in Buenos Aires.
   I enjoy playing soccer.
   (난 Rodrigo야. 나는 부에노스 아이레스에 살아. 나는 축구를 즐겨 해.)

해설 각 나라의 국기와 수도명으로 보아 Bihong(상하이)-중국, Stacy(멜버른)-호주, Ama(나이로비)-케냐, Rodrigo(부에노스 아이레스)-아르헨티나이다.

Mission

예시 답안

1.

Country(국가)	After-School Activity(방과후 활동)
India(인도)	Yoga(요가)
Spain(스페인)	Cooking(요리)
Germany(독일)	Volunteer work(봉사활동)

해설 다양한 국가의 방과 후 활동을 알아본 후, 우리나라 학생들이 즐겨하는 방과 후 활동과 비교해 보면서 표를 정리한다.

2. B (act)
   G Is it yoga?
   B Yes, it is.
   소년 (몸짓을 한다.)
   소녀 요가니?
   소년 응, 맞아.

Culture Tip

유형별 방과 후 프로그램

- Sports(스포츠): soccer(축구), baseball(야구), swimming(수영), hockey(하키)
- Performing arts(공연 예술): dance(춤), drama(연극), ballet(발레), choir(합창단), band(악단)
- Creative arts(창작 예술): painting(그림), drawing(그림 그리기), crafts(공예)
- School subjects(학과목): Chinese(중국어), Latin(라틴어), science(과학), mathematics(수학)
- Outdoor programs(야외 프로그램): scouting(스카우트), camping(야영), environmental clubs(환경보호 동아리), volunteering(봉사활동), community activities(지역사회 활동)
- Recreational programs(여가 프로그램): board game(보드 게임), chess(체스), go(바둑)

After-School Fun Around the World

다른 나라 학생들은 방과 후에 어떤 활동을 할까요? 아래 학생들의 방과 후 활동에 대한 말을 듣고, 학생들과 국기 그리고 활동을 연결해 봅시다.

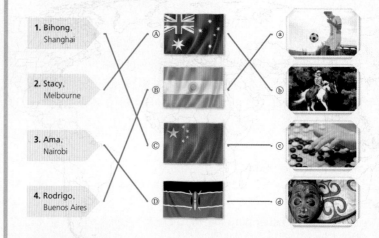

1. Bihong, Shanghai
2. Stacy, Melbourne
3. Ama, Nairobi
4. Rodrigo, Buenos Aires

Ⓐ Ⓑ Ⓒ Ⓓ
ⓐ ⓑ ⓒ ⓓ

Mission

1. 다른 나라 중학생들의 방과 후 활동을 조사해 봅시다.

Country	After-School Activity
India	Yoga

2. 조사한 방과 후 활동을 몸짓으로 나타내고, 다른 모둠은 무슨 활동인지 맞혀 봅시다.

Complete

Vocabulary

- after-school (형) 방과 후의
  (예) We have many **after-school** classes.(우리는 많은 방과 후 수업을 제공합니다.)
- fun [fun] (명) 재미, 재미있는 것
- go [gou] (명) 바둑
- horse riding (명) 승마
- mask [mæsk] (명) 가면, 탈
- activity [æktívəti] (명) 활동
  (예) What kind of club **activity** do you like? (너는 어떤 동아리 활동을 좋아하니?)

Word Quiz

우리말에 맞게 빈칸에 알맞은 단어를 쓰시오.

1. 아이들은 놀이터에서 즐거운 시간을 보내고 있다.
   The children are having _____ in the playground.
2. 그들은 새로운 겨울 활동을 즐긴다.
   They enjoy a new winter _____.

정답 1. fun 2. activity

Before I Read

교과서 p.35

Ⓐ 포스터와 동아리 이름을 연결한 다음, 나머지 동아리의 이름을 지어 봅시다.

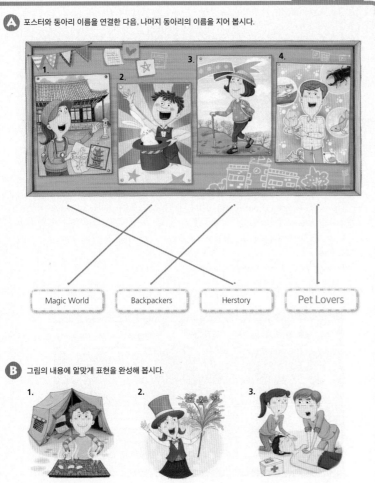

| Magic World | Backpackers | Herstory | Pet Lovers |

Ⓑ 그림의 내용에 알맞게 표현을 완성해 봅시다.

1.
go _camping_

2.
do _a magic show_

3.
learn _first aid_

· a magic show   · first aid   · camping

Ⓐ

본문 해석

- Magic World(마법 세상)
- Backpackers(배낭여행자)
- Herstory(그녀의 (역사)이야기)

My Turn 예시 답안

- Pet Lovers(애완동물 애호가)

해설 첫 번째 그림에서 여학생이 유적지를 둘러보고 있는 것으로 보아 '여성의'라는 의미의 Her와 '역사'라는 의미의 history가 합쳐진 Herstory라는 동아리 이름이 어울리며, 두 번째 그림에서는 토끼가 모자에서 나오는 마술을 보여 주고 있으므로 Magic World가 어울린다. 세 번째 그림에서는 배낭을 멘 사람이 도보 여행을 하고 있으므로 Backpackers가 어울린다. 마지막 그림에서는 각종 동물들과 새를 보살피는 남자의 모습이 제시되었으므로 반려동물과 관련된 이름이 어울린다.

Ⓑ

본문 해석

1. go **camping**(캠핑하러 가다)
2. do **a magic show**(마술쇼를 하다)
3. learn **first aid**(응급처치를 배우다)

해설 첫 번째 그림에서는 야영객이 바비큐를 굽고 있고 두 번째 그림에서는 마술을 하고 있으며 세 번째 그림에서는 응급처치를 하고 있다.

Vocabulary

- pet [pet] 몡 애완동물, 반려동물
  예 Do you have any **pets**?(넌 반려동물이 있니?)
- camping [kǽmpiŋ] 몡 캠핑, 야영
  예 I like **camping** and climbing.(나는 캠핑과 등산을 좋아한다.)
- do a magic show 마술쇼를 하다
  예 We are going to **do a magic show** together.
  (우리는 함께 마술쇼를 할 거야.)
- first aid 몡 응급 처치, 구급 요법

Word Quiz

우리말에 맞게 빈칸에 알맞은 단어를 쓰시오.

1. 어떤 종류의 애완 동물을 원하니?
   What kinds of _____ do you like?
2. 그들은 매년 캐나다에서 캠핑을 한다.
   They go _____ in Canada every year.

정답 1. pets 2. camping

Write it

우리말에 맞게 주어진 단어를 바르게 배열하시오.

1. 나는 춤추러 갈 거야.
   I am _____ dancing.
   (to / go / going)
2. 즐거운 시간 보내.
   Have _____.
   (good / a / time)

정답 1. going to go 2. a good time

Read 1

Main Idea

교내 동아리 소개 및 홍보

Second Reading
(동아리의 활동)

Magic World – enjoy magic online and offline, do a magic show, learn some magic tricks
Backpackers – go camping and hiking, learn backpacking and first aid

본문 해석

교내 동아리 쇼!
여러분, 안녕하세요! 교내 동아리 쇼에 오신 것을 환영합니다. ❶ 여기 Magic World와 Backpackers라는 특별한 동아리가 두 개가 있습니다.

Magic World에 오신 것을 환영합니다!
❷ 여러분은 이번 주 금요일에 뭘 할 건가요? ❸ Magic World에 가입하러 오세요.
우리는 온라인에서, 그리고 직접 만나서 마술을 즐겨 합니다. ❹ 매달 나눔 양로원에서 마술쇼도 하고요.
❺ 마술을 배우고 싶나요? ❻ 이번 주 금요일 오후 4시에 재능실로 오세요!
❼ Water Bag Magic을 보려면 여기를 클릭하세요!

Q1 그들은 Magic World에서 마술을 즐겨 한다.
☑ 참　☐ 거짓

해설 사회자가 자신의 동아리 Magic World를 소개하면서 '우리는 온라인과 오프라인에서 마술을 즐겨 합니다(We enjoy magic tricks online and offline.)'라고 했으므로 옳은 문장이다.

SCHOOL CLUB SHOW!

Hi, there! Welcome to School Club Show! Here we have two special clubs: Magic World and Backpackers.

| Magic World | 🔍 |

home　for students　staff　school club show　our school

Welcome to Magic World!

What are you going to do this Friday? Come and join Magic World.

We enjoy magic tricks online and offline. We also do a magic show at Nanum Nursing Home every month.

Do you want to learn some magic tricks? Come to the Talent Room at 4 p.m. this Friday!

Please <u>click HERE</u> for Water Bag Magic!

Q1. They enjoy magic tricks at Magic World. ☑ True ☐ False

• special　• magic　• trick　• online　• offline

Say it

다음 질문에 영어로 답하시오.

1. Where do they meet this Friday?
2. What is the name of the club?

정답 1. Talent Room. 2. Magic World.

Circle it

우리말과 일치하도록 올바른 형태를 고르시오.

1. 와서 가입하세요. – <u>Come</u>/Go and join us.
2. 우리는 마술쇼를 합니다.
   – We <u>do</u>/does a magic show.

정답 1. Come 2. do

Vocabulary

• special [spéʃəl] 형 특별한
  예 That was a **special** gift.(그것은 특별한 선물이었다.)
• magic [mǽdʒik] 명 마술
  예 He teaches **magic** to students.(그는 학생들에게 마술을 가르친다.)
• trick [trik] 명 수단, 기술, 장난
• online [ɔːnláin] 부 온라인으로
  예 Bill plays games **online**.(Bill은 온라인으로 게임을 한다.)
• offline [ɔːfl(á)in] 부 오프라인으로, (컴퓨터에) 접속되지 않은
  예 You can upload the file **offline**.(오프라인 상태에서 파일을 올릴 수 있어.)

Word Quiz

우리말에 맞게 빈칸에 알맞은 단어를 쓰시오.

1. 많은 사람들이 온라인으로 물건을 구입한다.
   Many people buy things _____.
2. 너는 마술이 보고 싶니?
   Do you want to see _____?

정답 1. online 2. magic

❶ **Here** we have two special clubs: Magic World and Backpackers.
here는 문장 앞에 쓰이며 '자, 여기에'라는 의미를 나타낸다. "Here we have ~"는 "Here is[are] ~"로 바꾸어 쓸 수 있다.

❷ What **are** you **going to** do this Friday?
be going to는 '~할 것이다'라는 뜻으로 미래의 계획이나 예정을 나타내며, to 다음에는 동사원형이 온다.

❸ **Come and** join Magic World.
「come and+동사」는 '~하러 오세요'라는 의미의 명령문으로 흔히 구어체에서 쓰인다. 뒤에 나오는 동사는 '목적'을 나타내는 to부정사 역할을 한다.
예 **Come and see** us sometimes.(가끔 우리를 보러 와.)

❹ We also do a magic show at Nanum Nursing Home **every** month.
every는 '모든, 매~, ~마다'라는 의미의 형용사로 뒤에는 단수 명사가 나온다.
예 **Every** student passed the exam.(모든 학생이 시험에 합격했다.)

❺ Do you **want to learn** some magic tricks?
want는 '원하다, 바라다'라는 의미로 뒤에는 명사 또는 to부정사 형태가 오며, to부정사가 쓰이면 '~하고 싶다'라는 의미를 나타낸다.

❻ Come to the Talent Room **at** 4 p.m. this Friday!
at은 시간을 나타내는 표현과 함께 쓰여 '~에'라는 의미를 나타낸다.

❼ **Please** click HERE for Water Bag Magic!
문장이 동사원형으로 시작하면 '~하라'라는 의미의 명령문이 된다. 명령문의 앞이나 뒤에 please를 붙이면 '~해 주십시오'라는 의미로 정중하게 부탁하는 표현을 만들 수 있다.
예 **Please** sit down.(앉아 주십시오.)
　　Be quiet, **please**.(조용히 해 주십시오.)

학습 도우미

○ **콜론(:)의 쓰임**
영어의 구두점 중 하나인 콜론은 완전한 문장 다음에 목록을 열거하거나 설명을 덧붙일 때 쓰인다.
예 Michael takes three classes**:** English, Science, and Music.(마이클은 영어, 과학, 음악, 이렇게 세 과목을 수강한다.)

○ **all과 every**
all은 '모든'이라는 의미로, 주로 집단의 구성원 전체를 가리키며 복수명사와 함께 쓰인다.
예 **All turtles** are slow. (모든 거북이는 느리다.)
every도 '모든'이라는 뜻으로 쓰이지만 집단을 구성하는 개별적인 대상 하나하나를 가리키므로 단수 명사와 함께 쓰인다.
예 **Every child** needs love and care.
(모든 아이는 애정과 보살핌이 필요하다.)

○ **때를 나타내는 전치사**
시간이나 때를 나타내는 표현에 next(다음), last(지난), this(이번) 등이 쓰인 경우 전치사를 앞에 쓰지 않는다.
예 Please come for dinner **this** Saturday.
(이번 주 토요일에 저녁 드시러 오세요.)

Do You Know?

「Water Bag Magic」 물이 가득 담긴 투명 물주머니를 끝이 뾰족한 연필 등으로 수직 관통시키는 마술이다. 연필이 관통해도 물주머니에서 물이 흐르거나 쏟아지지 않는다. 이 마술은 중력과 관련된 과학적 원리와 관련되어 있다. 이 마술에 대한 동영상 자료는 Magic Water Bag 또는 Magic Water and Bag 등의 검색어로 검색할 수 있다.

Check-up

[1~3] 각 문장이 본문의 내용과 일치하면 T, 일치하지 않으면 F에 표시하시오.

1 Many students are members of Water Bag Magic. T F

2 Members of Magic World do a magic show. T F

3 Students can join Magic World next Friday. T F

[4~5] 다음 우리말과 일치하도록 빈칸에 알맞은 말을 쓰시오.

4 We enjoy _____ a magic show.
(우리는 마술쇼를 즐겨 합니다.)

5 _____ and sit next to me.
(와서 내 옆에 앉아.)

정답 1. F 2. T 3. F 4. doing 5. come

Read 2

본문 해석

하이킹을 갑시다!

우리는 Backpackers입니다. ❶ 야외 운동을 좋아하나요? ❷ 신선한 공기를 즐기고 싶은가요? 여러분을 위해 여기 우리가 있습니다.

우리는 캠핑과 하이킹을 해요. 배낭여행을 하는 법과 응급 처치를 배우지요.

❸ 첫 번째 여행은 남산으로 갑니다. ❹ 시청역 앞에서 만날 거예요. ❺ 여기에 등록한 후, 다음 주 토요일 오전 10시에 우리와 함께해요.

이름	의견
남호	암벽 등반을 하러 갈 건가요?

Q2 그들은 Backpackers에서 무엇을 배우나요?

예시 답안

A They learn backpacking and first aid.
(그들은 배낭여행을 하는 법과 응급 처치를 배운다.)

해설

'We learn backpacking and first aid.'라는 말에서 무엇을 배우는지 알 수 있다.

First Reading 글을 훑어 읽고, 글을 쓴 목적을 찾아봅시다.
Second Reading 글을 소리 내어 읽으며, 동아리의 활동에 밑줄을 그어 봅시다.

Backpackers

home   for students   staff   school club show   our school

Let's Go Hiking!

We're Backpackers. Do you like outdoor sports? Do you want to enjoy fresh air? We're here for you.

We go camping and hiking. We learn backpacking and first aid.

Our first trip is to Namsan. We're going to meet in front of City Hall Station. Sign up HERE and join us at 10 a.m. next Saturday.

Name	Comment
Namho	Are you going to go rock-climbing? ☺

Q2. What do they learn at Backpackers? They learn backpacking and first aid.

・ hike   ・ backpack   ・ first aid   ・ sign   ・ rock-climbing

Say it

다음 질문에 영어로 답 하시오.

1. What do they learn?
2. Where do they go next Saturday?

정답 1. backpacking, first aid 2. Namsan

Circle it

우리말과 일치하도록 올바른 형태를 고르시오.

1. 이곳에서 신청하세요. – Click / Sign up here.
2. 10시에 만나요. – Let's meet at / in 10 a.m.

정답 1. Sign 2. at

Vocabulary

- hike [haik] 통 도보 여행을 가다
  예 We'll go **hiking** this weekend. (우리는 이번 주말에 하이킹을 할 것이다.)
- backpack [bǽkpæk] 통 배낭여행을 가다
  예 Let's go **backpack**ing. (배낭여행을 가자.)
- first aid 명 응급 처치, 구급법
- sign up 통 등록하다, 신청하다
  예 **Sign up** now to join us! (지금 바로 가입 신청하세요!)
- rock-climbing 명 암벽 등반
  예 I want to go **rock-climbing**. (나는 암벽 등반을 하러 가고 싶어.)

Word Quiz

우리말에 맞게 빈칸에 알맞은 단어를 쓰시오.

1. 나는 학교에서 응급 처치를 배웠다.
   I learned _____ in school.
2. 내일 나는 암벽등반을 할것이다.
   Tomorrow I'm going to _____.

정답 1. first aid 2. go rock-climbing

❶ **Do you like outdoor sports?**

like의 목적어는 outdoor sports이며, 여기서 like는 enjoy와 비슷한 뜻을 지닌다.

예 Do you **like** riding a horse?(너는 승마 좋아하니?)

❷ **Do you want to enjoy fresh air?**

want의 목적어로 to enjoy fresh air가 사용된 문장이다. air는 셀 수 없는 명사로 복수형을 쓸 수 없다.

예 Why don't we go out and get some fresh **air**? (나가서 신선한 공기 좀 쐴까?)

❸ **Our first trip is to Namsan.**

전치사 to는 '~으로, ~에, ~까지'라는 의미로, 방향 또는 목적지를 나타낸다.

예 I'll go **to** New York.(나는 뉴욕에 갈 거야.)

❹ **We're going to meet in front of City Hall Station.**

in front of는 '~ 앞에'라는 뜻의 전치사이다.

예 The car is **in front of** the truck.(그 차는 트럭 앞에 있다.)

❺ **Sign up HERE and join us at 10 a.m. next Saturday.**

때를 나타내는 표현에 next, last, this 등이 쓰인 경우 전치사를 쓰지 않는다. sing up은 '등록하다, 가입하다, 신청하다'라는 의미로 뒤에 전치사 for를 쓰면 가입한 단체나 등록의 대상을 나타낼 수 있다.

예 I'll **sign up for** four classes.(나는 네 과목을 신청할 거야.)

Do You Know?

Backpacking 흔히 '배낭여행', '등짐여행' 등으로 부른다. 이동에 필요한 품목만을 배낭에 담아 여행자의 계획에 따라 자유롭게 여행하는 활동이다. backpacking은 '배낭을 지고 걷다'는 의미로 등산과 트레킹의 즐거움을 함께 느낄 수 있다는 장점이 있다. 우리나라에서도 최근 여행에 대한 관심이 높아짐에 따라 backpacking을 즐기는 사람들이 늘고 있다.

학습 도우미

○ **셀 수 없는 명사**

물리적인 형태나 제한이 없는 명사를 셀 수 없는 명사라고 하며 -(e)s 등의 복수형을 쓰지 않는다. water(물), air(공기), paper(종이), money(돈) 등의 물질 명사나 information(정보), furniture(가구), baggage(짐) 같은 집합명사는 셀 수 없는 명사로 취급한다.

예 They use a lot of **water**.
(그들은 많은 물을 쓴다.)
He has much **information**.
(그는 많은 정보를 가지고 있다.)

○ **전치사구**

전치사는 원래 명사나 대명사 앞에 놓여 다른 명사나 대명사와의 관계(위치, 시간, 방향, 소유 등)를 나타내는 품사이다. 전치사구란 전치사를 포함한 여러 개의 단어가 「전치사+명사」 형태로 쓰여 하나의 전치사처럼 기능하는 것을 말한다.

예 He jumped **out of** his car.
(그는 차에서 뛰어내렸다.)
The cat is **next to** the box.
(그 고양이는 상자 옆에 있다.)

Check-up

[1~3] 각 문장이 본문의 내용과 일치하면 T, 일치하지 않으면 F에 표시하시오.

1 This club is going to meet next Saturday. T F

2 This club goes camping, not hiking. T F

3 This club's first trip is to Jeju. T F

[4~5] 다음 우리말과 일치하도록 빈칸에 알맞은 말을 쓰시오.

4 We're going to meet him _____ Sunday.
(우리는 그를 다음 주 일요일에 만날 것이다.)

5 The dog is _____ the table.
(그 개가 탁자 앞에 있다.)

정답 1. T 2. F 3. F 4. next 5. in front of

After I Read

ⓐ "Learn Interesting Tricks!"(재미있는 마술을 배워 보세요!)
ⓑ "Let's Go Hiking!"(함께 하이킹 가요!)
ⓒ "Come and Join Us."(우리 동아리에 가입하러 오세요!)

해설 교내 동아리 쇼에서 두 동아리(Magic World, Backpackers를 홍보하며 가입을 권유하고 있으므로 공통 목적을 가장 잘 나타낸 것은 ⓒ이다.

본문 해석
ⓐ 우리는 응급 처치를 배웁니다.
ⓑ 우리는 온라인에서 마술을 즐겨 합니다.
ⓒ 우리는 매달 공연을 합니다.
ⓓ 우리는 다음 주 토요일에 만날 것입니다.

해설
1. Magic World는 온라인으로 마술을 즐기고(ⓑ), 매달 쇼를 한다(ⓒ).
2. Backpackers는 응급 처치를 배우고(ⓐ), 다음 주 토요일에 모임을 갖는다(ⓓ).

My Turn 본문 해석

A 너는 어느 동아리에 관심이 있니?
B 난 Magic World에 관심이 있어. 마술을 배우고 싶거든.

예시 답안
• I'm interested in Backpackers. I want to go hiking.(나는 Backpackers에 관심이 있어. 하이킹을 하고 싶거든.)

Write it

[1~2] 주어진 단어를 이용하여 문장을 완성하시오.

1. 우리는 새로운 언어를 배웁니다.
   We _____ .
   (new, learn, language)

2. 넌 어느 과목이 관심이 있니?
   _____ interested in?
   (subject, you, which, are)

정답 1. learn a new language 2. Which subject are you

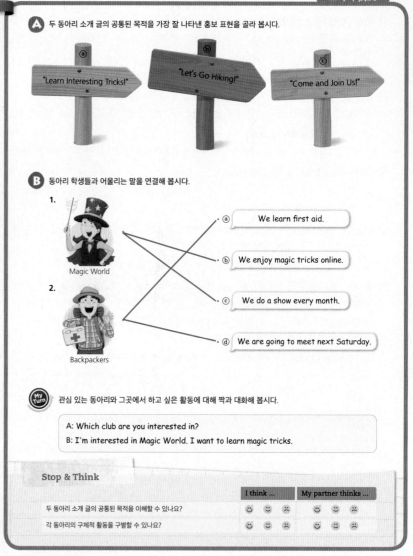

교과서 p.20

A 두 동아리 소개 글의 공통된 목적을 가장 잘 나타낸 홍보 표현을 골라 봅시다.

ⓐ "Learn Interesting Tricks!"   ⓑ "Let's Go Hiking!"   ⓒ "Come and Join Us!"

B 동아리 학생들과 어울리는 말을 연결해 봅시다.

1. Magic World

2. Backpackers

ⓐ We learn first aid.
ⓑ We enjoy magic tricks online.
ⓒ We do a show every month.
ⓓ We are going to meet next Saturday.

My Turn 관심 있는 동아리와 그곳에서 하고 싶은 활동에 대해 짝과 대화해 봅시다.

A: Which club are you interested in?
B: I'm interested in Magic World. I want to learn magic tricks.

Stop & Think

	I think …	My partner thinks …
두 동아리 소개 글의 공통된 목적을 이해할 수 있나요?	☺ ☺ ☹	☺ ☺ ☹
각 동아리의 구체적 활동을 구별할 수 있나요?	☺ ☺ ☹	☺ ☺ ☹

Vocabulary

• interesting [íntərestiŋ] 형 재미있는, 흥미로운
  예 Math is an **interesting** subject.(수학은 흥미로운 과목이다.)
• join [dʒɔin] 동 가입하다, 참가하다
  예 I want to **join** the club, too.(나는 그 동아리에도 가입하고 싶어.)

Sum up!

본문 내용과 일치하도록 알맞은 말을 빈칸에 써 넣으시오.
Our school has two special clubs: Magic World and _____ .
Magic World: They _____ magic tricks online and offine. They also _____ a magic show every month. Students can _____ some magic tricks in the club.
Backpackers: They enjoy _____ sports and fresh _____ . They go camping and _____ . They _____ backpacking and first aid. They are going to go to _____ . Students can _____ them at 10 a.m. next Saturday.

정답 Backpackers, enjoy, do, learn, outdoor, air, hiking, learn, Namsan, join

Language Detective

교과서 p.39

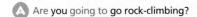
A Are **you** going to **go** rock-climbing?

'~할 것이니?'라는 뜻은
어떻게 나타낼까요?

관람하고 싶은 춤 공연을 골라 관람 계획을 세우고 짝과 대화해 봅시다.

A: Are you going to go to Dance Show?
B: Yes, I am.
A: Are you going to see **Tap Dance Show**?

B: Yes, I am.   B: No, I'm not.

B Do **you** want to learn some magic tricks?

want 다음에 오는 말은
어떤 모양일까요?

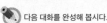 다음 대화를 완성해 봅시다.

Do you want to sleep?
No. I don't want ___to sleep___.
I want to walk, and I want ___to win___ the race.

- sleep
- win
- lose

More Info

잠자는 숲속의 미녀(Sleeping Beauty)
프랑스 동화작가 샤를 페로(Charles Perrault)의 작품 중 하나로, 원제는 'La Belle au Bois Dormant'이다. 마법사의 저주에 걸려 깊은 잠에 빠진 공주에게 왕자가 진실한 마음을 담아 입맞춤을 하자 공주가 마침내 긴 잠에서 깨어 왕자와 결혼해 행복하게 살았다는 내용의 이야기이다.

토끼와 거북이(The Tortoise And The Hare)
이솝우화 중 하나이다. 느린 거북이와 재빠른 토끼가 달리기 시합을 하다 방심한 토끼가 시합 도중 잠이 든다. 느리지만 쉬지 않고 나아간 거북이가 먼저 결승점에 도착해 시합에서 승리한다. 꾸준히 노력하면 성공할 수 있다는 교훈을 담고 있는 이 우화와 관련한 속담으로 Slow and steady wins the race.(느려도 꾸준히 하면 이긴다)가 있다.

- be going to 의문문
- to부정사를 목적어로 취하는 동사

A

본문 해석
- 너는 암벽 등반을 **할 거니**?
왕   그녀가 깨어나지 않아. 911에 전화 **할 텐가**?
왕자 아니요. 저는 그녀에게 입맞춤을 **할 겁니다**.

예시 답안
A Are you going to go to Dance Show?
   (너는 Dance Show에 갈 거니?)
B Yes, I am.(응, 그럴 거야.)
A Are you going to see K-pop Dance Show?
   (너는 K-pop Dance 쇼를 보러 갈 거니?)
B Yes, I am.(응, 그럴 거야.)/No, I'm not.(아니, 안 갈 거야.)

해설 be동사로 시작하는 의문문에는 be동사를 써서 응답한다. 단, 긍정형 응답인 경우 축약형인 Yes, I'm. 으로 쓸 수 없다.

Q '~할 것이니?'라는 뜻은 어떻게 나타낼까요?

모범 답안 가까운 미래의 의도나 계획을 나타낼 때는 be going to를 사용하며, 이를 의문문 형태로 만들 때는 be동사가 문장의 맨 앞에 나온다.

B

본문 해석
- 너는 마술을 **배우고 싶니**?
산신령 너는 경주에서 **이기고 싶니**?
토끼   네, 저는 경주에서 **이기고 싶어요**. 하지만 지금은 **잠을 자고 싶어요**.

예시 답안
산신령 Do you want to sleep?
   (너는 잠을 자고 싶니?)
거북이 No. I don't want <u>to sleep</u>. I want to walk, and I want <u>to win</u> the race.
   (아니요. 저는 자고 싶지 않아요. 저는 걷고 싶고, 경주에서 이기고 싶어요.)

해설 want 뒤에는 「to+동사원형」 형태인 to부정사가 와야 한다. 잠을 자고 싶은지 묻는 산신령의 말에 거북이가 '아니요'(No)라고 답했으므로 걸어서 경주에서 이기길(to win) 원한다는 것을 알 수 있다.

Q want 다음에 오는 말은 어떤 모양인가요?

모범 답안 want 다음에는 to부정사, 즉 「to + 동사원형」 형태를 써야 한다.

Ⓐ be going to 의문문

be동사 + 주어 + going to + 동사원형 ~? ~할 것이니?

- A **Are you going to buy** the book?(너는 책을 살 거니?)
  B Yes, I am.(응, 그럴 거야.)
- A What **are you going to do** this Friday?
  (이번 주 금요일에 뭐 할 거니?)
  B **I'm going to visit** my grandmother.(할머니 댁에 갈 거야.)

실력 쑥쑥

be going to 다음에 동사원형이 나오면 예정된 계획이나 의도를 나타내며, 의문문에서는 be동사가 문장 앞에 놓인다. be going to는 will과 의미가 비슷하지만, 미리 예정된 계획이나 의도를 나타낸다는 점에서 확정되지 않은 미래의 일에 대한 막연한 예측을 나타내는 will과 차이가 있다.

만점 비결 A

go의 용법
I'm going to go fishing.(나는 낚시하러 갈 거야.)에서 첫 번째 go와 두 번째 go의 쓰임새는 다르다. 첫 번째 go는 「be going to+동사원형」의 형태로 쓰여 '~할 작정이다(의지), ~할 것이다(미래)'라는 의미를 나타내지만, go fishing의 go는 '(특정 활동을) 하러 가다'라는 의미이다.

예 I'm **going to go** bowling.
(난 볼링 치러 갈 거야.)

Ⓑ 목적어로 쓰이는 to부정사

want + to + 동사 원형 ~하기를 원하다

- What club do you **want to join**? (어떤 동아리에 가입하고 싶니?)
- I **want to buy** a cap. (모자를 사고 싶어.)
- I **wanted to take** a rest. (나는 쉬고 싶었다.)

실력 쑥쑥

want는 to부정사를 목적어로 취하며, 이처럼 to부정사를 목적어로 갖는 동사는 hope(희망하다), wish(바라다), expect(기대하다), decide(결심하다), like(좋아하다) 등이 있다. 반면, enjoy(즐기다), mind(꺼리다) 등의 동사는 동명사를 목적어로 취한다.

예 John **wished to buy** a new bicycle.
(John은 새 자전거를 사고 싶었다.)
Mary **expected to meet** John at the party.
(Mary는 파티에서 존을 만나기를 기대했다.)

만점 비결 B

want to와 would like to
두 표현 모두 '~하고 싶다'는 뜻이지만, would like to가 want to보다 공손하게 들리는 격식체 표현이다. 처음 보는 사람이나 윗사람에게 말할 때, 또는 공식적인 자리에서는 would like to를 쓴다. 격식을 차리지 않은 편안한 대화 상황에서는 want to를 wanna로 축약한 형태를 쓰기도 한다.

예 I **would like to** speak to Mr. Kim.
(김 선생님과 통화하고 싶습니다.)

Cheek-up

[1~3] 괄호 안에서 어법상 알맞은 말을 고르시오.

1 I hope (to see / seeing) you soon.
2 I expect (to meet / meeting) her here.
3 I enjoy (to watch / watching) TV.

[4~6] 다음 중 어법상 어색한 부분을 찾아 바르게 고쳐 쓰시오.

4 I would like having a toy.
5 Are you going to visiting Seoul?
6 Do you wanting to play basketball?

정답 1. to see 2. to meet 3. watching 4. having → to have 5. visiting → visit 6. wanting → want

Let's Write

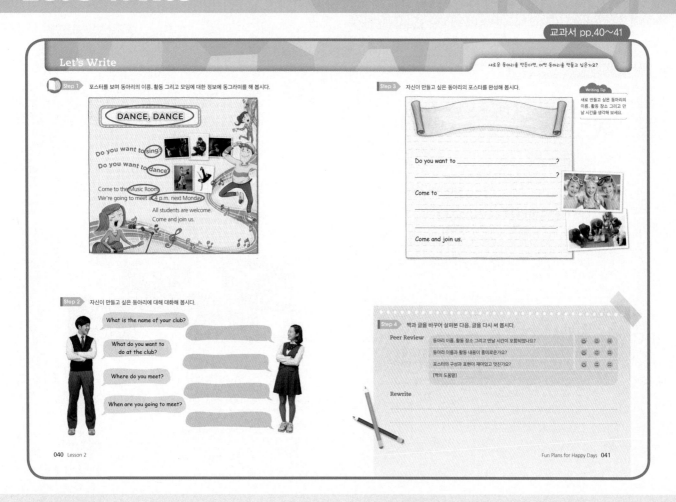

Step 1 해석

춤을 추자, 춤을 추자
노래하고 싶은가요?
춤추고 싶은가요?
음악실로 오세요.
다음 주 월요일 오후 4시에 만날 거예요.
모든 학생을 환영해요.
우리와 함께해요.

모범 답안

동아리 이름 Dance, Dance
활동 sing, dance
모임에 대한 정보 Music Room, 4 p.m. next Monday

Step 2 예시 답안

B What is the name of your club?(네 동아리 이름은 뭐니?)
G It's Black Sand Swimmers.(Black Sand Swimmers야.)
B What do you want to do at the club?
  (너는 그 동아리에서 뭘 하고 싶니?)
G I want to learn swimming and first aid.
  (수영과 응급 처치를 배우고 싶어.)
B Where do you meet? (너희 동아리는 어디에서 모이니?)
G We meet at the Black Sand Beach.
  (우리는 Black Sand 해변에서 모여.)
B When are you going to meet?(언제 모일 거야?)
G We're going to meet at 4 p.m. next Saturday.
  (우리는 다음 주 토요일 오후 4시에 모일 거야.)

Step 3 예시 답안

Black Sand Swimmers
Do you want to learn swimming?(수영을 배우고 싶나요?)
Do you want to learn first aid?(응급 처치를 배우고 싶나요?)
Come to the Black Sand Beach.
(Black Sand Beach로 오세요.)
We're going to meet at 4 p.m. next Saturday.
(우리는 다음 주 토요일 오후 4시에 모일 거예요.)
All students are welcome. (모든 학생을 환영해요.)
Come and join us.(우리와 함께해요.)

Writing TIP

School Club Posters(교내 동아리 포스터) 만들기
1. 동아리 제목: 동아리의 활동 내용이 잘 드러나도록 한다.
2. 동아리 활동 내용: 구체적이고 창의적이어야 한다.
3. 동아리 세부 정보: 학교 생활 및 정보를 바탕으로 동아리
   활동, 장소 및 시간을 제시한다.
4. 그림 및 사진의 활용: 영어로 표현하기 어려운 내용은 그림
   또는 사진을 활용하여 제시한다.
5. 홍보: 포스터의 주된 목적이 홍보라는 점에 초점을 둔다.

Vocabulary

welcome [wélkəm] 형 환영받는 come to (위치·장소에)
오다[가다] beach [biːtʃ] 명 해변, 바닷가 sand [sænd]
명 모래 swimmer [swimər] 명 수영할 줄 아는 사람

Project Across Subjects

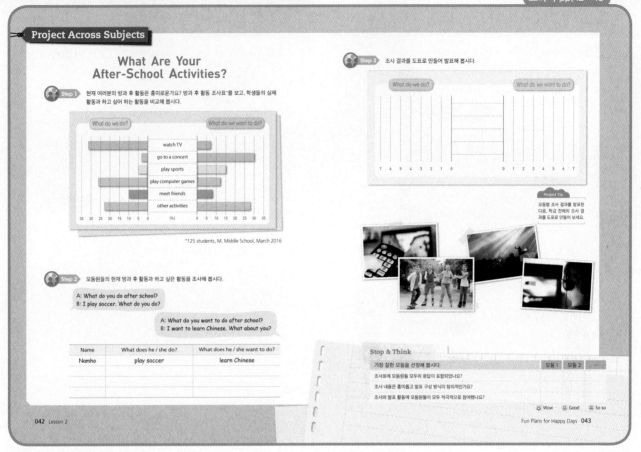

여러분은 어떤 방과 후 활동을 하나요?

활동 방법
현재의 방과 후 활동 내용과 하고 싶은 방과 후 활동 계획에 대한 도표를 보고, 그 주요 내용을 이해하게 한다.

 Step 1

1. 모둠원들이 원하는 방과 후 활동에 대해 알아본다.
2. 모둠원들의 현재 방과 후 활동과 원하는 방과 후 활동을 대조하여 정리하게 한다.

 Step 2

1. 모둠별로 표를 만들게 한 다음, Step 1의 표를 활용하여 학급 전체의 표를 만들게 한다.
2. 모둠별 발표를 들으며, 좋아하는 활동을 살펴보게 한다.

본문 해석

 Step 1

어떤 것을 하는가?

무엇을 하고 싶은가?

TV 시청, 음악 공연 보러 가기, 운동하기, 컴퓨터 게임 하기, 친구 만나기, 그 외 활동

 Step 2

A 넌 방과 후에 뭘 하니?
B 난 축구를 해. 넌 뭘 하니?

A 방과 후에 뭘 하고 싶니?
B 나는 중국어를 배우고 싶어. 넌 어때?

 Step 3

예시 답안

Here we have a graph. Three of us want to watch TV after school. Two want to go to a concert and one wants to play soccer.(이것이 저희 조의 도표입니다. 저희 중 셋은 방과 후에 TV를 보고 싶어 합니다. 두 명은 음악 공연을 보러 가고 싶어 하고, 한 명은 축구를 하고 싶어 합니다.)

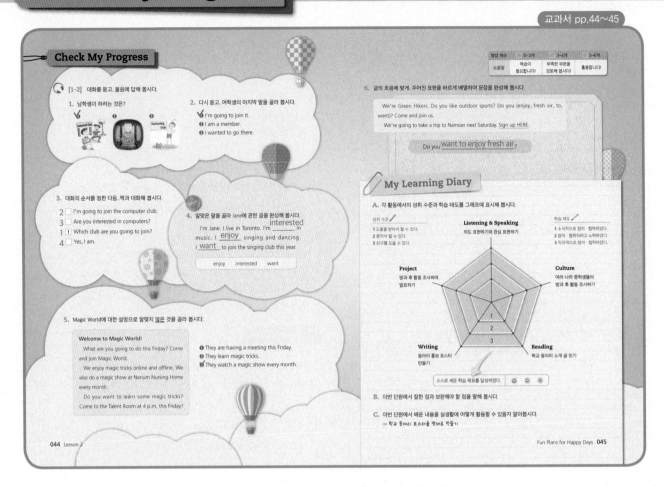

Check My Progress

정답 개수 0~2개 복습이 필요합니다 3~4개 부족한 부분을 검토해 봅시다 5~6개 훌륭합니다

[1-2] 대화를 듣고, 물음에 답해 봅시다.

1. 남학생이 하려는 것은?

2. 다시 듣고, 여학생의 마지막 말을 골라 봅시다.
　❶ I'm going to join it.
　❷ I am a member.
　❸ I wanted to go there.

3. 대화의 순서를 정한 다음, 짝과 대화해 봅시다.
　2 I'm going to join the computer club.
　3 Are you interested in computers?
　1 Which club are you going to join?
　4 Yes, I am.

4. 알맞은 말을 골라 Jane에 관한 글을 완성해 봅시다.
　I'm Jane. I live in Toronto. I'm ___interested___ in music. I ___enjoy___ singing and dancing. I ___want___ to join the singing club this year.

　　enjoy　interested　want

5. Magic World에 대한 설명으로 알맞지 않은 것을 골라 봅시다.

Welcome to Magic World!
　What are you going to do this Friday? Come and join Magic World.
　We enjoy magic tricks online and offline. We also do a magic show at Nanum Nursing Home every month.
　Do you want to learn some magic tricks? Come to the Talent Room at 4 p.m. this Friday!

　❶ They are having a meeting this Friday.
　❷ They learn magic tricks.
　❸ They watch a magic show every month.

6. 글의 흐름에 맞게, 주어진 표현을 바르게 배열하여 문장을 완성해 봅시다.

We're Green Hikers. Do you like outdoor sports? Do you (enjoy, fresh air, to, want)? Come and join us.
We're going to take a trip to Namsan next Saturday. Sign up HERE.

Do you want to enjoy fresh air?

My Learning Diary

A. 각 활동에서의 성취 수준과 학습 태도를 그래프에 표시해 봅시다.

성취 수준
1 도움을 받아야 할 수 있다.
2 혼자서 할 수 있다.
3 친구를 도울 수 있다.

학습 태도
1 소극적으로 참여 · 협력하였다.
2 참여 · 협력하려고 노력하였다.
3 적극적으로 참여 · 협력하였다.

- Listening & Speaking 의도 표현하기와 관심 표현하기
- Culture 여러 나라 중학생들의 방과 후 활동 조사하기
- Reading 학교 동아리 소개 글 읽기
- Writing 동아리 홍보 포스터 만들기
- Project 방과 후 활동 조사하여 발표하기

스스로 세운 학습 목표를 달성하였다. 😊 😐 😞

B. 이번 단원에서 잘한 점과 보완해야 할 점을 말해 봅시다.

C. 이번 단원에서 배운 내용을 실생활에 어떻게 활용할 수 있을지 알아봅시다.
　예 학교 동아리 포스터를 영어로 만들기

정답

1. ①　2. ①　3. 2-3-1-4　4. interested, enjoy, want
5. ③　6. want to enjoy fresh air

[1-2]

대본·해석

G What are you going to do this Saturday?
B I'm going to go to the basketball club. What are you going to do?
G I'm going to go there, too.
B Are you a member of the club?
G No, I'm not. But I'm going to join it.

소녀 너는 이번 주 토요일에 뭐 할 거니?
소년 나는 농구 동아리에 갈 거야. 너는 뭐 할 거니?
소녀 나도 거기 갈 거야.
소년 너 그 동아리 회원이니?
소녀 아니, 그건 아니야. 하지만 나는 거기에 가입할 거야.

1.

해설 남학생은 농구 동아리에 간다고 했으므로 ①이 적절하다.

2.

해석
① 나는 거기에 가입할 거야.
② 나는 회원이야.
③ 나는 거기에 가고 싶었어.

해설 여학생이 동아리 회원은 아니라고 했으며 대화의 주제가 과거의 일이 아닌 가까운 미래의 계획이므로 ①이 적절하다.

3.

해석
2 나는 컴퓨터 동아리에 가입할 거야.
3 너는 컴퓨터에 관심이 있니?
1 너는 어느 동아리에 가입할 거니?
4 응, 있어.

해설 be going to 의문문(Which club are you going to~?)에는 be going to를 써서 답해야 하며(I'm going to ~), be동사로 시작하는 의문문(Are you interested in ~?)에도 be동사로 답해야(Yes, I am.) 하므로 2-3-1-4가 적절하다.

4.

해석 나는 Jane이야. 나는 토론토에 살아. 나는 음악에 관심이 있어. 나는 노래와 춤을 즐겨. 나는 올해 노래 동아리에 가입하고 싶어.

해설 첫 번째 빈칸 뒤에 전치사 in이 쓰인 것으로 보아 interested, 두 번째 빈칸 뒤에는 동명사 형태가 쓰였으므로 enjoy, 세 번째 빈칸 뒤에는 to부정사가 나왔으므로 want가 적절하다.

5.

해석 Magic World에 오신 것을 환영합니다!

여러분은 이번 주 금요일에 뭘 할 건가요? Magic World에 가입하러 오세요.

우리는 온라인에서, 그리고 직접 만나서 마술을 즐겨 합니다. 매달 나눔 양로원에서 마술쇼도 하고요.

마술을 배우고 싶나요? 이번 주 금요일 오후 4시에 재능실로 오세요!

① 그들은 이번 주 금요일에 모임이 있다.
② 그들은 마술을 배운다.
③ 그들은 매달 마술쇼를 본다.

해설 이번 주 금요일 오후 4시에 재능실로 오라고 했으며 Magic World에서는 매달 나눔 양로원(Nanum Nursing Home)에서 마술쇼를 한다고 했으므로 ③은 올바른 설명이 아니다.

6.

해석

우리는 Green Hikers입니다. 야외 스포츠를 좋아하세요? 신선한 공기를 즐기고 싶으신가요? 오셔서 우리와 함께하세요.

우리는 다음 주 토요일에 남산으로 소풍을 갑니다. <u>이곳에서 신청하세요.</u>

해설 do동사 의문문에서는 do동사를 문장의 맨 앞에 쓰고 이어서 주어(you)와 본동사 want 뒤에는 to부정사가 나오므로 want to enjoy fresh air가 적절하다.

My Learning Diary

A. 활동 방법

1 1차시에 작성한 My Study Planner를 살펴보고, 스스로 실천 정도를 확인한다.
2 각 활동에서의 성취 수준과 학습 태도를 그래프에 표시한다.
3 그래프 아래의 점검표를 완성한다.

B. 단원에서 잘한 점과 보완해야 할 점을 말해 본다.

C. 배운 내용을 실생활에 활용할 방법을 말해 본다.

[실생활 예시]

• 평소의 흥미와 관심 내용을 영어로 표현하기
• 주말 계획 및 방과 후 활동 계획을 영어로 말하고 쓰기
• 영어로 쓰인 동아리 포스터 찾아 읽기
• 영어 표현을 사용하여 홍보 포스터 만들기

Vocabulary

member [mémbər] 몡 구성원, 회원   have a meeting 모임을 갖다   hiker [háikər] 몡 도보 여행자   take a trip 여행을 하다

1 대화를 듣고, 여자의 주말 계획을 고르시오.

① 취미 활동   ② 수영하기   ③ 동아리 활동
④ 독서   ⑤ 영화 감상

2 대화를 듣고, 여자의 마지막 말에 이어질 남자의 말로 가장 적절한 것을 고르시오.

① No, I'm not.
② Yes, I am.
③ I like the club.
④ I want to draw pictures.
⑤ I go to a museum every Sunday.

3 다음을 듣고, 말하는 사람의 의도로 알맞은 것을 고르시오.

① 거절   ② 홍보   ③ 격려
④ 동의   ⑤ 반대

4 대화를 듣고, 내용과 일치하지 <u>않는</u> 것을 모두 고르시오.

① 내일은 엄마의 생신이다.
② 아들은 엄마께 드릴 선물을 사려고 한다.
③ 아들은 케이크를 만들려고 한다.
④ 딸은 엄마를 위해 카드를 쓰려고 한다.
⑤ 아들은 카드를 쓰지 않을 것이다.

5 다음 빈칸에 들어갈 말로 알맞은 것은?

> We give _____ when someone becomes ill suddenly.

① timetable   ② magic   ③ club
④ first aid   ⑤ comic

6 다음 빈칸에 공통으로 알맞은 것은?

> • We _____ for environment.
> • Does this club _____ for Dokdo?

① join   ② win   ③ campaign
④ welcome   ⑤ sign

7 다음 중 의도하는 바가 나머지 넷과 <u>다른</u> 것은?

① I want to join the club.
② Let's join the club.
③ What about joining the club?
④ How about joining the club?
⑤ Why don't we join the club?

8 다음 중 짝지어진 대화가 <u>어색한</u> 것은?

① A: Are you going to clean the windows?
   B: Yes, I am.
② A: Are you going to make a timetable?
   B: Yes, I'm going to put it on the wall.
③ A: What are you going to do for our club?
   B: Yes, I am.
④ A: What books are you interested in?
   B: I'm interested in history books.
⑤ A: Are you interested in computers?
   B: No, I'm not.

9 다음 빈칸에 들어갈 말이 <u>다른</u> 하나는?

① I _____ horse riding every Friday.
② We're going to _____ home.
③ Why don't we _____ to a movie?
④ Do you want to _____ skiing?
⑤ Which club are you going to _____?

[10-11] 다음 글을 읽고, 물음에 답하시오.

> Hello, everyone! What are you going to do this weekend? I am going to watch a movie this Saturday. It will be fun. I am also going to visit a museum with my friends this Sunday. We will ___(A)___ a good time there.

10 윗글의 제목으로 알맞은 것은?

① My Friend
② School Days
③ My Future
④ Movie and Museum
⑤ My Weekend Plans

11 윗글의 밑줄 친 (A)에 알맞은 말을 쓰시오.

_____

[12-15] 다음 글을 읽고, 물음에 답하시오.

> Welcome to School Club Show!
> We are Magic World.
> (A)여러분은 이번 주 금요일에 무엇을 할 건가요? Come and join Magic World.
> We enjoy magic tricks online and offline. We ⓐ(also, too) do a magic show at Nanum Nursing Home every ⓑ(month, months).
> Do you want to learn some magic tricks? Come (B)<u>to</u> the Talent Room at 4 p.m. this Friday!
> Please ⓒ(clicking, click) HERE for Water Bag Magic!

12 윗글의 밑줄 친 (A)의 우리말 표현에 맞게 문장을 완성하시오.

_____

this Friday?

13 ⓐ, ⓑ, ⓒ의 각 괄호 안에서 알맞은 형태로 바르게 짝지어진 것은?

	ⓐ	ⓑ	ⓒ
①	also	months	clicking
②	too	month	clicking
③	also	months	click
④	too	months	click
⑤	also	month	click

14 윗글의 밑줄 친 (B) to와 쓰임이 같은 것은?

① It's time <u>to</u> go to bed.
② She works from 9 a.m. <u>to</u> 5 p.m.
③ I want <u>to</u> learn German.
④ I'm going <u>to</u> go there.
⑤ How can I go <u>to</u> the station?

15 Magic World에 대한 설명으로 옳지 <u>않은</u> 것은?

① They do a magic show.
② Students can join the club online.
③ Students can join the club this Friday.
④ Students can meet them at Talent Room.
⑤ Its members can learn some magic tricks.

17 윗글의 밑줄 친 (A)에서 어법상 <u>틀린</u> 부분을 찾아 바르게 고쳐 쓰시오.

_____

18 윗글의 빈칸 (B), (C)에 들어갈 말로 알맞은 것끼리 짝지어진 것은?

① of – in   ② to – at   ③ at – up
④ of – up   ⑤ of – on

[16-19] 다음 글을 읽고, 물음에 답하시오.

Let's Go Hiking!

We're Backpackers. ⓐ Do you like outdoor sports? (A)<u>Do you want to enjoy fresh airs?</u> ⓑ We go camping and hiking. We learn backpacking and first aid. ⓒ

Our first trip is to Namsan. We're going to meet in front (B) _____ City Hall Station. ⓓ Sign (C) _____ here and join us at 10 a.m. next Saturday. ⓔ

---

19 윗글을 읽고 대답할 수 <u>없는</u> 질문은?

① What do they do there?
② How can you join?
③ How often do they meet?
④ What's the name of the club?
⑤ When will they meet for their first trip?

16 윗글의 ⓐ~ⓔ 중에서 주어진 문장이 들어가기에 가장 알맞은 곳은?

We're here for you.

---

① ⓐ   ② ⓑ   ③ ⓒ   ④ ⓓ   ⑤ ⓔ

20 각 문장을 바르게 배열하여 대화를 완성하시오.

(A) I'm interested in history books.
(B) What books are you interested in?
(C) I'm going to read books.
(D) What are you going to do after school?

[1-2] 그림을 보고 질문에 적절한 응답을 완성하시오.

Sejin   Hasung

1 Q: What is Sejin interested in?
A: Sejin is _____ _____ _____
_____ _____.

2 Q: What is Hasung interested in?
A: Hasung is _____ _____ _____
_____.

[3-4] 다음 우리말을 영어로 옮기시오.

3 너는 이번 주말에 쇼핑 갈 거니?
_____ this weekend?

4 테니스 동아리에 함께 가입하는 건 어때?
Why _____ together?

5 주어진 단어를 바르게 배열하여 문장을 완성하시오.

(1) 너는 무엇을 사고 싶니?
(do / want / what / buy / you / to)
→ _____

(2) 나는 내 할머니 댁에 방문할 거야.
(going / am / visit / grandmother / I / to / my)
→ _____

[6-7] 다음 글을 읽고, 물음에 답하시오.

> **Black Sand Swimmers**
> <u>수영을 배우고 싶으신가요?</u>
> Come to the Black Sand Beach.
> We're going to meet at 4 p.m. next Saturday.
> All students are welcome.
> Come and join us.

6 밑줄 친 우리말을 영어로 옮겨 쓰시오.

_____

7 윗글의 내용에 맞게 다음 질문에 완전한 문장으로 답하시오.

> Q: Who can sign up?
> A: _____ can sign up.

1 빈칸에 공통으로 들어갈 말로 알맞은 것은?

- We are very _____ to meet you.
- Tom was very _____ with his exam results.

① interested   ② pleased
③ favorite   ④ good
⑤ nice

4 다음 영영 풀이에 해당하는 단어로 알맞은 것은?

to go for a long walk in the country

① become   ② welcome   ③ hike
④ want   ⑤ campaign

2 짝지어진 단어의 관계가 나머지와 다른 하나는?

① learn – study   ② excited – calm
③ complete – finish   ④ enjoy – love
⑤ also - too

5 주어진 질문에 대한 답으로 알맞지 않은 것은?

Which club are you going to join?

① I have no idea. But I'm interested in hiking.
② I'm going to draw pictures in the park.
③ I'm going to join Dokdo Sarang.
④ Tom wants me to join his camping club.
⑤ Magic tricks club sounds great to me.

3 다음 빈칸에 들어갈 말이 순서대로 짝지어진 것은?

- What do you _____ doing in your free time?
- Scientists want to _____ new stars.

① study – help   ② like – read
③ enjoy – find   ④ meet – have
⑤ learn – join

6 다음 중 짝지어진 대화가 <u>어색한</u> 것을 고르시오.

① A: What do you do on weekends?
B: I learn Chinese on weekends.
② A: What are you going to do for our classroom?
B: I'm going to make a timetable.
③ A: What are you going to do after school?
B: I'm going to go to the school library.
④ A: What books are you interested in?
B: I'm interested in science books.
⑤ A: Are you going to clean the windows?
B: Yes, I'm going to put it on the wall.

8 다음 중 어법상 <u>어색한</u> 것은?

① Where should I go to sign up?
② I'm going to go bowling.
③ You can shop online.
④ Today we're going to talk about our weekend plans.
⑤ That sounds excited.

7 다음 대화의 순서를 바르게 배열한 것은?

(A) I enjoy watching movies, too.
(B) Let's watch *Star Wars* together.
(C) Sounds great.
(D) I'm going to go to a movie in the evening.

① (A) – (B) – (C) – (D)
② (A) – (B) – (D) – (C)
③ (C) – (A) – (B) – (D)
④ (D) – (A) – (B) – (C)
⑤ (D) – (C) – (A) – (B)

9 다음 빈칸에 들어갈 말로 알맞은 것은?

A: Seho, _____ is my cousin, Jihun.
B: Nice to meet you, Jihun.

① if   ② he   ③ it
④ this   ⑤ because

10 다음 밑줄 친 부분 중 쓰임이 <u>다른</u> 하나는?

① She <u>doesn't</u> like science books.
② <u>Did</u> she finish her homework?
③ I <u>don't</u> want to eat soup.
④ <u>Do</u> you want to sleep?
⑤ We <u>do</u> a show every month.

Hi, class! This is our class book. Let's have fun!
— *Your teacher*

Hello! My name is Yuna. Am I the first writer? I'm excited. I enjoy writing. My dream job is a writer. I also like reading. This is The Little Prince, my favorite book.

Hi, Yuna. I'm Minsu. I like that book, ⓐ . I love the pictures.

Hi, Minsu. I'm Jimin. Is the second picture Planet B-612? I love stars. I enjoy watching the night sky. ⓑOne day I will find a new star. Its name will be Jimin.

Hi, Jimin. I'm Inho. I love (A) , too. But my favorite (B) are on the soccer field. This is FC Real, my favorite soccer team. What's your favorite team?

Inho, ⓒ내가 가장 좋아하는 팀은 이 반이란다! We will be a great team together.
— *Your teacher*

13 윗글의 빈칸 (A), (B)에 공통으로 알맞은 것은?

① pictures ② books ③ stars
④ teams ⑤ jobs

14 윗글의 내용과 일치하지 <u>않는</u> 것은?

① 이 반은 학급 일지를 쓰고 있다.
② 유나는 작가가 되고 싶어 한다.
③ 인호는 축구를 좋아한다.
④ 민수는 밤하늘을 보는 것을 좋아한다.
⑤ 민수는 미술 작품을 좋아한다.

11 윗글의 빈칸 ⓐ에 들어갈 말을 본문에서 찾아 쓰시오.

→ _____

15 주어진 단어를 이용하여 ⓒ에 들어갈 문장을 올바르게 배열하시오.

(favorite, this, is, class, my, team)

12 윗글의 밑줄 친 ⓑ에서 어법상 <u>어색한</u> 부분을 찾아 바르게 고쳐 쓰시오.

→ _____

→ _____

[16-18] 다음 글을 읽고, 물음에 답하시오.

Let's Go Hiking!
  Do you like outdoor sports? (A) <u>Do you want enjoy fresh air?</u> We're here for you.
  We go camping and hiking. (B)(learn/and/first aid/We/backpacking). Our first trip is ____ⓐ____ Namsan. We're going to meet in front ____ⓑ____ City Hall Station.
  Sign up **Here** and join us ____ⓒ____ 10 a.m. next Saturday.

[19-21] 다음 글을 읽고, 물음에 답하시오.

Welcome to Magic World Club!
Are you interested in learning Magic?
What are you going to do this Saturday? Come and join Magic World. We teach magic tricks online and offline. We also ____(A)____ a magic show at Nanum Nursing Home every (B)(month, months). If you want (C) <u>to</u> learn some magic tricks, come to the Talent Room at 4 p.m. this Saturday! Please click **HERE** for Water Bag Magic!

16 윗글의 밑줄 친 (A)의 어법상 <u>어색한</u> 부분을 찾아 바르게 고쳐 쓰시오.

  → _____

19 윗글의 빈칸 (A)에 들어갈 동사를 쓰시오.

  → _____

17 ⓐ~ⓒ 안에 들어갈 알맞은 전치사로 바르게 짝지어진 것은?

	ⓐ	ⓑ	ⓒ
①	for	of	to
②	to	with	of
③	to	of	at
④	with	at	to
⑤	at	to	with

20 윗글의 (B)에서 어법상 알맞은 것을 고르시오.

  → _____

21 윗글의 밑줄 친 (C) to와 쓰임이 같은 것은?

① He moved <u>to</u> the new office two years ago.
② Come <u>to</u> the meeting by 5 p.m.
③ We hope <u>to</u> see you soon.
④ They sang and danced <u>to</u> the new song.
⑤ He always listens <u>to</u> his teacher.

18 윗글의 (B)에 주어진 단어를 이용하여 문장을 완성하시오.

  → _____

[22-24] 다음 대화를 읽고, 물음에 답하시오.

A: Minsu! What do you want to do on your birthday?
B: I want to go to a fun park. What about you, Jeho?
A: I want to play computer games. ___@___ about playing games with me on my birthday?
B: Sorry, (A) 나는 컴퓨터 게임에 관심이 없어.
A: Then, what are you interested in?
B: I love watching movies. Let's go to see a movie together on your birthday.

[25-28] 다음 글을 읽고, 물음에 답하시오.

Hello, everyone! I am Minho. What are you going to do this weekend? ⓐ I always go jogging in the morning on Saturdays, but I will watch a movie with my friends this Saturday morning. ⓑ It will be fun. After that, I will play with my dog in the park. ⓒ I will become a great artist someday. ⓓ What about Sunday? ⓔ I am going to visit a museum this Sunday. I will play the guitar ___(A)___ my guitar club ___(B)___ the evening and have a good time there.

22 윗글의 밑줄 친 **(A)**를 영어로 바꿔 쓰시오.

→ _____

25 윗글의 전체 흐름과 관계 없는 문장은?

① ⓐ   ② ⓑ   ③ ⓒ   ④ ⓓ   ⑤ ⓔ

23 윗글의 빈칸 ⓐ에 들어갈 말을 쓰시오.

→ _____

26 이번 주말에 할 활동으로 언급되지 않은 것은?

① 아침 조깅
② 영화 관람
③ 개와 놀기
④ 박물관 방문
⑤ 기타 클럽 활동

27 윗글을 읽고 민호에 대해 답할 수 없는 질문은?

① Where is Minho going to go with his dog this Saturday?
② What does Minho do every Saturday morning?
③ What is Minho going to do this Sunday?
④ What music is Minho interested in?
⑤ Where is Minho going to play the guitar?

24 윗글의 내용과 일치하지 않는 것은?

① 민수는 영화 보는 것을 좋아한다.
② 민수는 놀이 공원에서 제호와 만날 것이다.
③ 민수는 컴퓨터 게임을 좋아하지 않는다.
④ 민수는 생일에 놀이 공원에 가고 싶어 한다.
⑤ 민수는 제호의 생일에 영화를 보고 싶어 한다.

28 윗글의 빈칸 (A), (B)에 들어갈 전치사로 바르게 짝지어진 것은?

	(A)		(B)
①	at	……	in
②	in	……	at
③	at	……	on
④	on	……	in
⑤	on	……	at

29 그림을 보고, 괄호 안의 주어진 단어를 이용하여 대화를 완성하시오.

A: What sports are you interested in?
B: _____ (interested)

30 다음 도표를 보고, 빈칸에 들어갈 알맞은 대답을 쓰시오.

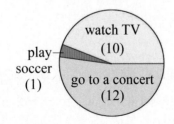

watch TV (10)
play soccer (1)
go to a concert (12)

A: Which activities do the students want to do after school?
B: Ten of them _____. Twelve _____ and one _____.

31 그림을 보고, 주어진 글에서 어법상 틀린 부분을 찾아 바르게 고쳐 쓰시오.

Q: What hobbies do the boy and the girl have?
A: The boy enjoy drawing. He can draws cartoons for his class. The girl's hobby are playing soccer. She enjoy playing soccer after school.

→ _____
_____
_____

32 괄호 안의 말을 바르게 배열하여 빈칸에 알맞은 문장을 완성하시오.

Hello, everyone! Welcome to Student Radio. Today we're going to talk about first aid.
_____

(anything/do/about/know/you/first aid?)

→ _____

Lesson 3

Thank You, My Family

Lesson Question
How do you thank your family?

이번 단원의 주요 내용을 살펴보고, 나의 학습 목표를 써 봅시다.

Listening & Speaking	Culture	Reading	Writing	Project
가족과 함께 하는 일에 대해 듣고 말하기	슈퍼 집안의 가계도 그리기	어머니에 대한 감사 일기 읽기	가족에 대한 감사 일기 쓰기	가족 사랑에 대한 영상물 만들기

My Goals ✏

- 의무 표현하기 He has to wash the dishes.
- 제안하기 Why don't you go on a picnic?

- I think **that I can spread happiness.**
- I **must give** honest thanks.

학습목표

- 의무를 표현하고 무언가를 제안하는 일상생활의 대화를 듣고, 이해할 수 있다.
- 감사하기와 관련된 자신의 의견이나 감정을 말할 수 있다.
- 감사 일기를 읽고, 필자의 심정과 태도를 추측할 수 있다.
- 감사 일기를 쓰면서 자신의 의견 또는 감정을 표현할 수 있다.

의사소통 기능
의무 표현하기
He has to wash the dishes.(그는 설거지를 해야 한다.)

제안하기
Why don't you go on a picnic?(소풍 가는 건 어때?)

언어 형식
that 명사절
I think **that I can spread happiness.**
(나는 내가 행복을 퍼트릴 수 있다고 생각한다.)

조동사 must
I **must give** honest thanks.
(나는 정직하게 감사를 전해야 한다.)

Lesson Question
How do you thank your family?
(여러분은 가족에게 어떻게 감사를 표현하나요?)

예시 답안

I write a thank-you card.
(저는 감사 카드를 씁니다.)
I say, "Thank you."
(저는 "감사합니다"라고 말합니다.)
I often say, "I love you."
(저는 "사랑해요"라고 자주 말합니다.)
I help my parents.
(저는 부모님을 도와드립니다.)

My Goals ✏

예시 답안

- 우리 집 가계도를 그리고 소개할 수 있다.
- 고마웠던 분들에 대한 경험을 일기로 표현할 수 있다.
- 감사 표현들을 말할 수 있다.
- A Thank-You Diary를 읽고 내용을 파악할 수 있다.

Listen & Speak 1

교과서 p.48

엄마는 뭐라고 말할까요?
- ☑ 일어나다
- ☐ 방을 청소하다
- ☐ 숙제를 하다

대본·해석

W   It's already 7 o'clock. You have to get up now.
여자 벌써 7시야. 너는 지금 일어나야 해.

A **대본·해석**

1. B   Dad, this movie is so funny!
   M   ❶ Ssshh... We have to be quiet in the theater.
   소년 아빠, 이 영화 정말 재미있어요!
   남자 쉿… 영화관에서는 조용히 해야 해.

2. G   ❷ Can you play basketball with me?
   B   Sorry, I can't. ❸ I have to go to the dentist.
   소녀 나랑 농구할 수 있니?
   소년 미안하지만 못 해. 나는 치과에 가야 해.

3. B   ❹ Let's jump into the pool.
   G   Wait! We have to warm up first.
   소년 수영장에 들어가자.
   소녀 기다려! 우리는 준비 운동을 먼저 해야 해.

B **본문 해석**

A 네 아버지는 무슨 일을 하셔야 하니?
B 설거지를 하셔야 돼.

해야 할 일	하는 사람
설거지를 하다	
빨래를 하다	
저녁 식사를 준비하다	
화장실 청소를 하다	

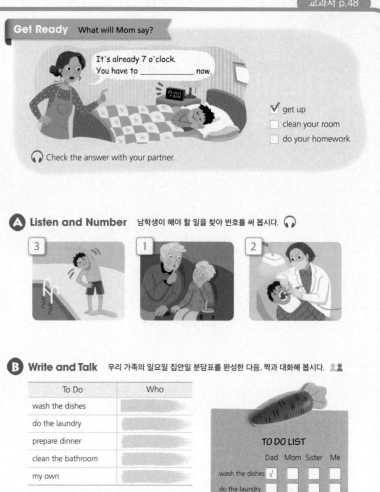

Get Ready   What will Mom say?

It's already 7 o'clock. You have to _____ now.

- ☑ get up
- ☐ clean your room
- ☐ do your homework

🎧 Check the answer with your partner.

A **Listen and Number**   남학생이 해야 할 일을 찾아 번호를 써 봅시다. 🎧

3   1   2

B **Write and Talk**   우리 가족의 일요일 집안일 분담표를 완성한 다음, 짝과 대화해 봅시다. 👥

To Do	Who
wash the dishes	
do the laundry	
prepare dinner	
clean the bathroom	
my own	

A: What does **your dad** have to do?
B: He has to **wash the dishes**.

TO DO LIST

	Dad	Mom	Sister	Me
wash the dishes	√			
do the laundry				
prepare dinner				

Vocabulary

- already [ɔːlrédi] 🖲 이미, 벌써
  - 예) I **already** have a plan.(나는 이미 계획이 있다.)
- warm up (운동이나 활동 전에) 준비 운동을 하다
  - 예) Did you **warm up**?(너 준비 운동 했니?)
- wash the dishes 설거지하다
  - 예) My dad likes to **wash the dishes**.(아빠는 설거지하는 것을 좋아하신다.)
- do the laundry 빨래를 하다
  - 예) I will **do the laundry** today.(나는 오늘 빨래를 할 것이다.)

Word Quiz

우리말에 맞게 빈칸에 알맞은 단어를 쓰시오.

1. 먼저 준비 운동을 하자.
   Let's _____ first.
2. 나는 오늘 아침에 빨래를 했다.
   I _____ this morning.

정답 1. warm up 2. did the laundry

Get Ready

해설 아직 잠자리에서 일어나지 않은 남학생에게 엄마가 "벌써 7시야."(It's already 7 o'clock.)라고 말하며 깨우고 있다.

A Listen and Number

❶ Ssshhh... We **have to** be quiet in the theater.

have to는 '~해야 한다'라는 뜻으로 의무를 나타낸다. 이보다 강제성이 강한 의무를 나타낼 때는 must를 쓴다. 둘 다 뒤에 동사원형이 나온다.

❷ **Can** you play basketball with me?

can은 '~할 수 있다'라는 의미의 '능력, 가능성'을 나타내는 조동사로, Can you ~?의 의문문 형태로 쓰일 때는 허락을 구하거나 도움을 요청하는 의미를 나타내기도 한다. 뒤에 동사원형이 온다.

예 **Can** you help me with the box? (상자 드는 것 좀 도와줄래?)

❸ I have to **go to the dentist**.

go to the dentist는 단순히 '치과의사에게 가다'라는 의미가 아니라 '치과에 (치료 받으러) 가다'라는 의미를 나타낸다.

예 You have to **go to the dentist** now. (넌 지금 치과에 가야 해.)

❹ **Let's** jump into the pool.

Let's~는 Let us의 줄임말로 '~하자'라는 의미의 제안 표현이다. let's 뒤에는 반드시 동사원형이 온다.

해설 1. 영화관에서는 조용히 해야 한다고 했으므로 두 번째 그림이 적절하다.
2. 함께 농구를 할 수 있냐고 묻자 치과에 가야 된다고 했으므로 세 번째 그림이 적절하다.
3. 수영장에 들어가기 전에 준비 운동부터 해야 한다고 했으므로 첫 번째 그림이 적절하다.

B Write and Talk

해설 have to를 이용하여 가족 구성원들이 분담해야 할 집안일에 대해 써 본 후 짝과 묻고 답한다.

예시 답안

1. A What do you have to do?(너는 무엇을 해야 하니?)
   B I have to do the laundry.(나는 빨래를 해야 해.)
2. A What does your sister have to do?
      (너희 언니/누나/여동생은 무엇을 해야 하니?)
   B She has to make breakfast. (언니는 아침 식사를 준비해야 돼.)

학습 도우미

○ **의사소통 기능 ①**
의무 표현하기
have to는 '~해야 한다'라는 의미로, 의무를 표현할 때 쓴다. have to 뒤에는 반드시 동사 원형이 온다. 주어가 3인칭 단수일 경우 has to를 쓴다.

예 I[She] **have[has] to** go to the bank.
(나는[그녀]는 은행에 가야 한다.)

더 강한 의무를 표현할 때는 must를 쓸 수 있다.

예 You **must** follow the rules.
(너는 규칙을 따라야만 한다.)

should 역시 '~해야 한다'는 의미의 의무를 나타내지만 상대방에게 조언 또는 충고를 할 때도 흔히 쓰인다.

예 You **should** listen to him.
(너는 그의 말을 듣는 게 좋을 거야.)
You **should** be more polite.
(너는 좀 더 예의를 갖춰야 해.)

must, should 뒤에도 반드시 동사원형이 온다.

○ **have to, must, should의 부정형**
must, should 뒤에는 not을 붙인 부정형을 써서 '~해서는 안 된다'라는 의미를 나타내지만, have to의 부정형은 don't[doesn't] have to 형태로 나타내며, 이때는 '~할 필요가 없다'라는 의미를 뜻한다.

예 You **must not** miss the class.
(너는 수업에 빠져서는 안 된다.)
You **should not** tell a lie.
(너는 거짓말을 해서는 안 된다.)
You **don't have to** do that.
(그럴 필요는 없어.)

Check-up

[1~3] **A**의 대화를 읽고, 내용과 일치하면 T, 일치하지 않으면 F에 표시하시오.

1 The man and his son are watching a movie. T F
2 They are not going to play basketball. T F
3 The girl will jump into the pool first. T F

[4~5] 우리말과 같도록 괄호 안의 단어들을 바르게 배열하시오.

4 나는 열심히 공부해야 한다. (I / to / have / hard / study)

5 너는 쉬어야 해. (a rest / you / to / take / have)

정답 1. T 2. T 3. F 4. I have to study hard. 5. You have to take a rest.

Listen & Speak 2

교과서 p.49

소녀는 뭐라고 말할까요?
- ☐ 노래 부르다
- ☑ 축구하다
- ☐ 야구장에 가다

대본·해석

G ❶ Why don't we play soccer?
소녀 우리 축구 하는 게 어때?

A 대본·해석

1. G Today is Mom's birthday. We have to do something for her.
   B Sure. ❷ Why don't we do the dishes?
   G ❸ Sounds good.
   소녀 오늘은 엄마 생신이야. 우리는 엄마를 위해 뭔가를 해 드려야 돼.
   소년 물론이야. 우리 설거지를 하는 건 어때?
   소녀 좋은 생각이야.

2. G The weather is so nice today.
   B Yes, it is. Why don't we go bike riding?
   G That's a good idea.
   소녀 오늘 날씨가 참 좋다.
   소년 응, 좋아. 우리 자전거 타러 가는 게 어때?
   소녀 그거 좋은 생각이야.

B 본문·해석

A 나들이를 가는 건 어때?
B 그거 좋은 생각이야.

Get Ready What will the girl say?

Why don't we _____?

- ☐ sing a song
- ☑ play soccer
- ☐ go to the ballpark

🎧 Check the answer with your partner.

A **Listen and Choose** 두 학생이 대화를 마친 다음 할 일을 골라 봅시다. 🎧

1. ⓐ ⓑ
2. ⓐ ⓑ

Expression⁺
- How about going on a picnic?
- What about going on a picnic?

B **Think and Talk** 가정의 달에 가족들과 함께 할 수 있는 일을 제안해 봅시다.

A: Why don't you **go on a picnic**?
B: That sounds like a good idea.

visit your grandparents   go to see a movie   plant a family tree

my own

Vocabulary

- weather [wéðər] 명 날씨, 기상
  예 How is the **weather**?(날씨가 어때요?)
- ride [raid] 동 타다 명 타기, 승차
- visit [vízit] 동 (사람, 장소를) 방문하다
  예 I am going to **visit** my uncle this weekend.
  (나는 이번 주말에 삼촌댁에 방문할 것이다.)
- plant [plænt] 동 (나무, 씨앗 등을) 심다 명 나무, 식물
  예 I **planted** a fruit tree last year. (나는 작년에 과일 나무 한 그루를 심었다.)

Word Quiz

우리말에 맞게 빈칸에 알맞은 단어를 쓰시오.

1. 우리 할아버지, 할머니는 내일 우리집에 오실 것이다.
   My grandparents will _____ us tomorrow.
2. 네가 그 나무를 심었니?
   Did you _____ the tree?

정답 1. visit 2. plant

Speaking Tip

go on + 명사

영어에서는 다음과 같은 「go on + 명사」 형태가 자주 쓰인다. 이때 명사는 추상적인 개념이나 속성을 가리키는 것이 아니라 실제적인 일이나 특정한 활동을 나타내므로 앞에 a/an이 쓰인다.
go on a hike 하이킹을 하러 가다
go on a diet 다이어트를 하다
go on a honeymoon 신혼여행을 가다
go on a picnic 나들이[소풍]를 가다
go on a date 데이트하러 가다
go on a tour/trip/journey 여행을 가다
go on a vacation 휴가를 떠나다

Get Ready

❶ Why don't we play soccer?

Why don't we ~는 '우리 ~하는 게 어때?'라는 의미로 상대방에게 제안할 때 쓰는 표현이다. '~(운동)을 하다'라고 말할 때는 a/an 없이 「play+명사(운동명)」으로 나타낸다.

예 **Why don't we** play tennis? (테니스 치러 갈래?)

해설 축구 유니폼을 입은 여학생들이 남학생에게 제안하는 말(Why don't we ~?)을 하고 있다.

Ⓐ Listen and Choose

❷ Why don't we do the dishes?

do the dishes는 '설거지를 하다'라는 의미로 wash the dishes와 의미가 같다.

❸ Sounds good.

That sounds good.에서 주어 That이 생략된 형태로, 지각동사 sound 뒤에는 형용사가 보어로 나온다.

예 **Sounds** great[wonderful]. (좋은 생각이야.)

해설 1. 남학생이 설거지를 하는(do the dishes) 게 어떨지 묻자 여학생이 좋은 생각이라고 했으므로 ⓐ가 적절하다.
2. 여학생이 날씨가 좋다(The weather is so nice)고 말하자 남학생이 자전거를 타러 가자고(go bike riding) 제안하고 있으므로 ⓑ가 적절하다.

Ⓑ Talk and Talk

해설 상대방에게 무언가를 제안하는 표현인 Why don't you ~?를 써서 짝과 묻고 답해 본다.

예시 답안

1. A Why don't you visit your grandparents?(조부모님을 방문하는 건 어때?)
   B Sounds great.(좋은 생각이야.)
2. A Why don't you go to see a movie?(영화 보러 가는 건 어때?)
   B Sounds wonderful.(좋은 생각이야.)
3. A Why don't you plant a family tree? (가족 나무를 심는 건 어때?)
   B That sounds like a great idea.(그거 좋은 생각인데.)
4. A Why don't you go on a family vacation?
      (가족 여행을 가는 건 어때?)
   B That sounds perfect!(좋은 생각인데!)/That sounds fun.(그거 재미있겠는데.)

학습 도우미

○ **의사소통 기능 ②**
제안하기
상대방에게 행동을 제안할 때는 "Why don't you ~?"를 쓰고, 특정 행동을 함께 하자고 제안할 때는 "Why don't we ~?"를 쓴다. "How[What] about ~?"도 제안하는 표현으로, 예를 들어 "How about playing soccer?"는 상대방에게 축구하는 것을 제안하는 의미를 나타내기도 하고, 상대방과 함께 축구하자는 제안을 나타내기도 한다.

예 **Why don't we** go on a picnic?
  ((함께) 나들이 가는 건 어때?)
  How[What] about going on a picnic?(나들이 가는 건 어때?)

○ **동사 do**
do는 '~을 하다'라는 뜻으로, 명사와 짝을 이루어 여러 가지 의미를 나타낼 수 있다.

예 **do** the dishes(설거지를 하다)
  do the laundry(빨래를 하다)
  do the cleaning(청소를 하다)
  do the homework(숙제를 하다)
  do yoga(요가를 하다)

○ **「go+여가/스포츠 활동」**
「go+동사-ing」 형태로 나타내는 여가 및 스포츠 활동으로는 skiing(스키), snowboarding(스노우보딩), camping(캠핑), jogging(조깅), running(달리기), hiking(하이킹), riding(승마), swimming(수영), cycling(자전거 타기), climbing(등산) 등이 있다.

Check-up

[1~3] Ⓐ의 대화를 읽고, 내용과 일치하면 T, 일치하지 않으면 F에 표시하세요.

1 The weather is perfect for bike riding. T F
2 Mom's birthday is coming. T F
3 They are going to wash the dishes. T F

[4~5] 다음 중 괄호 안에서 알맞은 것을 고르시오.

4 That (sound, sounds) good.

5 Why don't we (go, going) shopping together?

정답 1. T 2. F 3. T 4. sounds 5. go

Conversation

A 나라와 태호는 무엇에 대해 이야기하고 있나요?

[대본·해석]

Nara ❶ Is this Friday Dad's birthday?
Taeho Yes, it is. ❷ We have to do something for him.
Nara Sure. ❸ Why don't we get a special present for him?
Taeho ❹ That sounds good. Do you have any ideas?
Nara ❺ How about making a video letter?
Taeho Hey, that's a great idea.

나라 이번 주 금요일이 아빠 생신이지?
태호 그래. 우리는 아빠를 위해 뭔가를 해 드려야 해.
나라 물론이지. 아빠께 특별한 선물을 드리는 건 어떨까?
태호 그거 좋은 생각이야. 무슨 아이디어라도 있니?
나라 영상 편지를 만드는 건 어떨까?
태호 이야, 그거 좋은 생각인데.

[예시 답안]

They are talking about a special day on the calendar.(그들은 달력에 나온 특별한 날에 대해서 이야기하고 있다.)
They are talking about Dad's birthday present. (그들은 아빠의 생신 선물에 대해서 이야기하고 있다.)
They want to prepare a special present for Dad.(그들은 아빠를 위해 특별한 선물을 준비하고 싶어 한다.)

B **[본문 해석]**

5월 10일, 금요일
오늘은 (아빠의/엄마의) 생신이었다. 남동생과 나는 특별한 선물을 만들었다. 그것은 멋진 (영상 편지/사진첩)이었다.

C **[본문 해석]**

여러분의 부모님을 위한 멋진 생신 선물은 무엇인가요?

A **Get Ready** What are Nara and Taeho talking about?

B **Listen and Do** 알맞은 말을 골라 나라의 일기를 완성해 봅시다. 🎧

Listening Tip
대화의 줄거리를 파악하고자 할 때에는 중요한 단어와 표현에 초점을 두어 들어 보세요.

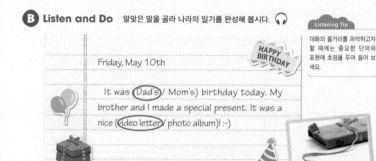

Friday, May 10th

HAPPY BIRTHDAY

It was (Dad's/ Mom's) birthday today. My brother and I made a special present. It was a nice (video letter/ photo album)! :-)

C **Do a Role-Play** 짝과 역할을 나누어 대화해 봅시다. 👥

Nara

Taeho

My Turn

What birthday present is good for your parents?

 Sounds in Use
• We have to do something for him. [hæftə]
• Why don't we get a special present for him? [ə]

Vocabulary

• special [spéʃəl] 형 특별한, 특수한
  예 It's a **special** day.(오늘은 특별한 날이다.)
• present [prézənt] 명 선물
  예 This is my **present** for you.(이건 널 위한 선물이야.)
• video [vídiòu] 명 비디오
  예 I watched a funny **video** online.(나는 온라인에서 재미있는 영상을 보았다.)
• letter [létər] 명 편지
  예 He sent a **letter** to me.(그는 내게 편지를 한 통 보냈다.)

Word Quiz

우리말에 맞게 빈칸에 알맞은 단어를 쓰시오.
1. 이 재킷이 뭐가 그렇게 특별한 거야?
   What is so _____ about this jacket?
2. 어머니를 위해 선물을 사드리는 건 어때?
   Why don't you buy a _____ for your mom?

Write it

다음 질문에 영어로 답해 봅시다.

1. Q When is Dad's birthday?
   A It's _____.
2. Q What are they going to make?
   A They are going to make a
   _____.

A Get Ready

해설 나라와 태호가 아빠 생신(Dad's Birthday)이라고 쓰인 달력 앞에서 생신 축하 메시지를 담은 영상 편지 제작에 대해 이야기를 나누고 있다.

B Listen and Do

❶ Is this Friday Dad's birthday?

this는 요일, 달, 해 등 가까운 때를 가리키는 명사 앞에 쓰여 '지금의, 현재의, 이번 ~'이라는 뜻을 나타낸다.

예 Can you come to the party **this** Sunday?(이번 주 일요일에 파티에 올 수 있니?)

❷ We have to do something for him.

have to는 '~해야 하다'라는 의미의 조동사로, to 뒤에는 동사원형이 온다. him은 앞서 나온 명사 Dad를 가리키는 대명사이다.

❸ Why don't we get a special present for him?

get은 '~를 위해 …을 마련하다[구하다]'라는 의미로 쓰일 때 「get …+for ~」 형태로 나타낸다.

예 I have to **get** something **for** my parents for their weeding anniversary.
(나는 부모님 결혼기념일을 위해 부모님께 뭔가를 해 드려야 해.)

❹ That sounds good.

대명사 That은 앞 문장 전체, 즉 '아빠를 위해 특별한 선물을 준비하자'를 가리킨다.

❺ How about making a video letter?

How about~?은 '~하는 게 어때?'라는 의미의 제안 표현으로 about 뒤에는 (동)명사가 나온다.

C Do a Role-Play

해설 부모님 생신 선물에 대해서 이야기해 보면서 부모님이 좋아하시는 것에 대해서도 생각해 본다.

예시 답안

• A pretty cup is good for them.(예쁜 컵이 좋겠어요.)
• I want to buy flowers for them.(저는 부모님께 꽃을 사 드리고 싶어요.)

학습 도우미

제안에 답하기

상대방의 제안을 받아들일 때는 보통 That sounds good[great, wonderful].이나 That sounds like a good idea.를 쓴다. 하지만 동의하지 않거나 거절해야할 때는 'I am sorry, but ~.'으로 답하는 것이 자연스럽다.

present의 다양한 뜻

present는 명사로 쓰이면 '선물, 현재, 지금'이라는 의미를, 형용사로 쓰이면 '현재의, 출석한[참석한], 있는'이라는 의미를 나타낸다.

예 I'm looking for a **present** for my mom.
(엄마께 드릴 선물을 찾고 있어요.)
She was not **present** at the party.
(그녀는 파티에 참석하지 않았다.)

Sounds in Use

We have to do something for him.
[hæftə]
/v/는 뒤에 무성 자음이 오면 동화현상이 일어나 /f/로 발음된다. 따라서 have to는 [hæftə]로 발음된다.

Why don't we get a special present for him?
자음 [t]는 don't에서처럼 [n]과 모음 사이에서 소리가 탈락할 수 있다.
예 I don't know.(난 모르겠어.)

Check-up

[1~3] **A**의 대화를 읽고, 내용과 일치하면 T, 일치하지 않으면 F에 표시하세요.

1 Last Friday was Dad's birthday. T F

2 They want to buy a video letter for their dad. T F

3 They both want to do something for their dad. T F

[4~5] 우리말에 맞게 주어진 단어의 형태를 바꾸어 문장을 완성하시오.

4 그녀는 빨래를 해야 돼.
She _____ to do the laundry. (have)

5 금요일 오후에 만나는 건 어때?
How about _____ on Friday afternoon? (meet)

Real-Life Task

 Step 1

대본·해석

W ❶ Parents' Day is coming. ❷ Yes, you have to do something. ❸ Why don't you use the Happy Video app? ❹ Make a video letter and send your love to your parents!

여자 어버이날이 다가오고 있습니다. 네, 여러분은 뭔가를 해 드려야 하죠. Happy Video 앱을 사용해 보는 건 어떠세요? 영상 편지를 만들어 부모님께 여러분의 사랑을 표현해 보세요!

Step 2

본문 해석

A 나는 부모님께 "감사해요"라고 말해야 해.
B ~하는 건 어때?

엄마, 아빠께
엄마, 아빠, 감사합니다.
정말 사랑해요.
사랑하는 _____ 올림

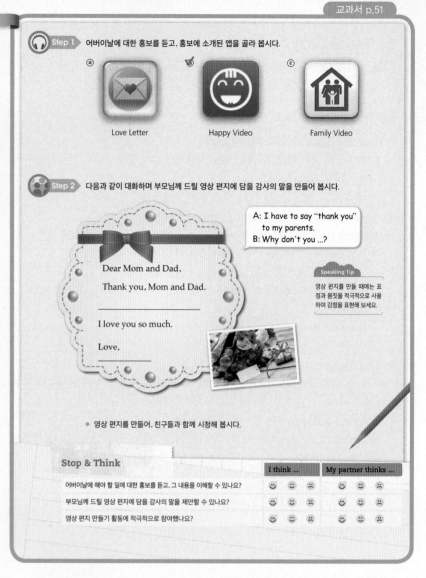

Vocabulary

- **use** [juːz] 통 사용하다, 이용하다
  예 Can I **use** your cellphone?(네 휴대 전화를 사용해도 될까?)
- **send** [send] 통 보내다, 전달하다
  예 Eric will **send** a package to her.(Eric은 그녀에게 소포를 보낼 것이다.)
- **thank** [θæŋk] 통 ~에게 감사를 표하다
  예 You don't need to **thank** me.(나한테 고마워할 필요 없어.)

Write it

다음 질문에 영어로 답해 봅시다.

1. Q What day is coming up?
   A _____ is coming up.
2. Q What can you make with the app?
   A I can make a _____ for parents.

정답 1. Parents' Day 2. video letter

Word Quiz

다음 우리말을 읽고 빈칸에 알맞은 단어를 쓰시오.

1. 네게 선물을 보낼게. 곧 받을 거야.
   I'll _____ a present to you. You will get it soon.
2. 비가 온다. 내 우산 써도 돼.
   It's raining. You can _____ my umbrella.

정답 1. send 2. use

 Step 1

❶ Parents' Day **is coming.**
「be동사 + 동사-ing」 형태의 현재진행형은 지금 일어나고 있는 일을 나타내기도 하고 가까운 미래를 표현하기도 한다.

❷ Yes, you have to do **something.**
어버이날에 대해서 이야기하고 있으므로 something 뒤에는 for your parents가 생략되었음을 알 수 있다.

❸ Why don't you use the **Happy Video** app?
Happy Video는 고유명사이므로 각 단어의 첫 글자를 대문자로 표기한다.

❹ **Make** a video letter **and send** your love **to** your parents!
동사로 시작하는 명령문이지만 명령이라기보다 권유를 나타낸다. 두 개의 동사 make와 send가 접속사 and로 연결된 형태의 문장이다. 이때의 send A to B는 'A를 B에게 보내다'라는 의미이다.
　예 **Visit** us **and have** fun! (방문하셔서 즐거운 시간을 가지세요!)

해설 Happy Video 앱을 홍보하며 사용을 권유하고 있다.

 Step 2

해설 인터넷 검색 엔진의 검색창에 'thank you message for parents(dad or mom)'등의 검색어를 입력하면 다양한 종류의 영상 편지를 쉽게 찾을 수 있다. 이 영상 편지에서 자신이 쓰고 싶은 표현들을 참고하여 부모님께 하고 싶은 말을 자유롭게 써 본다.

예시 답안

A　I have to say "thank you" to my parents.
　　(나는 부모님께 감사를 표해야 해.)
B　Why don't you say "Thank you for everything."?
　　("모든 것에 감사드려요."라고 말씀드리는 건 어때?)

엄마, 아빠께
엄마, 아빠. 감사합니다.
You always take care of me.(두 분은 늘 저를 보살펴 주시죠.)
You are wonderful parents.(두 분은 멋진 부모님이세요.)
정말 사랑해요.
사랑하는 _____ 올림

학습 도우미

○ 동사 현재진행형
「be동사+동사-ing」는 지금 현재 일어나고 있는 일을 나타낼 때 쓰이지만 가까운 미래를 나타낼 때도 쓰인다. 주로 가까운 미래에 확정된 일이거나 화자의 강한 의지를 나타낼 때 쓸 수 있다.
　예 I **am leaving** tomorrow.(나는 내일 떠나.)
　　I'm **meeting** Tom at the airport.
　　(나는 공항에서 Tom을 만나기로 했어.)

○ 접속사 and
접속사는 두 개 이상의 단어나 구, 문장을 연결하여 한 문장으로 만들어 주는 낱말을 말한다. 접속사 and, but, or는 단어, 구, 절이 문법적으로 대등한 관계일 때 쓴다. 즉, 연결된 단어나 구, 절의 형태가 같아야 한다.
　예 She is kind **and** pretty.
　　(그녀는 친절하고 예쁘다.)
　　It is beautiful **but** expensive.
　　(그것은 아름답지만 비싸다.)
　　You can eat chicken **or** beef.
　　(너는 닭고기나 소고기를 먹을 수 있다.)
　　Please check **and** try again.
　　(확인 후 다시 해 봐.)

Check-up

[1~2] 괄호 안의 단어를 알맞은 형태로 고쳐 문장을 완성하시오.

1　She made a cake and _____ it to me. (give)
2　The plane is _____ off soon. (take)

3　우리말과 의미가 일치하도록 빈칸에 알맞은 말을 쓰시오.

I sent a letter _____ my best friend.
(나는 가장 친한 친구에게 편지 한 통을 보냈다.)

정답 1. gave　2. taking　3. to

본문 해석

아빠, 엄마, 남자형제(오빠/형/남동생), 여자형제(언니/누나/여동생), 삼촌/고모부/이모부, 이모/고모/숙모, 할아버지, 할머니, 사촌

👬 Mission

2. 본문 해석

이분은 나의 아빠 Sherek이다. 이분은 나의 엄마 Fiona이다. 이 두 사람은 나의 남자형제들인 Farkle과 Fergus이다. 이분은 나의 고모인 _____이다. 이분은 나의 외삼촌인 _____이다. 나는 누구일까?

해설 아빠와 엄마가 Sherek과 Fiona라고 했으므로 두 사람의 세 자녀 중 한 명이다. Farkle과 Fergus가 자기 형제라고 했으므로 화자는 나머지 한명인 Felicia이다.

교과서 p.52

🌳 Shrek's Family Tree

영어에서는 가족 관계를 어떻게 나타낼까요? 다음 가계도를 보고, Fergus가 자기 가족들과의 관계를 영어로 어떻게 표현하는지 알아봅시다.

- father　・ mother　・ brother　・ sister　・ uncle　・ aunt
- grandfather　・ grandmother　・ cousin

👬 Mission

1. 위 가계도에 윤곽으로 표현된 인물들을 그림으로 그린 다음, 이름을 지어 봅시다.

2. 위 가계도에서 한 사람을 정한 다음, 그 인물이 되어 가족을 소개해 봅시다. 다른 모둠은 그 인물이 누구인지 맞혀 봅시다.

> This is Shrek. my father. This is Fiona. my mother. These are Farkle and Fergus. my brothers. This is _____ . my aunt. This is _____ , my uncle. Who am I?

Felicaia

Vocabulary

- uncle [ʌ́ŋkl] 명 삼촌, 고모부, 이모부
  예 I meet my **uncle** every week.(나는 삼촌을 매주 만난다.)
- aunt [ænt] 명 고모, 이모, 숙모
  예 My **aunt** lives in America.(우리 이모는 미국에 사신다.)
- cousin [kʌ́zn] 명 사촌
  예 He is my **cousin**.(그는 나의 사촌이다.)

Culture Tip

외가와 친가는 영어로 뭐라고 부를까?

우리나라는 가족을 부르는 호칭이 매우 다양하다. 예를 들어 외가냐 친가냐에 따라 고모/이모, 외할아버지/친할아버지 등 호칭을 세세하게 구분한다. 하지만 영어에서는 외가와 친가를 구분하는 표현이 아주 단순하거나 하나의 낱말로 통칭해 부른다. 예를 들어, 두 사람이 결혼하여 배우자의 친척을 가리키는 말을 쓸 때는 law(법)라는 단어를 붙이는 경우가 있다. 결혼이 법적 결합을 의미하기 때문이다. 가령, 시아버지나 장인어른은 father-in-law라고 하고 시어머니나 장모님은 mother-in-law라고 한다. 아주버님, 시동생, 처남 등도 brother-in-law라고 통칭하고 시누이, 처형, 처제 등도 sister-in-law로 통일해 쓴다. 이런 표현들은 제3자에게 해당 인물을 지칭하거나 언급할 때 쓰는 말이며 그 사람을 부르는 호칭은 아니다. 영어권에서는 우리나라와 달리 이름을 부른다.

Word Quiz

우리말에 맞게 빈칸에 알맞은 단어를 쓰시오.

1. 내 사촌이 이번 주에 나를 찾아 온다.
   My _____ is visiting me this week.
2. 나는 이모와 함께 산다.
   I'm living with my _____ .

정답 1. cousin 2. aunt

Before I Read

A 다음 그림을 보며 가족에게 고마운 마음을 표현하는 방식에 대해 말해 봅시다.

ⓐ  ⓑ  ⓒ

ⓓ  ⓔ
my own

ⓐ I'd like to say "Thank you." to my father.
ⓑ I want to write a thank-you letter to my mother.
ⓒ I want to send a thank-you message to my father.
ⓓ I want to hug my mother.

B 각 장면과 이를 나타내는 표현을 연결해 봅시다.

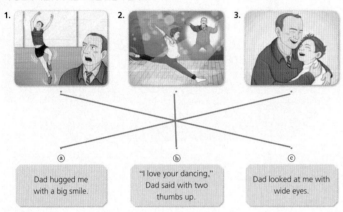

ⓐ	ⓑ	ⓒ
Dad hugged me with a big smile.	"I love your dancing," Dad said with two thumbs up.	Dad looked at me with wide eyes.

A

예시 답안

ⓐ I'd like to say "Thank you." to my father.
(나는 아빠께 "고마워요"라고 말하고 싶다.)
ⓑ I want to write a thank-you letter to my mother.(나는 엄마께 감사 편지를 쓰고 싶다.)
ⓒ I want to send a thank-you message to my father.(나는 아빠께 감사 문자를 보내고 싶다.)
ⓓ I want to hug my mother.
(나는 엄마를 안아 드리고 싶다.)
• I will cook for my mother.
(엄마께 요리를 해 드릴 거야.)
• I'd like to give a present to my father.
(아빠께 선물을 드리고 싶어.)

B **본문 해석**

1. ⓒ 아빠는 휘둥그레진 눈으로 나를 쳐다보셨다.
2. ⓑ "나는 네 춤이 좋단다." 아빠는 두 엄지손가락을 치켜 올리며 말씀하셨다.
3. ⓐ 아빠는 웃으며 나를 안아 주셨다.

해설 1번 그림에서는 소년이 춤을 추는 모습을 아버지가 놀란 눈으로 바라보고 있고(looked at me with wide eyes), 2번 그림에서는 무대 위에서 춤을 추고 있는 아들을 본 아버지가 엄지손가락을 치켜 올리고(two thumbs up) 있다. 3번 그림에서는 아버지가 환하게 웃으며(a big smile) 아들을 안아 주고(hug) 있다.

Vocabulary

• message [mésidʒ] 명 메시지(문자, 메일)
  예 Did you get my **message**?(내 문자 받았어?)
• hug [hʌg] 동 껴안다, 포옹하다 명 포옹
  예 My mom **hugged** me. (엄마는 나를 안아 주셨다.)
• with thumbs up 엄지손가락을 치켜들며
  예 Mary supported his idea with two thumbs up.
  (Mary는 엄지손가락을 치켜들며 그의 아이디어를 지지했다.)

Word Quiz

다음 우리말을 읽고 빈칸에 알맞은 단어를 쓰시오.

1. 그 아이가 눈을 크게 뜨고 나를 바라보았다.
   The kid looked at me with _____ eyes.
2. 오늘 여러분의 친구를 안아 주는 건 어때요?
   Why don't you _____ your friend today.

정답 1. wide 2. hug

Write it

빈칸에 공통으로 들어갈 수 있는 단어를 쓰시오.

• He said, "I am proud of you." _____ two thumbs up.
• He was looking at me _____ a big smile.

정답 with

Thank you, My Family **75**

Read 1

Main Idea

감사 일기 쓰기 과제

First Reading

예시 답안

embarrassed(당황한) → happy(행복한)

본문 해석

감사 일기

5월 1일

❶ 오늘 우리는 이상한 숙제를 받았다. 우리는 우리 부모님께 감사의 말을 전해야 한다. 한 달 동안 감사 일기도 써야 한다. ❷ 내가 어떻게 그 일을 할 수 있을까? ❸ 나는 감사의 마음을 잘 표현하는 사람이 아니다.

5월 9일

엄마는 거실에 계셨다. 나는 엄마께 감사의 말을 해야 했다. 나는 엄마 옆에 앉았다. 나는 엄마께 "엄마, 고마워요."라고 부드러운 목소리로 말했다. ❹ 엄마는 눈이 휘둥그레져서 나를 쳐다보셨다. 엄마는 내게 ❺ "뭐가 감사하다는 거니? 지훈아. 너 괜찮니?"라고 물어보셨다. ❻ 나는 내 방으로 달려갔다. 휴! ❼ 감사의 말을 하는 건 그렇게 쉬운 일이 아니다

Q1 지훈이는 이상한 숙제를 받았다.
A ☑ 참 ☐ 거짓

해설 일기의 첫 번째 문장에 이상한 숙제(some strange homework)를 받았다고 나와 있다.

First Reading 글을 훑어 읽으며, 글쓴이의 마음의 변화를 추측해 봅시다.
Second Reading 각 문장을 의미 단위로 끊어 읽으며, 그 의미를 파악해 봅시다.

A Thank-You Diary

May 1st

Today we got some strange homework. We have to say thanks to our parents. We also have to keep a thank-you diary for a month. How can I do it? I'm not really a thanksgiver.

May 9th

Mom was in the living room. I had to say thanks to her. I sat next to her. "Thank you, Mom," I said in a soft voice. She looked at me with wide eyes. "For what? Are you all right, Jihun?" she asked. I ran away to my room. Phew! Saying thanks is not so easy!

Q1. Jihun got some strange homework. ☑ True ☐ False

· strange · keep a diary · thanksgiver · next to · wide

Say it

다음 질문에 영어로 답해 봅시다.

1. How long should he keep a thank-you diary?
2. Where did he run away to?

정답 1. one month 2. his room

Circle it

동사의 과거형을 고르시오.

1. We gets, got some work to do.
2. I had, has to return the books.
3. I sat, sited in front of her.

정답 1. got 2. had 3. sat

Vocabulary

· **strange** [streindʒ] 휑 이상한
  예 I had a **strange** dream.(나는 이상한 꿈을 꾸었다.)
· **keep a diary** 일기를 쓰다
  예 Alan **keeps a diary** in French.(Alan은 불어로 일기를 쓴다.)
· **thanksgiver** [θǽŋksgìvər] 휑 감사하는 사람
  예 I want to be a **thanksgiver**.(나는 감사하는 사람이 되고 싶다.)
· **next to** ~ 바로 옆에
  예 I sat **next to** a famous singer.(나는 유명한 가수 옆에 앉았다.)

Word Quiz

문맥상 알맞은 단어를 보기에서 골라 쓰시오.

보기 thanksgiver, soft, strange

1. What's wrong? You look _____ today.
2. She always says thanks to others. She is a _____.

정답 1. strange 2. thanksgiver

❶ **Today we got some strange homework.**
문맥상 we는 화자가 속한 반의 모든 학생을 말한다. some과 strange는 명사 homework를 수식하는 형용사로, 형용사가 두 개 이상 나올 때는 일정한 순서에 따라 나열한다.

❷ **How can I do it?**
How can ~?은 '어떻게 ~할 수 있니?'라는 의미로, 의문사를 쓴 의문문을 만들 때는 의문사를 문장의 맨 앞으로 보내고 동사나 조동사가 이어진다.
⑩ **Where** did you go after school? (어제 방과 후에 어디에 갔니?)

❸ **I'm not really a thanksgiver.**
really는 not과 함께 쓰이면 부정의 정도를 완화하여 '꼭[사실] ~인[한] 것은 아니다'라는 의미를 나타낸다.
⑩ A: Did you enjoy the movie?(그 영화 재미있었니?)
    B: **Not really.**(그렇게 재미있지는 않았어.)

❹ **She looked at me with wide eyes.**
with wide eyes는 '눈을 둥그렇게 뜨고'라는 의미로, 당황하거나 놀란 상황에서 눈이 커진 모습을 묘사하는 표현이다.

❺ **"For what? Are you all right, Jihun?"**
for는 감사의 이유를 나타내는 전치사이다.

❻ **I ran away to my room.**
run away는 '도망치다, 달아나다'라는 뜻으로 두 개의 단어가 결합돼 동사의 역할을 한다. away는 '(시간적·공간적으로)떨어져[떨어진 곳에]'라는 의미의 부사, to는 '~쪽으로'라는 의미의 방향을 나타내는 전치사다.

❼ **Saying thanks is not so easy.**
동명사가 문장의 주어로 올 때는 단수 동사를 쓴다.

Do You Know?

『**과학적으로 증명된 감사의 긍정적 효과**』 UC Davis의 심리학 교수 로버트 에몬스(Robert Emmons)에 따르면, 감사는 생리학적으로 스트레스를 완화시켜 주는 역할을 하며, 분노 또는 후회와 같은 감정들로부터 벗어나게 하는 효과가 있다. 감사함을 느낄 때, 뇌 좌측의 전전두 피질이 활성화되는데, 이 영역은 사랑과 공감 같은 긍정적 감정과 관련 있다. 에몬스는 실험을 통해 감사의 효과를 증명하였다. 그는 감사 일기를 쓰는 집단과 쓰지 않는 집단을 10주 동안 관찰하였는데, 10주가 지난 후 감사 일기를 쓰는 집단이 비교 집단에 비해 행복 지수가 25% 더 높았다.

학습 도우미 ▶

● **형용사 순서**
두 개 이상의 형용사가 하나의 명사를 수식할 때는 일정한 순서에 따라 나열해야 한다. 일반적으로 지시대명사(this, that,...)/소유격(my, your...)/관사(a, an, the)/부정대명사(some, any...) → 수량(first.../one...) → 대소(small/big) → 모양(round, square...) → 성질/상태(pretty, clean) 등의 순으로 제시한다.
⑩ It was **a beautiful sunny** day.
 (아름답고 화창한 날이었다.)

● **전치사 with**
with는 표정이나 동작을 나타내는 부사구를 이끌 수 있으며, 이때는 '~하면서, ~하며'라는 의미를 나타낸다.
⑩ She greeted me **with** a smile.
 (그녀는 미소를 지으면서 내게 인사했다.)

● **동사+away**
away와 동사가 결합해 하나의 동사처럼 역할하는 표현은 이 외에도 다양하다.
⑩ throw **away** 내다 버리다
 take **away** 가져가다, 빼앗다
 go **away** (떠나)가다, 없어지다

● **부사 so**
so는 '그만큼, 그렇게, 그 정도로'라는 의미로, '정도, 한도'를 나타낸다. '매우, 대단히, 아주'라는 의미의 강조 용법과는 쓰임이 다르다.
⑩ Why are you **so** late?
 (너 왜 그렇게 늦었니?)
 cf. I'm **so** sorry.(정말 죄송합니다.)

Check-up

[1~3] 각 문장이 본문의 내용과 일치하면 T, 일치하지 않으면 F에 표시하시오.

1 Jihun's homework is writing a thank-you letter to his parents. T F

2 Jihun often says thanks to his parents. T F

3 Jihun thinks saying thanks is easy to do. T F

[4~5] 다음 우리말과 일치하도록 빈칸에 알맞은 말을 쓰시오.

4 Thank you _____ your kindness.
 (당신의 친절함에 감사드립니다.)

5 _____ is my favorite hobby.
 (노래부르기는 내가 가장 좋아하는 취미이다.)

정답 1. F 2. F 3. F 4. for 5. Singing

Read 2

본문 해석

5월 20일
❶ 엄마는 점심으로 피자를 만들어 주셨다. ❷ 나는 피자를 전혀 좋아하지 않지만 감사의 말을 해야 했다. 나는 엄마께 "엄마, 고마워요. 정말 맛있어요."라고 두 엄지손가락을 치켜들며 말했다. 엄마는 이번에는 "뭐가 고맙다는 거니?"라고 말씀하지 않으셨지만 내게 "그럼 내가 내일 또 피자를 또 만들어 줄게."라고 말씀하셨다. 이런. ❸ 나는 솔직한 감사의 말을 전해야 한다.

5월 30일
❹ 엄마는 야근 때문에 집에 늦게 오셨다. ❺ 엄마는 매우 피곤해 보이셨다. ❻ 나는 엄마를 안아 드리면서 "엄마, 감사합니다. ❼ 저는 엄마가 저희들을 위해 열심히 일하신다는 것을 알아요."라고 말했다. 엄마는 활짝 웃으시며 나를 안아 주셨다.
이제 나는 감사를 잘 표현하는 사람이다. ❽ 나는 이런 방식으로 행복을 퍼트릴 수 있다고 생각한다.

Q2 지훈이는 무엇을 퍼트릴 수 있나요?
A   He can spread happiness.(그는 행복을 퍼트릴 수 있다.)

해설 마지막 문장에서 지훈이는 행복을 퍼트릴 수 있다고(I can spread happiness)고 말한다.

May 20th

Mom cooked pizza for lunch. I didn't like it at all, but I had to say thanks. "Thank you, Mom. It's so delicious," I said with two thumbs up. Mom didn't say "For what?" this time, but she said, "Then I will make pizza tomorrow again." Uh-oh. I must give honest thanks.

May 30th

Mom came home late from work. She looked very tired. I hugged her, and I said, "Thank you, Mom. I know that you work hard for us." She hugged me with a big smile.
I am a thanksgiver now. I think that I can spread happiness this way.

Q2. What can Jihun spread? He can spread happiness.

· thumb   · honest   · hug   · with a big smile   · spread   · happiness

Write it

다음 질문에 영어로 답하시오.

1. What did Mom make for lunch?
2. Who does he think he is now?

정답 1. pizza 2. thanksgiver

Read it

우리말과 일치하도록 올바른 형태를 고르시오.

1. 그는 집에 늦게 들어왔다.
   - He came home lately / late.
2. 그녀는 솔직한 답을 해야 한다.
   - She must give / gives honest answers.

정답 1. late 2 give

Vocabulary

· wide [waid] 형 넓은, (눈이) 동그란
  예 The river is **wide**.(그 강은 넓다.)
· thumb [θʌm] 명 엄지손가락
· honest [ɑ́:nist] 형 정직한
  예 He is **honest**.(그는 정직하다.)
· with a big smile 활짝 웃으며
  예 Jane looked at me **with a big smile**.(Jane은 활짝 웃으며 나를 바라보았다.)
· spread [spred] 동 퍼트리다
  예 The disease **spread** quickly.(그 질병은 빠르게 퍼졌다.)
· happiness [hǽpinis] 명 행복
  예 You are the reason for my **happiness**.(너는 내 행복의 이유야.)

Word Quiz

밑줄 친 단어를 올바른 형태로 고쳐쓰시오.

1. Happy lies first of all in health. (행복은 무엇보다 건강에 있다.)
2. She is not an honesty person. (그녀는 정직한 사람이 아니다.)

정답 1. Happiness 2. honest

❶ **Mom cooked pizza for lunch.**
for lunch는 '점심 식사로'라는 의미이다. 일반적인 식사(breakfast, lunch, dinner 등)를 나타낼 때는 관사를 쓰지 않는다.

❷ **I didn't like it at all.**
at all은 부정문에서 '전혀, 조금도 (~아니다)'를 뜻한다.

❸ **I must give honest thanks.**
조동사 must는 '~해야 한다'는 뜻으로, 뒤에는 동사원형을 써야 한다.

❹ **Mom came home late from work.**
home은 흔히 '집, 가정'이라는 의미의 명사로 쓰이지만 '집에, 집으로'라는 의미의 부사로도 쓰인다. 이 경우 장소를 나타내는 전치사의 뜻이 포함되어 있다.
㉠ I want to go **home**. (나는 집에 가고 싶어.)

❺ **She looked very tired.**
look 다음에는 형용사를, look like 다음에는 명사(구)를 쓴다.
㉠ She **looked like** a tired person.(그녀는 피곤한 사람처럼 보였다.)

❻ **I hugged her, and I said, "Thank you, Mom."**
등위접속사 and 앞뒤에 나오는 동사는 형태가 같아야 한다. 여기서는 둘 다 과거 시제를 나타내는 동사(hugged, said)를 썼다.

❼ **I know that you work hard for us.**
that절은 동사 know의 목적어로 쓰인 명사절이며, hard는 '단단한, 힘든'이라는 의미의 형용사가 아니라 '열심히'라는 뜻의 부사로 쓰여 work를 수식한다.
㉠ **hard** work(힘든 일) She works **hard**.(그녀는 열심히 일한다.)

❽ **I think that I can spread happiness this way.**
that절은 동사 think의 목적어로 쓰인 명사절이며, 조동사 can 뒤에는 동사원형이 나온다. this way는 앞서 나온 '누군가에게 감사의 마음을 표현하는 것'을 말한다.

학습 도우미

at all의 쓰임
at all은 부정을 나타내는 not과 함께 쓰여 '결코 [전혀/절대] ~아니다'라는 의미를 나타낸다. 참고로, Not at all.은 감사나 사례 인사에 대한 응답 표현으로 쓰여 '천만에요, 뭘요, 괜찮습니다'라는 의미를 나타내기도 한다.
㉠ A: Thank you so much.(정말 감사합니다.)
  B: **Not at all.**(별 말씀을요.)

접속사 that
접속사는 절과 절을 이어주는 역할을 한다. 접속사 that은 「주어+동사 ~」 형태의 절을 이끌어 명사처럼 기능하며, 문장에서 주어, 목적, 보어로 쓰인다. 이처럼 접속사 that으로 이어지는 절을 that절 (that 명사절)이라고 한다.
㉠ I believe **that he is a good person**.
  (나는 그가 좋은 사람이라고 믿고 있다.)

부사구의 전치사 생략
this way는 '이런 방식으로'라는 의미로, 원래 앞에 전치사 in을 쓰지만 이처럼 방법이나 시간, 요일을 나타내는 명사구 앞에서는 전치사를 생략해도 부사구 역할을 할 수 있다.
㉠ I'll see you (**on**) Monday morning.
  (월요일 오전에 보자.)
  Try (**in**) this way.(이런 방식으로 해 봐.)

Check-up

[1~3] 각 문장이 본문의 내용과 일치하면 T, 일치하지 <u>않으면</u> F에 표시하시오.

1 Jihun was excited when Mom said that she would make pizza again. T F

2 Jihun thanked Mom for working hard for his family. T F

3 Jihun now knows that saying thanks is good. T F

4 다음 우리말과 일치하도록 빈칸에 공통으로 들어갈 수 있는 말을 쓰시오.

• What did you have _____ lunch?
(점심으로 뭘 먹었니?)

• Thank you _____ the letter. (그 편지 고마워.)

정답 1. F 2. T 3. T 4. for

After I Read

A

본문 해석

1. "내가 어떻게 그 일을 할 수 있을까?" 난 감사를 표하는 사람은 아니야. 〈5월 1일〉
2. 엄마는 "그럼 내가 내일 또 피자를 만들어 줄게."라고 말씀하셨다. 이런. 〈5월 20일〉
3. 엄마는 활짝 웃으시며 나를 안아 주셨다. 〈5월 30일〉

해설 1. 감사 일기를 쓰는 것에 대해 막연해하는 표정, 2. 엄마가 피자를 또 만들어 주시겠다는 말씀에 당황하는 표정, 3. 엄마가 안아 주시자 흐뭇해하는 표정이 어울린다.

B

본문 해석

- 지훈이는 내가 만든 피자를 좋아했다. 와, 내일 지훈이를 위해 피자를 또 만들어 줘야겠다.
- 지훈이는 오늘 이상했다. 지훈이가 나에게 "고마워요." 라고 말했다.
- 지훈이가 나를 안아 주었고 우리 둘 다 행복했다.

해설

먼저 지훈이가 처음으로 고맙다고 말했던 내용이 오고, 그 다음으로는 지훈이에게 피자를 만들어 준 내용, 마지막으로는 지훈이와 포옹한 내용의 일기가 오는 것이 알맞다.

본문 해석

A 너는 부모님께 어떻게 감사를 표할 거야?
B 나는 감사 카드를 쓸 거야.

예시 답안

- I will buy flowers for them.
  (나는 부모님을 위해 꽃을 살 거야.)

[1~2] 주어진 단어를 이용하여 문장을 완성하시오.

1. 우리는 감사하는 사람이 되어야 한다,
   We _____.
   (a thanksgiver, have to, be)
2. 나는 엄마가 날 사랑하신다는 것을 안다.
   I _____.
   (that, know, loves, Mom, me)

정답 1. have to be a thanksgiver
2. know that Mom loves me

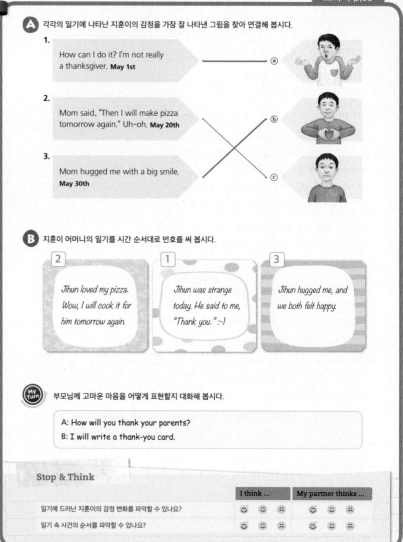

A 각각의 일기에 나타난 지훈이의 감정을 가장 잘 나타낸 그림을 찾아 연결해 봅시다.

1. How can I do it? I'm not really a thanksgiver. **May 1st** ——— ⓐ

2. Mom said, "Then I will make pizza tomorrow again." Uh-oh. **May 20th** ⓑ

3. Mom hugged me with a big smile. **May 30th** ⓒ

B 지훈이 어머니의 일기를 시간 순서대로 번호를 써 봅시다.

2 Jihun loved my pizza. Wow, I will cook it for him tomorrow again.

1 Jihun was strange today. He said to me, "Thank you." :-)

3 Jihun hugged me, and we both felt happy.

My Turn 부모님께 고마운 마음을 어떻게 표현할지 대화해 봅시다.

A: How will you thank your parents?
B: I will write a thank-you card.

Stop & Think

	I think ...	My partner thinks ...
일기에 드러난 지훈이의 감정 변화를 파악할 수 있나요?	☺ ☺ ☹	☺ ☺ ☹
일기 속 사건의 순서를 파악할 수 있나요?	☺ ☺ ☹	☺ ☺ ☹

Vocabulary

- both [bouθ] 명 양쪽 (둘) 다 형 둘 다의
  예 **Both** of the men are from England.(두 남자 모두 영국 출신이다.)

Sum up!

본문 내용과 일치하도록 알맞은 말을 빈칸에 써 넣으시오.

May 1st I got homework today, and it was to keep a _____. I don't know what to do because I don't thank others much.

May 9th I sat _____ my mom in the living room to _____ thanks. She looked surprised. I think that _____ thanks is not easy.

May 20th Mom made pizza for lunch. I didn't like it, but I said, "Thank you, Mom. It's so _____." Mom told me that she would make it tomorrow again. Uh-oh.

May 30th Mom looked _____ when she got home late from _____. I _____ her and said thanks again. She hugged me back. I am a thanksgiver now!

정답 diary, next to, say, saying, delicious, tired, work, hugged

Language Detective

교과서 p.57

A I think that I can spread happiness.

> I think that I am honest.
>
> I know that you are lying.

'that...' 부분은 어떤 뜻을 나타낼까요?

자신의 성격을 나타내는 단어를 세 개 골라, 자신에 대해 짝에게 말해 봅시다.

I think that _____.

I think that _____.

I think that _____.

- kind
- brave
- nice
- funny
- talkative
- outgoing

B I must give honest thanks.

> Why don't you get on the horse?
>
> Poor horse! You **must** get off the horse.

must 다음의 낱말은 어떤 모양일까요?

학교에서 지켜야 할 규칙을 써 봅시다.

1.

We must _____

We must _____

my own

We must _____

- come to school before 9 a.m
- turn off our cell phones

More Info

피노키오는 어느 나라 인물일까?
피노키오는 미국의 월트 디즈니 애니메이션 캐릭터로 많이 알려져 있지만 원래 1883년에 이탈리아 동화 작가 카를로 로렌치니(필명: 카를로 콜로디)가 발표한 동화 『피노키오의 모험, Le adventure di Pinocchio』에 등장하는 주인공이다. 착한 목수 제페토가 이웃한테 얻은 나무토막으로 인형을 만들어 '피노키오'라고 이름을 붙이자 피노키오가 요정의 도움을 받아 사람처럼 말을 하고 행동하게 된다는 설정으로 전개되는 이 동화는 호기심 많은 말썽꾸러기 피노키오의 모험을 그리고 있다. 특히 피노키오가 거짓말을 할 때마다 코가 길어진다는 특징으로 유명하다.

- that 명사절의 쓰임
- 의무를 나타내는 조동사 must

A

본문해석

- 나는 내가 행복을 퍼트릴 수 있다고 생각한다.
피노키오 저는 제가 정직하다고 생각해요.
할아버지 나는 네가 거짓말을 하고 있다는 걸 알아.

- 친절한   • 용감한   • 좋은
- 재미있는   • 수다스러운   • 외향적인

예시 답안

- I think that I am kind.
(나는 내가 친절하다고 생각해.)
- I think that I am brave.
(나는 내가 용감하다고 생각해.)
- I think that I am funny.
(나는 내가 재미있다고 생각해.)

해설 that은 목적어 역할을 하는 절을 이끄므로 뒤에는 주어와 동사가 나와야 한다.

Q 'that....' 부분은 어떤 뜻을 나타낼까요?

모범 답안 that절은 동사의 목적어 역할을 한다. '~을, ~라고'로 해석할 수 있다.

B

본문해석

- 나는 솔직한 감사의 말을 전해야 한다.
A 말을 타고 가는 건 어때요?
B 불쌍한 말! 당신은 말에서 내려야 돼요.

예시 답안

1. We must turn off our cell phones.
(우리는 휴대 전화를 꺼야 한다.)
2. We must come to school before 9 a.m.
(우리는 학교에 9시 전까지 와야 한다.)
3. We must complete our homework.
(우리는 숙제를 끝마쳐야 한다.)

해설 1번 그림에서는 여학생이 휴대 전화를 끄고 있고, 2번 그림에서는 남학생이 9시 전에 학교에 와 있다.

Q must 다음의 낱말은 어떤 모양일까요?

모범 답안 must, can, will, may 등의 조동사는 동사를 도와주는 역할을 하며 뒤에는 항상 동사원형이 나온다.

Ⓐ that 명사절

that + 주어 + 동사 ~라고, ~ 것을

A How do you like the book?(넌 그 책 어때?)

B I love it. I think **that it is really a good book**. What do you think?(마음에 들어. 난 정말 좋은 책이라고 생각해. 넌 어떻게 생각해?)

A I love it, too. I think **that it'll be a best-seller**.
(나도 그 책이 좋아. 나는 그 책이 베스트셀러가 될 거라고 생각해.)

실력 쑥쑥

일반적으로 문장은 하나의 주어와 동사가 있는 형태를 말한다. 문장에 주어와 동사가 두 개 이상 있다면 주어와 동사를 가진 두 개의 '절'이 연결된 문장이라 할 수 있다. 두 절을 연결하려면 접속사가 필요한데, 접속사 that은 주어와 동사를 갖춘 절을 이끌어 명사의 역할을 한다. 이 that절은 think, know, believe 등의 목적절로 쓰이는 경우가 많다.

예) I think **that he is very kind**.(나는 그가 매우 친절하다고 생각해.)
I know **that he is very kind**.(나는 그가 매우 친절하다는 걸 알아.)
I believe **that he is very kind**.(나는 그가 매우 친절하다고 믿어.)

만점 비결 A

that 명사절에서 that의 생략
that 명사절이 주어나 보어로 쓰였을 때는 that을 생략할 수 없지만, 동사의 목적어로 쓰였을 때는 생략 가능하다.

• 주어로 쓰인 경우(생략 불가)
예) **That I like writing** is true.
(내가 글쓰기를 좋아한다는 것은 사실이다.)

• 보어로 쓰인 경우(생략 불가)
예) The truth is **that I like writing**.
(사실은 내가 글쓰기를 좋아한다는 것이다.)

• 동사의 목적어로 쓰인 경우(생략 가능)
예) Everyone knows **(that)** I like writing.
(모두가 내가 글쓰기를 좋아한다는 걸 알고 있다.)

Ⓑ 조동사 must

must + 동사원형 ~해야 한다

A What class rules do we have?(우리의 학급 규칙은 무엇인가요?)

B Well, we **must be** quiet in class.(음, 수업 중에 조용히 해야 돼요.)

C We **must turn off** our cell phones, too.
(우리는 휴대 전화도 꺼야 해요.)

실력 쑥쑥

조동사 must는 '~해야 한다'는 의미의 의무를 나타낸다. 강제의 정도가 다소 약한 have to에 비해, must는 강제성이 좀더 강하며 말하는 사람의 의지가 더 강하게 반영된 표현이다. 일상회화에서는 must보다 have to가 더 많이 쓰인다.

예) I **must** go now.(나 지금 가야 해.) *자신의 의지에 따라 반드시 가야 하는 경우
I **have to** go now.(나 지금 가야 해.) *주변 상황이나 외부 요인에 의해 가야 하는 경우

만점 비결 B

should의 쓰임
should는 보통 '~해야 한다'로 해석되지만 주로 '~하는 게 좋을 거야'라는 의미의 조언 또는 권유의 의미를 나타내기도 한다.

예) You **should** not watch TV too much.(너는 TV를 너무 많이 보지 않는 게 좋겠어.)
You **should** drink this juice too. It tastes so good!
(너도 이 주스 마셔 봐. 정말 맛있어!)

Check-up

1 다음 밑줄 친 that 중 생략할 수 <u>없는</u> 것은?

① I believe <u>that</u> he didn't steal it.

② <u>That</u> the earth is round is true.

③ He thought <u>that</u> he forgot something.

④ I knew <u>that</u> he was there.

[2~3] 다음 중 어법상 틀린 부분을 찾아 고치시오.

2 He should helps us.

→ _____

3 We must leaving now.

→ _____

Let's Write

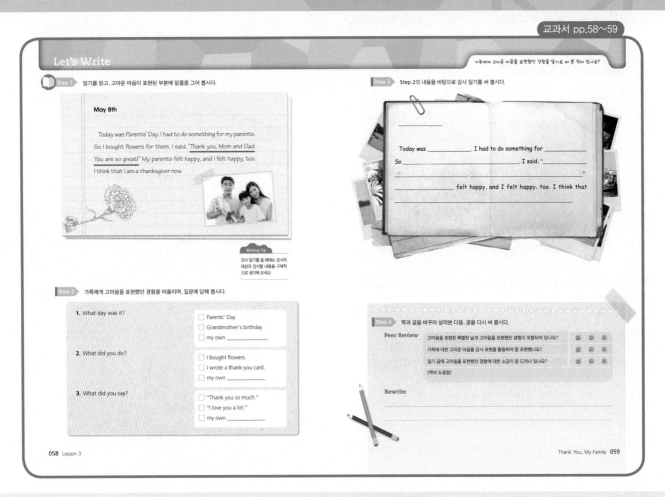

Let's Write

가족에게 고마운 마음을 표현했던 경험을 일기로 써 본 적이 있나요?

Step 1 일기를 읽고, 고마운 마음이 표현된 부분에 밑줄을 그어 봅시다.

May 8th

Today was Parents' Day. I had to do something for my parents.
So I bought flowers for them. I said, "Thank you, Mom and Dad.
You are so great!" My parents felt happy, and I felt happy, too.
I think that I am a thanksgiver now.

Writing Tip
감사 일기를 쓸 때에는 감사의 대상과 감사할 내용을 구체적으로 생각해 보세요.

Step 2 가족에게 고마움을 표현했던 경험을 떠올리며, 질문에 답해 봅시다.

1. What day was it?
☐ Parents' Day
☐ Grandmother's birthday
☐ my own _____

2. What did you do?
☐ I bought flowers.
☐ I wrote a thank-you card.
☐ my own _____

3. What did you say?
☐ "Thank you so much."
☐ "I love you a lot."
☐ my own _____

Step 3 Step 2의 내용을 바탕으로 감사 일기를 써 봅시다.

Today was _____. I had to do something for _____.
So _____. I said, "_____
_____ felt happy, and I felt happy, too. I think that
_____

Step 4 짝과 글을 바꾸어 살펴본 다음, 글을 다시 써 봅시다.

Peer Review
고마움을 표현한 특별한 날과 고마움을 표현했던 경험이 포함되어 있나요?
가족에 대한 고마운 마음을 감사 표현을 활용하여 잘 표현했나요?
일기 글에 고마움을 표현했던 경험에 대한 소감이 잘 드러나 있나요?
[짝의 도움말]

Rewrite

058 Lesson 3

Thank You, My Family 059

Step 1 해석

5월 8일
오늘은 어버이날이었다. 나는 부모님께 뭔가를 해 드려야 했다. 그래서 나는 부모님을 위해 꽃을 샀다. 나는 "엄마, 아빠, 감사합니다. 두 분은 정말 훌륭하세요!"라고 말했다. 부모님은 행복해하셨고, 나도 행복했다. 나는 이제 감사를 표현하는 사람이다.

Step 2

해석

1. 그 날은 무슨 날이었나요?
☐ 어버이날   ☐ 할머니의 생신

2. 여러분은 무엇을 했나요?
☐ 나는 꽃을 샀다.   ☐ 나는 감사 카드를 썼다.

3. 여러분은 뭐라고 말했나요?
☐ "정말 감사해요."   ☐ "많이 사랑해요."

예시 답안

1. Mom's birthday(엄마 생신), Christmas(크리스마스), New Year's Day(설날)
2. I bought a birthday cake for her.(나는 그녀를 위해 생일 케이크를 샀다.), I sang a song, "Happy Birthday."(나는 "생일 축하합니다" 노래를 불렀다.)
3. "You are my role model!"(엄마[아빠]는 제 역할 모델이에요!)

Step 3 예시 답안

May 10th
Today was <u>Dad's birthday</u>. I had to do something for <u>him</u>. So <u>I bought a birthday cake for him</u>. I said, "<u>Happy birthday, Dad. You're the best!</u>" <u>He</u> felt happy, and I felt happy, too. I think that <u>I did a great job today</u>.
(5월 10일. 오늘은 아빠의 생신이었다. 나는 아빠께 무언가를 해 드려야 했다. 그래서 나는 아빠를 위해 생일 케이크를 샀다. 나는 "생신 축하해요, 아빠. 아빠는 최고예요."라고 말했다. 아빠는 행복해하셨고, 나도 행복했다. 오늘 나는 정말 잘 해낸 것 같다.)

Writing TIP

영어로 일기 쓰기
감사 일기를 쓸 때는 감사의 대상과 감사할 내용을 생각하면서 쓴다. 예를 들어 감사의 대상이 형제일 경우, 고마웠던 경험(예: 자전거 타는 법을 가르쳐 줌)을 구체적으로 생각한 다음, 이를 바탕으로 쓰면 고마움의 감정이 담긴 감사 일기를 쓸 수 있다. 특히 일기의 마지막 문장은 자신의 생각을 쓰도록 한다.

Vocabulary

role model 명 롤 모델, 본보기가 되는 인물

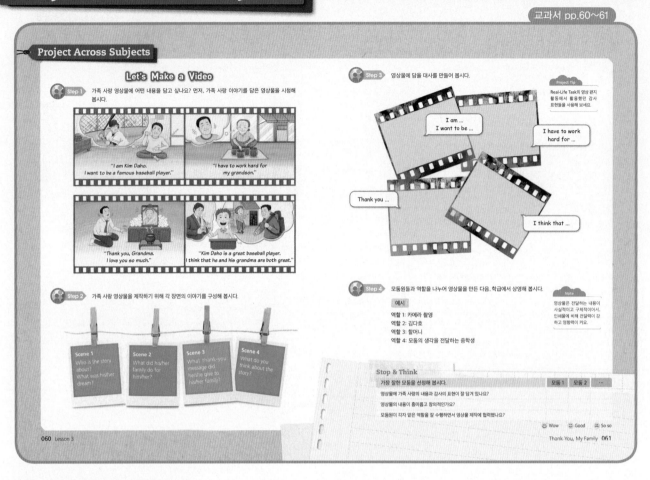

가족 사랑 이야기를 영상물로 만들기

활동 방법
1. 가족 사랑을 통해 역경을 극복한 이야기를 시청한다.
2. 가족 사랑 영상물의 주인공을 생각한 후, 가족을 향한 주인공의 감사 메시지를 만들어 본다.
3. 영상물에 들어갈 장면을 그려 보고 영상물에 담을 대사를 만들어 본다.
4. 모둠별로 영상물을 제작한다.
5. 제작한 영상물을 함께 시청한다.

Step 1

본문 해석

다호 "나는 김다호이다. 나는 유명한 야구선수가 되고 싶다."
할머니 "나는 손자를 위해 열심히 일 해야 해."
다호 "고마워요, 할머니. 정말 사랑해요."
소년 "김다호는 훌륭한 야구선수입니다. 저는 그와 그의 할머니 둘 다 훌륭하다고 생각합니다."

Step 2

본문 해석

Scene 1 이 이야기는 누구에 관한 것입니까? Kim Daho(김다호) 그/그녀의 꿈은 무엇이었나요? He wants to be a famous baseball player.(그는 유명한 야구선수가 되고 싶어 한다.)

Scene 2 그/그녀의 가족은 그/그녀를 위해 무엇을 했나요? His grandmother worked hard for him.(그의 할머니는 그를 위해 열심히 일하셨다.)

Scene 3 그/그녀는 가족에게 어떤 감사 메시지를 전했나요? He said, "Thank you, Grandma. I love you so much."(그는 "할머니 고마워요. 정말 사랑해요." 라고 말했다.)

Scene 4 여러분은 이 이야기에 대해서 어떻게 생각하나요? I think that the story is touching.(나는 이 이야기가 감동적이라고 생각한다.)

Step 3

예시 답안

지나 I am Kim Jina. I want to be a doctor.
(나는 김지나이다. 나는 의사가 되고 싶다.)
아빠 I have to work hard for my daughter.
(나는 내 딸을 위해 열심히 일해야 돼.)
지나 Thank you, Dad.(고마워요, 아빠.)
소년 I think that the story is inspiring.
(나는 이 이야기가 사람들에게 영감을 준다고 생각한다.)

Vocabulary

famous [féiməs] 형 유명한 touching [tʌ́tʃiŋ] 형 감동적인
inspiring [inspáiəriŋ] 형 영감을 주는

84 Lesson 3

Check My Progress

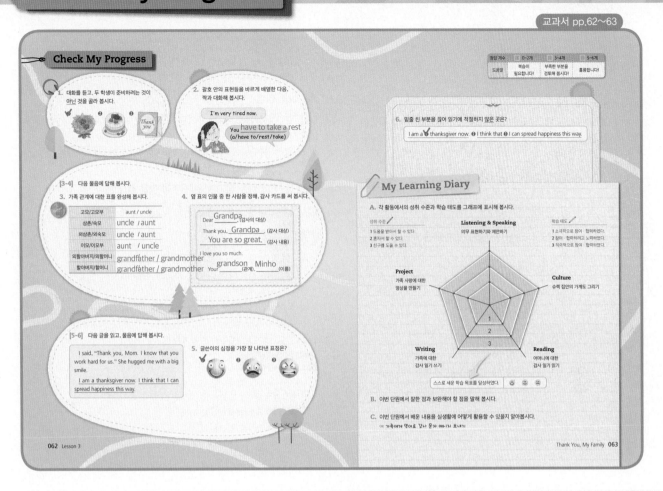

정답

1. ① 2. You have to take a rest. 3. 해설 참조 4. 해설 참조 5. ① 6. ①

1.

대본·해석

G It's Mom's birthday. We have to do something for her.
B Right. I think so, too.
G I will buy a birthday cake. Why don't you write a thank-you card?
B Okay. I'll do that.

소녀 오늘은 엄마 생신이야. 우리는 엄마께 무언가를 해 드려야 해.
소년 맞아. 내 생각도 그래.
소녀 내가 생일 케이크를 살게. 넌 감사 카드를 쓰는 게 어때?
소년 좋아. 그럴게.

해설 여학생은 생일 케이크를 사겠다고 말하며 남학생에게 감사 카드를 쓰라고 제안하고 있으므로, ① 꽃다발은 두 사람이 준비하려는 것이 아니다.

2.

해석

A 나는 지금 너무 피곤해.
B 너는 쉬어야 해.

해설 상대방에게 조언을 할 때 쓰는 have to 뒤에 '휴식을 취하다'라는 의미의 take a rest가 나온다.

3.

예시 답안

uncle(삼촌, 외삼촌, 이모부)/aunt(숙모, 외숙모, 이모)
grandfather(외할아버지, 할아버지)/grandmother(외할머니, 할머니)

해설 우리말과 달리 영어에는 친가와 외가를 구별하는 호칭이 없다. 아버지와 어머니의 형제자매 및 배우자는 uncle/aunt로 통칭한다.

4.

예시 답안

Dear Grandpa,
Thank you, Grandpa.
You are so great. I love you so much.
Your grandson, Minho
(할아버지께, 감사합니다, 할아버지. 할아버지는 너무 좋은 분이세요. 할아버지를 정말 사랑해요. 손자, 민호 올림)

해설 감사의 대상과 자신과의 관계에 유의하여 알맞은 호칭을 쓴다. 예를 들어 감사의 대상이 할아버지(grandfather)일 경우, '할아버지'라는 호칭을 쓰는 사람은 손자(grandson) 또는 손녀(granddaughter)다.

해석

나는, "고마워요, 엄마. 저는 엄마가 저희를 위해 열심히 일하신다는 걸 알아요."라고 말했다. 엄마는 환하게 웃으시며 나를 안아 주셨다. 나는 이제 감사를 표현하는 사람이다. 나는 이런 방식으로 행복을 퍼트릴 수 있을 것 같다.

5.

해설 글쓴이가 자신이 어머니에게 했듯 감사의 마음을 전하는 방식으로 행복을 퍼트릴 수 있을 것 같다(I think that I can spread happiness this way.)고 말하고 있으므로 글쓴이가 행복해 한다는 것을 알 수 있다.

6.

해석

나는 이제 감사를 표현하는 사람이다. 나는 이런 방식으로 행복을 퍼트릴 수 있을 것 같다.

해설 의미 단위로 끊어 읽기를 한다. ①의 a는 단수형 명사 앞에 쓰여 '한 사람의 ~'라는 의미를 나타내므로 a thanksgiver는 의미상 하나의 단위이다.

My Learning Diary

A. 활동 방법

1 1차시에 작성한 My Study Planner를 살펴보고, 스스로 실천 정도를 확인한다.
2 각 활동에서의 성취 수준과 학습 태도를 그래프에 표시한다.
3 그래프 아래의 점검표를 완성한다.

B. 단원에서 잘한 점과 보완해야 할 점을 말해 본다.

C. 배운 내용을 실생활에 활용할 방법을 말해 본다.

실생활 예시

• 가족들이 함께 쓰는 일기장 만들기
• 이모티콘을 활용하여 고마운 분들께 감사 메시지 전하기
• 영상 편지를 만들어서 선물하기
• 매일 감사한 일 다섯 가지 쓰기
• 우리 집 가계도 만들기
• 우리 집 규칙 만들어서 벽에 걸기

Vocabulary

grandpa [grǽnpɑ:] 명 (비격식체) (외)할아버지
take a rest 휴식을 취하다, 쉬다

Lesson 3 단원 평가

1 대화를 듣고, 여자의 말에 이어질 응답으로 가장 적절한 것을 고르시오.

① I'm sorry.
② Sure. I like swimming.
③ Sorry, I can't. I have to go swimming.
④ Let's watch a basketball game.
⑤ You have to wear a swimming suit.

2 대화를 듣고, 두 사람의 대화가 <u>어색한</u> 것을 고르시오.

① ② ③ ④ ⑤

3 대화를 듣고, 두 사람이 할 일을 고르시오.

① 소풍 가기
② 소풍 도시락 만들기
③ 점심 먹으러 가기
④ 자전거 타러가기
⑤ 자전거 연습하기

4 대화를 듣고, 내용과 일치하지 <u>않는</u> 것을 고르시오.

① 두 사람은 가족이다.
② 이번 주 금요일은 아빠의 생신이다.
③ 여자의 제안에 남자는 동의하고 있다.
④ 아빠께 특별한 선물을 드리기로 했다.
⑤ 두 사람은 선물을 위해 더 대화를 나눌 것이다.

5 다음 중 **with**의 쓰임이 알맞지 <u>않은</u> 것은?

① She looked at me <u>with</u> a big smile.
② I ran away <u>with</u> the building.
③ Can you play basketball <u>with</u> me?
④ I have some problems <u>with</u> my car.
⑤ Will you have lunch <u>with</u> me?

6 다음 영영풀이에 해당하는 말로 알맞은 것은?

> do gentle exercises before the activity starts

① visit   ② special   ③ send
④ spread   ⑤ warm up

7 다음 중 의미하는 바가 나머지 넷과 <u>다른</u> 것은?

① Let's go to the movies.
② How about going to the movies?
③ Why didn't you go to the movies?
④ Why don't we go to the movies?
⑤ What about going to the movies?

8 다음 중 빈칸에 들어갈 말로 <u>어색한</u> 것은?

> A: Today is Mom's birthday. What can we do for her?
> B: Why don't we _____?
> A: Sounds good. She would love it.

① write a card
② buy some flowers for her
③ do homework together
④ make a birthday cake
⑤ do the dishes

[9-10] 다음 글을 읽고, 물음에 답하시오.

> Jihun's Thank-You Diary
> May 1st
> Today we got some strange homework. We have to say thanks to our parents. We also have to keep a thank-you diary ⓐfor a month. How can I do it? I'm not really a thanksgiver.

[11-13] 다음 글을 읽고, 물음에 답하시오.

> May 9th
> Mom ⓐwas in the living room. I had to say thanks to her. I ⓑsat next ___(A)___ her. "Thank you, Mom," I said ___(B)___ a soft voice. She looked at me with wide eyes. "(C) For what? Are you all right, Jihun?" she asked. I ran ⓒaway to my room. Phew! ⓓSay thanks ⓔis not so easy!

9 윗글의 내용과 일치하지 <u>않는</u> 것은?

① The diary starts on May 1st.
② The homework is keeping a diary for a month.
③ Jihun likes to keep a thank-you diary.
④ Jihun doesn't say thanks to his parents often.
⑤ Jihun got new homework today.

11 윗글의 빈칸 (A), (B)에 들어갈 알맞은 말로 바르게 짝지어진 것은?

① in – at
② to – in
③ of – to
④ for – by
⑤ with – in

12 윗글의 밑줄 친 (C)를 구체적으로 해석하시오.

_____

10 윗글의 ⓐfor와 같은 뜻으로 쓰인 것은?

① This is <u>for</u> you.
② What can I do <u>for</u> you?
③ I want to thank you <u>for</u> your help.
④ The store is closed <u>for</u> two weeks.
⑤ He works <u>for</u> a toy company.

13 윗글의 ⓐ~ⓔ중 어법상 틀린 것을 찾아 바르게 고치시오.

_____

May 20th
Mom cooked pizza for lunch. I didn't like it at all, (A) I had to say thanks. "(B) Thank you, Mom. It's so delicious," I said with two thumbs up. Mom didn't say "For what?" this time, but she said, "Then I will make pizza tomorrow again." (C) Uh-oh. I must give honest thanks.

14 윗글의 빈칸 (A)에 들어갈 말로 알맞은 것은?

① but   ② and   ③ so
④ then   ⑤ or

15 다음 중 글쓴이가 윗글의 (B)처럼 말한 이유는?

① His homework is giving thanks.
② He liked the pizza so much.
③ The pizza was so delicious.
④ Mom was good at making pizza.
⑤ He wanted to eat the pizza again.

16 다음 중 (C)로 보아 글쓴이의 심정으로 가장 알맞은 것은?

① sad
② happy
③ embarrassed
④ bored
⑤ excited

May 30th
Mom ⓐcame to home ⓑlately from work. She looked very ⓒtiring. I hugged her, and I ⓓsay, "Thank you, Mom. I know (A) you work ⓔhard for us." She hugged me with a big smile. I am a thanksgiver now. I think (A) I can spread happiness (B) this way.

17 윗글의 ⓐ~ⓔ중 올바르게 고친 것이 아닌 것은?

① ⓐ came to home → came home
② ⓑ lately → late
③ ⓒ tiring → tired
④ ⓓ say → said
⑤ ⓔ hard → hardly

18 윗글의 빈칸 (A)에 공통으로 들어갈 수 있는 말을 쓰시오.

_____

19 윗글의 밑줄 친 (B) this way가 의미하는 것을 다음 영어 문장으로 완성하시오.

_____ _____ to others is a good way to spread happiness.

20 윗글의 내용과 일치하지 않는 것은?

① She worked late.
② He gave a hug to her.
③ She looked happy.
④ He said thanks to her.
⑤ She knew about the homework.

1 가사 분담에 관한 질문을 읽고, 괄호 안의 단어를 이용하여 응답을 완성하시오.

> A: What does your dad have to do?
> B: He _____.
>   (have to, do, laundry)

2 다음 상황을 읽고, 주어진 단어를 이용하여 친구에게 해 줄 조언을 쓰시오.

> I had a fight with my best friend yesterday. I was angry at her yesterday, but not now. I feel really sorry to her. What should I do?

> → Why _____ to her?

3 주어진 단어들을 올바르게 배열하여 우리말에 맞게 문장을 만드시오.

> I, is, an, that, think, honest, he, person

나는 그가 정직한 사람이라고 생각한다.
> → _____

4 괄호 안의 단어를 이용하여 다음 응답으로 알맞은 문장을 완성하시오.

> A: I have a bad cold.
> B: You must _____.
>   (the doctor, go)

5 다음 대화의 밑줄 친 우리말을 영어로 옮겨 쓰시오.

> A: How did you like the pizza?
> B: <u>전혀 마음에 안 들었어.</u>

> I _____ _____ it _____ _____.

[6-7] 다음 글을 읽고, 물음에 답하시오.

> G: Hey, did you know that? This Sunday is Grandma's birthday.
> B: (A) <u>Yes, I know.</u> We have to do something for her. We have to thank her for her love.
> G: Sure. (B) <u>Why don't we get a special present for her?</u>
> B: That sounds great.

6 **(A) Yes, I know.** 뒤에 생략된 문장을 포함하여 다음 문장을 완성하시오.

> Yes, I know _____.

7 주어진 단어를 이용하여 **(B)**와 같은 의미의 제안 표현을 완성하시오.

> How _____?

Lesson 4

Get Healthy, Be Happy!

Lesson Question
What is your favorite food?

이번 단원의 주요 내용을 살펴보고, 나의 학습 목표를 써 봅시다.

Listening & Speaking	Culture	Reading	Writing	Project
음식을 권하며 칭찬하는 상황에서 듣고 말하기	세계 여러 나라의 유명한 간식 알아보기	건강한 음식을 얻기 위해 떠나는 음식 여행에 대한 글 읽기	건강한 생활을 위해 가져야 할 습관에 대한 글 쓰기	음식 작품 만들기

- 축하·칭찬하기 You did a good job!
- 음식 권유하기 Would you like some ice cream?

- I caught a ferry **to get to Jejudo**.
- **How fresh** the salad is!

My Goals ✏

학습목표

- 축하·칭찬·음식 권유 등과 관련된 의사소통 상황을 이해하고 대화를 할 수 있다.
- 음식 재료 여행에 관한 글을 읽고, 글의 순서와 세부 내용을 이해할 수 있다.
- 목적 및 감탄을 나타내는 구문을 활용하여 건강 정보에 관한 글을 쓸 수 있다.
- 건강하고 심미적인 음식 문화를 익힐 수 있다.

의사소통 기능

축하·칭찬하기
You did a good job! (잘 했어요!)

음식 권유하기
Would you like some ice cream?
(아이스크림 좀 드실래요?)

언어 형식

목적을 나타내는 부정사구
I caught a ferry to get to Jejudo.
(나는 제주도에 가기 위해 여객선을 탔다.)

감탄문
How fresh the salad is! (얼마나 신선한 샐러드인지!)

Lesson Question

What is your favorite food?
(당신이 가장 좋아하는 음식은 무엇인가요?)

예시 답안

My favorite food is *bibimbap*.
(내가 가장 좋아하는 음식은 비빔밥입니다.)
I love *bulgogi*.
(나는 불고기를 아주 좋아합니다.)
I like pizza most.
(나는 피자를 가장 좋아합니다.)
Spaghetti is my favorite.
(나는 스파게티를 가장 좋아합니다.)

My Goals ✏

예시 답안

- 음식의 맛을 칭찬할 수 있다.
- 다른 나라의 간식에 대한 정보를 찾을 수 있다.
- 건강한 음식을 만들기 위한 재료를 쓸 수 있다.
- 건강한 생활습관을 가지기 위한 계획을 세울 수 있다.
- 음식 작품을 만드는 과정을 설명할 수 있다.

Listen & Speak 1

교과서 p.66

소년은 뭐라고 말할까요?
- ☐ 케이크
- ☐ 피자
- ☑ 핫도그

대본·해석

B   What a <u>hot dog</u>! You did a good job!
소년 정말 훌륭한 핫도그야! 정말 잘 했어!

A 대본·해석

1 B ❶ You did a good job!
  G   Thanks.
  B   You are very fast.
  소년 정말 잘했어!
  소녀 고마워.
  소년 너 정말 빠르구나.

2 B ❷ Good for you!
  G   Thank you.
  B   You have a nice shot!
  소년 정말 잘했어!
  소녀 고마워.
  소년 너 정말 잘 치는구나!

3 B   Good job!
  G   Thanks.
  B ❸ How wonderful! You are a real dancer.
  소년 정말 잘했어!
  소녀 고마워.
  소년 정말 멋져! 너 정말 춤을 잘 추는구나.

B 본문해석

A 케이크 어때?
B 정말 맛있어! 너 정말 잘 만들었구나!
A 고마워.

Get Ready What will the boy say?

What a _____!
You did a good job!

- ☐ cake
- ☐ pizza
- ☑ hot dog

🎧 Check the answer with your partner.

A Listen and Do

1. 세 대화의 공통적인 느낌을 나타내는 표정을 골라 봅시다. 🎧

ⓐ   ⓑ   ⓒ

Expression*
- Good for you!
- Well done!

2. 다시 듣고, 해당하는 장면에 번호를 써 봅시다. 🎧

1   2   3

B Choose and Talk 각 음식에 해당하는 맛을 고른 다음, 요리를 칭찬하는 대화를 해 봅시다. 👥

A: How **is the cake**?
B: How **tasty**! You did a good job!
A: Thank you.
the cake

the cookies   the lemonade   the *tteokbokki*

- hot
- fresh
- tasty
- sweet

Vocabulary

- **job** [dʒɑb] 몡 일, 과제
  예 This is your **job**.(이것은 당신 해야 할 일입니다.)
- **shot** [ʃɑt] 몡 (구기 종목에서) 슛
  예 It was a good **shot**.(멋진 슛이었어요.)
- **wonderful** [wʌ́ndərfəl] 혱 멋진, 훌륭한
  예 I had a **wonderful** time last night.(나는 지난밤 아주 멋진 시간을 보냈다.)
- **real** [ríːəl] 혱 엄청난, 대단한, 굉장한
  예 He looks like a **real** prince.(그는 정말 왕자님 같다.)

Word Quiz

우리말에 맞게 빈칸에 알맞은 단어를 쓰시오.
1. 저 차는 정말 멋져.
   That car is a _____ beauty.
2. 너는 훌륭한 일을 해냈어.
   You did a wonderful _____.

정답 1. real 2. job

Get Ready

해설 친구가 만든 음식을 먹고 요리 솜씨를 칭찬하고 있다. 손에 들고 있는 음식이 핫도그이므로 남학생이 할 말로 hot dog가 적절하다.

A Listen and Do

❶ **You did a good job**!
상대방을 칭찬할 때 쓰는 표현으로 여기서 job은 '(보수를 받고 하는) 직업'이 아닌 '(해야 하는 특정한) 일[과제]'를 뜻한다. 줄여서 Good job!(잘했어!)이라고만 쓰기도 한다.

❷ **Good for** you!
"잘했어", "잘됐구나"라는 의미로, 상대방을 칭찬하거나 축하할 때 쓰는 표현이다.

❸ **How** wonderful!
how는 '참으로, 정말'이라는 뜻으로 놀람이나 기쁨 등의 감탄을 나타내며, 뒤에 나오는 형용사나 부사를 강조하는 역할을 한다.
예 **How** nice[interesting]!(정말 멋지구나[정말 재미있구나]!)

해설 1. 세 대화가 모두 칭찬하는 내용이므로 공통적인 느낌을 나타내는 표정은 ⓑ이다. 2. 남학생이 상대방에게 매우 빠르다(You are very fast.)고 말하며 칭찬하고 있으므로 달리기를 하고 있는 첫 번째 그림이, 남학생이 상대방에게 정말 잘 친다(You have a nice shot!)고 칭찬하고 있으므로 배드민턴을 하고 있는 두 번째 그림이, 남학생이 상대방에게 춤을 정말 잘 춘다(You are a real dancer.)라고 칭찬하고 있으므로 춤을 추고 있는 세 번째 그림이 어울린다.

B Choose and Talk

해설 주어진 그림에 어울리는 영어 단어를 생각해 본 후, 상대방의 요리 실력을 칭찬하는 말을 한다. tasty는 '맛있다'라는 의미이므로 모든 음식과 어울릴 수 있으며 쿠키는 sweet(달콤한), 레모네이드는 fresh(신선한), sweet(달콤한), 떡볶이는 hot(매운)과 어울린다.

예시 답안

1. A How are **the cookies**?(쿠키 어때?)
   B How sweet! You did a good job!(정말 달콤해! 정말 잘 만들었구나!)
   A Thank you.(고마워.)
2. A How is the *tteokbokki*?(떡볶이 어때?)
   B How **tasty**! Good for you!(정말 맛있어! 잘 만들었는데!)
   A Thanks.(고마워.)

학습 도우미

의사소통 기능 ①
축하·칭찬하기
상대방을 칭찬할 때는 "잘했어."라는 의미로 다음과 같은 다양한 표현을 쓸 수 있다.
예 You did a great job!
Great[Good] job[work]!
You're doing a good[great] job.
Great!
이밖에 Good for you.와 Well done.도 상대방을 칭찬하는 표현이다.

감탄문
What+a+(형용사+) 명사 !
의문사 what 뒤에 형용사와 명사가 오면 '정말 ~하구나!,' '얼마나 ~한지!'라는 의미의 감탄문이 된다. 이때 형용사는 생략 가능하다.
예 **What a (cute) dog!**
(정말 귀여운 강아지구나!)
How+형용사+(주어+동사)!
How 뒤에 형용사와 주어, 동사가 차례대로 나오면 '정말 ~하다!,' '얼마나 ~한지!'라는 의미의 감탄문이 된다. 이때 주어와 동사는 생략 가능하다.
예 **How cold (it is)!** (날씨가 정말 춥구나!)

맛을 나타내는 형용사
bitter 쓴	tender 부드러운
sour 신	juicy 즙이 많은
spicy 매콤한	crispy 바삭한
salty 짠	yummy 맛있는
creamy 크림 같은	delicious 맛있는

Check-up

[1~3] **A**의 대화를 읽고, 내용과 일치하면 T, 일치하지 않으면 F에 표시하세요.

1 The girl runs very fast. T F
2 The boy is good at shooting. T F
3 The boy thinks she's a good dancer. T F

[4~6] 우리말과 같도록 괄호 안의 단어들을 바르게 배열하시오.
4 잘 했어요. (good, a, job)
   You did _____ _____ _____.
5 정말 빠르네요! (fast, how)
   _____ _____!
6 피자 어때요? (pizza, how)
   _____ is the _____?

정답 1. T 2. F 3. T 4. a good job 5. How fast 6. How, pizza

Get Healthy, Be Happy! **93**

Listen & Speak 2

교과서 p.67

소녀는 뭐라고 말할까요?

☐ 샐러드
☑ 빵
☐ 국수

대본·해석

G Would you like some <u>bread</u>?
B Yes, please.
소녀 빵 좀 먹을래?
소년 응, 먹을래.

Ⓐ 대본·해석

1 G ❶ It's getting hot.
Junha Yes, it is. Let's take a break.
G All right. I have some grape juice.
❷ Would you like some, Junha?
Junha ❸ Yes, please.
소녀 점점 더워지는 걸.
준하 그래, 맞아. 잠시 쉬자.
소녀 좋아. 나한테 포도 주스가 있어. 준하야, 조금 마실래?
준하 응, 마실게.

2 Junha What will you have for lunch, Yujin?
Yujin I'll have curry. ❹ Would you like to try it, too, Junha?
Junha Well, not today.
Yujin Would you like spaghetti?
Junha ❺ Yes, I'd like it.
준하 유진아, 점심 뭐 먹을 거야?
유진 난 카레 먹을래. 준하야, 너도 그거 먹을래?
준하 음, 오늘은 안 먹을래.
유진 그럼 스파게티 먹을래?
준하 좋아, 그걸로 먹을래.

Ⓑ 본문 해석

A 아이스크림 좀 드실래요?
B 네, 주세요. / 고맙지만 사양할게요. 사과 주스 주세요.
C 여기 있습니다.

Speaking Tip

거절하기

상대방이 음식을 권할 때, "No, thank you. (고맙지만 사양할게요)" "Not today. (오늘은 아니예요)" "I'm full. (배가 불러요)" "I'm good. (전 괜찮아요)" 등의 표현을 사용하여 거절의 의사를 나타낼 수 있다.

예 A: Would you like some bread?
   (빵 좀 드실래요?)
   B: I'm good. (전 괜찮아요)

Get Ready What will the girl say?

Would you like some _____?   Yes, please.

☐ salad
☑ bread
☐ noodles

🎧 Check the answer with your partner.

Ⓐ Listen and Choose 각 대화에서 준하가 선택한 음식을 골라 봅시다. 🎧

ⓐ   ⓑ
ⓒ   ⓓ   ⓔ

1. ___ⓐ___   2. ___ⓒ___

Ⓑ Talk and Find 다음과 같이 대화하며, 모둠원들이 좋아하는 후식을 찾아봅시다. 👥

A: Would you like some **ice cream**?
B: Yes, please.   B: No, thank you. I'd like **apple juice**, please.
A: Here you are.

How to Do
1. 각자 권하고 싶은 후식을 종이에 적습니다.
2. 모둠원들이 좋아하는 후식이 모두 정해지면 종이를 펼쳐 보이며, "We'd like...."라고 모두 외칩니다.

cake   grapes   cookies

Vocabulary

• get [get] 동 ~해지다
  예 It's **getting** worse. (점점 더 나빠지고 있다.)
• take a break 휴식을 취하다
  예 Let's **take a break**.(휴식을 취하자.)
• curry [kə́:ri] 명 카레
  예 I would like some **curry**.(카레 주세요.)
• spaghetti [spəgéti] 명 스파게티
  예 **Spaghetti** is my favorite food.(스파게티는 내가 가장 좋아하는 음식이다.)

Word Quiz

우리말에 맞게 빈칸에 알맞은 단어를 쓰시오.

1. 잠깐 휴식을 취하자.
   Let's take a _____.
2. 점점 어두워지고 있어.
   It's _____ dark.

정답 1. break 2. getting

94 Lesson 4

Get Ready

[해설] 여학생이 음식을 권하는 말(Would you like ~?)을 하고 있고 손에는 빵을 들고 있으므로 '빵(bread)'이 적절하다.

Ⓐ Listen and Choose

❶ It's getting hot.
여기서 get은 '(어떤 상태가) 되다'라는 의미로, 이 경우 뒤에 상태를 나타내는 형용사가 온다. 이때 「be동사+동사-ing」 형태의 현재진행형을 쓰면 변화하는 상황을 표현할 수 있으며 '점점 ~하다'라는 뜻을 나타낸다.
(예) It is **getting cold**. (날씨가 점점 추워지고 있어.)

❷ Would you like some, Junha?
상대방에게 무언가를 권할 때 Would you like ~?를 쓴다.

❸ Yes, please.
please는 무언가를 정중히 승낙할 때 쓰는 표현으로, 제안 내용에 따라 '네, 그렇게 해 주세요.', '네, 주세요.' 등 다양한 의미를 나타낼 수 있다.

❹ Would you like to try it, too, Junha?
Would you like to는 '~ 하시겠습니까?'라는 뜻으로, 뒤에 동사원형이 나온다. to부정사에 해당하는 행동이나 동작을 권하는 의미를 나타낸다.

❺ Yes, I'd like it.
I'd는 I would의 축약형이며 같은 의미를 나타내는 I want it.보다 정중한 표현이다. it은 상대방이 말한 spaghetti를 가리킨다.

[해설] 1. 준하는 친구가 권하는 포도 주스를 마시겠다(Yes, please.)고 응한다.
2. 준하는 친구가 권하는 카레를 거절하고 스파게티를 먹겠다고 말한다.

Ⓑ Talk and Find

[해설] 음식을 권할 때 Would you like some 뒤에 음식을 나타내는 명사를 써서 상대방의 의향을 물을 수 있다. 이에 대한 긍정형 답은 Yes, please./Yes, I'd like it./ Yes, I'd like some. 등으로, 부정형 답은 No, thank you./Not today. 등으로 말한다.

[예시 답안]

1. A Would you like some **cake**? (케이크 드실래요?)
   B Yes, please. (네, 주세요.)
   C Here you are. (여기 있습니다.)
2. A Would you like some **grapes**? (포도 드실래요?)
   B No, thank you. I'd like **ice cream**, please.
   (고맙지만 사양할게요. 아이스크림으로 주세요.)
3. A Would you like some **cookies**? (쿠키 드실래요?)
   B Yes, I'd like it. (네, 주세요.)

Check-up

[1~3] Ⓐ의 대화를 읽고, 내용과 일치하면 T, 일치하지 않으면 F에 표시하시오.

1 Junha wants some grape juice. T F
2 Junha would like to have curry for lunch. T F
3 Yujin wants to have spaghetti. T F

[4~5] 우리말과 같도록 괄호 안의 단어들을 바르게 배열하시오.

4 차 드실래요? (like, would, some)
_____ you _____ _____ tea?
5 고맙지만 사양할게요. (thank, no, you)
_____, _____ _____.

정답 1. T 2. F 3. F 4. Would, like, some 5. No, thank, you

Conversation

A 세호는 쿠키에 대해 뭐라고 말할 수 있나요?

예시 답안

- You did a good job! (정말 잘 만들었구나!)
- What a cookie! (정말 맛있는 쿠키구나!)

B 대본·해석

Seho ❶ How was your cooking class?
Yujin It was great. Ta-da! Chocolate cookies!
Seho ❷ How cool! You did a good job!
Yujin Thank you. ❸ Would you like to try one?
Seho ❹ Sure, I'd love to.
Yujin ❺ How do you like it?
Seho Mmm. ❻ What a cookie! I love it.
Yujin Would you like another?
Seho No, thanks.

세호 오늘 요리 수업 어땠어?
유진 좋았어. 짜잔! 초콜릿 쿠키야!
세호 멋지다! 정말 잘 만들었네!
유진 고마워. 하나 먹어 볼래?
세호 물론. 먹고 싶어.
유진 맛이 어때?
세호 음. 정말 맛있는 쿠키구나! 마음에 쏙 들어.
유진 하나 더 먹을래?
세호 고맙지만 괜찮아.

C 본문 해석

여러분이 가장 좋아하는 쿠키는 무엇인가요?

A Get Ready What can Seho say about the cookies?

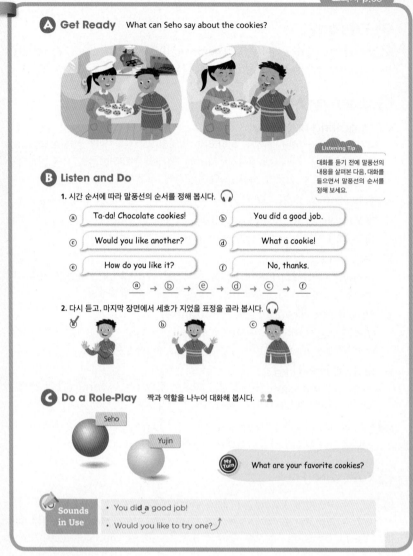

Listening Tip
대화를 듣기 전에 말풍선의 내용을 살펴본 다음, 대화를 들으면서 말풍선의 순서를 정해 보세요.

B Listen and Do

1. 시간 순서에 따라 말풍선의 순서를 정해 봅시다.

ⓐ Ta-da! Chocolate cookies!
ⓑ You did a good job.
ⓒ Would you like another?
ⓓ What a cookie!
ⓔ How do you like it?
ⓕ No, thanks.

ⓐ → ⓑ → ⓔ → ⓓ → ⓒ → ⓕ

2. 다시 듣고, 마지막 장면에서 세호가 지었을 표정을 골라 봅시다.

ⓐ ✓ ⓑ ⓒ

C Do a Role-Play 짝과 역할을 나누어 대화해 봅시다.

Seho

Yujin

My Turn What are your favorite cookies?

Sounds in Use
- You did a good job!
- Would you like to try one?

Vocabulary

- **ta-da** [tə-dá] 깝 짜잔
  예 **Ta-da**! This is my new painting.(짜잔! 이것이 제 새로운 그림입니다.)
- **cool** [ku:l] 형 시원한, 멋진
  예 You look **cool** in your new dress.(새 드레스를 입으니 멋져 보인다.)
- **sure** [ʃuər] 부 그럼, 그래, 정말
  예 **Sure**, why not? (그럼, 왜 안 되겠어?)
- **another** [ənʌ́ðər] 대 또 하나의, 다른
  예 I have **another** question. (질문이 하나 더 있어요.)

Write it

다음 질문에 영어로 답해 봅시다.

1. Q What did Yujin make?
   A She made _____ cookies.
2. Q Does Seho want more cookies?
   A _____, he doesn't.

정답 1. chocolate 2. No

Word Quiz

우리말에 맞게 빈칸에 알맞은 단어를 쓰시오.

1. 이 해변은 정말 멋지다!
   This beach is so _____!
2. 음료 한 잔 더 하시겠어요?
   Would you like _____ drink?

정답 1. cool 2. another

A Get Ready

[해설] 요리사 복장을 한 여학생이 갓 구운 쿠키를 남학생에게 권하고 있고, 남학생은 만족스러운 표정으로 쿠키를 맛보고 있다.

B Listen and Do

① How was your cooking class?

How는 '어떠하게, 어떤 상태로'라는 의미의 의문사로, 상대방의 소감이나 의견을 물을 때 쓴다.

[예] **How**'s your new computer? (네 새 컴퓨터 어때?)

② How cool!

How는 뒤에 나오는 형용사나 부사를 강조하여 '참으로, 정말'이라는 의미를 나타낸다.

③ Would you like to try one?

문맥상 try는 '먹어 보다'라는 뜻을 나타내며 one은 앞에서 언급된 명사를 가리킨다.

④ Sure, I'd love to.

Sure.는 '물론이야.'라는 뜻의 긍정형 응답이다. to 뒤에 try one이 생략됐으며, I'd는 I would의 축약형으로 would love는 would like와 의미가 같다.

⑤ How do you like it?

How do you like ~?는 '~은 어때요?, ~는 마음에 들어요?'라는 의미로 상대방의 의견이나 생각, 인상 등을 물을 때 쓰는 표현이다.

[예] **How do you like** the weather here?(여기 날씨 마음에 들어요?)

⑥ What a cookie!

형용사가 생략된 「what+a+명사」 형태의 감탄문이다.

[해설] 1. 유진이 직접 만든 쿠키를 세호에게 보여 주자 세호가 유진의 요리 솜씨를 칭찬한다.(ⓑ) 유진이 세호에게 맛이 어떤지 묻자(ⓔ) 세호가 감탄한다.(ⓓ) 유진이 쿠키를 하나 더 권하자(ⓒ) 세호는 정중히 사양하고 있으므로 ⓐ-ⓑ-ⓔ-ⓓ-ⓒ-ⓕ의 순이 적절하다.

2. 세호가 쿠키를 거절하고 있으므로 ⓐ가 적절하다.

C Do a Role-Play

[해설] 짝과 함께 My favorite cookie is ~./~ is my favorite./I like ~ most. 등의 표현을 써서 가장 좋아하는 쿠키가 무엇인지 묻고 답한다.

[예시 답안]

· My favorite is chocolate cookies.(내가 가장 좋아하는 것은 초콜릿 쿠키이다.)
· I like butter cookies most.(나는 버터 쿠키를 가장 좋아한다.)
· I like all kinds of cookies.(나는 모든 종류의 쿠키를 좋아한다.)

○ **No, thanks.**
No, thanks. 또는 No, thank you.는 상대방의 권유나 제안을 정중하게 사양할 때 두루 쓰는 표현으로, '고맙지만 사양합니다.'(=No, but thank you anyway.)를 뜻한다.

Sounds in Use

You did a good job!
끝소리가 /d/인 단어와 첫소리가 /ə/인 단어가 연이어 오면 두 음이 연음되어 /də/로 발음한다.

Would you like to try one? ↗
의문문의 억양은 끝이 올라간다.

Check-up

[1~3] **B**의 대화를 읽고, 내용과 일치하면 T, 일치하지 <u>않으면</u> F에 표시하시오.

1 Yujin made cookies. T F
2 Seho wants to make cookies. T F
3 Seho ate lots of cookies. T F

[4~5] 우리말과 일치하도록 주어진 단어들을 올바르게 배열하시오.

4 여행 어땠어? (how / your / was / trip)

_____

5 한 조각 더 먹을게. (another / piece / like / would / I)

_____

정답 1. T 2. F 3. F 4. How was your trip? 5. I would like another piece.

Real-Life Task

 Step 1

대본·해석

W What do you want for lunch? ❶ Today we have spaghetti, chocolate cake, and grape juice. Thank you, school cooks! You did a good job!

여자 점심으로 무엇을 원하세요? 오늘의 메뉴는 스파게티, 초콜릿 케이크, 그리고 포도 주스입니다. 급식 요리사님, 고맙습니다! 훌륭한 솜씨예요!

 Step 2

본문 해석

A ❷ 난 비빔밥을 아주 좋아해.
B ❸ 나도 그래. 급식 요리사님들이 아주 잘 만드셔!
A 정말 그래. ❹ 내일 점심으로 먹을래?
B 응, 좋아.

예시 답안

1 A I like spaghetti a lot.
   (나는 스파게티를 아주 좋아해.)
  B Me, too. The school cooks do a great job!(나도 그래. 급식 요리사님들이 아주 잘 만드셔!)
  A Yes, they do. Would you like it for lunch on Friday?(정말 그래. 금요일 점심으로 먹을래?)
  B Yes, I would.(응, 좋아.)

2 A I like chicken a lot.
   (나는 닭고기를 아주 좋아해.)
  B Do you? My favorite is beef steak.
   (그래? 나는 소고기 스테이크를 제일 좋아해.)
  A The school cooks do a great job!
   (급식 요리사님들이 아주 잘 만드셔!)
  B Yes, they do.(정말 그래.)

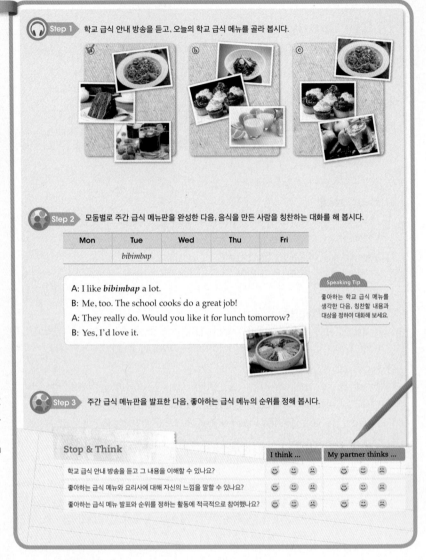

 Step 1 학교 급식 안내 방송을 듣고, 오늘의 학교 급식 메뉴를 골라 봅시다.

Step 2 모둠별로 주간 급식 메뉴판을 완성한 다음, 음식을 만든 사람을 칭찬하는 대화를 해 봅시다.

Mon	Tue	Wed	Thu	Fri
	bibimbap			

A: I like *bibimbap* a lot.
B: Me, too. The school cooks do a great job!
A: They really do. Would you like it for lunch tomorrow?
B: Yes, I'd love it.

Speaking Tip
좋아하는 학교 급식 메뉴를 생각한 다음, 칭찬할 내용과 대상을 정하여 대화해 보세요.

Step 3 주간 급식 메뉴판을 발표한 다음, 좋아하는 급식 메뉴의 순위를 정해 봅시다.

Stop & Think

	I think ...			My partner thinks ...		
학교 급식 안내 방송을 듣고 그 내용을 이해할 수 있나요?	😊	😐	😟	😊	😐	😟
좋아하는 급식 메뉴와 요리사에 대해 자신의 느낌을 말할 수 있나요?	😊	😐	😟	😊	😐	😟
좋아하는 급식 메뉴 발표와 순위를 정하는 활동에 적극적으로 참여했나요?	😊	😐	😟	😊	😐	😟

Vocabulary

- **cook** [kuk] 명 요리사
  예 He is a famous **cook**.(그는 유명한 요리사이다.)
- **a lot** 많이, 훨씬
  예 I cried **a lot** watching the movie.(나는 그 영화를 보고 많이 울었다.)
- **Me, too**. 나도 그래.
  예 A: I like my homeroom teacher.(나는 우리 담임 선생님이 좋아.)
    B: **Me, too.**(나도 그래.)

Write it

(Step 1) 다음 질문에 영어로 답해 봅시다.

1. Q How many lunch items do they have?
   A They have _____.
2. Q Who does she say "Thank you" to?
   A She says "Thank you" to _____.

정답 1. three 2. school cooks

Word Quiz

우리말에 맞게 빈칸에 알맞은 단어를 쓰시오.

1. 나는 자라서 요리사가 되고 싶다.
   I want to be a _____ when I grow up.
2. 나의 여동생은 개를 아주 좋아한다.
   My younger sister likes dogs _____.

정답 1. cook 2. a lot

 Step 1

① Today we **have** spaghetti, chocolate cake, and grape juice.
급식으로 제공하는 음식들을 쉼표(,)와 and를 써서 나열하고 있다. 이때 and로 연결된 앞뒤 내용은 문법적으로 형태가 같아야 한다.

해설 안내 방송에서 스파게티, 초콜릿 케이크, 포도 주스가 점심 메뉴로 준비되어 있다고 했으므로 ⓐ가 적절하다.

 Step 2

② I like *bibimbap* a lot.
a lot은 '대단히, 아주, 많이'라는 뜻으로, a lot 뒤에 전치사 of가 오면 '많은 (수·양의) ~'라는 의미로 쓰인다.

예 I don't eat **a lot of** junk food.(나는 불량식품을 많이 먹지 않아.)

③ Me, too.
too는 '또한'이라는 뜻으로 Me, too는 '나도 그래'라는 의미를 나타낸다.

④ **Would you like** it for lunch tomorrow?
would like는 뒤에 to부정사가 올 경우 '~하고 싶다,' 명사가 올 경우 '~을 원한다'라는 의미를 뜻한다. Would you like ~?는 정중한 제안 및 요청을 나타내는 의문문이다.

해설 I like ~, My favorite is ~ 등의 표현을 사용하여 자신이 좋아하는 메뉴를 말하고 The school cooks do a great job. 등의 표현으로 음식을 만든 사람을 칭찬하는 말을 할 수 있다. Would you like it for lunch tomorrow[on Monday]?" 등의 표현을 사용해 메뉴를 선정한다.

 Step 3

해설 모둠원과 완성한 메뉴판을 발표한 후, 친구들이 좋아하는 메뉴가 무엇인지 묻고 답한다.

예 What do you think is the best lunch menu?
(최고의 급식 메뉴는 무엇이라고 생각하나요?)

예시 답안

On Monday, we would like to have spaghetti for lunch. We would like *bibimbap* on Tuesday, and beef steak on Wednesday. On Thursday, we would like chicken. On Friday, we would like to have curry for lunch.(우리는 월요일에 점심으로 스파게티를 먹고 싶습니다. 화요일에는 비빔밥을, 수요일에는 소고기 스테이크를 먹고 싶습니다. 목요일에는 닭고기를 먹고 싶고요. 금요일에는 점심으로 카레를 먹고 싶습니다.)

학습 도우미

명사의 나열
세 개 이상의 명사를 대등하게 나열할 때는 쉼표와 접속사 and를 써서 나타낼 수 있다. 접속사는 맨 마지막 단어 앞에 오며, 접속사 앞의 쉼표는 생략 가능하다. 단, 나열되는 대상들은 형태가 같아야 한다. 예를 들어 명사라면 명사만, 형용사라면 형용사만 써야 한다.

예 I eat eggs, toast, **and** orange juice.
(나는 달걀, 토스트, 오렌지 주스를 먹는다.)

a lot의 쓰임
• 부사로 쓰여 '훨씬, 대단히, 아주, 많이'라는 의미를 나타낸다.

예 Thanks **a lot**.(매우 감사합니다.)
• (대)명사로 쓰여 '많음, 다수, 다량'이라는 의미를 나타낸다.

예 There is **a lot** to do.(할 일이 많다.)
• 형용사 역할을 하는 한정사로 쓰여 '많은 (수·양의) ~'라는 의미를 나타내며 a lot of, lots of 형태를 취한다.

예 He has **lots** of money.
(그는 상당한 돈을 갖고 있다.)

Check-up

[1~2] 괄호 안의 단어를 알맞은 형태로 고쳐 문장을 완성하시오.

1 Her favorite food _____ spaghetti. (be)
2 What _____ he have for lunch yesterday? (do)

3 괄호 안의 우리말과 의미가 일치하도록 빈칸에 알맞은 말을 쓰시오.

Would you like it _____ dinner tomorrow?
(내일 저녁으로 그걸 먹을래?)

정답 1. is 2. did 3. for

본문 해석

전 세계에서 가장 즐겨 먹는 간식
팝콘 – 멕시코 / 프레젤 – 서유럽 / 프렌치프라이 – 벨기에, 프랑스 / 감자칩 – 영국 / 말린 망고 – 동남아시아 / 월병 – 중국 / 모찌 – 일본

해설 지리적·문화적 특성을 고려하여 각 간식이 유래한 나라를 찾아 연결한다.

👥 Mission

본문 해석

A 외국인들이 어떤 한국 간식을 좋아하나요?
B 떡볶이라고 생각합니다.

예시 답안

	외국인들을 위한 우리나라 간식
1	*Hangwa*(한과)
2	*Kimchi pancake*(김치전)
3	*Tteokbokki*(떡볶이)

해설 모둠별로 우리나라 간식을 조사한 후, 외국인에게 어떤 간식을 소개하면 좋을지 순위를 정한다.

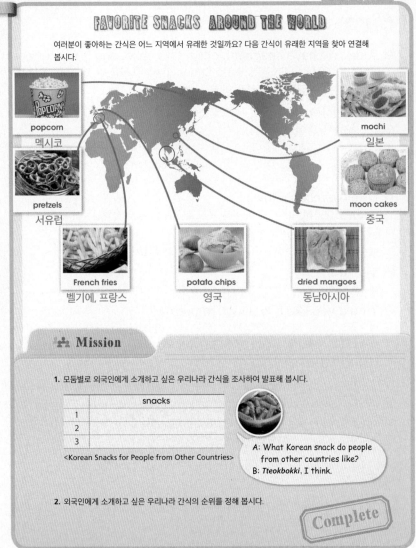

FAVORITE SNACKS AROUND THE WORLD

여러분이 좋아하는 간식은 어느 지역에서 유래한 것일까요? 다음 간식이 유래한 지역을 찾아 연결해 봅시다.

popcorn
멕시코

pretzels
서유럽

French fries
벨기에, 프랑스

potato chips
영국

dried mangoes
동남아시아

mochi
일본

moon cakes
중국

👥 Mission

1. 모둠별로 외국인에게 소개하고 싶은 우리나라 간식을 조사하여 발표해 봅시다.

	snacks
1	
2	
3	

<Korean Snacks for People from Other Countries>

A: What Korean snack do people from other countries like?
B: *Tteokbokki*, I think.

2. 외국인에게 소개하고 싶은 우리나라 간식의 순위를 정해 봅시다.

Complete

More Info

Grab a Healthy Snack
(청소년 건강에 좋은 간식)
https://www.healthykids.nsw.gov.au/kids-teens/grab-ahealthy-snack.aspx

Healthy Snacks
(건강에 좋은 간식 정보)
http://letsmove.obamawhitehouse.archives.gov/healthy-snacks

Healthier Snack Ideas
(건강 간식에 대한 여러 가지 아이디어)
http://www.nhs.uk/Change4Life/Pages/healthy-snacks.aspx

Popular Snacks: Visit Korea
(외국인을 위한 우리나라 간식 소개)
Http://english.visitkorea.or.kr/enu/FOD/FO_ENG_2_5.jsp

Vocabulary

- snack [snæk] 명 간식
  예 Don't eat **snacks** too much.(간식을 너무 많이 먹지 말아라.)
- other [ʌ́ðər] 형 다른
  예 I would like to try **other** snacks.(다른 간식을 먹어 보고 싶어요.)
- country [kʌ́ntri] 명 나라
  예 Korea is a beautiful **country**.(한국은 아름다운 나라입니다.)

Word Quiz

우리말에 맞게 빈칸에 알맞은 단어를 쓰시오.

1. 이 간식 먹어 볼래?
   Would you like to try this _____?
2. 세계에는 많은 나라들이 있다.
   Threre are a lot of _____ in the world.

정답 1. snack 2. countries

Before I Read

Ⓐ 음식 재료들의 이름을 쓴 다음, 이 재료들을 모두 사용하여 만들 수 있는 음식을 말해 봅시다.

1. eggs
2. fish
3. apples
4. berries
5. greens

Ⓑ 사진을 보고 알맞은 표현을 골라 요리책을 완성해 봅시다.

1. __pick__ berries
2. __fry__ a fish
3. __slice__ an apple
4. __boil__ an egg

· boil   · fry   · pick   · slice

Ⓐ

본문해석

1. eggs(달걀)   2. fish(생선)
3. apples(사과)   4. berries(베리, 딸기류)
5. greens(채소)

예시답안

A bowl of salad(샐러드 한 그릇)

해설 달걀, 생선, 사과, 산딸기류, 채소를 사용하여 만들 수 있는 음식을 말해 보도록 한다.

Ⓑ

본문해석

1. pick berries(딸기를 따다)
2. fry a fish(생선을 굽다)
3. slice an apple(사과를 얇게 썰다)
4. boil an egg(달걀을 삶다)

해설 pick은 '(과일 등을) 따다', fry는 '굽다, 튀기다', slice는 '썰다, 저미다', boil은 '끓다, 끓이다'를 뜻하며, 주어진 명사 중 어울리는 것과 연결한다.

Vocabulary

• pick [pik] ⑧ 고르다, 줍다, 따다
  예 **Pick** a number from one to ten.(1에서 10까지의 수 중에서 하나를 골라라.)
• fry [frai] ⑧ 튀기다, 굽다
  예 He **fried** two eggs.(그는 달걀 두 개를 부쳤다.)
• slice [slais] ⑧ 얇게 썰다
  예 I **sliced** a cucumber.(나는 오이를 얇게 썰었다.)
• boil [bɔil] ⑧ 끓이다, 삶다
  예 **Boil** a pot of water first.(우선 물 한 솥을 끓이세요.)

Word Quiz

우리말에 맞게 빈칸에 알맞은 단어를 쓰시오.

1. 얇게 썰 때는 조심하도록 해.
   Be careful when you _____ something.
2. 나는 닭고기 수프를 좀 끓이려고 했다.
   I tried to _____ some chicken soup.

정답 1. slice 2. boil

우리말에 맞게 주어진 단어를 이용하여 문장을 쓰시오.

1. 사과를 한 개 따세요.
   _____ (an apple)
2. 파이들을 얇게 써세요.
   _____ (a pie)

정답 1. Pick an apple. 2. Slice a pie.

Get Healthy, Be Happy! **101**

Read 1

First Reading 여행의 순서에 초점을 두어 글의 흐름을 살펴봅시다.
Second Reading 글을 자세히 읽으며, 여행지에서 구한 음식 재료에 밑줄을 그어 봅시다.

Main Idea

신선한 샐러드 재료를 구하기 위한 여행기

First Reading

예시 답안

Take a bus to get some apples.(버스를 타고 사과를 구하러 감) → Take a train to get some eggs.(기차를 타고 달걀을 구하러 감) → Take a ship to go fishing.(배를 타고 낚시를 하러 감) → Take a ferry to get some greens.(배를 타고 채소를 구하러 감) → Take a bus to get some milk.(버스를 타고 우유를 구하러 감) → Make a bowl of salad with the ingredients.(구한 재료들로 샐러드를 만듦)

본문 해석

샐러드 한 그릇을 위한 쇼핑 여행
❶ 십 대는 우유를 많이 마시고 사과, 열매류, 채소, 생선, 달걀 등을 먹어야 합니다. ❷ 식사 한 끼에 그 모든 것들을 섭취할 수 있을까요? 물론입니다! ❸ 당신의 쇼핑 목록을 챙겨서 여행 가방을 싸기만 하면 됩니다. ❹ 먼저, 버스를 타고 충주로 가세요. ❺ 사과나무를 찾아서 사과 두 개를 따세요. ❻ 그 중 하나는 가는 길에 드세요.
다음으로, 안동으로 가는 기차를 타고 농가로 가세요. ❼ 닭을 향해 "꼬끼오" 하고 울고 신선한 달걀 하나를 받으세요. ❽ 아니면 그 닭을 가져오세요.

Q1 안동의 농가에서 할 수 있는 일은 무엇인가요?
A I can cry "cock-a-doodle-doo" to a chicken and get a fresh egg.(닭을 향해 "꼬끼오" 하고 울고 달걀 하나를 얻을 수 있다.)

해설
What can you do ~?(~ 넌 뭘 할 수 있니?)로 물었으므로 I can ~.(나는 ~를 할 수 있다)으로 대답한다.

A SHOPPING TRIP FOR A BOWL OF SALAD

Teens need to drink lots of milk and eat apples, berries, greens, fish and eggs. Can you have all of these in one meal? Sure! Just take your shopping list and pack a suitcase.

First, take a bus to Chungju. Find an apple tree and pick two apples. Enjoy one on the way.
Next, catch a train to Andong and go to a farmhouse. Cry "cock-a-doodle-doo" to a chicken and get a fresh egg. Or bring the chicken with you.

I can cry "cock-a-doodle-doo" to a chicken and get a fresh egg.
Q1. What can you do at a farmhouse in Andong?

• berry • green • meal • pack • suitcase • farmhouse

Say it

다음 질문에 영어로 답하시오.

1. How many apples do you have to pick?
2. Where do you get a fresh egg?

정답 1. two 2. a farmhouse in Andong

Circle it

우리말과 일치하도록 올바른 형태를 고르시오.

1. 2번 버스를 타세요.
   - Take / Taking a bus No. 2.
2. 집에 오는 길에 들릴게.
   - I'll stop by on / in the way home.

정답 1. Take 2. on

Vocabulary

• meal [miːl] 몡 끼니, 식사
  예 We have three **meals** a day.(우리는 하루에 세 끼를 먹는다.)
• pack [pæk] 됭 짐을 싸다
  예 John **packed** his bag.(John은 그의 짐을 쌌다.)
• suitcase [súːtkeis] 몡 여행 가방
  예 She put her **suitcase** on the table.(그녀는 테이블 위에 여행 가방을 놓았다.)
• farmhouse [fáːrmhàus] 몡 농가
  예 These are from the **farmhouse**.(이것들은 그 농가에서 온 것이다.)

Word Quiz

우리말에 맞게 빈칸에 알맞은 단어를 쓰시오.

1. 나는 내 삼촌의 농가를 방문했다.
   I visited my uncle's _____.
2. 건강한 식사를 하는 것은 중요하다.
   Having healthy _____ is important.

정답 1. farmhouse 2. meals

① Teens **need to drink** lots of milk and eat apples, berries, greens, fish and eggs.

need는 명사와 to부정사를 목적어로 취한다. 여기서는 and로 연결된 to drink와 to eat을 목적어로 취하며 반복해서 쓰인 to가 생략된 형태이다. lots of는 셀 수 있는 명사와 셀 수 없는 명사 앞에 모두 쓰일 수 있다.

② Can you have **all of** these in one meal?

all은 '모든 것'이라는 의미의 명사로, 홀로 쓰이기도 하지만 「all+of+명사」 형태로 쓰여 '모든 ~'이라는 뜻을 나타내기도 한다. these는 앞 문장에서 언급된 음식 재료들을 가리킨다.

③ Just **take** your shopping list **and pack** a suitcase.

두 개의 명령문이 등위접속사 and로 연결되었으므로 and 앞뒤의 동사는 같은 형태라야 한다. 명령문이므로 동사원형이 쓰였으며. take는 '가지고 가다'라는 의미를 뜻한다.

④ First, **take a bus** to Chungju.

to는 '~으로'라는 뜻으로, 방향을 나타내는 전치사이다. take는 '(교통수단을) 타다'라는 의미를 뜻한다. 이때 take 대신 catch 또는 get on을 써도 된다.

⑤ Find **an apple tree** and pick two **apples**.

셀 수 있는 명사는 한 개(단수)인지 여러 개(복수)인지를 나타내는 형태로 써야 한다. 하나인 경우 관사(a/an/the)를 쓰고 복수인 경우 대개 명사 뒤에 -(e)s를 붙인다.

⑥ Enjoy one **on the way**.

on the way는 '가는 길에[도중에]'라는 뜻이다. the 대신 소유격을 써서 on my way(내가 가는 도중에), on his way(그가 가는 도중에) 등으로 표현할 수 있다.

⑦ Cry "cock-a-doodle-doo" **to** a chicken and get a fresh egg.

cry ~ to...는 '...에게 외치다[소리쳐 부르다/고함치다]'라는 의미이다.

⑧ Or bring the chicken with you.

or는 두 개 이상의 선택 사항을 나타내는 낱말/구/절을 연결하는 접속사로, '또는, 혹은'을 뜻한다.

Do You Know?

우리나라의 특산물 교과서에 소개된 재료들은 모두 우리나라 각 지역의 특색이 살아있는 특산물이다. 특산물은 각 지역의 기후 특성(온도, 강우량 등)과 지리적 특성(평야 지대, 고산지대, 바닷가 등)을 반영하고 있다. 우리나라의 대표적인 지역 특산물은 다음과 같다.

서울(태릉)–먹골배	순창–고추	영동–감	청도–복숭아	의성–마늘
순천–고구마	원주–버섯	인천–젓갈	영덕–대게	제주–귤

학습 도우미

all의 쓰임

형용사로 쓰여 '모든, 온갖, 모두'라는 의미를 나타내는 all은 단수명사/복수명사, 셀 수 없는 명사 앞에서 온다.

예 all day(하루 종일) – 「all+단수명사」
all men(모든 사람) – 「all+복수명사」
all his money(그의 전 재산) – 「all+한정사 (소유격)+셀 수 없는 명사」

take의 의미

• (휴가 등을) 갖다
예 **take** a rest(휴식을 취하다)
• 먹다, 복용하다
예 **take** medicine(약을 복용하다)
• 가져[앗아]가다
예 Someone **took** my bag.
(누가 내 가방을 가져갔어.)
• (사진을) 찍다
예 **take** a picture(사진을 찍다)
• (교통수단 등을) 타다[이용하다]
예 **take** the bus(버스를 타다)
• (특정 과목을) 듣다[수강하다]
예 She is planning to **take** an English course.(그녀는 영어 과목을 들을 계획이다.)
• (시험을) 치다, (테스트를) 받다
예 When did you **take** the test?
(시험은 언제 쳤어?)

글의 흐름을 알려 주는 부사

일의 순서나 사건의 흐름, 또는 여러 가지 이유 등을 나열할 때, 순서를 나타내는 부사를 쓸 수 있다. 글을 읽을 때도 순서를 나타내는 부사를 찾으면 흐름을 파악하는 데 도움이 된다.

예 첫째(로) – First, Firstly, First of all, At first
둘째(로) – Second, Secondly
다음으로 – Next, Then
마지막으로 – Lastly
마침내 – At last, Finally, In the end

Check-up

[1~3] 각 문장이 본문의 내용과 일치하면 T, 일치하지 않으면 F에 표시하시오.

1 This trip is for meeting an old friend. T F
2 You can go to Chungju by a ship. T F
3 To get an egg, go to Andong. T F

[4~5] 다음 우리말과 일치하도록 빈칸에 알맞은 말을 쓰시오.

4 _____, blow a balloon.
(먼저, 풍선을 부세요.)

5 Is it a cat _____ a dog?
(그것은 고양이니, 개니?)

정답 1. F 2. F 3. T 4. First 5. or

Read 2

Second Reading

(여행지에서 구한 음식 재료)
Chungju – apples(충주-사과)
Andong – an egg(안동-달걀 하나)
Jejudo – a fish(제주도-생선 한 마리)
Jangheung – berries and greens(장흥-열매, 채소)
Pyeongchang – a glass of milk(평창-우유 한 잔)

본문 해석

❶ 그 뒤에는, 제주도가 당신을 기다리고 있습니다. ❷ 그곳에 가려면 배를 타세요. ❸ 잠수해서 물고기를 잡고 파도타기를 즐기세요.
❹ 뭐 잊은 거 없나요? ❺ 여객선을 타고 장흥으로 가 들판으로 뛰어들어 가세요. 열매와 채소를 따세요. ❻ 닭에게 조금 나누어 주세요. 닭이 좋아할 거예요.
❼ 마지막으로, 버스를 타고 평창으로 가 농장에서 소 한 마리를 찾으세요. "음메"라고 소에게 외치고 신선한 우유 한 잔을 받으세요.

요리할 준비가 됐나요?
채소를 씻으세요.
사과를 얇게 써세요.
달걀을 삶으세요.
생선을 구우세요.
드디어 샐러드 한 그릇을 먹을 시간입니다. ❽ 정말 신선해요!

Q2 제주도에는 어떻게 갈 수 있나요?
A   I can take a ship to get there.
     (배를 타고 갈 수 있다.)

해설 How can you ~?(넌 어떻게 ~할 수 있니?)라고 물었으므로 I can ~.(나는 ~를 할 수 있다)으로 대답한다.

Then, Jejudo is waiting for you. Take a ship to get there. Dive down to catch a fish and enjoy catching waves.
Aren't you forgetting something? Catch a ferry to Jangheung and run into a field. Pick berries and greens. Give some to the chicken. She'll like them.

Finally, take a bus to Pyeongchang and find a cow on a farm. Shout "moo" to her and get a glass of fresh milk.

Are you ready to cook?
Wash the greens.
Slice the apple.
Boil the egg.
Fry the fish.

At last, it's time for a bowl of salad. How fresh the salad is!

Q2. How can you get to Jejudo? I can take a ship to get there.

• dive   • wave   • ferry   • finally   • shout   • be ready to   • at last

Say it

다음 질문에 영어로 답하시오.

1. What will the chicken like?
2. What do you shout to the cow?

정답 1. berries and greens 2. moo

Circle it

우리말과 일치하도록 올바른 형태를 고르시오.

1. 이제 잘 시간이야. – It's time for / to bed.
2. 그녀는 밥 한 그릇을 먹었다.
   – She had a _____ of rice.

정답 1. for 2. bowl

Vocabulary

• **dive** [daiv] 동 다이빙하다
  예 Don't **dive** too deep in the sea.(바다에서 너무 깊이 다이빙하지 마세요.)
• **wave** [weiv] 명 파도
• **ferry** [féri] 명 여객선
• **finally** [fáinəli] 부 드디어, 결국
  예 **Finally** we arrived at the museum.(우리는 드디어 박물관에 도착했다.)
• **shout** [ʃaut] 동 외치다
  예 She **shouted** for help.(그녀는 큰 소리로 도움을 요청했다.)
• **be ready to** ~할 준비가 되다
  예 Are **you ready to** leave?(떠날 준비가 되었니?)

Word Quiz

우리말에 맞게 빈칸에 알맞은 단어를 쓰시오.

1. 갈 준비가 되었니? _____ you _____ go?
2. 나는 결국 그 돈을 찾았다. I _____ found the money.

정답 1. Are, ready, to 2. finally

❶ Then, Jejudo is waiting for you.

「be동사+동사-ing」는 '지금 ~하는 중이다'라는 의미의 현재진행형을 나타낸다. 이때의 then은 '그 다음에는'이라는 의미로, 순서나 시간의 결과를 나타내는 부사이다.

❷ Take a ship to get there.

to get은 '~위해서'라는 의미의 목적을 나타낸다. 여기서 get은 '도달하다, 도착하다'라는 의미로 쓰였다.

❸ Dive down to catch a fish and enjoy catching waves.

to catch는 '잡기 위해서'라는 의미로 역시 목적을 나타낸다. 동사 enjoy는 목적어로 명사나 동명사 형태만 취하므로 catching이 쓰였다.

❹ Aren't you forgetting something?

forget은 행동을 나타내는 동사가 아니라서 원래 진행형을 쓸 수 없지만 가능한 경우도 있다. 진행형은 일시적으로 진행되는 행동을 나타내므로 어떤 상태가 일시적인 경우에는 진행형을 쓸 수 있다. 이 문장에서 청자가 잊어버린 것을 화자가 환기시키고 있으므로 '잊고 있는 상태'는 일시적이라 할 수 있다.

❺ Catch a ferry to Jangheung and run into a field.

to는 '~로, ~에'라는 의미의 목적지를 나타내며, into는 '~의 안으로'라는 의미의 장소를 나타낸다.

❻ Give some to the chicken.

some은 보통 형용사로 쓰이지만 '약간의 무엇'이라는 의미의 명사로도 쓰인다. some이 지칭하는 대상은 앞서 언급된 berris and greens이다.

❼ At last, it's time for a bowl of salad.

it's time for ~는 '~할 시간이다, ~를 위한 시간이다'라는 의미로 for는 전치사이므로 뒤에 명사가 온다. at last는 '마침내, 드디어'라는 뜻으로 어떤 일의 종결을 나타내는 부사구이다.

㉠ It's time **for** lunch.(점심 먹을 시간이다)

❽ How fresh the salad is!

「How+형용사+주어+동사!」 순서로 나열된 감탄문이다.

Do You Know?

제주도(Jejudo) 우리나라에서 가장 큰 섬이며, '삼다도', '탐라'라는 별칭을 가진 특별자치도이다. 전라남도 목포에서 남쪽으로 141.6km 떨어져 있으며, 화산활동으로 생긴 화산섬이다. 우리나라에서 가장 높은 산인 한라산, 세계에서 가장 긴 용암 동굴인 만장굴, 세계 자연 유산으로 지정된 성산 일출봉, 섬 가장자리를 둘러싼 해수욕장들, 서귀포 일대의 감귤밭 등 다양한 관광자원을 가지고 있다.

현재진행형

「be동사+동사-ing」 형태의 현재진행형은 주어에 따라 be동사의 수를 일치시켜야 한다.

- 1인칭 주어(I): am
- 2인칭 주어(You): are
- 3인칭 단수 주어(He, She, It ...): is
- 복수 주어(We, They, You and I ...): are

동사의 -ing 형태

- -e로 끝날 때: e를 빼고 -ing를 붙인다.

  ㉠ mak<u>e</u> - mak**ing**

- -ie로 끝날 때: ie를 y로 바꾸고 ing를 붙이다.

  ㉠ d<u>ie</u> - dy**ing**

- '단모음+단자음'으로 끝나는 동사 : 마지막 자음을 한 번 더 쓰고 ing 붙인다.

  ㉠ sto<u>p</u> - stop**ping**

- 그 외의 경우: 동사원형에 ing 붙인다.

  ㉠ sleep - sleep**ing**

- 동사가 2음절이면서 「단모음+자음」으로 끝나는 경우: 끝 자음을 추가한다.

  ㉠ for<u>get</u> - forget**ting**

전치사 to와 부정사구의 to

to는 전치사로 쓰일 때 '~로, ~에'라는 의미의 방향/대상을 나타내며 반드시 뒤에 명사를 취한다. 부정사구로 쓰일 때는 「to + 동사원형」 형태로 나타내며 의미상 명사, 형용사, 부사의 역할을 할 수 있다.

㉠ I got up **to send** an e-mail **to her**.
　　　　　(부정사구)　　　　　(전치사)
(나는 그녀에게 이메일을 보내기 위해 일어났다.)

[1~3] 각 문장이 본문의 내용과 일치하면 T, 일치하지 <u>않으면</u> F에 표시하시오.

1 You can go from Jejudo to Jangheung by a ship. ⊤ F

2 You need to go to Jangheung to get a fish. ⊤ F

3 Fry an egg to make a bowl of salad. ⊤ F

[4~5] 다음 우리말과 일치하도록 빈칸에 알맞은 말을 쓰시오.

4 Take a ship to _____ there.
(거기에 가려면 배를 타세요.)

5 How _____ the eggs are!
(달걀이 정말 신선하구나!)

정답 1. T 2. F 3. F 4. get 5. fresh

After I Read

A

정답

- 여행 순서: Chungju(충주) → Andong(안동) → Jejudo(제주도)→Jangheung(장흥) → Pyeongchang(평창)
- berries greens(열매와 채소) → Jangheung(장흥)
- a fish(생선) – Jejudo(제주도)
- apples(사과) – Chungju(충주)
- an egg(달걀) – Andong(안동)
- a glass of milk(우유 한잔) – Pyeongchang(평창)

My Turn

본문 해석

A 네 샐러드에는 무엇을 넣고 싶니?
B 나는 얇게 썬 사과를 넣고 싶어.

예시 답안

A What would you like to have in your salad?
(네 샐러드에는 무엇을 넣고 싶니?)
B I'd like to have nuts.(나는 견과류를 넣고 싶어.)

A 'A Shopping Trip for a Bowl of Salad'의 여행지를 순서에 따라 화살표로 연결한 다음, 여행지에서 구한 음식 재료와 여행지를 연결해 봅시다.

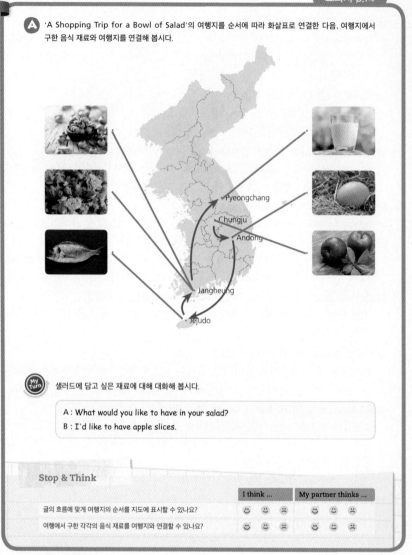

My Turn 샐러드에 담고 싶은 재료에 대해 대화해 봅시다.

> A : What would you like to have in your salad?
> B : I'd like to have apple slices.

Stop & Think

	I think ...			My partner thinks ...		
글의 흐름에 맞게 여행지의 순서를 지도에 표시할 수 있나요?	☺	☺	☹	☺	☺	☹
여행에서 구한 각각의 음식 재료를 여행지와 연결할 수 있나요?	☺	☺	☹	☺	☺	☹

Vocabulary

- slice [slais] 명 얇게 썬 조각
  예 I had a **lices** of bread for breakfast.(나는 아침으로 빵 한 조각을 먹었다.)
- nut [nʌt] 명 견과(호두, 밤, 도토리 등)

Sum up!

본문 내용과 일치하도록 알맞은 말을 빈칸에 써 넣으시오.
Let's have a shopping trip to make a healthy _____ — a bowl of salad. First, take a bus to Chungju to pick two _____. Next, catch a train to Andong and get a fresh _____ from a chicken. Then, take a ship to _____ to catch a fish. Next, catch a ferry to Jangheung and pick _____ and greens. Finally, take a bus to Pyeongchang to get a glass of _____ from a cow. Now, it's time to cook a bowl of _____ with the greens, the apple, the egg, and the fish. How _____ the salad is!

Write it

주어진 단어를 이용하여 문장을 완성하시오.
1. 너는 아침식사로 뭘 먹고 싶니?
   What _____?
   (you, like, to, would, have, breakfast, for)
2. 간식을 좀 먹고 싶어요.
   I'd_____.
   (to, some, like, snacks, have)

교과서 p.75

 A I caught a ferry to get to Jejudo.

 'to ...'는 어떤 뜻을 나타낼까요?

 영어를 배우는 목적에 대해 대화해 봅시다.

A: Why do you study English?
B: I study English _____.

 speak the language well

 do well on the English exam

 watch American movies

 my own

 B How fresh the salad is!

 How fast he is!

 He's very fast. Is he Mr. Lightning?
Yes, he is.
....

감탄의 뜻은 어떻게 나타낼까요?

 괄호 안의 표현을 사용하여 음식의 맛에 감탄하는 내용의 대화를 완성해 봅시다.

1. A: How is the hot dog?
   B: I love it. How ___yummy it is___!
      (yummy, is, it)

2. A: Do you like the pancakes?
   B: Yes. I like them a lot. ___How delicious they are___!
      (delicious, how, are, they)

More Info

로마 시대 웅변가인 키케로는 "Eat to live, don't live to eat.(먹기 위해 살지 말고, 살기 위해 먹으라.)"라는 유명한 경구를 남겼다. 이 말은 어떤 의미를 담고 있을까?
인생의 목적은 오로지 식욕을 채우는 데 있는 것이 아니다. 동물과 인간이 다른 점도 바로 여기에 있다. 생명을 유지하려면 영양소를 섭취하는 먹는 활동이 필수적이지만 인간의 삶에서는 먹는 활동이 최우선은 아니다.
본능에 충실한 삶이 아니라 정신의 고양을 추구하는 삶이야말로 인간의 삶이며, 먹는 것은 삶의 일부이지 전부는 아니다.

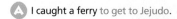 • 목적을 나타내는 to부정사
• 감탄문의 쓰임과 형식 이해하기

A

본문 해석

• 나는 제주도에 가기 위해 여객선을 탔다.
철학자 너는 먹기 위해 사느냐? 아니면 살기 위해 먹느냐?
돼지   저는 먹기 위해 살아요.

예시 답안

A 왜 영어를 공부하나요?
B I study English to speak the language well.
  (나는 영어를 더 잘 하기 위해 영어를 공부한다.)
  I study English to do well on the English exam.(나는 영어 시험을 잘 보기 위해 영어를 공부한다.)
  I study English to watch American movies.
  (나는 미국 영화를 보기 위해 영어를 공부한다.)
• I study English to travel around the world.
  (나는 세계를 여행하기 위해 영어를 공부한다.)

해설 각 그림을 보고 목적을 나타내는 to부정사를 사용하여 영어를 배우는 목적을 써 본다.

Q 'to...'는 어떤 뜻을 나타낼까요?

모범 답안

to부정사는 동사구 다음에 오며, 흔히 '~하기 위해'라는 목적을 나타낸다.

B

본문 해석

달팽이1 굉장히 빠르구나! 정말 빨라. 번개맨일까?
달팽이2 맞아.

예시 답안

1 A 핫도그 어때?
  B 정말 좋아. How yummy it is!(정말 맛있어!)
2 A 팬케이크 맛있니?
  B 응. 아주 좋아. How delicious they are!
    (정말 맛있어!)

해설 감탄문은 「How+형용사+주어+동사!」 순서로 나열한다.

Q 감탄의 뜻은 어떻게 나타낼까요?

모범 답안

감탄을 표현할 때는 How를 문장의 맨 앞에 쓰고 이어서 「형용사 + 주어 + 동사」 순으로 나열한다.

Ⓐ 목적을 나타내는 부정사구

***

to + 동사원형 ~하기 위해서

***

- A Do we eat **to live** or live **to eat**?
  (우리는 살기 위해 먹을까, 먹기 위해 살까?)
- B We eat **to live**, but we don't live **to eat**.
  (우리는 살기 위해 먹기는 하지만, 먹기 위해 살지는 않지.)
- A What do you do **to be** healthy?
  (건강을 유지하기 위해 무엇을 하나요?)
- B I drink lots of water.(저는 물을 많이 마십니다.)

***

 실력 쑥쑥

'~하기 위해서'라는 의미의 목적을 나타낼 때는 「to + 동사원형」 형태의 부정사구를 쓴다. 목적의 의미를 더 분명하게 하기 위해 to부정사 대신 「so as to + 동사원형」 또는 「in order to + 동사원형」을 쓰기도 한다.
예 I drink lots of water **to[so as to / in order to]** be healthy.
(나는 건강을 유지하기 위해 물을 많이 마신다.)

만점비결 A

부정사구의 용법
부정사구는 용법에 따라 의미가 달라진다.

- ~하기 위해서(부사적 용법)
예 I am here **to see** Dr. Lee.
(저는 이 박사님을 만나기 위해 여기에 왔습니다.)
- ~하는 것, ~하기(명사적 용법)
예 I want **to see** Dr. Lee.
(저는 이 박사님을 만나기를 원합니다.)
- ~하는, ~할 (형용사적 용법)
예 I need someone **to help** me find Dr. Lee.
(저는 이 박사님을 찾는 것을 도와줄 사람이 필요합니다.)

Ⓑ 감탄문

***

How + 형용사 (+ 주어 + 동사)! 얼마나 ~한지!, 정말 ~하군!

***

- A Look at this dog!(이 강아지 좀 봐!)
- B **How cute!** (정말 귀엽다!)
- A An orange sinks without its peel.
  (오렌지는 껍질을 벗기면 물에 가라앉아.)
- B **How interesting!** (그거 흥미로운데!)

***

실력 쑥쑥

기쁨이나 슬픔, 놀라움 등 느낌을 강조하는 문장을 감탄문이라고 한다. 감탄문은 주로 「How + 형용사 + 주어 + 동사!」 순으로 나타내며 이때 주어와 동사는 흔히 생략된다.

만점비결 B

How 감탄문
「How + 형용사(+ 주어 + 동사)!」 순으로 나타내며, 이때 how는 형용사를 강조하여 '참으로, 정말'이라는 뜻을 지닌다. 화자와 청자 둘 다 감탄의 대상을 알고 있는 경우 주어와 동사를 생략할 수 있다.

예 **How pretty** the doll is!
(그 인형은 얼마나 예쁜지 몰라!)

What 감탄문
「What(+ a + 형용사) + 명사(+ 주어 + 동사)!」 순으로 나타내며 이때 의문사 what은 '얼마나, 참으로, 정말이지' 등의 뜻을 지닌다.

예 **What a pretty** doll it is!
(그 인형은 얼마나 예쁜지 몰라!)

***

Check-up

[1~3] 괄호 안에서 어법상 알맞은 말을 고르시오.

1 I exercise every day (be, to be, being) healthy.
2 I walk to school (save, to save, saving) money.
3 Get up early (eat, to eat, eating) breakfast.

[4~5] 다음 중 어법상 어색한 문장을 고르시오.

4 ① How a beautiful place!
  ② Catch a taxi to get to Han River.
  ③ What a fresh fish!
5 ① What a trip!
  ② How fast is it!
  ③ Push a button to get off the bus.

정답 1. to be 2. to save 3. to eat 4. ① 5. ②

Let's Write

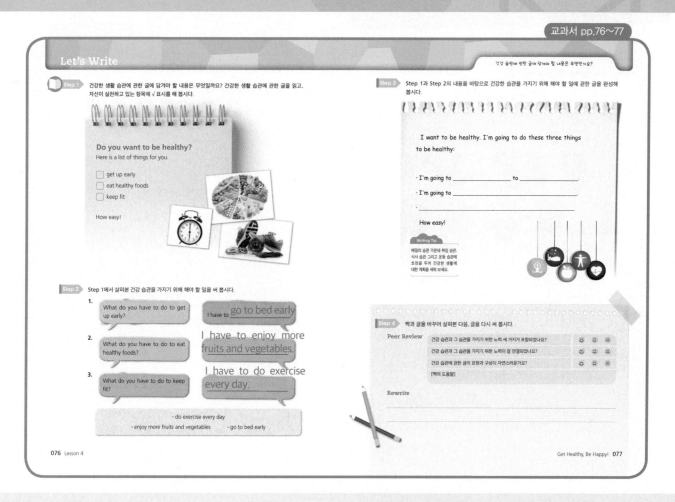

Step 1

해석

여러분은 건강해지고 싶나요?

여기 여러분을 위한 할 일 목록이 있습니다.

□ 일찍 일어난다

□ 건강한 음식을 먹는다

□ 건강을 유지한다

정말 쉽네요!

Step 2

해석·정답

1. 일찍 일어나려면 무엇을 해야 하나요?
   → I have to go to bed early.
   (나는 일찍 잠자리에 들어야 한다.)

2. 건강한 음식을 먹으려면 무엇을 해야 하나요?
   → I have to enjoy more fruits and vegetables.
   (나는 과일과 채소를 좀 더 즐겨 먹어야 한다.)

3. 건강을 유지하려면 무엇을 해야 하나요?
   → I have to do exercise every day.
   (나는 매일 운동을 해야 한다.)

Step 3

예시 답안

나는 건강해지고 싶어요. 나는 건강해지기 위해서 이 세 가지 일들을 할 것입니다.

- I'm going to go to bed early to get up early.(나는 일찍 일어나기 위해 일찍 잠자리에 들 것입니다.)
- I'm going to enjoy more fruits and vegetables to eat healthy foods. (나는 건강한 음식을 섭취하기 위해 과일과 채소를 좀 더 즐겨 먹을 것입니다.)
- I'm going to do exercise every day to keep fit. (나는 건강을 유지하기 위해 매일 운동을 할 것입니다.)

정말 쉽네요!

Writing TIP

생활 습관에 대해 글쓰기

생활 습관은 자신의 일상생활과 밀접하게 연관되어 있기 때문에 자신의 생활을 돌아보면 글로 적을 내용을 쉽게 떠올릴 수 있다. 내용에 맞는 그림이나 사진 자료를 수집한 후 그 자료를 설명하는 형식으로 글을 쓰면 자기 생각을 구체적으로 쉽게 나타낼 수 있다.

예 생활 계획표 그린 후 설명하기, SNS 사진 설명하기

Vocabulary

healthy [hélθi] 형 건강한   keep [ki:p] 동 유지하다

fit [fit] 형 건강한, (몸이) 탄탄한   go to bed 자다, 취침하다

exercise [éksərsaiz] 명 운동   every day 매일

Project Across Subjects

Project Across Subjects

FOOD ART

Step 1 여러분은 어떤 음식 작품을 만들고 싶은가요? 가장 마음에 드는 음식 작품을 고른 다음, 사용된 재료를 살펴봅시다.

> How pretty! What did they use to create these artworks?

Step 2 모둠별로 만들고 싶은 음식 작품의 이름을 정하고 필요한 재료를 골라 봅시다.

Group Artwork	We need ...

apples, berries, mushrooms, carrots, mangoes
eggs, cheese, bacon, ham
potato chips, mochi, French fries, popcorn, pretzels

Step 3 음식 작품을 만들어 발표한 다음, 가장 잘된 작품을 만든 모둠을 투표로 정해 봅시다.

Artwork: A Sunny Day
We Used: an apple, a mushroom, an egg, a slice of cheese and bread
Special Feature: the shining sun at the center

> What's the name of the artwork?
> What did you use to create your artwork?
> What's special about your artwork?

This is our artwork, A Sunny Day.

We used an apple, a mushroom, an egg, a slice of cheese, and bread. The special feature of our artwork is the shining sun at the center of the bread.

Project Tip 실제 음식 재료를 사용하기 어려운 경우에는 음식 작품을 그림으로 나타내 보세요.

Stop & Think
가장 잘한 모둠을 선정해 봅시다.
발표 내용에는 음식 작품의 이름, 음식 재료 그리고 특징이 모두 포함되어 있나요?
음식 작품의 디자인과 구성이 흥미로운가요?
음식 작품 만들기와 발표하기에 모둠원들이 협력하면서 적극적으로 참여했나요?

모둠 1	모둠 2	...

😮 Wow 😊 Good 😐 So so

078 Lesson 4 · Get Healthy, Be Happy! 079

음식 작품

활동 방법
1. 음식 작품을 살펴보고 필요한 재료를 생각해 본다.
2. 모둠별로 만들고 싶은 음식 작품의 이름을 정하고 필요한 재료를 고른다.
3. 음식 작품을 만들어 발표한다.
4. 발표된 작품 가운데 가장 잘된 작품을 투표로 선정한다.

 Step 1

본문 해석

정말 예쁘구나! / 이 작품들을 만들기 위해 무엇을 사용했을까?

 Step 2

예시 답안

작품 이름	필요한 재료
The Bunny Family(토끼 가족)	boiled eggs(삶은 달걀), cheese(치즈), carrots(당근), ham(햄)

▶ (왼쪽부터 그룹별로) 사과, 열매류, 버섯, 당근, 망고 / 달걀, 치즈, 베이컨, 햄 / 감자칩, 모찌, 프렌치프라이, 팝콘, 프레첼

 Step 1

본문 해석

작품 이름: 어느 화창한 날
사용한 재료: 사과 한 개, 버섯 한 개, 달걀 한 개, 치즈와 빵 한 조각
특별한 점: 한가운데에서 빛나고 있는 해

• 작품의 이름은 무엇인가요?
• 작품을 만들기 위해 무엇을 사용했나요?
• 작품에서 특별한 점은 무엇인가요?

이것은 우리의 작품인 '어느 화창한 날'입니다.
우리는 사과 한 개, 버섯 한 개, 달걀 한 개, 치즈와 빵 한 조각을 사용했습니다. 우리 작품의 특별한 점은 빵 한가운데에서 빛나고 있는 해입니다.

Vocabulary

create [kriéit] 동 창작하다, 만들다 artwork [ɑ́ːrtwə̀ːrk] 명 공예품, 예술품 special [spéʃəl] 형 특수한 feature [fíːtʃər] 명 특징 shine [ʃáin] 동 빛나다 at the center 중심에, 가운데에

Check My Progress

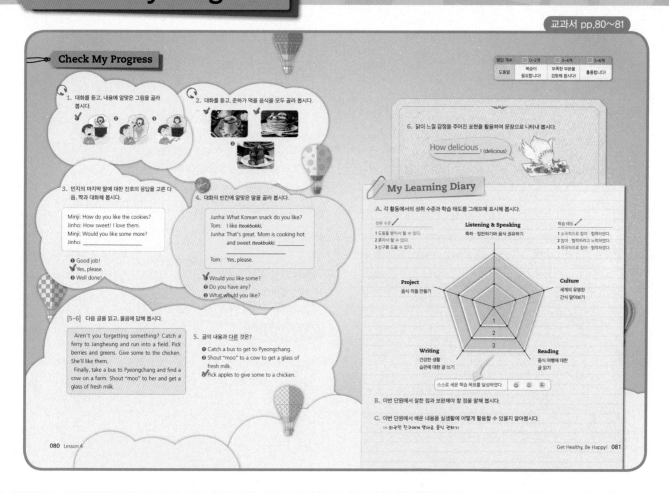

정답

1. ① **2.** ①, ② **3.** ② **4.** ① **5.** ③ **6.** How delicious

1.

대본·해석

G   How was Sumi's speech?
B   It was great, Nami. She got the first prize.
G   How cool! She did a good job!
B   Yes, she did.

소녀 수미의 연설은 어땠어?
소년 훌륭했어, 나미야. 1등상을 받았어.
소녀 정말 멋진데! 잘 해냈구나!
소년 응, 그랬어.

해설 cool은 '멋진, 훌륭한'이라는 의미의 형용사로, 앞에 How를 쓰면 형용사를 강조하여 감탄을 표현하는 말이 된다. "She did a good job!"은 칭찬의 표현이므로 수미가 연설을 잘 해내고 있는 그림인 ①이 적절하다.

2.

대본·해석

B   It's really cold today, Mom.
W   Yes, it is. Would you like some hot chocolate, Junha?
B   Thank you, Mom. And some hot cakes, please.
W   Sure.

소년 오늘 정말 추워요, 엄마.
엄마 그렇구나. 준하야, 핫초콜릿 좀 마실래?
소년 고마워요, 엄마. 핫케이크도 조금만 주세요.
엄마 그래.

해설 Would you like ~?은 상대방에게 무언가를 권유할 때 쓰는 표현이다. 핫초콜릿을 권하는 엄마의 말에 고맙다고 답하면서 핫케이크도 요청하고 있으므로 준하가 먹을 음식은 ①, ②가 적절하다.

3.

해석

민지 쿠키 어때?
진호 정말 달콤한데! 마음에 들어.
민지 좀 더 먹을래?
진호 응, 조금 더 줘.

① 훌륭해!
② 응, 조금 더 줘.
③ 잘했어!

해설 Would you like ~?라고 물으며 상대방에게 권유하고 있으므로 이에 대한 응답 표현으로는 ②가 적절하다.

4.

해석

준하   넌 어떤 한국 간식을 좋아하니?
Tom   나는 떡볶이를 좋아해.

준하   잘됐다. 우리 엄마가 매콤달콤한 떡볶이를 만들고 계셔. <u>좀 먹어 볼래?</u>

Tom   응, 그럴게.

① 좀 먹어 볼래?
② (떡볶이) 좀 있니?
③ 어떤 걸로 줄까?

해설 Tom의 마지막 말인 Yes, please.는 상대방의 권유에 응하는 표현이다. Would you like some?이 적절하다.

[5~6]

뭐 잊은 거 없나요? 여객선을 타고 장흥으로 가 들판으로 뛰어들어 가세요. 열매와 채소를 따세요. 닭에게 조금 나누어 주세요. 닭이 좋아할 거예요.
마지막으로 버스를 타고 평창으로 가 농장에서 소 한마리를 찾으세요. "음메"라고 소에게 외치고 신선한 우유 한 잔을 받으세요.

5.

해석

① 평창으로 가려면 버스를 타세요.
② 우유 한 잔을 얻으려면 소를 향해 "음메"하고 외치세요.
③ 사과를 따서 닭한테 주세요.

해설 닭에게 주는 모이는 열매류(berries)와 채소(greens)이므로 ③은 일치하지 않는다.

6.

해석

정말 맛있구나!

해설 들판에서 딴 딸기와 채소를 닭한테 주면 좋아할 거라고 했으며 주어진 문장이 느낌표로 끝나므로 기쁨을 표현하는 감탄문이 적절하다. 감탄문은 「How + 형용사!」 형태로 나타낸다.

✏ My Learning Diary

A. 활동 방법

1 1차시에 작성한 My Study Planner를 살펴보고, 스스로 실천 정도를 확인한다.
2 각 활동에서의 성취 수준과 학습 태도를 그래프에 표시한다.
3 그래프 아래의 점검표를 완성한다.

B. 단원에서 잘한 점과 보완해야 할 점을 말해 본다.

C. 배운 내용을 실생활에 활용할 방법을 말해 본다.

실생활 예시

• 외식 나들이에서 영어로 음식 권유하기
• 야구 시합 등에서 잘한 일에 대해 칭찬하고 축하하기
• 건강 계획표를 영어로 작성하기
• 일요일에 가족을 위해 음식 작품 만들기

Vocabulary

speech [spiːtʃ] 몡 연설, 담화   first prize 1등상   delicious [dilíʃəs] 휑 맛있는

Lesson 4 단원 평가 ▶

1 대화를 듣고, 두 사람이 먹을 음식으로 가장 적절한 것을 고르시오.

여학생	남학생
① pizza and soda	cheese cake and soda
② pizza	pizza and soda
③ cheese cake	pizza and soda
④ pizza and soda	cheese cake
⑤ cheese cake and soda	pizza

2 대화를 듣고, 여자의 말에 이어질 남자의 말로 가장 적절한 것을 고르시오.

① You did a good job!   ② All right!
③ Good to see you.   ④ Yes, please.
⑤ What a good player!

3 대화를 듣고, 여자가 대화 직후에 할 행동으로 가장 적절한 것을 고르시오.

① 쿠키를 더 먹는다.
② 쿠키를 만든다.
③ 쿠키를 더 이상 먹지 않는다.
④ 쿠키를 가지고 간다.
⑤ 쿠키를 맛본다.

4 다음 안내 방송을 듣고, 내용과 일치하지 않는 것을 고르시오.

① 오늘의 메뉴는 한식이다.
② 학생들은 불고기를 좋아한다.
③ 학생들은 급식 요리사들의 솜씨에 만족한다.
④ 과일이 준비되어 있다.
⑤ 학생들이 메뉴 선정에 참여한다.

5 다음 중 밑줄 친 부분의 뜻풀이가 바르지 않은 것은?

① People pick fruit from a tall tree. (따다)
② Did you enjoy your meal? (간식)
③ Teens need to drink lots of milk. (~해야 한다)
④ It's getting hot. (더워지다)
⑤ Let's take a break. (휴식을 취하다)

6 다음 중 빈칸에 공통으로 들어갈 말은?

• _____ do you go to school?
• _____ do you like it?
• _____ was your trip to New York?

① What   ② Why   ③ Who
④ Where   ⑤ How

7 다음 중 의도하는 바가 나머지 넷과 다른 하나는?

① Would you like some?
② Would you like to try this?
③ Do you want some?
④ Do you want to try this?
⑤ Do you like this?

8 다음 중 짝지어진 대화가 어색한 것은?

① A: You did a good job!
   B: Thank you.
② A: How wonderful! You are a great singer.
   B: Thanks.
③ A: I have some coke. Would you like some?
   B: Yes, thank you.
④ A: I made this cake.
   B: How heavy is it?
⑤ A: Would you like one more cookie?
   B: No, thanks.

9 다음 대화의 ①~⑤ 중 주어진 문장이 들어가기에 가장 적절한 곳은?

Would you like it for lunch tomorrow?

A: Do you like our school lunch?
B: Yes, I do. *Bibimbap* is my favorite. (①)
A: I like curry a lot. (②)
B: Me, too. (③) The school cooks do a great job!
A: They really do. (④)
B: Yes, I'd love it. (⑤)

[10-15] 다음 글을 읽고, 물음에 답하시오.

___(A)___, take a bus to Chungju. Find an apple tree and pick two apples. Enjoy ⓐ<u>one</u> on the way.

___(B)___, catch a train to Andong and go to a farmhouse. Cry "cock-a-doodle-doo" to a chicken and ⓑ<u>get fresh egg</u>. Or bring the chicken with you.

Then, Jejudo is waiting for you. Take a ship to get there. Dive down to catch a fish and enjoy catching waves.

Aren't you forgetting something? Catch a ferry to Jangheung and run into a field. Pick berries and greens. Give ⓒ<u>some</u> to the chicken. She'll like ⓓ<u>them</u>.

___(C)___, take a bus to Pyeongchang and find a cow on a farm. Shout "moo" to her and get a glass of fresh milk.

10 윗글에 나타난 여행의 목적은?

① 문화유적 답사하기
② 해양활동 즐기기
③ 신선한 음식 재료 구하기
④ 기차 체험하기
⑤ 반려동물 구하기

11 빈칸 (A)~(C)에 들어갈 단어로 알맞은 것은?

	(A)	(B)	(C)
①	First	Next	Finally
②	First	Finally	Next
③	Next	First	Finally
④	Next	Finally	First
⑤	Finally	First	Next

12 다음 중 각 지역과 음식 재료가 바르게 연결되지 <u>않은</u> 것은?

① 충주–사과
② 안동–달걀
③ 제주도–생선
④ 장흥–채소
⑤ 평창–소고기

13 ⓐ가 가리키는 것을 쓰시오.

_____

14 윗글의 ⓑ에서 어법상 <u>틀린</u> 부분을 찾아 고쳐 쓰시오.

_____

15 ⓒ, ⓓ가 공통적으로 가리키는 것을 찾아 쓰시오.

_____

[16-17] 다음 글을 읽고, 물음에 답하시오.

Are you ready to cook?
Wash the greens.
Slice the apple.
Boil the egg.
Fry the fish.
At last, its' time for a bowl of salad. Enjoy it with a glass of milk. 정말 신선한 샐러드군요!

16 윗글의 목적은?

① 쇼핑 목록 제공
② 요리법 안내
③ 농작물 재배 안내
④ 음식 주문
⑤ 채식 권유

17 주어진 단어를 활용하여 윗글의 밑줄 친 문장을 영어로 옮기시오.

_____ _____ the salad is! (fresh)

[18-20] 다음 글을 읽고, 물음에 답하시오.

I want ⓐto be healthy. (A) I'm going to do these three things being healthy.
· I'm going to go to bed early to get up early.
· I'm going to enjoy more fruits and vegetables to eat healthy food.
· I'm going to do exercise every day to keep fit.

18 윗글의 주제는?

① 건강해지기 위한 생활 습관
② 일찍 일어나는 방법
③ 건강한 식습관
④ 바른 운동법
⑤ 가장 쉬운 운동법

19 윗글의 ⓐ와 쓰임이 다른 하나는?

① I like to swim.
② To study math is difficult.
③ It's not easy to learn English.
④ My dream is to be a doctor.
⑤ I have a lot of homework to do.

20 윗글의 밑줄 친 (A)에서 어법상 틀린 부분을 찾아 바르게 고쳐 쓰시오.

_____

1 다음 우리말과 같은 뜻이 되도록 주어진 단어를 이용하여 문장을 완성하시오.

A: 제빵 수업은 어땠니?
B: It was great.

→ _____ _____ _____
_____ _____? (baking class)

2 다음 두 문장을 읽고 부정사구를 이용하여 한 문장으로 만드시오.

I practice singing every day. I want to be good at singing.

→ _____

3 다음 두 문장이 같은 뜻이 되도록 빈칸에 알맞은 한 단어를 쓰시오.

Would you like one more?
= Would you like _____?

4 다음 우리말에 맞게 주어진 단어를 바르게 배열하시오.

나는 집에 오는 길에 Jane을 만났다.
(I, home, on, met, the, Jane, way)

_____

[5-7] 다음 글을 읽고, 물음에 답하시오.

Then, Jejudo is waiting for you. ⓐTake a ship to get there. Dive down to catch a fish and enjoy catching waves.

5 윗글의 밑줄 친 ⓐ와 바꾸어 쓸 수 있는 말을 찾아 쓰시오.

6 What can you get in Jejudo?

7 윗글의 내용에 맞게 다음 질문에 완전한 문장으로 답하시오.

How can you get to Jejudo?
→ I can _____ to get to Jejudo.

1 다음 대화의 빈칸에 들어갈 말로 알맞은 것은?

A: Is this Saturday Mom's birthday?
B: Yes, it is. We have to do something for her.
A: Why don't we get a special present for her?
B: _____

① You have to talk about the present first.
② Sounds great. How about making a video letter?
③ You prepared a special present for Dad.
④ Yes, it was Mom's birthday today.
⑤ I watched a funny video online.

2 다음 중 의미하는 바가 나머지 넷과 다른 것은?

① Let's make pizza for lunch.
② How about making pizza for lunch?
③ Why didn't you make pizza for lunch?
④ Why don't we make pizza for lunch?
⑤ What about making pizza for lunch?

3 빈칸에 공통으로 들어갈 말로 알맞은 것은?

• Do not throw _____ glass bottles.
• Music takes _____ stress and makes me happy.

① from   ② away
③ of   ④ with
⑤ on

4 다음이 영영 풀이에 해당하는 단어로 알맞은 것은?

needing to relax or sleep

① sincere   ② healthy   ③ late
④ honest   ⑤ tired

[5-7] 다음 글을 읽고, 물음에 답하시오.

Do you want to be healthy? (A) (a/of/for/you/things/list/here/is). First, you have to go to bed early to ___(B)___. Second, you have to eat more fruits and vegetables. Third, you have to do exercise every day.

5 윗글의 요지로 알맞은 것은?

① The best ways to save energy
② The best ways to do exercise
③ The best ways to enjoy vegetables
④ The best ways to get healthy
⑤ The best ways to get up early

6 윗글의 (A)에 주어진 단어를 이용하여 문장을 완성하시오.

→ _____

[9-10] 다음 글을 읽고, 물음에 답하시오.

> Parents' Day is coming. Yes, you have to do something. Why don't you use the Happy Video app? (B) <u>Make a video letter and sending your love to your parents!</u>

7 윗글의 밑줄 친 (B)에 들어갈 가장 알맞은 말은?

① have breakfast ② keep fit
③ need exercise ④ get healthy food
⑤ try hard

9 윗글의 종류로 알맞은 것은?

① 일기 ② 시 ③ 기사
④ 광고 ⑤ 편지

8 다음 중 짝지어진 대화가 <u>어색한</u> 것을 고르시오.

① A: It's getting hot.
　B: Yes, it is.
② A: How did you feel when he said thanks to you?
　B: No, he was not really a thanksgiver.
③ A: Good for you.
　B: Thanks.
④ A: I think it is really a good book.
　B: I think so, too.
⑤ A: Would you like to try this cookie?
　B: Sure, what a cookie!

10 윗글의 밑줄 친 (B)에서 어법상 <u>틀린</u> 부분을 찾아 바르게 고쳐 쓰시오.

→ _____

A: It's Mom's birthday. We have to do something for her.
B: Right.
A: Why don't we write a thank-you card?
B: That's a good idea, Let's ___ⓐ___ sincere thanks to her.
A: Do you have any other idea?
B: Why don't you ___ⓑ___ the laundry? I will ___ⓒ___ the dishes for her.

A: ___ⓐ___ was your cooking class?
B: It was great. Ta-da! Chocolate and butter cookies!
A: ___ⓑ___ cool! You did a good job!
B: Thank you. (A) _____
A: Sure. I'd love to.
B: ___ⓒ___ do you like it?
(A) Would you like butter cookies, too?
(B) Here you are.
(C) Mmm. What a cookie! I love it.
(D) Of course, my favorite is butter cookies.

13 윗글의 빈칸 ⓐ, ⓑ, ⓒ에 공통으로 들어갈 말은?

→ _____

11 윗글의 빈칸 ⓐ에 알맞은 동사는?

① tell   ② do   ③ give
④ have   ⑤ find

14 윗글의 빈칸 (A)에 들어갈 알맞은 말은?

① Would you like some more?
② These cookies are so delicious.
③ Would you like it for lunch tomorrow?
④ Would you like to try one?
⑤ These cookies are very tasty.

15 자연스러운 대화가 되도록 (A)~(D)를 바르게 배열한 것은?

① (A) – (B) – (C) – (D)
② (A) – (C) – (D) – (B)
③ (B) – (A) – (C) – (D)
④ (B) – (A) – (D) – (C)
⑤ (C) – (A) – (D) – (B)

12 윗글의 빈칸 ⓑ, ⓒ에 공통으로 들어갈 동사를 쓰시오.

→ _____

[16-18] 다음 글을 읽고, 물음에 답하시오.

A famous cook went on a trip to get apples, berries, greens, fish and eggs for his salad. First, he took a bus to Chungju. He found an apple tree and ⓐpick two apples. Next, he caught a train to Andong and went to a farmhouse. There he got a fresh egg.

Then, Jejudo was waiting for him. He took a ship to get there. He caught a fish and enjoyed catching waves. After that, he caught a ferry to Jangheung and ⓐpick berries and greens.

Finally, he took a bus to Pyeongchang and found a cow on a farm. He got a glass ⓑ fresh milk from it.

16 밑줄 친 ⓐ의 동사를 과거형으로 바꿔 쓰시오.

→ _____

17 원산지와 식재료의 위치가 바르게 연결된 것은?

① Chungju ······ egg
② Andong ······ fish
③ Jejudo ······ berries and greens
④ Jangheung ······ apples
⑤ Pyeongchang ······ milk

18 윗글의 빈칸 ⓑ에 들어갈 전치사를 쓰시오.

→ _____

[19-21] 다음 글을 읽고, 물음에 답하시오.

Today was Dad's birthday. I know ___(A)___ my dad works very ⓐhardly for us. I wanted to do ⓑanything for him. So I bought a birthday cake for him and I wrote a thank-you letter.

Dad came home ⓒlately from work. He looked very tired. I hugged him, and I said, "Happy birthday, Dad. You're ⓓbest!" He hugged me ⓔfor a big smile. He felt happy, and I felt happy, too. I think ___(B)___ I did a great job today.

19 윗글의 마지막에 드러난 글쓴이의 심경으로 적절한 것은?

① 걱정   ② 희망   ③ 기쁨
④ 좌절   ⑤ 기대

20 윗글의 ⓐ~ⓔ 중 어법상 올바르지 않게 고친 것은?

① hardly → hard
② anything → something
③ lately → late
④ best → the best
⑤ for → to

21 윗글의 빈칸 (A), (B)에 공통으로 들어갈 말을 쓰시오.

→ _____

[22-24] 다음 글을 읽고, 물음에 답하시오.

Mom cooked pizza for lunch. (A)<u>나는 그것을 전혀 좋아하지 않았다</u> because it was too spicy. But I wanted to make her ___(B)___ . So I thanked her for the pizza with two thumbs up.

A: Thank you, Mom. It was so delicious.
B: Then I will make the same pizza again tomorrow.
A: Can I help you tomorrow? I would like to learn how to make pizza.

[25-28] 다음 글을 읽고, 물음에 답하시오.

Yesterday we got some strange homework at school. ⓐWe had to say thanks to our parents. We also had to write a thank-you letter for them. ⓑIt made me worried because I'm not really a thanksgiver.

Last night, Mom was in the living room. ⓒ I think that my mom is happy. I had to say thanks to her. (A)I sat next her. "Thank you, Mom," ⓓI said in a soft voice. She looked at me with wide eyes. "___(B)___ what? Are you all right, Jihe?" she asked. ⓔI ran away to my room. Phew! Saying thanks is not so easy!

22 주어진 단어를 이용하여 윗글의 밑줄 친 (A)를 영어로 바꿔 쓰시오.

→ _____
    (not at all)

25 윗글의 밑줄 친 (A)에서 어법상 <u>어색한</u> 부분을 찾아 바르게 고쳐 쓰시오.

→ _____

26 윗글의 전체 흐름과 관계 <u>없는</u> 문장은?

① ⓐ   ② ⓑ   ③ ⓒ   ④ ⓓ   ⑤ ⓔ

23 윗글의 밑줄 친 (B)에 들어갈 말로 가장 알맞은 것은?

① happy   ② proud
③ sad   ④ lonely
⑤ exited

27 윗글의 빈칸 (B)에 들어갈 알맞은 전치사를 고르시오.

① In   ② At   ③ For
④ With   ⑤ Of

24 윗글의 내용과 일치하지 <u>않는</u> 것은?

① 글쓴이는 피자 만드는 법을 배우고 싶다.
② 글쓴이는 어머니를 내일 도와줄 것이다.
③ 엄마가 만든 피자는 너무 매웠다.
④ 글쓴이는 어머니를 배려하지 못했다.
⑤ 엄마는 내일 피자를 만들 것이다.

28 윗글을 읽고 답할 수 <u>없는</u> 질문은?

① Why was Mom surprised?
② Does Jihe often say thanks to her Mom?
③ Why did Jihe run away to her room?
④ Where did Jihe write her thank-you letter?
⑤ When did Jihe say thanks to her mother?

29 다음 우리말과 같도록 주어진 단어를 이용하여 문장을 완성하시오.

(1) 모든 학생을 환영합니다.(welcome, all, are, students)

→ _____

(2) 나는 경기에서 이기고 싶어.(want, I, race, the, win, to)

→ _____

30 주어진 단어를 이용하여 부모님께 드릴 카드를 완성해 보시오.

Dear Mom and Dad,

Thank you, Mom and Dad.
(1)

_____

(2)

_____

I love you so much.

(1) always / care / you / me / take / of

→ _____

(2) wonderful / are / you / parents

→ _____

31 〈보기〉와 같이 부정사구를 이용하여 문장을 바꾸어 쓰시오.

보기 | I study math. I want to be a math teacher.
→ I study math to be a math teacher.

I exercise every morning in the park. I want to be healthy.

→ _____

32 다음 글의 응답에서 잘못된 부분을 세 군데 찾아 바르게 고쳐 쓰시오.

Q: How can I get to Jejudo and get a fish?
A: First, you have to catch a train to Busan. Then you have to take a ferry in Jejudo. Next, you have to go to a beautiful beach and taking a boat. And you can catches a fish from the boat.

→ _____

_____

Lesson 5

Why in the World?

Lesson Question
What animals are amazing?

이번 단원의 주요 내용을 살펴보고, 나의 학습 목표를 써 봅시다.

Listening & Speaking	Culture	Reading	Writing	Project
동물에 관한 흥미로운 사실을 듣고 말하기	세계 화폐 속에 등장하는 동물들에 대해 알아보기	놀라운 능력을 지닌 동물에 대한 글 읽기	동물의 신기한 능력에 관한 잡지 글 쓰기	동식물의 신기한 능력을 활용한 발명품 제안하기

- 이유 묻는 질문에 답하기 Because it's clean and quiet.
- 놀라움 표현하기 That's surprising!

- Sea animals **come close and become food.**
- **When an owl hears something,** it moves its face feathers.

My Goals ✏

학습목표

- 흥미로운 사실을 듣고 응답하거나 이유를 묻는 질문에 답하는 표현을 이해하고 활용할 수 있다.
- 외국 화폐 속 동물을 조사하고, 우리나라 화폐 도안으로 응용할 수 있다.
- 동물의 놀라운 능력에 관한 그림 및 사진, 글을 읽고 세부 정보를 파악할 수 있다.
- 동식물의 놀라운 능력을 그림과 글을 이용하여 효과적으로 전달할 수 있다.

의사소통 기능

이유 묻는 질문에 답하기

Because it's clean and quiet.
(그것은 깨끗하고 조용하기 때문이야.)

놀라움 표현하기

That's surprising!
(그것 참 놀랍구나!)

언어 형식

and를 활용한 동사구 결합

Sea animals come close and become food.
(바다 동물들은 가까이 와서 먹이가 된다.)

시간의 부사절 when

When an owl hears something, it moves its face feathers.
(올빼미는 무언가를 들으면, 얼굴 깃털을 움직인다.)

Lesson Question

What animals are amazing?
(어떤 동물들이 놀라운가요?)

예시 답안

Tigers are amazing. They can jump high.
(호랑이가 놀라워요. 높이 뛸 수 있거든요.)
Zebras are amazing. They have stripe patterns.
(얼룩말이 놀라워요. 줄무늬가 있거든요.)
Cats are amazing. They have special eyes.
(고양이가 놀라워요. 특별한 눈을 가지고 있거든요.)

My Goals ✏

예시 답안

- 동물과 관련된 흥미로운 사실을 말할 수 있다.
- 세계 화폐 속에 그려진 동물을 찾을 수 있다.
- 동물과 관련된 놀라운 사실을 읽고 이해할 수 있다.
- 그림을 이용해서 동물의 신기한 능력을 소개하는 글을 쓸 수 있다.

Listen & Speak 1

소년은 뭐라고 말할까요?
- ☐ 늦게 일어났다
- ☐ 아파서 누워 있었다
- ☑ 버스를 놓쳤다

대본·해석

G ❶ Why were you late for school?

B ❷ Because I <u>missed the bus.</u>

소녀 학교에 왜 지각했니?

소년 버스를 놓쳤기 때문이야.

A **대본·해석**

1 B Why does Minji look sad?

  G Because she lost her dog.

  소년 민지는 왜 슬퍼 보이는 거야?

  소녀 강아지를 잃어버렸기 때문이야.

2 G ❸ Jiho looks happy. Why?

  B Because he scored a goal in a soccer match.

  소녀 지호가 행복해 보여. 왜 그런 거야?

  소년 축구 경기에서 골을 넣었기 때문이야.

3 G James, why do you look so nervous?

  B Because I have a test this afternoon.

  소녀 James, 왜 그렇게 불안해하는 거야?

  소년 오늘 오후에 시험이 있거든.

B **본문 해석**

A 나는 뱀을 키우고 싶어.

B 왜?

A 뱀은 깨끗하고 조용하기 때문이야.

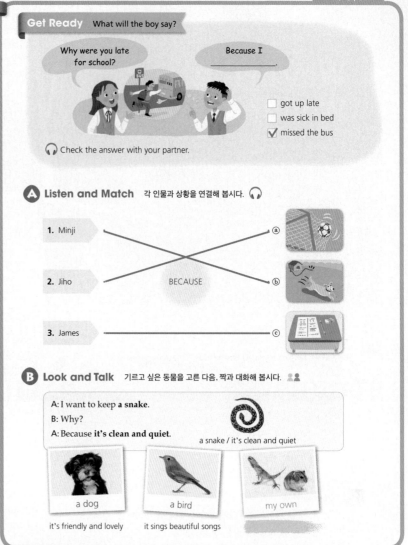

Get Ready What will the boy say?

Why were you late for school?

Because I _____.

- ☐ got up late
- ☐ was sick in bed
- ☑ missed the bus

🎧 Check the answer with your partner.

A **Listen and Match** 각 인물과 상황을 연결해 봅시다. 🎧

1. Minji
2. Jiho BECAUSE
3. James
  ⓐ
  ⓑ
  ⓒ

B **Look and Talk** 기르고 싶은 동물을 고른 다음, 짝과 대화해 봅시다.

A: I want to keep **a snake**.
B: Why?
A: Because **it's clean and quiet**.

a snake / it's clean and quiet

a dog
a bird
my own

it's friendly and lovely
it sings beautiful songs

Vocabulary

- miss [mis] 동 놓치다
  예 She **missed** her train.(그녀는 기차를 놓쳤어)
- lose [luːz] 동 잃어버리다 (lose-lost-lost)
  예 I **lost** my wallet.(나는 지갑을 잃어버렸어.)
- score [skɔːr] 동 득점하다
  예 He **scored** 15 points in 2 minutes.(그는 2분 만에 15점을 득점했다.)

Speaking Tip

아플 때 쓰는 표현

be sick in bed는 '아파서 누워 있다'라는 의미로 be ill in bed도 같은 의미를 나타낸다.
예 She's **sick in bed** all day.
(그녀는 아파서 하루 종일 누워 있었다.)
I **was ill in bed** with flu.
(나는 독감으로 앓아누웠다.)

Word Quiz

우리말에 맞게 빈칸에 알맞은 단어를 쓰시오.

1. 서둘러. 비행기를 놓치고 싶지 않아.
   Hurry up. I don't want to _____ my flight.
2. 그는 직장을 잃었어.
   He _____ his job.

정답 1. miss 2. lost

Get Ready

해설 남학생에게 지각한 이유를 묻고 있고 버스를 놓치는 모습이 제시되어 있으므로 '버스를 놓쳤다'(missed the bus)가 적절하다.

Ⓐ Listen and Match

❶ **Why** were you late for school?
이유를 물을 때는 '왜, 어째서'라는 의미의 의문사 why를 쓰며, 「(It is) Because 주어 + 동사」 형태를 써서 답한다. be late for school은 '학교에 지각하다'라는 의미이다.

❷ **Because** I missed the bus.
문장 앞에 It is가 생략된 형태로 볼 수 있으며, 질문에 답할 때에는 Because 절만 쓰이기도 한다.

❸ Jiho **looks** happy. Why?
「look + 형용사」는 '~해 보이다'라는 뜻으로, look, smell 등의 지각동사 뒤에는 형용사가 나온다.
예 This cake **looks** so delicious.(이 케이크 참 맛있어 보인다.)

해설 1. 민지가 슬퍼 보이는 이유를 묻자 강아지를 잃어버렸다고(lost her dog) 했으므로 ⓑ가 적절하다.
2. 지호가 행복해 보이는 이유를 묻자 축구 경기(soccer match)에서 득점했다고 했으므로 ⓐ가 적절하다.
3. James에게 불안해 보이는 이유를 묻자 오늘 오후에 시험(test)이 있다고 했으므로 ⓒ가 적절하다.

Ⓑ Look and Talk

해설 기르고 싶은 동물을 고른 후 짝과 이유를 묻고 답한다.

예시 답안

1. A I want to keep a dog.(나는 강아지를 기르고 싶어.)
   B Why?(왜?)
   A Because it's friendly and lovely.(강아지는 친근하고 사랑스럽기 때문이야.)
2. A I want to keep a bird.(나는 새를 기르고 싶어.)
   B Why?(왜?)
   A Because it sings beautiful songs.(새는 아름다운 노래를 부르기 때문이야.)
3. A I want to keep a hamster.(나는 햄스터를 기르고 싶어)
   B Why?(왜?)
   A Because it's small and cute.(햄스터는 작고 귀엽기 때문이야.)

학습 도우미

○ **의사소통 기능 ①**
이유를 묻는 질문에 답하기
이유나 원인을 묻는 Why ~? 의문문에는 "(It's) Because ~"로 답하여 이유 또는 원인을 밝힌다.
예 A Why are you crying?
  (너 왜 울고 있니?)
  B **Because** this movie is so sad.
  (이 영화가 너무 슬프기 때문이야.)

○ **종속접속사 because**
because는 이유를 나타내는 종속접속사이다. 종속접속사가 이끄는 절은 종속절이라고 하며 대개 주절과 함께 쓰인다. 문장이 종속절로 시작될 경우 주절 앞에 쉼표(,)를 찍는다.
예 My mom is so upset **because** I didn't clean my room. (내가 방 청소를 하지 않았기 때문에 엄마는 매우 화가 나셨다.)
  Because I couldn't sleep well last night, I am so tired.(어제 밤에 잠을 잘 못 자서 매우 피곤하다.)

○ **look + 형용사**
'~처럼 보이다[들리다/소리나다/느껴지다]로 해석되는 지각동사 뒤에는 형용사가 나온다. 우리말 해석과 혼동해 부사를 쓰지 않도록 주의한다.
예 You look happy. (o)
  You look happily. (x)
  (너 행복해 보여.)

○ **동사 grow, keep, raise**
기르는 대상에 따라 동사가 달라질 수 있다. raise는 사람, 동식물을 기를 때, keep은 동물을 기를 때, grow는 식물을 기를 때 쓴다.
예 She **raised** three children.
  (그녀는 세 명의 아이를 키웠다.)
  I **grow** many kinds of herbs.
  (나는 많은 종류의 허브를 기른다.)

Check-up

[1~3] Ⓐ의 대화를 읽고, 내용과 일치하면 T, 일치하지 않으면 F에 표시하세요.

1 Minji lost her pet. T F
2 Jiho scored in a basketball match. T F
3 James has a test tomorrow. T F

[4~6] 다음 중 괄호 안에서 알맞은 것을 고르시오.

4 Jiho (look, looks) angry.
5 (Keep, Keeping) a pet is good for you.
6 The rose smells (sweet, sweetly).

정답 1. T 2. F 3. F 4. looks 5. Keeping 6. sweet

Why in the World? **125**

소녀는 뭐라고 말할까요?
- ☐ 사실이야.
- ☐ 안됐구나.
- ☑ 그것 참 놀랍구나!

대본·해석

G ① That's surprising!
소녀 그것 참 놀랍구나!

A **대본·해석**

1 G ② Horses can sleep on their feet.
  B Really?
  G Yes. ③ They lock their knees when they go to sleep.
  B That's surprising.
  소녀 말은 서서 잠을 잘 수 있어.
  소년 정말?
  소녀 응. 말은 잘 때 무릎을 고정시키거든.
  소년 그것 참 놀랍구나!

2 G Did you see *Animal World* on TV yesterday?
  B No, I didn't. ④ What was it about?
  G Polar bears! Their tongues are black.
  B That's surprising!
  소녀 어제 TV에서 〈동물의 왕국〉 봤니?
  소년 아니, 안 봤어. 뭐에 관한 내용이었는데?
  소녀 북극곰! 북극곰의 혀는 검은색이래.
  소년 그것 참 놀랍구나!

B **본문·해석**

A 너 그거 아니? 황소는 색깔을 구분하지 못해.
B 그것 참 놀랍구나!

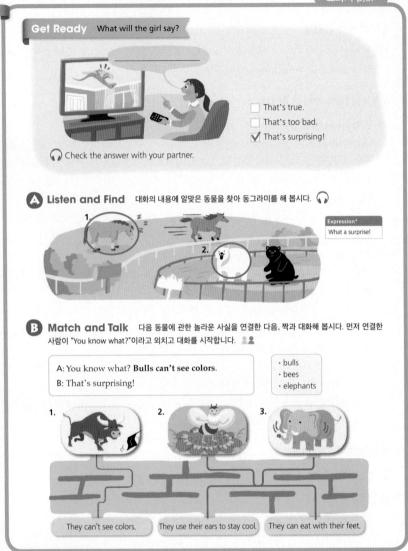

Get Ready What will the girl say?

- ☐ That's true.
- ☐ That's too bad.
- ☑ That's surprising!

🎧 Check the answer with your partner.

A **Listen and Find** 대화의 내용에 알맞은 동물을 찾아 동그라미를 해 봅시다. 🎧

Expression⁺
What a surprise!

B **Match and Talk** 다음 동물에 관한 놀라운 사실을 연결한 다음, 짝과 대화해 봅시다. 먼저 연결한 사람이 "You know what?"이라고 외치고 대화를 시작합니다.

A: You know what? **Bulls can't see colors.**
B: That's surprising!

- bulls
- bees
- elephants

1. | 2. | 3.

They can't see colors. | They use their ears to stay cool. | They can eat with their feet.

Vocabulary

- **on one's feet** 직립한, 똑바로 서서
  예) I feel so tired because I was **on my feet** all day.
  (오늘 하루 종일 서 있어서 너무 피곤해.)
- **lock** [lɑk] 통 잠그다(잠기다), 고정시키다
  예) I **locked** the door.(내가 문을 잠갔어.)
- **knee** [niː] 명 무릎
  예) Bend your **knees**.(무릎을 굽혀라.)
- **polar bear** 명 북극곰, 흰곰

Word Quiz

우리말에 맞게 빈칸에 공통으로 들어갈 알맞은 단어를 쓰시오.

1. 그 펭귄은 두 발로 서 있다.
   The penguin is standing on his _____.

2. 현관문은 잠갔니?
   Did you _____ the gate?

정답 1. feet 2. lock

Get Ready

해설 도마뱀이 천장에 거꾸로 매달려 있는 장면을 보고 깜짝 놀라고 있으므로 놀라움을 표현하는 말이 적절하다.

Ⓐ Listen and Match

❶ **That's surprising!**

surprising은 '놀라게 하다'라는 의미의 동사 surprise의 -ing형으로, 문장의 주어가 놀라움의 대상이다. 감탄문인 What a surprise! 형태로 바꿔 쓸 수도 있다.

❷ **Horses can sleep on their feet.**

전치사 on은 '~에 지탱되어[떠받쳐져]'라는 의미를 나타낸다. 주어가 복수형이므로 복수형 소유격 대명사 their와 foot의 복수형인 feet을 써서 수를 일치시켰다.

❸ **They lock their knees when they go to sleep.**

when은 '~할 때'라는 뜻으로 시간이나 때를 나타내는 종속접속사이며 「주어+동사」로 시작하는 종속절을 이끈다.

㉖ I drink a cup of tea **when** I feel tired.(나는 피곤할 때 차를 한 잔 마신다.)

❹ **What was it about?**

문장의 주어는 it이고 의문사 what은 전치사 about의 목적어이다. 평서문으로 풀어 쓰면 It was about ~.으로 나타낼 수 있으며, 여기서는 중복되는 주어(it)와 동사(was)를 생략하고 Polar bears!라고 답하고 있다.

㉖ A: **What** is the book **about**? (그건 무엇에 관한 책이니?)
   B: It is about a magician. (마술사에 관한 책이야.)

해설 1. 말이 서서 잠을 잔다(sleep on their feet)고 했으므로 졸고 있는 말이 적절하다.
2. 검은색 혀를 내밀고 있는 북극곰이 적절하다.

Ⓑ Match and Talk

해설 You know what? 등 상대방의 주의를 끄는 말을 한 다음 각 동물에 대한 놀라운 사실을 말하며 짝과 대화해 본다.

예시 답안

1. A You know what? Bulls can't see colors.(그거 알아? 황소는 색을 볼 수 없어.)
   B That's surprising!(그것 참 놀랍구나!)
2. A You know what? Bees can eat with their feet.
   (그거 알아? 벌은 발을 이용해 먹을 수 있대.)
   B That's surprising!(그것 참 놀랍구나!)
3. A You know what? Elephants use their ears to stay cool.
   (그거 알아? 코끼리는 시원하게 있으려고 귀를 사용해.)
   B That's surprising! (그것 참 놀랍구나!)

Check-up

[1~3] Ⓐ의 대화를 읽고, 내용과 일치하면 T, 일치하지 <u>않으면</u> F에 표시하시오.

1 Horses don't sleep at all. T F

2 Yesterday, *Animal World* was about penguins. T F

3 Polar bears have black tongues. T F

[4~5] 우리말과 일치하도록 밑줄 친 단어의 형태를 바꾸시오.

4 놀라운 동물들이 참 많이 있어.
   There are many <u>surprise</u> animals.

5 처음 코끼리를 봤을 때, 나는 정말 놀랐어.
   When I first saw an elephant, I was <u>surprise</u>.

정답 1. F 2. F 3. T 4. surprising 5. surprised

Conversation

교과서 p.88

Ⓐ 두 방의 차이점은 무엇인가요?

예시 답안

- The butterflies in Room 1 don't move. But the butterflies in Room 2 are flying around. (첫 번째 방의 나비는 움직이지 않아요. 그런데 두 번째 방의 나비는 날아다니고 있어요.)
- It's cold in Room 1. But it's warm in Room 2. (첫 번째 방은 추워요. 하지만 두 번째 방은 따뜻해요.)

Ⓑ 대본·해석

Nara ❶ Why don't we go to the Butterfly Rooms first?
Seho Sure, Nara.
Nara Look, Seho. ❷ The butterflies in that room aren't moving at all.
Seho ❸ Why is that?
Nara ❹ Because it's not warm enough.
Seho That's surprising!
Nara ❺ But the butterflies in this room are moving and flying all around.
Seho Oh, it's warm in this room.

나라 우리 나비방에 먼저 가는 게 어때?
세호 좋아, 나라야.
나라 세호야, 봐. 저 방의 나비들은 전혀 움직이질 않아.
세호 왜 그런 걸까?
나라 충분히 따뜻하지 않기 때문이야.
세호 그것 참 놀라운데!
나라 그런데 이 방의 나비들은 움직이며 여기저기 날아다니고 있어.
세호 아, 이 방은 따뜻하구나.

본문 해석

과학 보고서

누구: 나라와 세호
어디: 과학박물관
무엇: 첫 번째 방의 나비들이 움직이지 / 날지(move / fly) 않는 것은 따뜻하지(warm) 않기 때문이다.
두 번째 방의 나비들이 움직이는 / 날아다니는 (move[fly]) 이유는 따뜻하기(warm) 때문이다.

Ⓒ 여러분은 나비에 대해 어떤 것을 알고 있나요?

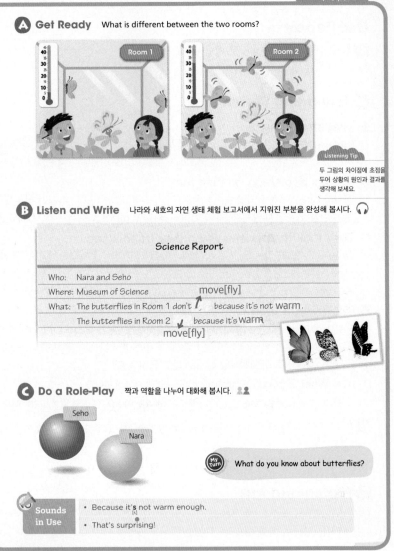

Ⓐ Get Ready What is different between the two rooms?

Room 1   Room 2

Listening Tip
두 그림의 차이점에 초점을 두어 상황의 원인과 결과를 생각해 보세요.

Ⓑ Listen and Write 나라와 세호의 자연 생태 체험 보고서에서 지워진 부분을 완성해 봅시다.

Science Report

Who:	Nara and Seho
Where:	Museum of Science
What:	The butterflies in Room 1 don't **move[fly]** because it's not **warm**.
	The butterflies in Room 2 **move[fly]** because it's **warm**

Ⓒ Do a Role-Play 짝과 역할을 나누어 대화해 봅시다.

Seho
Nara

My Turn What do you know about butterflies?

Sounds in Use
- Because it's not warm enough.
- That's surprising!

Vocabulary

- Why don't we ...? ~하는 게 어때?
  예 **Why don't we** take a break?(잠시 쉬는 게 어때?)
- enough [ináf] 兜 충분히
  예 Is the water hot **enough**?(물이 이제 충분히 뜨거워졌니?)
- move [muːv] 동 움직이다
  예 The cat didn't **move**.(그 고양이는 움직이지 않았다.)
- all around 도처에, 여기저기
  예 Bees were flying **all around**.(벌들이 사방을 날아다니고 있었다.)

Write it

다음 질문에 영어로 답해 봅시다.

1. Q Where did Nara and Seho go?
   A They went to the _____ Rooms.
2. Q In what room do the butterflies move?
   A It's _____.

정답 1. Butterfly 2. Room 2

Word Quiz

우리말에 맞게 빈칸에 알맞은 단어를 쓰시오.

1. 우리 저녁에 피자 먹는 게 어때?
   _____ _____ _____ have pizza for dinner?
2. 움직이지 마. 위험해.
   Don't _____. It's dangerous.

정답 1. Why don't we 2. move

128 Lesson 5

A Get Ready

해설 첫 번째 방은 온도가 낮아 나비가 활동하지 않고 있으며, 두 번째 방은 온도가 높아 나비들이 날아다니고 있다.

B Listen and Write

❶ **Why don't we** go to the Butterfly Rooms first?

Why don't we ~?는 '~하는 게 어때?'라는 뜻의 제안[권유] 표현으로, 뒤에는 동사원형이 나온다. How about going to the Butterfly Rooms first?로 바꾸어 표현할 수도 있다.

❷ The butterflies in that room **aren't moving at all.**

「be동사+동사-ing」 형태의 현재진행형을 쓴 문장이다. 이때 move는 -e를 삭제하고 -ing를 붙여 진행형을 만든다. aren't 는 are not의 축약형이며 not ~ at all은 '전혀 ~하지 않다'라는 뜻을 나타낸다.

❸ Why is **that**?

'왜 그런가요?'라는 의미로, that은 앞서 언급된 The butterflies in that room aren't moving at all. 전체를 가리키는 대명사이다.

❹ Because **it's** not warm enough.

여기서 it은 '비인칭주어'라고 하며 실제로 가리키는 대상 없이 형식적으로 주어 역할만 하므로 따로 해석하지 않는다. 주로 날씨나 날짜, 시간 등을 나타낼 때 아무런 뜻을 나타내지 않는 주어로 쓰인다.

❺ But the butterflies in this room **are** moving **and** flying all around.

and는 문법적으로 대등한 구조를 연결하는 등위접속사이므로 and 앞뒤에 현재진행형이 병렬되고 있다.

해설 나라와 세호는 과학 박물관에서 나비를 관찰하고 있고, 나라는 세호에게 온도 차에 따른 나비의 움직임에 대해 설명하고 있다.

C Do a Role-Play

해설 짝과 함께 나비의 특성에 대해 알고 있는 내용을 서로 공유해 본다.

A What do you know about butterflies?(너는 나비에 대해 뭘 알고 있니?)
B Butterflies are insects.(나비는 곤충이야.)
Butterflies have four wings.(나비는 네 개의 날개가 있어.)

○ **first**

first가 명사로 쓰일 때는 '첫째'를 뜻하며 이때는 앞에 반드시 the가 온다.

형용사로 쓰일 때는 수식하는 명사 앞에 위치하여 '첫 번째의'라는 의미를 나타내며 앞에 the를 쓴다. 부사로 쓰일 때는 '첫째로, 최초로'라는 뜻 이외에 흔히 '(무엇보다도) 먼저, 우선'이라는 의미를 나타내며 보통 문두나 문미에 위치한다. 이때는 the를 쓰지 않는다.

○ **enough**

enough가 부사로 쓰일 경우 수식하는 형용사나 동사, 부사 뒤에 놓여 '~에 필요한 만큼, ~할 만큼 충분히'라는 의미를 나타낸다. 「for+명사」나 to부정사와 함께 쓰이기도 한다.

예 It is long **enough**.(그 정도면 충분히 길어.)
This pie is big **enough** for us to share.
(이 파이는 우리가 나눠 먹을 수 있을 정도로 충분히 커.)

형용사로 쓰일 때는 수식하는 명사 앞에 놓여 '충분한, 필요한 만큼의'라는 의미를 나타낸다.

예 We don't have **enough** time.(시간이 충분하지 않아.)

 Sounds in Use

Because it's not warm enough.
동사 is[iz]가 무성음으로 끝나는 단어와 축약될 경우, '-s'는 무성음인 [s]로 발음된다.

That's surprising!
영어의 단어는 내용어와 기능어로 구분되는데, 문장 강세는 일반적으로 내용어(명사, 동사, 형용사 등)에 위치한다. 따라서 예시 문장에서 강세는 surprising에 위치한다.

Check-up

[1~3] A의 대화를 읽고, 내용과 일치하면 T, 일치하지 <u>않으면</u> F에 표시하세요.

1 Nara and Seho are in the art museum. T F
2 Butterflies in the warm room are flying. T F
3 Seho knows a lot about butterflies. T F

[4~5] 우리말과 일치하도록 주어진 단어들을 올바르게 배열하시오.

4 왜 그런 거니? (is / why / that)

_____?

5 일요일이기 때문이야. (Sunday / is / because / it)

_____.

정답 1. F 2. T 3. F 4. Why is that? 5. Because it is Sunday.

Why in the World? **129**

Real-Life Task

대본·해석

M ❶ This animal enjoys a mud bath. Why?
❷ Because it wants to stay cool in the mud. What animal is it?

남자 이 동물은 진흙 목욕을 즐깁니다. 왜냐고요? 이 동물은 진흙 속에서 몸을 식히고 싶어 하기 때문입니다. 어떤 동물일까요?

본문 해석

| a giraffe(기린) | a horse(말) | a bull(황소) |
| a bee(벌) | a cat(고양이) | a dolphin(돌고래) |

A 이 동물은 특별한 눈을 가지고 있어. 눈이 어둠 속에서 빛나거든.
B 그것 참 놀랍구나!
A 어떤 동물일까?
B 고양이야?
A 응. ❸ 맞아.

Step 1 동물에 대한 퀴즈를 듣고, 어떤 동물인지 골라 봅시다.

Step 2 모둠별로 동물을 선택하고, 그 동물의 놀라운 점에 관해 퀴즈 쇼를 해 봅시다.

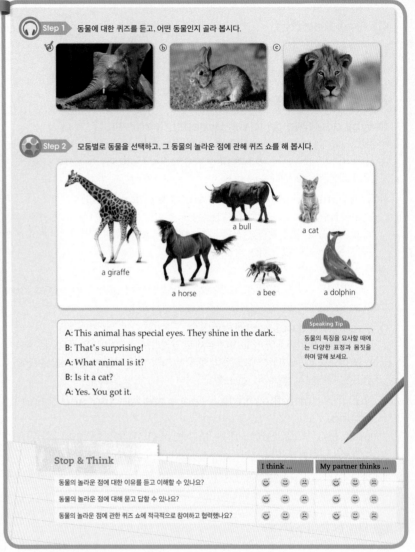

a giraffe　a horse　a bull　a bee　a cat　a dolphin

A: This animal has special eyes. They shine in the dark.
B: That's surprising!
A: What animal is it?
B: Is it a cat?
A: Yes. You got it.

Speaking Tip
동물의 특징을 묘사할 때에는 다양한 표정과 몸짓을 하며 말해 보세요.

Stop & Think

	I think …	My partner thinks …
동물의 놀라운 점에 대한 이유를 듣고 이해할 수 있나요?	☺ ☺ ☹	☺ ☺ ☹
동물의 놀라운 점에 대해 묻고 답할 수 있나요?	☺ ☺ ☹	☺ ☺ ☹
동물의 놀라운 점에 관한 퀴즈 쇼에 적극적으로 참여하고 협력했나요?	☺ ☺ ☹	☺ ☺ ☹

Vocabulary

- mud [mʌd] 명 진흙, 진창
  예 He fell into the **mud**.(그는 진흙탕에 넘어졌다.)
- stay [stéi] 동 (~인) 채로 있다
  예 It can help you **stay** healthy.
  (그것이 당신이 건강을 유지하는 데 도움이 될 것이다.)
- insect [ínsekt] 명 곤충, 벌레
  예 This **insect** is very small.(이 곤충은 매우 작다.)
- plant [plænt] 명 식물
  예 **Plants** need water and light.(식물은 물과 빛이 필요하다.)

다음 질문에 영어로 답해 봅시다.

1. Q Which animal enjoys mud bath.
   A A(n) _____ enjoys a mud bath.
2. Q Which insect makes honey?
   A A(n) _____ makes honey.

정답 1. elephant 2. bee

Word Quiz

우리말에 맞게 빈칸에 알맞은 단어를 쓰시오.

1. 사방이 진흙 투성이야.
   _____ is all around.
2. 걱정하지 말고 차분히 있어.
   Don't worry and _____ calm.

정답 1. Mud 2. stay

130　Lesson 5

 Step 1

❶ **This animal enjoys a mud bath.**

enjoy는 명사와 동명사를 목적어로 취하는 동사이다.

예 This animal **enjoys** having a mud bath.(이 동물은 진흙 목욕을 즐긴다.)

❷ **Because it wants to stay cool in the mud.**

it은 앞에 나온 this animal을 가리키는 대명사로, 동물과 사물은 대명사 it(단수) 또는 they(복수)를 써서 지칭한다. want는 명사를 목적어로 취할 경우 '~를 원하 다'라는 의미를, to부정사를 목적어로 취할 경우 '~하고 싶어 하다'라는 의미를 나타낸다. stay는 뒤에 형용사가 올 경우 '(어떤 상태에) 머무르다, 그대로 (~인 채 로) 있다'라는 의미를 나타낸다.

예 He **wants to travel** all around the world.(그는 전 세계를 여행하고 싶어 한다.)
　　Just **stay calm**.(좀 진정하세요.)

해설 묘사하는 동물이 진흙 목욕(mud bath)를 즐긴다고 했으므로 정답은 ⓐ an elephant(코끼리)이다.

 Step 2

❸ **You got it.**

You got it.은 상대방의 말을 받아 '바로 그거야, 맞아'라는 의미를 나타낸다. 참 고로, 물음표를 붙여 You got it? 형태의 의문문으로 쓸 경우 Do you understand?(내 말이 이해되니?)와 같은 의미를 뜻한다.

해설 동물에 대해 알고 있는 점을 이야기하거나 인터넷 검색 엔진에서 interesting things about animals 등의 검색어를 입력하면 동물에 대한 흥미로운 사실들을 찾 을 수 있다.

예시 답안

1　A　This insect can fly. It has wings. It can taste with its feet. It can make honey.(이 곤충은 날 수 있어. 그건 날개가 있어. 발로 맛을 볼 수 있어. 꿀을 만들 수 있어.)
　　B　That's surprising!(그것 참 놀랍구나!)
　　A　What animal is it?(어떤 동물일까?)
　　B　Is it a bee?(벌이야?)
　　A　Yes. You got it.(응. 맞아.)

2　A　This animal has four legs. It eats plants. It has very large eyes. It can sleep on its feet.(이 동물은 다리가 네 개야. 식물을 먹어. 큰 눈을 갖고 있어. 서서 잠을 잘 수 있어.)
　　B　That's surprising!(그것 참 놀랍구나!)
　　A　What animal is it?(어떤 동물일까?)
　　B　Is it a horse?(말이야?)
　　A　Yes. You got it.(응. 맞아.)

Check-up

[1~2] 괄호 안의 단어를 알맞은 형태로 고쳐 문장을 완성하시오.

1　This cat _____ a soft fur. (have)
2　Some insects have four _____ . (wing)

3　괄호 안의 우리말과 의미가 일치하도록 빈칸에 알맞은 말을 쓰시오.

I want to _____ the soup.
(나는 그 스프를 맛보고 싶어.)

정답 1. has 2. wings 3. taste

본문해석

동전과 화폐에 나와 있는 동물들

1. ⓐ 호주
2. ⓓ 남아프리카공화국
3. ⓑ 뉴질랜드
4. ⓒ 브라질

A 이 동물은 왜 호주 화폐에 나와 있는 걸까?
B 왜냐하면 호주에서만 살기 때문이야.

해설 호주는 캥거루, 남아프리카공화국은 코끼리, 키위는 뉴질랜드, 앵무새는 브라질을 대표하는 동물이다.

🏃 Mission

본문해석

한국 지도가 호랑이처럼 생겼기 때문에 우리는 이 동물을 선택했습니다.

예시 답안

a dove(비둘기) – We chose this animal because Koreans love peace.(한국인들은 평화를 사랑하기 때문에 우리는 이 동물을 선택했습니다.)

Animals on
Coins and Paper Money

동전이나 화폐에서 동물 그림을 본 적이 있나요? 다음 각 화폐와 해당 국가를 연결하고, 그 화폐에 동물이 등장하는 이유를 알아봅시다.

1.

2.

ⓐ Australia   ⓑ New Zealand   ⓒ Brazil   ⓓ the Republic of South Africa

3.

4.

A: Why is this animal on **Australian** money?
B: Because **it lives only in Australia**.

🏃 Mission

1. 우리나라 화폐에 그려 넣고 싶은 동물을 정한 다음, 화폐를 만들어 봅시다.

2. 모둠별로 만든 화폐를 교실에 전시하고, 각 동물을 선정한 이유를 발표해 봅시다.

We chose this animal because the map of Korea looks like a tiger.

1000원

Complete

Culture Tip

우리나라 화폐에 그려진 동물

500원짜리 동전에 그려진 천연기념물 두루미는 평화와 장수의 상징이다. 나라의 무궁한 발전과 경제 도약을 기원하는 의미를 갖는다.

세계 여러 나라의 통화 단위와 기호

외국을 여행할 때는 해당 국가의 통화 단위와 기호를 알아두어야 한다.

	통화 단위	기호
미국	달러(dollar)	$
중국	위안(yuan)	¥
영국	파운드(pound)	£
유럽	유로(euro)	€
일본	엔(yen)	¥
러시아	루블(ruble)	₽
한국	원(won)	₩

Vocabulary

• coin [kɔin] 명 동전
　예 We need a **coin** to use this machine.(이 기계를 사용하려면 동전이 필요해.)
• choose [tʃuːz] 동 선택하다 (choose-chose-chosen)
　예 You have to **choose** your best answer.(너는 가장 알맞은 답을 골라야 해.)
• map [mæp] 명 지도, 약도
• look like ~처럼 보이다
　예 Tigers **look like** cats.(호랑이는 고양이처럼 생겼어.)

Word Quiz

우리말에 맞게 빈칸에 알맞은 단어를 쓰시오.

1. 나는 도서관에서 이 책을 골랐어.
　I _____ this book from the library.
2. 너는 너희 아빠와 정말 닮았구나.
　You really _____ _____ your father.

정답 1. chose 2. look like

Before I Read

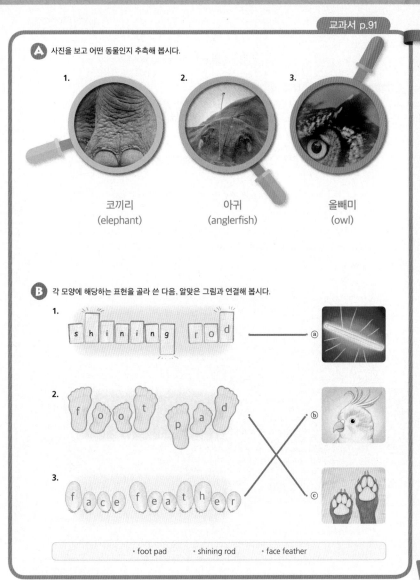

Ⓐ 사진을 보고 어떤 동물인지 추측해 봅시다.

1. 코끼리 (elephant)
2. 아귀 (anglerfish)
3. 올빼미 (owl)

Ⓑ 각 모양에 해당하는 표현을 골라 쓴 다음, 알맞은 그림과 연결해 봅시다.

1. s h i n i n g r o d — ⓐ

2. f o o t p a d — ⓑ

3. f a c e f e a t h e r — ⓒ

• foot pad   • shining rod   • face feather

Ⓐ

해설 첫 번째 사진은 코끼리(elephant)의 발, 두 번째 사진은 아귀(anglerfish)의 머리, 세 번째 사진은 올빼미(owl)의 눈 사진이다.

Ⓑ

본문해석
• shining rod(빛나는 막대) – ⓐ
• foot pad(발바닥) – ⓒ
• face feather(얼굴 깃털) – ⓑ

해설 각 그림에 어울리는 그림을 찾아 연결한다.

Vocabulary

• pad [pæd] 몡 (동물의) 발바닥
  예 Dogs sweat through the **pads** of their feet.
  (개들은 발바닥을 통해 땀을 흘린다.)
• rod [rɑd] 몡 막대
  예 This is my dad's fishing **rod**.(이건 우리 아빠의 낚싯대야.)
• feather [féðər] 몡 깃털
  예 Where did this **feather** come from? (이 깃털이 어디서 온 거지?)

Word Quiz

다음 속담의 뜻에 알맞게 문장을 완성하시오.

1. 날개가 같은 새들이 함께 모인다.(유유상종)
   Birds of a _____ flock together.
2. 매를 아끼면, 자식을 망친다.
   Spare the _____, and spoil the child.

More Info

코끼리와 진동
코끼리는 발을 굴러 땅속을 통해 16km까지 신호를 보낼 수 있으며, 다른 코끼리는 발로 땅의 진동을 느낄 수 있다. 코끼리는 멀리서 치는 천둥이나 떼를 지어 이동하는 다른 동물들로 인한 땅의 진동을 느끼고 위험을 감지한 다음, 이를 다른 코끼리에게도 전달하여 자신과 가족의 생명을 구할 수 있다.

Write it

우리말에 맞게 다음 문장을 올바르게 배열하시오.

1. 그는 막대기를 부러뜨렸다.
   _____
   (broke, he, rod, the)
2. 나는 손과 얼굴을 씻었다.
   _____
   (washed, hands, I, my, face, and)

정답 1. feather 2. rod

정답 1. He broke the rod. 2. I washed my hands and face.

Read 1

First Reading 글을 훑어 읽으며, 각 동물들의 놀라운 점이 무엇인지 찾아봅시다.
Second Reading 동물의 신기한 능력에 관한 부분을 읽을 때, 놀라운 감정을 살려 끊어 읽어 봅시다.

Three Questions about
WONDER ANIMALS

1 Why does an elephant walk with heavy steps?

When an elephant wants to talk to other elephants, it hits the ground with its feet. Why in the world?

An elephant has special foot pads and can feel shaking from far away. So, when an elephant sends a thump, other elephants can get the message from far away.

Q1. An elephant can feel shaking with its foot pads. ✔ True ☐ False

• wonder • step • special • pad • shake • thump

Main Idea

행동으로 알 수 있는 동물들의 놀라운 능력

First Reading

예시 답안

• 코끼리는 먼 땅의 흔들림을 감지할 수 있다.
• 아귀는 머리 막대에서 나오는 빛을 이용해 먹이를 잡아먹는다.
• 올빼미는 얼굴 깃털을 움직여서 소리를 듣는다.

본문 해석

신기한 동물에 관한 세 가지 질문

❶ 1. 왜 코끼리는 무거운 걸음걸이로 걸을까? ❷ 코끼리는 다른 코끼리들과 소통하고 싶을 때, 발로 땅을 내리친다. ❸ 도대체 왜 그럴까? ❹ 코끼리는 특별한 발바닥을 가졌고 멀리서도 땅의 흔들림을 감지할 수 있다. ❺ 따라서 한 코끼리가 쿵 하고 발을 내리치면, 다른 코끼리들이 멀리서도 메시지를 받을 수 있다.

Q1 코끼리는 발바닥으로 흔들림을 감지할 수 있다.
A ☑ True ☐ False

해설 코끼리는 특별한 발바닥(special foot pads)을 가졌기 때문에 멀리서도 진동을 느낄 수 있다.

Say it

다음 질문에 영어로 답하시오.

1. What does an elephant send?
2. What does an elephant get from far away?

정답 1. a thump 2. message

Circle it

우리말과 일치하도록 올바른 형태를 고르시오.

1. 나는 진동을 느낄 수 있다.
   - I can feel shaking / shake.
2. 코끼리는 특별한 발바닥을 가졌니?
   - Does an elephant have / has special foot pads?

정답 1. shaking 2. have

Vocabulary

• **wonder** [wʌ́ndər] 명 경이
  예 Explore seven **wonders** of the world.(세계 7대 불가사의를 탐험해 보세요.)
• **step** [step] 명 걸음, 걸음걸이
  예 She took a **step** closer to the door.(그녀는 문에 한 걸음 더 가까이 나아갔다.)
• **shake** [ʃeik] 동 흔들리다, 흔들다
  예 Don't **shake** your head.(머리를 흔들지 말아라.)
• **thump** [θʌmp] 명 쿵 하는 소리
  예 The car hit the wall with a **thump**.(그 차는 쿵 하는 소리와 함께 벽에 부딪쳤다.)

Word Quiz

우리말에 맞게 빈칸에 알맞은 단어를 쓰시오.

1. 미국 사람들은 처음 만나면 악수를 한다.
   Americans _____ hands when they first meet.
2. 가게까지 불과 한 걸음이다.
   It's only a _____ to the store.

정답 1. shake 2. step

❶ **Why does an elephant walk with heavy steps?**

여기서 with는 상태나 모습을 나타내는 부사구를 이끌어 '~하게'라는 의미를 뜻하며, 걷는 모습이나 걸음의 특징을 묘사한다.

예 walk **with** quick[soft] steps(속보[사뿐사뿐]로 걷다)

   with ease(쉽게), **with** difficulty(어렵게)

❷ **When an elephant wants to talk to other elephant, it hits the ground with its feet.**

when은 때를 나타내는 종속접속사로, 뒤에는 「주어+동사」 형태의 절이 나온다. 종속접속사가 이끄는 절은 종속절이며 주절의 앞이나 뒤에 위치할 수 있다. want to의 to는 뒤에 동사원형이 이어지는 to부정사로 쓰였으며 두 번째로 쓰인 to는 전치사로 '~에게'라는 의미를 나타낸다. with는 전치사로 '~로, ~를 써서'라는 의미로 수단이나 도구를 나타낸다. ground가 '지면, 땅, 토양' 등을 나타낼 때는 앞에 the를 쓴다.

❸ **Why in the world?**

in the world는 '도대체'라는 뜻으로, 강조의 의미를 나타낸다. Why 자리에 how, what 등 다른 의문사를 쓸 수도 있다.

❹ **An elephant has special foot pads and can feel shaking from far away.**

and는 두 개의 대등한 구조를 연결하는 등위접속사로, An elephant를 주어로 하여 3인칭 현재형인 has와 can feel이 대등한 관계로 연결되었다. shaking은 동사 shake의 동명사형으로, feel의 목적어로 쓰여 명사 역할을 한다. from far은 '멀리서부터'라는 의미이며 '떨어져'라는 뜻의 away가 먼 거리를 강조한다.

❺ **So, when an elephant sends a thump, other elephants can get the message from far away.**

other는 '(그 밖의) 다른'이라는 뜻으로, 여럿 중 이미 언급된 것을 제외한 나머지를 가리킬 때 쓰인다. 신호를 보낸 코끼리를 제외한 나머지 무리 중 하나만(단수) 가리키는 경우 another elephant라고 쓰고, 나머지 무리 중 여럿(복수)을 가리키는 경우 other elephants를 쓴다.

 **Do You Know?**

코끼리(elephant) 코끼리는 보통 20~40마리씩, 드물게는 수백 마리씩 무리 지어서 살며, 그중 나이가 가장 많은 암컷 코끼리가 무리를 이끈다. 수컷은 다 자라면 무리를 떠나기 때문에 어린 수컷만 무리에서 함께 지내고, 성인 수컷은 자기들끼리 무리를 짓는다. 코끼리는 땅 위에 사는 동물 중 가장 큰 동물로 무게가 수 톤에 이르며, 하루에 약 100~200리터의 물과 200~300킬로그램 정도의 풀을 먹고 산다. 수명은 평균 60~70년 정도이다.

학습 도우미

문장과 절

문장(sentence)은 대문자로 시작하여 마침표나 물음표, 느낌표로 끝나는 하나의 의미 단위로, 한 문장은 여러 절을 포함할 수 있다.

절(clause)은 주어와 술어로 이루어져 있는 단어들의 집합으로, 하나의 문장은 하나의 절로 이루어질 수도 있고, 여러 개의 절로 이루어질 수도 있다. 절과 절은 접속사로 연결되어 있고, 접속사는 크게 등위접속사와 종속접속사로 나뉜다.

예 I like apples. (절 = 문장)

   I like apples and I like bananas.
   (절 + 접속사 + 절 = 문장)

전치사 to

명사(구) 앞에 놓여 장소, 시간, 방향, 방법 등을 나타낸다.

to 장소 또는 시간: ~에, ~로, ~까지

예 I go **to** school. (나는 학교에 간다.)

   I work from Monday **to** Friday.
   (나는 월요일부터 금요일까지 일한다.)

to 대상: ~에게

예 Can I talk **to** you? (얘기 좀 할 수 있어?)

전치사 with의 뜻

• ~와 함께(동반)

   예 I live **with** my parents.
   (나는 부모님과 함께 산다.)

• ~을 가진(소유)

   예 She was wearing a jacket **with** a hood. (그녀는 모자가 달린 재킷을 입고 있었다.)

• ~을 써서, ~을 이용하여(수단)

   예 The girl is drawing **with** crayons. (그 소녀는 색연필로 그림을 그리고 있다.)

Check-up

[1~3] 각 문장이 본문의 내용과 일치하면 T, 일치하지 않으면 F에 표시하시오.

1 An elephant uses its feet to send a message. T F

2 An elephant cannot feel shaking because they are so heavy. T F

3 An elephant has special foot pads. T F

[4~5] 우리말과 일치하도록 [보기] 중 알맞은 전치사를 골라 쓰시오.

보기 to from about with

4 칼로 자르는 게 어때?
   Why don't you cut it _____ a knife?

5 그는 우리에게 재미있는 이야기들을 해 준다.
   He tells fun stories _____ us.

Read 2

본문 해석

❶ 2. 왜 이 심해 물고기는 머리에 막대가 있을까?

이 물고기는 깊은 바닷속에 산다. ❷ 이 물고기는 머리에 빛나는 막대가 있다. 도대체 왜 그럴까?

❸ 이 막대에는 작은 생물들이 있으며, 이 생물들에게서 빛이 나온다. ❹ 그것들이 빛날 때 작은 바다 동물들이 막대 가까이에 와 이 물고기의 먹이가 된다! ❺ 이 물고기는 이 '어둠 속 광채'라는 특수 효과를 이용하는 것이다!

물고기 씨, 불빛을 비추세요.

Q2 작은 생물들은 물고기 씨의 입 속에 산다.

A □ 참　☑ 거짓

해설 작은 생물들(small living things)은 물고기의 머리에 있는 막대(rod)에서 살고 있다. 이 생물들에게서 빛이 나오기 때문에 물고기의 막대에서 빛이 나는 것이다.

Why does this deep-sea fish have a rod on its head?

This fish lives in the deep sea. It has a shining rod on its head. Why in the world?

There are small living things on the rod, and light comes from them. When they shine, small sea animals come close to the rod and become food for the fish! The fish uses this *shine in the dark* special effect!

Shine on, Mr. Fish!

Q2. Small living things live in the mouth of Mr. Fish. ■ True ☑ False

rod　·　shine　·　come close to　·　effect

Say it

다음 질문에 영어로 답하시오.

1. What does the fish have on the head?
2. What comes out from the rod?

정답 1. rod　2. light

Circle it

우리말과 일치하도록 올바른 형태를 고르시오.

1. 그는 아름답고 빛나는 눈을 가졌다.
   - He has beautiful shine / shining eyes.
2. 별들은 밤에 빛난다.
   - Stars shine / shining at night.

정답 1. shining　2. shine

Vocabulary

- rod [rɑd] 명 막대
  예 He got a fishing **rod** for his birthday.(그는 생일 선물로 낚싯대를 받았다.)
- shine [ʃain] 동 빛나다
  예 The sun **shines** brightly. (태양은 밝게 빛난다.)
- come close to ~에 가까이 오다
  예 She **came close to** the baby.(그녀는 아기에 가까이 왔다.)
- special effect 특수 효과
  예 The **special effects** of the movie were amazing.
    (그 영화의 특수 효과는 놀라웠다.)

Word Quiz

우리말에 맞게 빈칸에 알맞은 단어를 쓰시오.

1. 해변에 가까이 가지 마.
   Don't _____ the shore.
2. 그 특수효과 팀은 미국에서 왔다.
   The _____ team came from U.S.

정답 1. come close to　2. special effect

❶ **Why does this deep-sea fish have a rod on its head?**
–(하이픈)으로 두 단어를 연결하면 형용사처럼 쓸 수 있다. deep sea는 명사로 '깊은 바다, 심해'라는 의미이지만, deep-sea는 '깊은 바다의'라는 의미의 형용사로 쓰여 명사인 fish를 수식한다. 전치사 on은 '접촉, 부착'의 개념으로 쓰여 '~에 달아매어져, ~에 붙어서'라는 의미를 나타낸다.

❷ **It has a shining rod on its head.**
It은 앞 문장의 This fish를 가리키며 shining은 rod를 수식하는 형용사이다.

❸ **There are small living things on the rod, and light comes from them.**
복수형 동사인 are가 쓰였으므로 복수형 명사가 오며, 이때 There는 뜻이 없는 형식 주어로 쓰였다. them은 small living things를 가리킨다.

❹ **When they shine, small sea animals come close to the rod and become food for the fish!**
주절의 주어는 small sea animals이며 동사는 come과 become으로, 두 동사가 등위접속사 and로 연결되어 문법적으로 대등한 관계를 나타내고 있다.

❺ **The fish uses this *shine in the dark* special effect!**
shine in the dark는 '어둠 속 광채'라는 뜻으로, 널리 쓰이는 표현이 아니라 이 글에서만 쓰인 독창적인 표현이므로 이탤릭체로 구분하여 표기했다. 이처럼 특정 표현을 강조할 때, 외국어를 표기할 때 등 특수한 경우에는 이탤릭체로 표기한다. dark는 명사로 쓰이면 '어둠, 암흑'을 뜻하며, 이 경우 앞에 the를 쓴다.

Do You Know?

아귀(anglerfish) 이 글에서 설명하는 물고기는 아귀이다. 아귀는 바닷물고기로 몸과 머리가 납작하고, 몸 전체의 2/3가 머리 부분이며, 입이 매우 크다. 입의 위쪽에는 가느다란 안테나 모양의 촉수가 있으며, 이를 좌우로 흔들어 먹이를 유인한 뒤 통째로 삼킨다.

학습 도우미

하이픈(–)을 쓴 복합어
두 개 이상의 낱말을 하이픈을 사용하여 연결하면 다양한 의미의 형용사를 만들 수 있다.
예) sad-looking(슬퍼 보이는)
white-painted(흰색으로 칠한)
one-eyed(눈이 하나인)
rock-hard(돌처럼 딱딱한)

단수형과 복수형이 같은 단어
fish(물고기), deer(사슴), sheep(양) 등 항상 무리를 지어 다니는 동물은 단수/복수형이 똑같다. 단, 여러 종류의 생선을 말할 때는 fishes를 쓴다.
예) I saw four **fish** in the sea.
(나는 바다에서 네 마리의 물고기를 보았다.)
I saw four **fishes** in the sea.
(나는 바다에서 네 종류의 물고기를 보았다).

현재분사
동사에 -ing를 붙인 형태로, '~하는'이라는 뜻으로 형용사처럼 명사를 수식한다. 분사 하나로만 쓰일 때는 앞에서 명사를 수식하고, 두 단어 이상의 형용사구를 이룰 때는 뒤에서 수식한다.
예) There is a **crying** girl across the street.
(길 건너에 울고 있는 소녀가 있다.)
The man **driving the car** is my uncle.
(차를 운전하고 있는 남자는 내 삼촌이다.)

Check-up

[1~3] 각 문장이 본문의 내용과 일치하면 T, 일치하지 <u>않으면</u> F에 표시하시오.

1 The deep-sea fish has a shining rod on its tail. T F
2 There are small living things on the rod. T F
3 Small sea animals become food for the fish because they like darkness. T F

[4~5] 다음 우리말과 일치하도록 괄호 안에서 알맞은 형태를 고르시오.

4 책상 위에 꽃이 있다.
There (is / are) some flowers on the desk.

5 나는 눈이 세 개인 괴물을 보았다.
I saw a (three eyed / three-eyed) monster.

정답 1. F 2. T 3. F 4. are 5. three-eyed

Read 3

Why does an owl move its face feathers?

When an owl hears something, it moves its face feathers. Why in the world?

An owl's face feathers are like a radar dish. The owl moves them to hear sounds clearly.

You know what? Sound scientists are studying owls' feathers. They want to make new radar dishes and hearing aids!

Q3. Why are sound scientists studying owls' feathers?

Because they want to make new radar dishes and hearing aids.

- owl   - feather   - radar dish   - hearing aid

본문 해석

3. 왜 올빼미는 얼굴 깃털을 움직일까?
❶ 올빼미가 어떤 소리를 들을 때 얼굴 깃털을 움직인다. 도대체 왜 그럴까?
❷ 올빼미의 얼굴 깃털은 레이더 접시와 같다. ❸ 올빼미는 소리를 분명하게 듣기 위해서 깃털을 움직인다.
알고 있는가? ❹ 소리 과학자들은 올빼미의 깃털을 연구하고 있다. ❺ 그들은 새로운 레이더 접시와 보청기를 만들고 싶어 하는 것이다!

Q3 왜 소리 과학자들은 올빼미의 깃털을 연구할까?
A Because they want to make new radar dishes and hearing aids.(왜냐하면 그들은 새로운 레이더 접시와 보청기를 만들고 싶어 하기 때문이다.)

해설 마지막 문장에 소리 과학자들은 새로운 레이더 접시(new radar dish)와 보청기(hearing aid)를 만들고 싶어 한다고 나와 있다.

Vocabulary

- owl [aul] 몡 올빼미, 부엉이
  예 Most **owls** get food by hunting small animals.
    (대부분의 올빼미들은 작은 동물들을 사냥해 먹이를 얻는다.)
- feather [féðər] 몡 (새의) 깃
  예 I feel as light as a **feather**.(나는 깃털처럼 가벼워진 느낌이다.)
- clearly [klíərli] 뷔 분명하게
  예 Can you hear that sound **clearly**? (너는 저 소리가 분명하게 들리니?)
- hearing aid 보청기
  예 My grandma lost her **hearing aids**.(우리 할머니는 보청기를 잃어버리셨다.)

다음 질문에 영어로 답하시오.

1. What are an owl's face feathers like?
2. What are sound scientists studying?

정답 1. radar dishes 2. owl's feathers

Circle it

우리말과 일치하도록 올바른 형태를 고르시오.

1. 개가 꼬리를 빠르게 움직인다.
   - The dog moves / move its tail quickly.
2. 올빼미 한 마리가 가지에 앉아 있다.
   - A / An owl is sitting on the branch.

정답 1. moves 2. An

Word Quiz

우리말에 맞게 빈칸에 알맞은 단어를 쓰시오.

1. 깃털이 정말 부드러워.
   The _____ is so soft.
2. 그는 모든 것을 분명하게 설명했다.
   He explained everything _____.

정답 1. feather 2. clearly

❶ When an owl hears something, it moves its face feathers.

owl은 모음으로 시작하는 명사이므로 앞에 an이 쓰였으며, its는 owl의 소유격인 owl's를 3인칭 소유격 대명사로 표현한 것이다.

❷ An owl's face feathers are like a radar dish.

여기서 like는 '~와 같은'이라는 의미의 전치사로 쓰였다. 따라서 목적어로 명사(구)만 취할 수 있다.

⟨예⟩ Your new bag looks **like** mine.(네 새 가방은 내 것과 비슷하게 생겼어.)

❸ The owl moves them to hear sounds clearly.

them은 올빼미의 얼굴 깃털(face feathers)을 가리키며, to hear는 '~ 하기 위해'라는 의미의 목적을 나타내는 to부정사의 부사적 용법으로 쓰였다.

⟨예⟩ I saved money **to buy** a bicycle.(나는 자전거를 사기 위해 저금을 했다.)

❹ Sound scientists are studying owl's feathers.

are studying은 「be동사+동사-ing」 형태의 현재진행형을 나타내며 '현재 연구 중이다'라는 의미로 해석한다.

❺ They want to make new radar dishes and hearing aids.

They는 앞에 나온 sound scientists를 가리키며, 등위접속사 and 앞뒤에 명사구인 new radar dishes와 hearing aids가 대등하게 연결돼 있다.

⟨예⟩ She went to a bookstore **and** a supermarket.
(그녀는 서점과 슈퍼마켓에 갔다.)
She went to a bookstore **and** bought two books.
(그녀는 서점에 가서 책 두 권을 샀다.)

Do You Know?

올빼미(owl) 우리나라 천연기념물 제324호로 지정되어 있는 새로, "우우," "우후후" 하는 울음소리를 낸다. 야행성 조류로 밤에 활동하며 낮에는 물체를 잘 보지 못하지만 예민한 청각을 가졌다. 비대칭적인 귀를 이용해 청각 정보를 입체적으로 구성함으로써 방향 감각을 유지한다.

학습 도우미 ▶

○ **동사와 전치사로 쓰이는 like**

like는 동사로 쓰일 때 '좋아하다'라는 의미를 나타내고, 전치사로 쓰일 때는 '~와 비슷한, ~처럼'이라는 뜻을 나타낸다. 전치사로 쓰인 경우 뒤에 명사(구)가 나온다.

⟨예⟩ **Like** his dad, he **likes** sports.
　　전치사　　　　　　동사
　　(그의 아빠처럼 그는 운동을 좋아한다.)

○ **to부정사의 쓰임**

「to+동사원형」 형태의 to부정사는 문장에서 명사, 형용사, 부사 등 다양한 역할을 할 수 있다.

명사적 용법: '~하는 것'

⟨예⟩ I hope **to see** you again.
　　(너를 다시 볼 수 있길 바라.)

형용사적 용법: '~하는, ~할'

⟨예⟩ You need someone **to help** you.
　　(너는 너를 도와줄 사람이 필요해.)

부사적 용법: '~하기 위해'

⟨예⟩ He saved money **to buy** a car.
　　(그는 차를 사기 위해 돈을 모았다.)

○ **hear와 listen의 차이**

· **hear**: '(들려오는 소리를) 듣다, (귀에) 들리다'라는 의미로, 소리를 의도치 않게 듣는 행동을 가리킨다.

· **listen**: '(귀 기울여) 듣다, 귀 기울이다'라는 의미로, 주의를 기울여 의식적으로 듣는 행동을 가리킨다. 이때 목적어는 전치사 to와 함께 쓴다.

⟨예⟩ I **heard** his voice downstairs.
　　(나는 아래층에서 그의 목소리를 들었다.)
He is **listening to** the music.
　　(그는 음악을 듣고 있다.)

Check-up

[1~3] 다음 문장이 본문의 내용과 일치하면 T, 일치하지 <u>않으면</u> F에 표시하시오.

1　When an owl hears something, it moves its wings. Ｔ Ｆ

2　An owl moves its ears to hear sound. Ｔ Ｆ

3　Sound scientists are studying owls' eyes. Ｔ Ｆ

[4~6] 문맥상 알맞은 말을 고르시오.

4　I can't understand. Please speak (clear / clearly).

5　This photo is not very (clear / clearly). I can't find you.

6　She is wearing a dress (like / likes) mine.

정답 1. F 2. F 3. F 4. clearly 5. clear 6. like

After I Read

해설

- 사자가 나타난 것을 본 코끼리가 발을 쿵쿵 굴러 신호를 보내고 있으므로 다른 코끼리들이 흔들림을 감지하는 그림이 어울린다.
- 아귀 머리에 달린 막대의 불빛을 보고 물고기들이 다가오고 있으므로 물고기들이 아귀에게 잡아먹히는 그림이 어울린다.
- 올빼미가 쥐의 움직임을 포착했으므로 쥐를 사냥하러 날아오르거나 낚아채는 그림이 어울린다.

본문 해석

1. ⓒ 코끼리가 메시지를 보내고 싶을 때 발로 땅을 친다.
2. ⓑ 작은 생물들이 빛날 때 작은 바다 동물들이 막대 가까이로 온다.
3. ⓐ 올빼미가 어떤 소리를 들을 때 얼굴 깃털을 움직인다.

My Turn

본문 해석

A 어떤 동물이 놀랍니?
B 올빼미! 올빼미는 얼굴 깃털을 움직일 수 있어.

예시 답안

- The elephant! It can talk with its feet.
  (코끼리! 코끼리는 발로 소통할 수 있어.)
- The deep-sea fish! It has a shining rod on its head!(심해 물고기! 그것은 머리에 빛나는 막대가 있어!)

Write it

[1~2] 주어진 단어를 사용하여 문장을 완성하세요.

1. 코끼리는 발로 메시지를 보낼 수 있나요?
   Can an _____?
   (with, send, elephant, a, message, feet, its)
2. 어떤 동물이 얼굴 깃털을 움직이니?
   _____ face feathers?
   (animal, moves, which, its)

정답 1. elephant send a message with its feet
2. Which animal moves its

140 Lesson 5

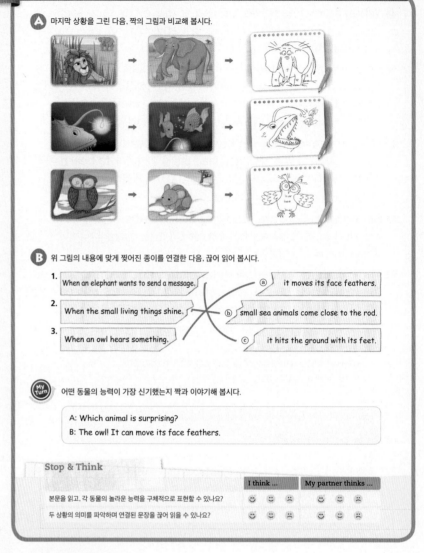

Ⓐ 마지막 상황을 그린 다음, 짝의 그림과 비교해 봅시다.

Ⓑ 위 그림의 내용에 맞게 찢어진 종이를 연결한 다음, 끊어 읽어 봅시다.

1. When an elephant wants to send a message.　　ⓐ it moves its face feathers.
2. When the small living things shine.　　ⓑ small sea animals come close to the rod.
3. When an owl hears something.　　ⓒ it hits the ground with its feet.

My Turn　어떤 동물의 능력이 가장 신기했는지 짝과 이야기해 봅시다.

A: Which animal is surprising?
B: The owl! It can move its face feathers.

Stop & Think

	I think ...	My partner thinks ...
본문을 읽고, 각 동물의 놀라운 능력을 구체적으로 표현할 수 있나요?	😊 😐 😞	😊 😐 😞
두 상황의 의미를 파악하며 연결된 문장을 끊어 읽을 수 있나요?	😊 😐 😞	😊 😐 😞

Vocabulary

- thanks to ~ 덕분에
  예 **Thanks to** your help, I could finish all the work.
  (당신의 도움 덕분에 모든 일을 다 끝낼 수 있었어요.)

Sum up!

본문 내용과 일치하도록 알맞은 말을 빈칸에 써 넣으시오.

There are many _____ animals in the world.
An elephant can _____ messages with its _____. Thanks to its special foot pads, it can feel shaking from _____ away.
A deep-sea fish, anglerfish, has a _____ rod on its head. The lights come from small _____ things on the rod. When they shine, small sea animals come close to the rod and become _____ for the anglerfish.
An owl's face feathers are _____ a radar dish. The owl moves them to hear sounds clearly, and sound scientists are _____ owls' feathers to make new radar dishes and hearing aids!

정답 surprising, send, feet, far, shining, living, food, like, studying

Language Detective

교과서 p.97

A Sea animals come close and become food.

> I get up early and make breakfast.

> I get up late and eat breakfast.

어떤 표현이 and로 연결되어 있을까요?

주말에 하는 활동에 대해 짝과 대화해 봅시다.

A: What do you do on weekends?
B: I _____ and _____.

go shopping   listen to music   read comic books   play computer games

B When an owl hears something, it moves its face feathers.

> When I study, I remember everything.

> When I take exams, I forget everything.

'When ~ '의 뜻은 무엇일까요?

다음 상황에서 어떤 행동을 하는지 말해 봅시다.

When I'm angry, I _____.
When I'm tired, I _____.
When I'm nervous, I _____.

shout loudly   close my eyes   play with my pet   chat with my friends   breathe in deeply   go to bed early   take a rest

More Info

심호흡의 효과

긴장을 푸는 데 가장 대표적인 방법으로 보통 심호흡을 권장한다. 심호흡은 의식적으로 폐 내의 호흡을 최대화하도록 깊고 길게 공기를 흡입하는 호흡을 말한다. 심호흡은 정신 상태를 안정시키는 데 큰 효과가 있다. 특히 과도한 스트레스에 시달리거나 긴장감 또는 불안감을 느낄 때 심호흡을 하면 근육이 이완되고 산소 이동이 원활해져 혈압을 낮출 수 있고 행복감도 높아진다.

• and를 사용한 동사구 결합
• 시간의 부사절 when

A

본문 해석

• 바다 동물들이 가까이 와 먹이가 된다.
콩쥐 나는 일찍 일어나서 아침을 만들어.
팥쥐 나는 늦게 일어나서 아침을 먹어.

예시 답안

A What do you do on weekends?
(너는 주말에 무엇을 하니?)
B I go shopping and listen to music.
(나는 쇼핑을 하고 음악을 들어.)
I read comic books and play computer games.(나는 만화책을 읽고 컴퓨터 게임을 해.)

해설 주말에 하는 일들을 대등한 동사구로 나타내어 and로 연결한다.

Q 어떤 표현이 and로 연결되어 있을까요?

모범 답안 and 앞뒤로 같은 형태의 동사구인 get up early, make breakfast 등이 연결되어 있다. 이처럼 and는 같은 형태의 낱말/구/절을 연결하여 문법적으로 대등한 관계를 나타낸다.

B

본문 해석

• 올빼미는 어떤 소리를 들을 때 얼굴 깃털을 움직인다.
나는 공부할 때 모든 걸 암기한다.
나는 시험을 볼 때 모든 걸 잊어버린다.

예시 답안

When I'm angry, I shout loudly.
(나는 화날 때 크게 소리를 지른다.)
When I'm angry, I chat with my friends.
(나는 화날 때 친구들과 이야기한다.)
When I'm tired, I go to bed early.
(나는 피곤할 때 일찍 잠자리에 든다.)
When I'm tired, I take a rest.
(나는 피곤할 때 휴식을 취한다.)
When I'm tired, I play with my pet.
(나는 피곤할 때 반려 동물과 함께 논다.)
When I'm nervous, I close my eyes.
(나는 긴장될 때 눈을 감는다.)
When I'm nervous, I breathe in deeply.
(나는 긴장될 때 깊게 숨을 들이마신다.)

해설 주어진 각 상황에서 어떤 행동을 하는지 생각해 보고 when처럼 현재형으로 표현한다.

Q when ~의 뜻은 무엇일까요?

모범 답안 의문사 when은 '언제'를 뜻하지만, 시간의 부사절을 이끄는 접속사 when은 '~ 할 때'를 뜻한다.

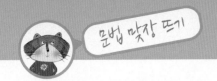

A and를 활용한 동사구 결합

동사구＋and＋동사구 ~ ~하고 …하다

A What do you do in your free time?(너는 여가 시간에 뭘 하니?)
B I read books **and** draw pictures.(나는 책을 읽고 그림을 그려.)
　What about you?(너는 어떠니?)
A I watch movies **and** chat with my friends.
　(나는 영화를 보고 친구들과 이야기를 해.)

실력 쑥쑥

접속사 and는 등위접속사로, 같은 형태의 단어, 구, 절을 연결할 때 쓰인다. '단어와 단어', '구와 구', '절과 절' 같이 문법적으로 대등한 구조를 연결할 때 and를 쓴다.
예 I enjoy singing **and** to dance.(×)
　I enjoy singing **and** dancing.(나는 노래와 춤을 즐겨.)
　I went to the park **and** a walk.(×)
　I went to the park **and** took a walk.
　(나는 공원에 가서 산책을 했어.)

B 시간의 부사절 when

When＋주어＋동사, 주어＋동사 ~ /
주어＋동사 ~ when＋주어＋동사 ~할 때

· **When everyone comes home**, we have dinner together.
　(모든 사람들이 귀가할 때 우리는 함께 저녁식사를 한다.)
· I feel happy **when I listen to music**.
　(나는 음악을 들을 때 행복하다.)

실력 쑥쑥

접속사 when은 시간을 나타내는 부사절에 쓰이는 종속접속사이다. 이때 when은 종속절을 이끌며 주절의 앞 또는 뒤에 올 수 있다. 단, 문장의 맨 앞에 올 때는 절이 끝날 때 반드시 쉼표(,)를 쓴다.
예 John doesn't go out **when it rains**.
　When it rains, John doesn't go out.
　(John은 비가 오면 외출을 안 해.)

만점 비결 A

등위접속사와 종속접속사
등위접속사는 형태와 기능이 대등한 구조를 연결하며, and(그리고), but(그러나), or(또는), so(그래서) 등이 있다.
예 The room is small **but** clean.
　(그 방은 작지만 깨끗하다.)
　I was tired **so** I took a nap.
　(나는 피곤해서 낮잠을 잤다.)
종속접속사는 종속절을 이끌어 주절과의 관계를 나타내며, when(~ 할 때), while(~ 하는 동안), because(~ 때문에), if(만약 ~한다면) 등이 있다.
예 I like Tom **because** he is always kind.(Tom은 늘 친절하기 때문에 나는 그를 좋아한다.)
　While she was waiting for the bus, she read a book.(그녀는 버스를 기다리는 동안 책을 읽었다.)

만점 비결 B

의문사/접속사 when
when이 의문사로 쓰이면 '언제'라는 의미를 나타내며 「When＋be동사＋주어 ~?」 또는 「When＋조동사＋주어＋동사 ~?」형태를 써서 시간이나 때를 묻는 의문문을 만들 수 있다.
예 **When** is your birthday?
　(네 생일은 언제니?)
　When does she come home?
　(그녀는 집에 언제 오니?)
When이 접속사로 쓰이면 '주어＋동사'로 시작하는 종속절을 이끌며 「When＋주어＋동사 ~(,)」 형태로 반드시 주절과 함께 쓰인다.
예 **When** the weather is good, I go jogging.(날씨가 좋으면 나는 조깅을 한다.)

Cheek-up

[1~3] 우리말과 일치하도록 빈칸에 알맞은 말을 쓰시오.
1 I was very happy _____ she came back.
　(나는 그녀가 돌아왔을 때 매우 행복했다.)
2 _____ I'm nervous, I take a deep breath.
　(나는 긴장할 때면 심호흡을 한다.)

3 Luke did the laundry _____ washed the dishes.
　(Luke는 빨래를 하고 설거지도 했다.)
[4~5] 다음 중 어법상 어색한 곳을 찾아 바르게 고치시오.
4 When was young, I lived with my grandma.
5 When you can send me the email?

정답 1. when 2. When 3. and 4. was young → I was young 5. you can → can you

Let's Write

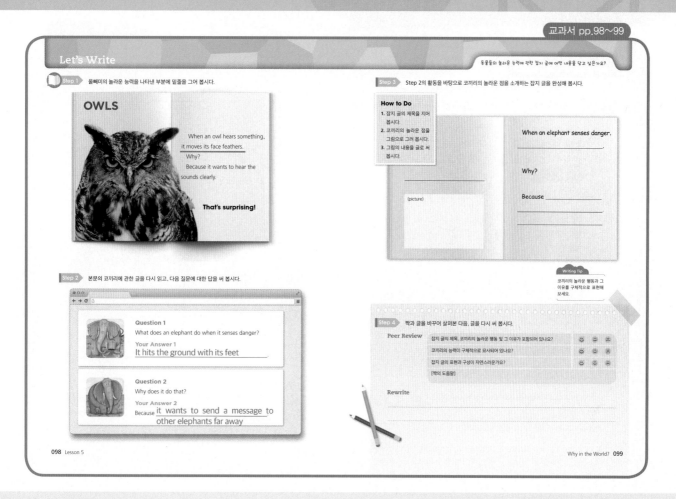

Step 1

해석

올빼미가 어떤 소리를 들을 때 얼굴 깃털을 움직입니다.
왜 그럴까요?
올빼미는 소리를 분명하게 듣고 싶어 하기 때문이죠.
정말 놀라워요.

모범 답안

it moves its face feathers(얼굴 깃털을 움직입니다)

Step 2

해석·정답

1. Q 코끼리는 위험을 감지하면 무엇을 하나요?
   A It hits the ground with its feet.(발로 땅을 칩니다.)
2. Q 왜 그렇게 하는 걸까요?
   A Because it wants to send a message to other elephants far away.(코끼리는 멀리 있는 다른 코끼리들에게 메시지를 보내고 싶어 하기 때문입니다.)

Step 3

예시 답안

Elephants (코끼리)
When an elephant senses danger, it hits the ground with its feet.

Why?
Because it wants to send a message to other elephants far away.
Isn't it amazing?
(코끼리는 위험을 감지하면 발로 땅을 칩니다. 왜 그럴까요? 코끼리는 멀리 있는 다른 코끼리들에게 메시지를 보내고 싶어 하기 때문입니다. 놀랍지 않나요?)

Writing TIP

잡지 글쓰기
잡지는 일정한 간격을 두고 정기적으로 편집·간행하는 정기 간행물로, 신문과는 다른 기능을 가진다. 잡지는 정보의 신속한 전달보다는 의견 전달과 오락 제공이라는 두 가지 측면이 강조되며, 독자를 사로잡는 강력한 이미지가 큰 역할을 한다. 잡지 글을 쓸 때는 상황을 나타내는 when, 이유를 나타내는 because 등을 이용하여 전달하고자 하는 내용을 바르게 설명하고 어울리는 그림으로 이를 나타낼 수 있도록 한다.

Vocabulary

sense [sens] 동 감지하다   danger [déindʒər] 명 위험

Project Across Subjects

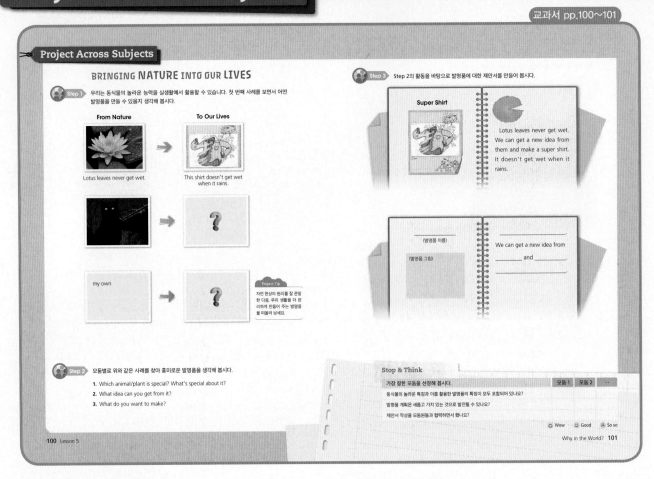

Project Across Subjects

BRINGING NATURE INTO OUR LIVES

Step 1 우리는 동식물의 놀라운 능력을 실생활에서 활용할 수 있습니다. 첫 번째 사례를 보면서 어떤 발명품을 만들 수 있을지 생각해 봅시다.

From Nature

Lotus leaves never get wet.

To Our Lives

This shirt doesn't get wet when it rains.

?

my own

?

Project Tip
자연 현상의 원리를 잘 관찰한 다음, 우리 생활을 더 편리하게 만들어 주는 발명품을 떠올려 보세요.

Step 2 모둠별로 위와 같은 사례를 찾아 흥미로운 발명품을 생각해 봅시다.
1. Which animal/plant is special? What's special about it?
2. What idea can you get from it?
3. What do you want to make?

Step 3 Step 2의 활동을 바탕으로 발명품에 대한 제안서를 만들어 봅시다.

Super Shirt

Lotus leaves never get wet. We can get a new idea from them and make a super shirt. It doesn't get wet when it rains.

(발명품 이름)

(발명품 그림)

We can get a new idea from _____ and _____.

Stop & Think

가장 잘한 모둠을 선정해 봅시다.   모둠 1 모둠 2 …

동식물의 놀라운 특징과 이를 활용한 발명품의 특징이 모두 포함되어 있나요?
발명품 계획은 새롭고 가치 있는 것으로 발전될 수 있나요?
제안서 작성을 모둠원들과 협력하면서 했나요?

😆 Wow 🙂 Good 😐 So so

100 Lesson 5

Why in the World? 101

자연을 우리 삶에 가져오기

활동 방법
1. 동식물의 놀라운 능력을 이용한 발명품 사례를 살펴본다.
2. 모둠별로 어떤 발명품을 만들 수 있을지 이야기한다.
3. 모둠원의 의견을 종합하여 가장 적절한 발명품을 선정한 후 제안서를 작성한다.
4. 모둠별로 발명품 계획을 발표하고, 발표한 발명품에 대한 전체적인 감상을 이야기한다.

 Step 1 ▶ 본문 해석

자연에서   연꽃잎은 젖지 않는다.
우리 실생활로 이 셔츠는 비가 왔을 때 젖지 않습니다.

📝 예시 답안

자연에서   Look at the cat. Its eyes are shining in the dark.
           (고양이를 봐. 고양이의 눈이 어둠 속에서 빛나고 있어.)
우리 실생활로 This bicycle shines in the dark.
           (이 자전거는 어둠 속에서 빛난다.)
자연에서   Meerkats have dark patches around their eyes and they block out the sunlight.
           (미어캣의 눈가에는 검은색 반점이 있는데, 이것이 햇빛을 차단해 준다.)
우리 실생활로 You can look at the sky directly with the built-in sunglasses.
           (당신은 이 내장 선글라스로 하늘을 똑바로 쳐다볼 수 있다.)

 Step 2 ▶ 본문 해석

1. 어떤 동물/식물이 특별한가요? 어떤 점이 특별한가요?
2. 거기에서 어떤 아이디어를 얻을 수 있나요?
3. 무엇을 만들고 싶나요?

 Step 3 ▶ 본문 해석

슈퍼 셔츠
연잎은 절대 젖지 않는다. 우리는 연잎에서 아이디어를 얻어 슈퍼 셔츠를 만들 수 있다. 그 셔츠는 비가 올 때 젖지 않는다.

📝 예시 답안

Built-in Sunglasses: Meerkats have dark patches around their eyes and they block out the sunlight. We can get a new idea from meerkats and make built-in sunglasses. We can look at the sky directly.
(내장 선글라스: 미어캣은 눈가에 검은색 반점이 있는데, 이것이 햇빛을 차단해 준다. 우리는 미어캣에서 아이디어를 얻어 내장 선글라스를 만들 수 있다. 우리는 하늘을 똑바로 쳐다볼 수 있다.)

Vocabulary

bring *A* into *B* A를 B로 가져오다[끌어들이다]
lotus [lóutəs] 몡 연(蓮) leaf [li:f] 몡 나뭇잎
get [get] 동 (어떤 상태가) 되다   wet [wet] 혱 젖은
built-in [bilt-in] 혱 내장된 patch [pætʃ] 몡 반점
block out 차단하다 directly [diréktli] 뷔 직접적으로

144 Lesson 5

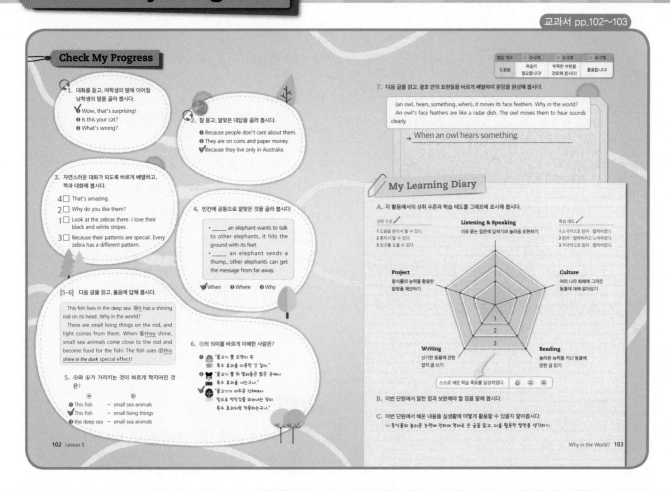

정답

1. ① **2.** ③ **3.** 4-2-1-3 **4.** ① **5.** ② **6.** ③ **7.** When an owl hears something

1.

대본·해석

B Jiu, do you like cats?

G Yes, I like their sounds. They can make about 100 different sounds.

소년 지우야, 넌 고양이를 좋아하니?

소녀 응, 난 고양이 소리를 좋아해. 고양이는 약 100가지의 다양한 소리를 낼 수 있어.

① 와, 그것 참 놀랍다.

② 이건 네 고양이니?

③ 무슨 일이야?

해설 고양이가 약 100가지의 다양한 소리를 낼 수 있다는 점은 놀라운 사실이라 할 수 있다.

2.

대본·해석

M Why are kangaroos on Australian money?

남자 왜 호주 화폐에는 캥거루가 있을까?

① 사람들은 캥거루에 대해 신경 쓰지 않기 때문이다.

② 캥거루는 동전과 지폐에 있다.

③ 캥거루는 호주에만 살기 때문이다.

해설 많은 나라들이 멸종 위기에 있는 동물을 보호하고자 해당 동물을 화폐의 도안으로 삼고 있다.

3.

해석

④ 그것 참 놀랍구나.

② 그것들을 왜 좋아하니?

① 저기 얼룩말들을 봐. 난 얼룩말의 흑백 줄무늬가 좋아.

③ 그 무늬들이 특별하기 때문이야. 모든 얼룩말이 저마다 다른 무늬를 가지고 있어.

해설 얼룩말 무리를 보면서 얼룩말의 줄무늬를 좋아하는 이유를 묻고 답하며 각 얼룩말의 무늬가 서로 다르다는 사실에 대해 이야기하는 흐름이 자연스럽다.

4.

해석

• 코끼리는 다른 코끼리와 이야기하고 싶을 때 발로 땅을 찬다.

• 코끼리가 쿵 하고 발로 땅을 차면, 다른 코끼리들은 멀리서 그 메시지를 받을 수 있다.

해설 두 절을 이어주는 접속사가 필요하므로 문맥상 '~할 때'라는 의미를 나타내는 부사절 when이 적절하다.

[5-6]

이 물고기는 깊은 바닷속에 산다. ⓐ이 물고기는 머리에 빛나는 막대가 있다. 도대체 왜 그럴까?

이 막대에는 작은 생물들이 있으며, 이 생물에게서 빛이 나온다. ⓑ그것들이 빛날 때 작은 바다 동물들이 막대 가까이에 와 이 물고기의 먹이가 된다! ⓒ이 물고기는 이 '어둠 속 광채'라는 특수 효과를 이용하는 것이다!

5.

해석

① 이 물고기 - 작은 바다 동물들
② 이 물고기 - 작은 생물들
③ 깊은 바다 - 작은 바다 동물들

해설 ⓐ는 앞 문장의 this fish(이 물고기), ⓑ는 앞 문장의 small living things(작은 생물들)를 가리킨다.

6.

해설 어두운 심해에서 빛으로 먹잇감을 꾀어내는 점이 특수 효과처럼 작용한다는 의미이다.

7.

해석

올빼미가 어떤 소리를 들을 때(When an owl hears something), 얼굴 깃털을 움직인다. 도대체 왜 그럴까?
올빼미의 얼굴 깃털은 레이더 접시와 같다. 올빼미는 소리를 분명하게 듣기 위해서 깃털을 움직인다.

해설 쉼표 다음에 절이 이어지고 있는 것으로 보아 접속사로 두 절이 연결되어야 한다. 문맥상 접속사 when은 문두에 위치하며 이어서 「주어+동사」의 순으로 배열한다.

My Learning Diary

A. 활동 방법

1 1차시에 작성한 My Study Planner를 살펴보고, 스스로 실천 정도를 확인한다.
2 각 활동에서의 성취 수준과 학습 태도를 그래프에 표시한다.
3 그래프 아래의 점검표를 완성한다.

B. 단원에서 잘한 점과 보완해야 할 점을 말해 본다.

C. 배운 내용을 실생활에 활용할 방법을 말해 본다.

실생활 예시

• 동식물의 놀라운 능력에 관한 영어 글을 읽고 발명품 만들기
• 동식물의 놀라운 능력을 소개하는 영상물 제작하기
• 동식물의 놀라운 능력을 가족들에게 소개하기

Vocabulary

make sound 소리를 내다   Australian 형 호주의 명 호주인, 호주어   care about ~에 마음을 쓰다   coin [kɔin] 명 동전   paper [péipər] 명 지폐   stripe [straip] 명 줄무늬   pattern [pǽtərn] 명 모양, 무늬, 도안

Lesson 5 단원 평가

1 대화를 듣고, 여자의 응답으로 가장 적절한 것을 고르시오.

① Thanks a lot.
② That's too bad.
③ Because I was sick.
④ I'd love to go to the party.
⑤ Why don't you go with me?

2 대화를 듣고, 남자의 심정으로 가장 적절한 것을 고르시오.

① happy   ② sad   ③ bored
④ surprised   ⑤ excited

3 대화를 듣고, 두 사람의 대화가 <u>어색한</u> 것을 고르시오.

①   ②   ③   ④   ⑤

4 대화를 듣고, 내용과 일치하지 <u>않는</u> 것을 고르시오.

① 남자는 어제 '동물의 세계'를 시청했다.
② 남자는 얼룩말의 줄무늬에 대해 설명하고 있다.
③ 얼룩말이 똑같은 줄무늬를 가진 경우도 있다.
④ 여자는 얼룩말에 대한 새로운 사실을 알고 놀랐다.
⑤ 여자는 얼룩말 무늬가 모두 똑같다고 생각했다.

5 다음 중 빈칸에 들어갈 말로 가장 적절한 것은?

A: This insect can fly. It can taste with its feet.
   It can make honey.
B: That's surprising!
A: What animal is it?
B: Is it a bee?
A: Yes. _____.

① Try again.   ② You got it.
③ Is it a cat?   ④ Why is that?
⑤ You're wrong.

6 다음 문장의 빈칸에 공통으로 들어갈 말로 적절한 것은?

• _____ will you leave?
• I lived with my aunts _____ I was young.
• We have dinner together _____ everyone comes home.

① who   ② when
③ where   ④ what
⑤ which

7 다음 영영 풀이에 해당하는 단어는?

to get points in a game or a test

① miss   ② score   ③ lock
④ choose   ⑤ move

8 대화의 순서를 가장 자연스럽게 배열한 것은?

(A) Why is that?
(B) That's surprising.
(C) Because it's not warm enough.
(D) Look! The butterflies in that room aren't moving at all.

① (A) - (B) - (D) - (C)   ② (A) - (C) - (B) - (D)
③ (B) - (C) - (A) - (D)   ④ (D) - (A) - (C) - (B)
⑤ (D) - (C) - (A) - (B)

9 다음 중 밑줄 친 **it**의 쓰임이 나머지 넷과 <u>다른</u> 것은?

① <u>It</u>'s really hot today.
② <u>It</u>'s Mom's birthday today.
③ <u>It</u>'s a present for you. Open it.
④ <u>It</u>'s 9 o'clock. You need to go to bed.
⑤ <u>It</u>'s getting dark. Hurry up.

10 다음 글의 빈칸에 들어갈 말로 가장 적절한 것은?

> There are many _____ animals in the world. Bees can eat with their feet. Elephants use their ears to stay cool. Horses can sleep on their feet.

① amazing   ② strong   ③ sleeping
④ cool   ⑤ boring

11 ⓐ~ⓔ 중 다음 문장이 들어가기에 가장 적절한 곳은?

> Why in the world?

① ⓐ   ② ⓑ   ③ ⓒ   ④ ⓓ   ⑤ ⓔ

12 다음 빈칸에 들어갈 말 중 위 글 (A)_____에 들어갈 말과 같은 것은?

① I go _____ school by bus.
② Thank you _____ coming.
③ I will stay in London _____ two weeks.
④ This book is _____ wild animals.
⑤ My school is far away _____ here.

13 윗글의 빈칸 (B)에 알맞은 것은?

① But   ② For   ③ And
④ Or   ⑤ So

[11-14] 다음 글을 읽고, 물음에 답하시오.

> Why does an elephant walk with heavy steps? You know what? (ⓐ) When an elephant wants to talk (A)_____ other elephants, it hits the ground with its feet. (ⓑ)
> An elephant has special foot pads and can feel shaking from far away. (ⓒ) (B)_____, when an elephant sends a thump, other elephants can get the message from far away. (ⓓ) Isn't it surprising? (ⓔ)

14 윗글을 읽고 대답할 수 있는 것은?

① What do elephants eat?
② Where do elephants live?
③ How long do elephants live?
④ Why do elephants live in groups?
⑤ How do elephants feel shaking so well?

ⓐThis fish lives in the deep sea. It has a (A)shine rod on its head. Why in the world?

There are small living things on the rod, and light comes from ⓑthem. When they (B)shine, small sea animals come close to the rod and become food for the fish! The fish uses this shine in the dark special effect!

(C)Shine on, Mr. Fish!

When an owl hears something, it moves its face feathers. Why in the world?

An owl's face feathers are ⓐlike a radar dish. The owl moves them (A)hear sounds clearly.

You know what? Sound scientists are (B)study owls' feathers. They want (C)make new radar dishes and hearing aids!

15 (A)~(C)의 형태가 바른 것끼리 연결된 것은?

	(A)	(B)	(C)
①	shine	shines	shining
②	shine	shining	shining
③	shining	shine	shine
④	shining	shine	shines
⑤	shining	shining	shine

18 윗글의 주제로 가장 적절한 것은?

① Who makes new radar dishes?
② Why do people need hearing aids?
③ How does an owl move its wings?
④ Why does an owl move its face feathers?
⑤ Why do sound scientists study owl's feathers?

16 ⓐThis fish에 대한 설명으로 틀린 것은?

① 깊은 바다에 산다.
② 지느러미에 빛나는 막대가 있다.
③ 막대 위에 작은 생물들이 있다.
④ 작은 바다 동물을 먹는다.
⑤ 특수 효과를 사용한다.

19 다음 중 ⓐ와 쓰임이 같은 것은?

① Some people like fishing very much.
② Would you like to come with me?
③ This pen looks like mine.
④ I like coffee more than juice.
⑤ Children like small animals.

17 ⓑ가 가리키는 것을 본문에서 찾아 세 단어로 쓰시오.

_____

20 (A)~(C)에 주어진 단어를 어법에 맞게 쓰시오.

(A)_____ (B)_____ (C)_____

1 괄호 안의 단어를 이용하여 두 단어로 문장을 완성하시오.

A: You know what? Bulls can't see colors.
B: (surprise) _____. I can't believe it.

[2-3] 〈보기〉와 같이 주어진 단어를 이용하여 A의 질문에 대한 B의 응답을 완성하시오.

보기
A: Why do you look so happy?
B: Because I won the first prize.(win, first, prize)

2 A: Why were you late for school?
B:_____.
(get up, late)

3 A: Why are you crying?
B:_____.
(movie, sad)

4 다음 우리말과 의미가 같도록 괄호 안의 단어를 이용하여 영작하시오.

(1) 나는 피곤했기 때문에 일찍 잠자리에 들었다.
→ _____.
(went to bed early, because, tired)

(2) 나는 바쁘기 때문에 너를 도와줄 수 없다.
→ _____.
(can't, help, busy, because)

[5-6] 보기에서 적절한 표현을 골라 문장을 완성하시오.

보기
my sister played the piano
go shopping   I sang a song   have dinner

5 We will _____ and _____ together.

6 _____ and _____.

7 다음 두 문장과 의미가 일치하도록 빈칸에 알맞은 단어를 넣어 한 문장으로 요약하시오.

There is a fish and it lives in the deep sea.
The fish has a rod on its head and the rod shines.

→ A _____ fish has a _____ _____ on its head.

Lesson 6

For a Better World

Lesson Question
What can you do for your neighbors?

이번 단원의 주요 내용을 살펴보고, 나의 학습 목표를 써 봅시다.

Listening & Speaking	Culture	Reading	Writing	Project
어려운 상황에 대해 유감을 표현하며, 다른 사람에게 도움을 요청하기	세계의 자선 단체에 대하여 알아보기	더 나은 세상을 위한 감동적인 노력에 대한 연설문 읽기	더 나은 세상을 위해 노력한 청소년에 대한 글 쓰기	지역 사회 문제 해결을 위한 계획서 만들기

- 유감 표현하기 I'm sorry to hear that.
- 요청하기 Can you clean up the trash?

- You are not **too young.**
- I'll **give them the money.**

My Goals 🖋

학습목표

- 봉사와 배려에 관한 대화를 듣고 화자의 심정을 추측할 수 있다.
- 어려운 이웃에 관하여 자신의 의견을 말할 수 있다.
- 투병 중에도 어려운 이웃을 도운 소녀의 글을 읽고 전후 관계를 파악할 수 있다.
- 세상을 변화시키기 위해 노력한 청소년에 대한 글을 쓰면서 자신의 의견을 표현할 수 있다.

의사소통 기능

유감 표현하기
I'm sorry to hear that.(그것 참 안됐구나.)

요청하기
Can you clean up the trash?(쓰레기 좀 치워 줄래?)

언어 형식

too+형용사
You are not **too young.**(너는 그리 어리진 않아.)

수여동사
I'll **give them the money.**(내가 그들에게 돈을 줄게.)

Lesson Question

What can you do for your neighbors?
(여러분은 이웃을 위해 무엇을 할 수 있나요?)

예시 답안

I can help sick children.
(저는 아픈 아이들을 도울 수 있습니다.)
I can help old people.
(저는 노인들을 도울 수 있습니다.)

My Goals 🖋

예시 답안

- 유감을 표현하고, 도움을 요청하는 말을 영어로 할 수 있다.
- 더 나은 세상을 위해 노력한 청소년에 대한 연설문을 영어로 작성할 수 있다.
- 세계의 자선 단체 정보를 조사할 수 있다.

Listen & Speak 1

소년은 뭐라고 말할까요?
- [ ] 괜찮아.
- [ ] 도와줘서 고마워.
- [x] 그것 참 안됐구나.

대본·해석

G Jinsu is sick in bed.
B I'm sorry to hear that.
소녀 진수가 앓아누웠어.
소년 그것 참 안됐구나.

A

대본·해석

1 G Hi, Namsu. ❶ How was your English speech in the contest yesterday?
  B ❷ It didn't go well. ❸ I forgot some lines.
  G ❹ I'm sorry to hear that.
  소녀 안녕, 남수야. 어제 말하기 대회에서 잘 했어?
  소년 잘 못했어. 몇 구절을 잊어버렸거든.
  소녀 그것 참 안됐구나.

2 G Hi, Minjun. How was your soccer match?
  B ❺ I had a bad cold, so I couldn't play.
  G ❻ That's too bad.
  G 안녕, 민준아. 축구 경기 어땠어?
  B 심한 감기에 걸려서 경기를 뛸 수 없었어.
  G 그것 참 안됐구나.

B

본문 해석

A 그거 알아? 강풍이 많은 온실을 망가뜨렸대.
B 그것 참 안됐구나.

Get Ready What will the boy say?

Jinsu is sick in bed. _____

- [ ] That's all right.
- [ ] Thanks for your help.
- [x] I'm sorry to hear that.

🎧 Check the answer with your partner.

A Listen and Match 남수와 민준에게 일어난 일을 연결해 봅시다. 🎧

1. Namsu   2. Minjun

ⓐ   ⓑ   ⓒ

ENGLISH SPEECH CONTEST

B Look and Talk 다음 재해 소식에 대해, 짝과 유감을 나타내는 대화를 해 봅시다. 👥

A: You know what? **A strong wind broke many greenhouses.**
B: I'm sorry to hear that.

Expression⁺
That's too bad.

A strong wind broke many greenhouses.

Heavy snow is blocking the roads in Sokcho.

A big flood washed away many houses.

Vocabulary

- **speech** [spiːtʃ] 몡 연설, 말하기
  예 He gave a **speech** about world peace.(그는 세계 평화에 대해 연설했다.)
- **contest** [kάntest] 몡 대회, 시합, 경기
  예 She did her best to win a **contest**.(그녀는 대회에서 이기기 위해 최선을 다했다.)
- **greenhouse** [gríːnhàus] 몡 온실
  예 The plants are growing in a **greenhouse**.(온실에서 식물들이 자라고 있다.)
- **block** [blak] 통 ~을 막다, 차단하다, 방해하다
- **flood** [flʌd] 몡 홍수, 넘쳐 흐름

Speaking Tip

have+(a)+질환/증상

어떤 질환이나 증상을 나타낼 때는 have동사를 사용한다.
예 I **have** a headache.(두통이 있어요.)
　 I **have** a runny nose.(콧물이 흘러요.)
　 I **have** a fever.(열이 나요.)

Word Quiz

우리말에 맞게 빈칸에 알맞은 단어를 쓰시오.

1. 그녀는 회의 때 연설을 했다.
   She made a _____ at the meeting.
2. 그는 그 대회의 우승자이다.
   He's the winner of the _____.

정답 1. speech 2. contest

Get Ready

[해설] 여학생이 진수가 아파서 누워 있다고 했으므로 유감을 나타내는 표현이 적절하다.

Ⓐ Listen and Match

❶ **How** was your English speech in the contest yesterday?
How was ~?는 '~ 어땠어?'라는 의미로, 과거에 있었던 일에 대한 결과나 소감 등을 물을 때 쓴다.
  ⑩ **How** was your trip?(여행은 어땠어?)

❷ It didn't **go** well.
여기서 go는 '가다'라는 의미가 아니라 '(일이) 진행되다'라는 의미로 쓰였다.

❸ I **forgot** some **lines**.
forgot은 '잊어버리다'라는 의미의 동사 forget의 과거형이다. lines가 '대사'라는 뜻으로 쓰일 때는 항상 복수형(lines)으로 나타낸다.

❹ **I'm sorry** to hear that.
여기서 I'm sorry ~는 사과의 의미가 아니라 유감을 나타낸다.

❺ I had a bad **cold**, so I couldn't play.
have a cold는 '감기에 걸리다'라는 의미이다. cold가 명사로 쓰이면 '감기'를 나타내며 반드시 앞에 a를 쓴다. 여기서의 so는 '그래서'라는 의미로 두 문장을 대등한 관계로 연결하는 등위접속사이다.

❻ **That's too bad.**
I'm sorry to hear that.과 마찬가지로 유감이나 애석함을 나타내는 표현이다.

[해설] 1. 남수가 영어 말하기 대회에서 말할 내용을 잊어 잘 못했다고 했으므로 English speech contest에 참가한 남학생의 모습이 적절하다.
2. 민준에게 축구 경기가 어땠는지 묻자 심한 감기에 걸려 경기에 출전하지 못했다고 했으므로 감기에 걸린 모습이 적절하다.

Ⓑ Look and Talk

[해설] 짝과 함께 유감을 나타내는 표현과 안타까움을 나타내는 말을 주고받는다.

[예시 답안]

1. A You know what? Heavy snow is blocking the roads in Sokcho.
(그거 알아? 폭설로 속초에 있는 도로가 막혔대.)
   B I'm sorry to hear that.(그것 참 안됐구나.)
2. A You know what? A big flood washed away many houses.
(그거 알아? 큰 홍수로 많은 집이 유실됐대.)
   B That's too bad.(그것 참 안됐구나.)

학습 도우미 ▶

○ **의사소통 기능 ①**
유감을 표현하기
I'm sorry to hear that.은 안타까움을 나타낼 때 쓰는 표현으로, sorry는 '애석한, 안타까운, 유감스러운'이라는 의미를 나타낸다.
That's too bad.도 유감을 나타내는 표현이며, That's too bad. I'm sorry to hear that.과 같이 두 표현을 연이어 쓸 수도 있다.
  ⑩ A: I broke my leg in an accident.
      (사고로 다리가 부러졌어.)
     B: Oh, I'm sorry to hear that.
      (아, 그것 참 안됐구나.)

○ **I'm sorry to부정사/for + 명사**
「I'm sorry to + 동사원형」 형태를 「I'm sorry for +명사」로 바꾸어 유감의 원인을 나타낼 수도 있다.
  ⑩ We are **sorry for** your trouble.
    (폐를 끼치게 되어 유감입니다.)
    I'm **sorry for** your pain.
    (아프다니 안됐군요.)

○ **부사 how의 쓰임과 의미**
• 방법이나 수단을 나타낼 때: 어떻게
  ⑩ **How** do you go to school?
    (학교에 어떻게 가니?)
• 감정 등을 나타낼 때: 어떤 상태로, 어떠하게
  ⑩ **How** was your vacation?
    (휴가는 어땠어요?)
• 건강 상태를 물을 때: 어떻게
  ⑩ **How** are you?(어떻게 지내세요?)
• 수량을 나타낼 때: 얼마나
  ⑩ **How** much is it?(그거 얼마예요?)

Check-up

[1~3] Ⓐ의 대화를 읽고, 내용과 일치하면 T, 일치하지 않으면 F에 표시하세요.

1 Jinsu didn't come to school. [T][F]
2 Namsu is happy about the contest. [T][F]
3 Minjun was sick. [T][F]

[4~5] 우리말과 같도록 괄호 안의 단어들을 바르게 배열하시오.

4 그것 참 안됐구나. (to, sorry, that, hear)
  I'm _____.

5 나는 독한 감기에 걸렸어. (a, cold, have, bad)
  I _____.

정답 1. T 2. F 3. T 4. sorry to hear that 5. have a bad cold

Listen & Speak 2

소녀는 뭐라고 말할까요?

- ☐ 그거 네 책이니?
- ☑ 나 좀 도와줄 수 있니?
- ☐ 안녕?

대본·해석

G Can you help me?
B Sure.

소녀 나 좀 도와줄 수 있니?
소년 물론이지.

대본·해석

1 B ❶ Suyeong, can you open the window?
  G OK.
  소년 수영아, 창문 좀 열어 줄 수 있니?
  소녀 응.

2 B Mijin, can you move the chairs?
  G Sure.
  소년 미진아, 의자 좀 옮겨 줄 수 있니?
  소녀 물론이지.

3 B1 Minsu, can you clean the board?
  B2 ❷ I'm sorry, but I can't. ❸ I'm cleaning the floor.
  소년1 민수야, 칠판 좀 지워줄 수 있니?
  소년2 미안하지만 안 되겠어. 바닥을 닦는 중이야.

본문 해석

A 쓰레기 좀 비워 줄 수 있니?
B 물론이지. / 미안하지만 안 되겠어. 난 지금 설거지를 해야 해.

Speaking Tip

도움을 요청하는 표현

도움을 요청할 때는 Can you help me?(저 좀 도와주시겠어요?) 외에도 Can you give me a hand?를 쓸 수 있다. give ~ a hand는 '~를 도와 주다'라는 의미이다.
두 표현 모두 「with + 명사」 형태로 도움이 필요한 대상을 나타낼 수 있다.

예 **Can you help me** with this bag?/
Can you give me a hand with this bag?(이 가방 드는 것 좀 도와줄래?)

Get Ready What will the girl say?

_____   Sure.

- ☐ Is that your book?
- ☑ Can you help me?
- ☐ How do you do?

🎧 Check the answer with your partner.

A Listen and Find 다음 학생들을 찾아 기호를 써 봅시다. 🎧

Suyeong → (a)   Mijin → (d)   Minsu → (b)

Expression⁺
Please clean up the trash.

B Look and Talk 각자 할 수 있는 수해 복구 활동을 정한 다음, 짝과 대화해 봅시다.

A: Can you **clean up the trash**?

B: Sure.   B: I'm afraid I can't. I have to **wash the dishes** now.

fix the greenhouse   clean the street   move the boxes   my own

Vocabulary

- move [muːv] 통 옮기다, 움직이다
  예 He **moved** the chair close to the table.(그는 의자를 탁자 가까이 옮겼다.)
- clean [kliːn] 통 닦다, 청소하다
  예 I have to **clean** the windows.(나는 창문을 닦아야 해.)
- floor [flɔːr] 명 바닥
  예 Jack is sitting on the **floor** watching TV.(잭은 바닥에 앉아 TV를 보고 있다.)
- street [striːt] 명 거리, 도로
  예 I met my teacher on the **street**.(나는 거리에서 우리 선생님을 만났다.)

Word Quiz

우리말에 맞게 빈칸에 알맞은 단어를 쓰시오.

1. 차를 좀 빼 주시겠어요?
   Can you _____ your car?
2. 그녀는 바닥에 상자를 내려놓았다.
   She put the box on the _____.

정답 1. move 2. floor

Get Ready

해설 여학생이 무거운 가방을 들고 힘겨워하고 있으므로 남학생에게 도움을 요청하는 말이 적절하다.

④ Listen and Find

❶ Suyeong, **can you** open the window?
can은 능력이나 가능·허가·요청의 의미를 나타내는 조동사이다. 여기서 Can you ~?는 '~해 줄래?'라는 뜻의 요청의 의미로 쓰였다.

예 **Can you** carry this bag?(이 가방 좀 들어 줄래?)

❷ **I am sorry, but I can't.**
요청이나 부탁을 거절할 때 No.라고 직설적으로 답하면 무례해 보일 수 있다. I'm sorry, but I can't.(유감이지만 도와드릴 수 없군요.) 또는 I'm afraid I can't help you.(죄송하지만 도와드릴 수 없군요.) 등 공손한 표현을 써서 답한다.

예 A: Can you help me with this?(이것 좀 도와줄래?)
　 B: **I'm sorry, but I can't.**(미안하지만 안 될 것 같아.)

❸ **I'm cleaning** the floor.
현재진행형 형태인 「be동사+동사-ing」는 '~하고 있는 중이다'라는 의미의 진행 중인 동작을 나타낸다.

예 She is **playing** the computer game.(그녀는 컴퓨터 게임을 하고 있다.)

해설 수영에게 창문을 열어 달라고(open the windows) 부탁하고 있고, 미진에게는 의자를 옮겨 달라고(move the chairs) 요청하고 있으며, 민수에게는 칠판을 지워 달라고(clean the board) 말하고 있다.

⑧ Look and Talk

해설 도움을 요청하는 표현과 이에 대한 수락·거절 표현을 써서 짝과 함께 대화를 나눈다.

예시 답안

1. A Can you **fix the greenhouse**?(온실을 고쳐 줄 수 있니?)
　 B Sure.(물론이지.)
2. A Can you **clean the street**?(길을 청소해 줄 수 있니?)
　 B Of course.(물론이지.)
3. A Can you **move the boxes**?(이 상자들 좀 옮겨 줄 수 있니?)
　 B I'm afraid I can't.(안 될 것 같아.)
4. A Can you **mop the floor**?(바닥을 닦아 줄 수 있니?)
　 B I'm sorry, but I can't.(미안하지만 안 되겠어.)

의사소통 기능 ②
요청하기
상대방에게 무슨 일을 해 달라고 요청할 때는 '~해 줄래?'라는 의미의 "Can you ~?"를 쓸 수 있다.

요청에 답하기
1. 수락할 때
Yes. / OK. / Of course. / No problem. / Sure. / I'd love to.
2. 거절할 때
I'm sorry, but I can't. / I'm afraid I can't.

현재진행형을 쓸 수 없는 동사
정신, 감정, 감각 등을 나타내는 상태동사인 believe(믿다), know(알다), remember(기억하다), want(원하다), love(사랑하다), like(좋아하다), hate(싫어하다), sound(~하게 들리다) 등은 진행형으로 나타내지 않는다.

예 **I am wanting** to eat a hamburger. (X)
I want to eat a hamburger. (O)
(나는 햄버거를 먹고 싶어.)

[1~3] ④의 대화를 읽고, 내용과 일치하면 T, 일치하지 않으면 F에 표시하세요.

1 Suyeong can open the window. T F

2 Mijin doesn't want to move the chairs. T F

3 Minsu wants to clean the board. T F

[4~5] 다음 두 문장의 의미가 같도록 요청하는 말을 쓰시오.

4 Please help me.
— _____ you _____ _____ ?

5 Please close the door.
— _____ you _____ the _____ ?

정답 1. T　2. F　3. F　4. Can, help, me　5. Can, close, door

For a Better World **155**

Conversation

A 유진과 세호는 어디에 있나요?

예시 답안

- They are at Nanum Nursing Home.
  (그들은 나눔양로원에 있다.)
- They are at a place for grandmothers.
  (그들은 할머니들을 위한 장소에 있다.)

B 대본·해석

Yujin Seho, ❶ Junha cannot join us today.
Seho Why? ❷ What happened to him?
Yujin ❸ He fell and hurt his leg yesterday.
Seho That's too bad. I'm sorry to hear that.
Yujin Well, he'll be fine.
Seho OK. ❹ Let's begin our volunteer work.
        ❺ What should we do first?
Yujin ❻ Can you open the windows? I'll
        clean the floor.
Seho Sure.

유진 세호야, 준하는 오늘 우리랑 함께할 수 없어.
세호 왜? 무슨 일이 생겼어?
유진 어제 넘어져서 다리를 다쳤대.
세호 안됐네. 그 말을 들으니 안타깝구나.
유진 음, 괜찮아질 거야.
세호 좋아. 우리는 봉사 활동을 시작하자. 먼저 무슨
       일부터 하지?
유진 창문 좀 열어 줄래? 내가 바닥을 청소할게.
세호 알았어.

본문 해석

2. 10월 20일 토요일
    나는 오늘 봉사 활동을 하기 위해 나눔양로원에 갔다.
    하지만 준하는 가지 못했다. 유진이 말로는 그가 어제
    넘어져서 다리를 다쳤다고 한다. 준하가 빨리 나았으
    면 좋겠다.

C

여러분은 어떤 봉사 활동을 하나요?

A Get Ready   Where are Yujin and Seho?

B Listen and Do

1. 준하의 소식을 듣고, 세호가 어떤 표정을 지었을지 골라 봅시다. 🎧

   Listening Tip
   감정을 나타내는 표현에 유의하여 들으면서 말하는 사람의 표정을 짐작해 보세요.

   ⓐ   ⓑ   ⓒ

2. 다시 듣고, 세호의 일기를 완성해 봅시다.

   Saturday, October 20th
   Today I went to Nanum Nursing Home to do volunteer work. But Junha
   couldn't. Yujin said that he ___fell___ and ___hurt his leg___ yesterday.
   I hope he gets well soon.

C Do a Role-Play   짝과 역할을 나누어 대화해 봅시다. 👥

Yujin
Seho

My Turn What volunteer work do you do?

Sounds in Use
- I'm sorry to hear that.
- Can you open the windows?

Vocabulary

- **happen** [hǽpən] 图 발생하다
  예 Accident can **happen** to anyone.(사고는 누구에게나 발생할 수 있다.)
- **fall** [fɔːl] 图 떨어지다(fall-fell-fallen)
  예 She **fell** off her bike.(그녀는 자전거에서 떨어졌다.)
- **hurt** [həːrt] 图 다치다(hurt-hurt-hurt)
  예 Bill **hurt** his knee yesterday.(Bill은 어제 무릎을 다쳤다.)
- **volunteer work** 봉사 활동
  예 I plan to do **volunteer work** during the vacation.
     (나는 방학 동안 봉사 활동을 할 계획이다.)

Write it

다음 질문에 영어로 답해 봅시다.

1. Q What will Seho do next?
   A He will _____ the windows.
2. Q What will Yujin do next?
   A She will _____ the floor.

정답 1. open 2. clean

Word Quiz

우리말에 맞게 빈칸에 알맞은 단어를 쓰시오.

1. 그 일은 밤사이에 일어났다.
   It _____ during the night.
2. 나는 화장실에서 손을 다쳤다.
   I _____ my hand in the bathroom.

정답 1. happened 2. hurt

A Get Ready

해설 유진과 세호 뒤에 할머니들이 '나눔양로원'이라고 표시된 탁자에 앉아 계시므로 양로원이 적절하다.

B Listen and Do

❶ Junha **cannot join** us today.

join은 '가입하다, 참가하다, 함께 ~하다'라는 의미로, 뒤에는 목적어가 온다. 조동사 can의 부정형인 cannot은 붙여 쓴다.

❷ **What happened to** him?

happen to는 '~에게 (어떤 일이) 생기다'라는 의미이다. 「What happened to+명사(구)?」는 '~에 무슨 일이 생겼어요?'라는 의미로, 어떤 대상이 잘못되었을 때 쓰는 표현이다.

　예 **What happened to** your leg?(네 다리가 왜 그래?)

❸ He **fell and hurt** his leg yesterday.

fell과 hurt는 각각 fall과 hurt의 과거형으로 둘 다 불규칙 동사이다.

❹ **Let's** begin our volunteer work.

Let's는 Let us의 축약형으로 제안 또는 권유할 때 쓰이며 Why don't we ~?로 바꾸어 쓸 수 있다.

❺ What **should** we do **first**?

should는 '~해야 한다'라는 의미의 조동사이며 first는 부사로 쓰여 '우선, 먼저'라는 의미를 나타낸다.

❻ **Can you** open the windows?

'~해 줄래?'라는 의미의 Can you ~?는 상대방에게 요청할 때 쓰는 표현이다.

해설 유진과 세호가 다리 부상으로 봉사 활동에 참여하지 못하는 준하에 대해 이야기하며 유감을 표한 후 봉사 활동을 시작하려고 한다.

C Do a Role-Play

해설 평소에 실천하는 봉사 활동에 대해 대화를 나누며 도움의 손길이 필요한 이들을 위한 다양한 활동에 대해 생각해 본다.

 예시 답안

• I visit the city nursing home and clean the rooms.
　(나는 시립 양로원을 방문해 방을 청소한다.)

• I take care of animals at an animal shelter.
　(나는 동물보호소에서 동물들을 돌본다.)

• Sometimes, I do my volunteer work at a subway station.
　(때때로 나는 지하철역에서 봉사 활동을 한다.)

학습 도우미

◇ **문제점을 물을 때**
'무슨 일이라도 있어?', '뭐가 문제야?'라는 의미로, 걱정스러워 보이는 상대방에게 무슨 일이 있는지 물을 때 쓸 수 있는 표현은 다음과 같다.
What's the matter? / What's going on? / What's wrong? / What happened?

◇ **volunteer의 의미**
명사로 쓰일 때는 '자원봉사자'를, 동사로 쓰일 때는 '자원봉사로 하다, (어떤 일을 하겠다고) 자원하다'를 뜻한다.
　예 They **volunteer** at the nursing home.
　(그들은 양로원에서 자원봉사를 한다.)
　a **volunteer** for Guide Dogs
　(안내견 단체를 위한 자원봉사자)

◇ **불규칙 동사**
일반동사의 과거형은 동사원형에 -ed를 붙이는 규칙 동사와 동사에 따라 다양하게 형태가 변하는 불규칙 동사로 나뉜다. 대표적인 불규칙 동사는 다음과 같다.
　예 meet(만나다) – met
　come(오다) – came
　run(달리다) – ran
　do(하다) – did
　find(찾다) – found
　tell(말하다) – told
　go(가다) – went
　think(생각하다) – thought
　make(만들다) – made
　write(쓰다) – wrote

 Sounds in Use

I'm sorry to hear that. ↘
평서문의 억양은 끝을 내려서 표현한다.

Can you open the windows? ↗
Yes/No 의문문의 억양은 끝을 올려서 표현한다.

Check-up

[1~3] **A**의 대화를 읽고, 내용과 일치하면 T, 일치하지 않으면 F에 표시하세요.

1 Yujin and Seho are in the hospital. **T** **F**

2 Junha cannot do the volunteer work. **T** **F**

3 Seho broke his arm. **T** **F**

[4~5] 우리말과 일치하도록 주어진 단어들을 올바르게 배열하시오.

4 무엇을 먼저 해야 할까? (we / should / what / do / first)

＿＿＿＿＿＿＿＿＿＿＿＿＿＿＿＿＿＿＿＿＿＿？

5 Kate에게 무슨 일이 생겼니? (happened / to / Kate / what)

＿＿＿＿＿＿＿＿＿＿＿＿＿＿＿＿＿＿＿＿＿＿？

정답 1. F 2. T 3. F 4. What should we do first 5. What happened to Kate

대본·해석

B Hello, everyone. ❶ There was a big flood in the next village. Now many people need help. ❷ We'll go there to help them. ❸ Can you join us, please?

소년 안녕하세요, 여러분. 옆 마을에 큰 홍수가 났습니다. 지금 많은 사람들이 도움을 필요로 합니다. 우리는 그들을 도우러 그곳에 가려고 합니다. 여러분들도 동참해 주시겠어요?

 **본문 해석**

A 전 세계에는 굶주린 아이들이 많이 있어.
B 그것 참 안됐구나. 어떻게 그들을 도울 수 있을까?
A 그들을 위해 벼룩시장을 열자.

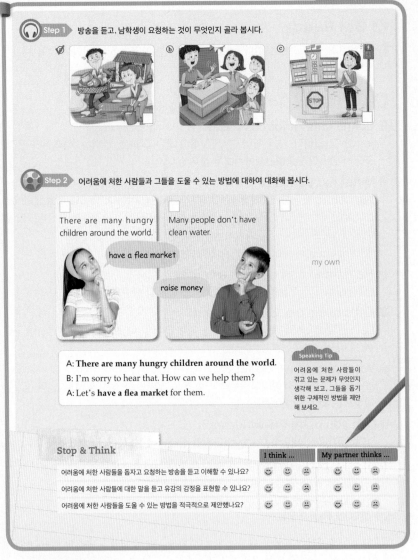

Vocabulary

- flood [flʌd] 명 홍수
  예 The **flood** destroyed thousands of homes.(그 홍수는 수천 가구를 파괴했다.)
- village [vílidʒ] 명 마을
  예 She is from a small **village** in Greece.(그녀는 그리스의 한 작은 마을 출신이다.)
- shelter [ʃéltər] 명 대피처, 보호소
  예 He was living in a homeless **shelter**.(그는 노숙자 쉼터에서 살고 있었다.)
- donate [dóunèit] 동 기부하다, 기증하다
  예 I want to **donate** my clothes.(내 옷을 기부하고 싶다.)

Write it

다음 질문에 영어로 답해 봅시다.

1. Q What happened in the next village?
   A There was a big _____.
2. Q What can you do to help children in Africa?
   A We can _____ our money.

정답 1. flood 2. donate

Word Quiz

우리말에 맞게 빈칸에 알맞은 단어를 쓰시오.

1. 홍수가 닥쳤을 때, 우리는 모든 걸 잃었다.
   When the _____ came, we lost everything.
2. 그는 중국의 한 작은 마을에 산다.
   He lives in a small _____ in China.

정답 1. flood 2. village

① **There was** a big flood in the next village.

「There+be동사」는 '~(들)이 있다'라는 의미이며, 여기서 there는 형식 주어로 원래 주어는 be동사 뒤에 있는 명사이다.

⑩ **There is** a book in the bag.(가방에 책이 한 권 있다.)

② We'll go there **to help** them.

to help는 「to+동사원형」 형태의 to부정사로, '~하기 위해' 라는 의미로 쓰였다. 여기서 there는 앞 문장에서와는 달리 '그곳에'라는 의미로, the next village를 나타낸다.

⑩ I went to the market **to buy** some eggs.(계란을 좀 사려고 시장에 갔다.)

③ Can you join us, **please**?

요청하는 말에 please를 붙이면 더 공손하고 정중한 표현이 된다.

해설 소년은 옆 마을에 큰 홍수가 났다는 소식을 알린 후 많은 사람들이 도움을 필요로 하므로 함께 도와줄 것을 요청하고 있다.

해설 주변에 도움을 필요로 하는 사람들에 대해 생각해 보고 그들을 도울 수 있는 구체적인 방법을 찾아 본다.

예시 답안

1. A Many people don't have clean water.(많은 사람들이 깨끗한 물을 쓰지 못해.)
   B I'm sorry to hear that. How can we help them?
   (안됐구나. 어떻게 그들을 도울 수 있을까?)
   A Let's raise money for them.(그들을 위해 기금을 모으자.)

2. A There are many animals at the animal shelter.(동물보호소에는 많은 동물들이 있어.)
   B I'm sorry to hear that. How can we help them?(안됐구나. 어떻게 동물들을 도울 수 있을까?)
   A Let's find new homes for them.(그들을 위해 새 집을 찾아 주자.)

3. A There are many hungry children in Africa.
   (아프리카에는 굶주린 아이들이 많이 있어.)
   B I'm sorry to hear that. How can we help them?(안됐구나. 어떻게 그들을 도울 수 있을까?)
   A Let's donate our pocket money to UNICEF.(UNICEF에 우리 용돈을 기부하자.)

학습 도우미

There+be동사

긍정문 '~(들)이 있다'라는 뜻으로 쓰이며 이때 There은 해석하지 않는다.

⑩ **There is** a dog in the room.
(방에 개가 한 마리 있다.)
There are some bananas in the box.
(상자 안에 바나나가 좀 있다.)

부정문 be동사 뒤에 not이 온다.

⑩ **There are not** many people in the library.(도서관에 사람이 많지 않다.)

의문문 Is/Are there~?로 묻고, 이에 대한 대답은 Yes, there is/are. 또는 No, there isn't/aren't.로 한다.

⑩ A: **Are there** cows in the barn?
(외양간에 소가 있나요?)
B: **Yes, there are.**(네, 있어요.)

일반동사의 부정문

현재시제일 때 주어가 1인칭/2인칭/3인칭 복수형일 경우 「do not[don't]+동사원형」을 쓰고 3인칭 단수 주어(she, he, it 등)일 경우 「does not [doesn't]+동사원형」 형태를 쓴다.

⑩ I know the answer.(나는 정답을 알고 있어.)
→ I **do not[don't]** know the answer.
(나는 정답을 몰라.)
⑩ She likes cats.(그녀는 고양이를 좋아한다.)
→ She **does not[doesn't]** like cats.
(그녀는 고양이를 좋아하지 않는다.)

Check-up

[1~3] 다음 괄호 안에서 알맞은 것을 고르시오.

1 There (is/are) five people in the class.

2 There (is/are) a strawberry cake on the table.

3 There (is/are) some apples in the box.

4 주어진 단어를 알맞게 배열하여 대화를 완성하시오.

A: Many children in Africa do not have shoes.

_____? (help/can/them/how/we)

B: Let's donate our shoes to them.

Helping Hands Around the World

전 세계에는 도움이 필요한 사람들을 돕는 단체들이 있습니다. 아래의 단체들을 관련 있는 사진과 연결해 봅시다.

1. We give little goats to children.
2. We give free lunches to poor students.
3. We give free health checks to poor families.

Save the Children **OXFAM** **possible+**

ⓐ   ⓑ   ⓒ

Mission

1. 도움이 필요한 아이들을 위해 활동하는 단체를 찾아 조사해 봅시다.

Helping Hands	What do they do for children?
DMI	A campaign to save children's lives

2. 조사한 내용을 발표하고, 가장 많은 학생들이 참여하고 싶어 하는 단체를 정해 봅시다.

Do you know DMI? It does a campaign to save children's lives.

Complete

본문 해석

전 세계의 여러 자선 단체들
1. 우리는 아이들에게 어린 염소를 제공한다.
2. 우리는 가난한 학생들에게 무료 점심을 제공한다.
3. 우리는 빈곤 가정에 무료 건강 검진을 제공한다.

해설 전 세계에서 활동하는 여러 자선 단체들에 대해 알아보고 각 단체의 표어와 활동 사진을 연결해 본다.

Mission

본문 해석

1.
자선 단체	아이들을 위해 어떤 활동을 하나요?
DMI	아이들의 생명을 구하기 위한 캠페인

2. DMI를 알고 있나요? 이 단체는 아이들의 생명을 살리기 위한 캠페인을 합니다.

예시 답안

Do you know UNICEF? It works to protect all children.(유니세프를 알고 있나요? 이곳은 모든 어린이들을 보호하기 위해 일합니다.)

해설 멀티미디어 자료를 활용하여 도움이 필요한 사람들을 위해 활동하는 세계의 여러 자선 단체를 검색하고 조사한 내용을 발표한다.

Culture Tip

어린이를 위한 여러 자선 단체들

• Save the Children: 1919년 영국에서 설립되어 현재 전 세계 30개국에 지부를 두고 있는 세계 최대 규모의 아동 구호 기구이다. 보건 의료, 빈곤 아동 지원, 아동 보호, 교육 지원 등 다양한 분야에서 사업을 진행하고 있다.
• Oxfam: 옥스퍼드 대학교 학술위원회의 머리글자(Ox)와 기근(famine)의 앞 글자를 딴 명칭으로, 전 세계 100여 개국에서 3,000여 개의 구호 기관과 협력해 국제 원조를 통한 기아·빈곤 퇴치 등을 목적으로 활동하는 국제 구호 단체이다.
• Possible: 내전이나 자연 재해로 의료 체계가 무너진 나라에 무료로 건강 관리 서비스를 제공해 주는 의료 구호 자선 단체이다. 가난하고 병든 아동들도 이 단체의 의료 구호 대상이다.
• DMI(Development Media International): 이 단체는 아프리카, 아시아, 남미, 동유럽 등지의 개발 도상 국가에서 라디오나 텔레비전 등을 통해 아이들의 건강과 목숨을 위협하는 영양실조, 말라리아, 에이즈, 조혼 등의 문제점들을 널리 알리고 있다.

Vocabulary

• **helping hand** 도움[구호]의 손길, 도움, 조력, 지지
  예 Many people lent a **helping hand** to the child.
  (많은 사람들이 그 아이에게 도움을 주었다.)
• **free** [fri:] 형 공짜의, 무료의
  예 They are giving out **free** tickets.(그들은 공짜표를 나눠 주고 있다.)
• **health check** 명 건강 검진
  예 I took a **health check**.(나는 건강 검진을 받았다.)
• **save** [seiv] 동 구하다
  예 He **saved** a drowning boy.(그는 물에 빠진 소년을 구했다.)

Word Quiz

우리말에 맞게 빈칸에 알맞은 단어를 쓰시오.

1. 여러분은 학교에서 무료 점심을 먹을 수 있어요.
   You can get a _____ lunch at school.
2. 그는 화재에서 나를 구해 주었다.
   He _____ me from a fire.

정답 1. free 2. saved

Before I Read

A 다음 사진들을 보고 Alex's Lemonade Stand가 무슨 활동을 하는지 짝과 대화해 봅시다.

B 봉사 활동 홍보 포스터를 완성해 봅시다.

We Need Helping Hands

You can _____raise_____ money for children in poor villages.
You can _____run_____ a lemonade stand for sick kids.
You can _____volunteer_____ at a hospital.

· volunteer   · raise   · run

A

예시 답안

· They're selling something.
  (그들은 무언가를 판매하고 있다.)
· They're making money by selling something.
  (그들은 무언가를 판매함으로써 돈을 벌고 있다.)

해설 사진 속 학생들이 Alex's Lemonade Stand 라고 쓰여진 간판을 내걸고 레모네이드를 판매하며 기금을 모으는 활동을 하고 있다. Foundation for Childhood Cancer(소아암 환자들을 위한 재단)이라고 쓰여 있는 걸로 보아 소아암 환자들을 돕고 있음을 알 수 있다.

B

본문 해석

우리는 도움이 필요해요
당신은 가난한 마을의 아이들을 위해 모금을 할 수 있습니다.
당신은 아픈 아이들을 위해 레모네이드 가판대를 운영할 수 있습니다.
당신은 병원에서 자원 봉사를 할 수 있습니다.

해설 문맥상 순서대로 raise(모금하다), run(운영하다), volunteer(자원 봉사를 하다)가 적절하다.

Vocabulary

· **raise money** 모금하다, 자금을 마련하다
  예 Let's **raise money** for children in Africa.(아프리카 아이들을 위해 모금합시다.)
· **run** [rʌn] 통 경영하다, 운영하다(run-ran-run)
  예 His father **runs** a paint business. (그의 아버지는 페인트 사업을 하신다.)
· **stand** [stænd] 명 가판대, 좌판
  예 She bought a hamburger from a **stand**.(그녀는 가판대에서 햄버거를 샀다.)
· **volunteer** [vɑləntíər] 명 자원 봉사자 통 자원 봉사를 하다
  예 She worked as a volunteer at my school.
  (그녀는 우리 학교에서 자원 봉사자로 일했다.)

Word Quiz

우리말에 맞게 빈칸에 알맞은 단어를 쓰시오.

1. 성공적인 회사를 운영하고 싶은가요?
   Do you want to _____ a successful company?
2. 그는 핫도그 가판대에서 일한다.
   He works at the hot dog _____.

정답 1. run 2. stand

Write it

우리말에 맞게 다음 문장을 올바르게 배열하시오.

1. 그녀는 그 동물들을 위해 돈을 모았다.

   _____
   (raised, she, money, for, animals, the)
2. 어린이 병원에서 봉사활동을 하자.

   _____
   (children's hospital, Let's, at, the, volunteer)

정답 1. She raised money for the animals.
2. Let's volunteer at the children's hospital.

Read 1

Main Idea

암 환자들을 위해 레모네이드 가판대를 연 소녀의 이야기

First Reading

예시 답안

Alex got cancer before her first birthday.(Alex 는 한 살이 되기 전에 암에 걸렸다.) → She wanted to have a lemonade stand and raise money for doctors.(그녀는 레모네이드 가판대로 의사에게 줄 돈을 모금하고 싶었다.) → She ran her lemonade stand for four years.(그녀는 4년간 레모네이드 가판대를 운영했다.) → She became an angel when she was eight.(그녀는 8살에 천사가 되었다.) → Now many people volunteer at lemonade stands every year.(이제 많은 사람들이 매년 레모네이드 가판대에서 자원 봉사를 한다.)

본문 해석

여러분은 그리 어리지 않아요.
❶ 오늘 연사는 십 대 배우입니다. ❷ 그녀는 레모네이드 가판대에 대해 말씀해 주실 겁니다. ❸ Bailee Madison 양을 환영해 주시기 바랍니다.

안녕하세요, 여러분. ❹ 저는 Alex Scott이라는 어린 소녀에 대한 이야기를 여러분들께 전해 드리려고 합니다. ❺ 그녀는 한 살이 되기도 전에 암에 걸렸습니다. ❻ 그녀는 불과 8살의 나이에 (이 세상을 떠나) 천사가 되었습니다.

Q1 Alex는 언제 암에 걸렸나요?
A She got cancer before her first birthday.
(그녀는 한 살이 되기 전에 암에 걸렸다.)
해설 Bailee Madison의 연설을 통해 Alex가 한 살이 되기 전에 암에 걸린 사실을 알 수 있다.

Say it

다음 질문에 영어로 답 하시오.

1. What is she going to talk about?
2. How old was Alex when she became an angel?

정답 1. a lemonade stand 2. eight years old

Circle it

우리말과 일치하도록 올바른 형태를 고르시오.

1. 물어 보고 싶은 게 있습니다.
   - I would / will like to ask you something.
2. 그는 일곱 살이다.
   - He is seven year / years old.

정답 1. would 2. years

You Are Not Too Young

Today, our speaker is a teen actress. She is going to talk about a lemonade stand. Let's welcome Bailee Madison.

Hello, everyone. I'd like to tell you a story about a little girl, Alex Scott. She got cancer before her first birthday. She became an angel when she was just eight years old.

Q1. When did Alex get cancer? She got cancer before her first birthday.

• actress   • lemonade   • stand   • cancer   • angel

Vocabulary

- **actress** [ǽktrəs] 명 여배우
  예 His mother was an **actress**.(그의 어머니는 배우였다.)
- **lemonade** [lemənéid] 명 레모네이드
  예 Let's have a glass of **lemonade**.(우리 레모네이드 한 잔 마시자.)
- **cancer** [kǽnsə(r)] 명 암
  예 She learned that she has **cancer**.(그녀는 암에 걸렸다는 걸 알게 됐다.)
- **angel** [éindʒl] 명 천사
  예 She is just like an **angel** from heaven.(그녀는 마치 하늘에서 온 천사 같다.)

Word Quiz

우리말에 맞게 빈칸에 알맞은 단어를 쓰시오.

1. 그녀는 잘 알려진 배우이다.
   She is a well-known _____.
2. 우리는 그를 '천사'라고 불렀다.
   We called him a[an] "_____."

정답 1. actress 2. angel

❶ **Today, our speaker is a teen actress.**
teenage의 줄임말인 teen은 '십 대의'라는 뜻의 형용사로, 명사 actress를 수식한다.

　예 He is a **teen** idol.(그는 십 대의 우상이다.)

❷ **She is going to talk about a lemonade stand.**
'~할 예정이다'라는 뜻의 「be going to+동사원형」은, 가까운 미래의 일을 나타낼 때 쓴다.

　예 He **is going to** leave soon.(그는 곧 떠날 것이다.)

❸ **Let's welcome Bailee Madison.**
Let's는 '~하자'라는 권유의 의미를 나타내는 Let us의 줄임말로, 뒤에는 동사원형이 나온다. welcome은 '맞이하다, 환영하다'라는 의미이다.

　예 They warmly **welcomed** me.(그들은 나를 따뜻하게 맞았다.)

❹ **I'd like to tell you a story about a little girl, Alex Scott.**
tell은 「tell+간접목적어+직접목적어」 형태로 '…에게(간접목적어) ~을 말하다(직접목적어)'라는 의미를 나타내는 수여동사이다. a little girl과 Alex Scott 사이에 쓰인 쉼표(,)는 두 명사가 동격 관계임을 나타낸다.

　예 I will **tell** you a funny story.(내가 웃긴 이야기 하나 해 줄게.)

❺ **She got cancer before her first birthday.**
get cancer는 '암에 걸리다'라는 의미로, 여기서 get은 '(병에) 걸리다[옮다], (고통 등을) 겪다[앓다]'라는 뜻을 나타낸다.

　예 I **got** a cold.(나 감기 걸렸어.)

❻ **She became an angel when she was just eight years old.**
when은 '~ 때'라는 의미로 뒤에 「주어+동사」의 절을 이끄는 접속사로 쓰였다. just는 '단지, 그저 ~뿐인'이라는 뜻의 부사로 세상을 떠날 당시에 매우 어렸음을 강조한다.

학습 도우미

◆ **수여동사**
수여동사는 '주다'라는 의미를 나타내는 동사를 가리키며, 두 개의 목적어, 즉 직접목적어와 간접목적어를 동시에 취한다. 보통 「수여동사+간접목적어+직접목적어」 형태로 쓰여 '…에게(간접목적어) ~을(직접목적어) (해)주다'를 의미한다.

　예 I **gave** him some food.
　　(나는 그에게 음식을 좀 주었다.)

◆ **시간을 나타내는 접속사**
시간 부사절을 이끄는 접속사는 다음과 같다.
when(~할 때)
while(~하는 동안)
as(~하면서)
before(~전에)
after(~후에)
until(~때까지)
since(~이래로)

Do You Know?

Bailee Madison (1999~)
2006년 영화 〈Lonely Hearts〉로 데뷔한 미국의 여배우이다. 그녀는 2010년부터 '알렉스의 레모네이드 재단'(Alex's Lemonade Stand Foundation)의 각종 행사에 발벗고 나서면서 재단 홍보에 큰 역할을 담당하고 있다. 2011년에는 그녀의 이러한 공로가 인정되어 나이 어린 연예인들 중 재능을 활용하여 남을 돕는 일에 앞장서는 이에게 수여하는 Variety's Power of Youth Awards를 수상하기도 했다. 그녀는 현재 재단의 대변인(Youth Spokesperson)을 맡고 있다.

Check-up

[1~3] 각 문장이 본문의 내용과 일치하면 T, 일치하지 않으면 F에 표시하시오.

1 Bailee Madison is going to speak in front of many people. T F

2 Alex was a famous actress. T F

3 Alex died when she was eight years old. T F

[4~5] 우리말과 일치하도록 빈칸에 알맞은 말을 쓰세요.

4 We arrived at the office _____ noon.
(우리는 정오 전에 사무실에 도착했다.)

5 Please _____ our guest today.
(오늘 초대 손님을 환영해 주시기 바랍니다.)

정답 1. T, 2. F, 3. T 4. before 5. welcome

Read 2

교과서 p.113

Second Reading

예시 답안 (제목에 담긴 속뜻)

You are young, but you can do something to make a difference.(여러분은 어리지만 세상을 변화시키기 위한 일을 할 수 있다.)

본문 해석

이것이 이야기의 전부는 아닙니다. 어느 더운 여름날, Alex는 갑자기 기발한 생각을 하게 되었습니다. ❶ 그녀는 어머니에게, "저는 레모네이드 가판대를 열어 의사들을 위해 돈을 모으고 싶어요. ❷ 저는 그 돈을 그들에게 주겠어요. ❸ 그들은 그것을 아픈 아이들을 위한 암 치료법을 찾는 데 사용할 수 있잖아요."라고 말했습니다. 그 당시 그녀의 나이는 겨우 4살이었고, 그녀는 4년 동안 레모네이드 가판대를 운영했습니다.

Alex는 어렸지만, 그녀의 꿈은 컸습니다. ❹ 이제 그녀는 우리 곁에 없지만, 그녀의 꿈은 여전히 우리와 함께합니다. ❺ 현재 많은 사람들이 매년 레모네이드 판매대에서 자원 봉사를 하고 있고, 저는 그중 한 명일 뿐입니다. ❻ 남을 위해서 무언가를 하고 싶으세요? 그것은 그리 어렵지 않습니다. ❼ 여러분은 그리 어리지 않습니다. 누구나 변화를 만들어 낼 수 있습니다!

Q2 Bailee Madison은 매년 레모네이드 가판대에서 자원봉사를 한다.

A ☑ 참 ☐ 거짓

해설 많은 사람들이 매년 레모네이드 가판대에서 자원 봉사를 하고 있고 본인도 그중 한 명이라고 말한 것으로 보아 Bailee Madison도 매년 자원 봉사 활동을 하고 있음을 알 수 있다.

This is not the whole story. One hot summer day, Alex suddenly had a bright idea. She said to her mom, "I want to have a lemonade stand and raise money for doctors. I'll give them the money. They can use it to find cancer cures for sick kids." At that time, she was only four years old, and she ran her lemonade stand for four years.

Alex was little, but her dream was big. She isn't with us now, but her dream still lives with us. Now many people volunteer at lemonade stands every year, and I'm just one of them.

Would you like to do something for others? It's not too difficult. You are not too young. Everyone can make a difference!

Q2. Bailee Madison volunteers at a lemonade stand every year. ☑ True ☐ False

• whole • bright • raise • cure • run • still • volunteer • difference

Say it

다음 질문에 영어로 답하시오.

1. How many years did Alex run the stand?
2. Who does Alex want to give the money to?

정답 1. four years 2. doctors

Circle it

우리말과 일치하도록 올바른 형태를 고르시오.

1. 나는 3년 동안 중국어를 공부했어.
   - I studied Chinese for / in three years.
2. Susan은 어렸다. – Susan was a little / little.

정답 1. for 2. little

Vocabulary

• **bright** [brait] 형 밝은, 영리한, 멋진
   예 I like her **bright** face.(나는 그녀의 밝은 얼굴을 좋아한다.)
• **whole** [houl] 형 전체의, 모든
   예 She spent her **whole** money.(그녀는 모든 돈을 써 버렸다.)
• **suddenly** [sʌ́dənli] 부 갑자기
   예 **Suddenly** the light went out. (갑자기 불이 꺼졌다.)
• **cure** [kjuər] 명 치료법
   예 We hope to find a **cure**.(우리는 치료법을 찾기를 희망한다.)
• **make a difference** 변화를 가져오다, 세상을 바꾸다
   예 The new coach will **make a difference** on our team.
      (새 코치는 우리 팀에 변화를 가져올 것이다.)

Word Quiz

우리말에 맞게 빈칸에 알맞은 단어를 쓰시오.

1. My _____ family was there.(온 집안 식구가 그곳에 있었다.)
2. We will find a _____ for cancer.(우리는 암 치료법을 찾을 것이다.)

정답 1. whole 2. cure

❶ She **said to** her mom, "I want to have a lemonade stand and raise money for doctors."

say는 '~에게 말하다'라는 의미로 듣는 대상을 나타낼 때 뒤에 전치사 to를 써서 「say+to+사람」 형태로 나타낸다.

㉠ He didn't say anything to me.(그는 나에게 아무것도 말하지 않았다.)

❷ I'll **give** them the money.

give는 「give+간접목적어+직접목적어」 형태로 쓰여 '…에게(간접목적어) ~을 주다(직접목적어)'라는 의미를 나타내는 수여동사이다.

㉠ I **gave** him a present.(나는 그에게 선물을 주었다.)

❸ They can use it **to find** cancer cures for sick kids.

to find는 '~하기 위해'라는 의미의 부사적 용법으로 쓰인 to부정사이다. They는 doctors를 가리키고 it은 money를 뜻한다.

㉠ I went to the store **to buy** some milk.(나는 우유를 사기 위해 상점에 갔다.)

❹ She isn't with us now, **but** her dream still lives with us.

'그러나, 하지만'이라는 의미의 but은 문장과 문장을 연결하는 등위접속사로, 앞 문장과 뒤 문장이 반대의 관계임을 나타낸다.

㉠ I like apples, **but** I don't like strawberries.
(나는 사과는 좋아하지만 딸기는 좋아하지 않아.)

❺ Now many people volunteer at lemonade stands **every** year, and I'm just one of them.

every는 단수 명사를 수식하는 형용사로, '매~, ~마다'라는 의미로 쓰였다.

❻ **Would you like to** do something for **others**?

Would you like to ~?는 상대방에게 공손하게 의향을 물어보거나 권유할 때 쓰는 표현이다. others는 '다른 사람들'을 의미한다.

❼ You are not **too** young.

여기서 too는 '~도 또한'이라는 의미가 아니라 형용사를 수식하며 부정 표현 not과 함께 쓰여 '그다지 ~하지 않은'이라는 의미를 나타낸다.

학습 도우미

대표적인 수여동사

「동사+간접목적어+직접목적어」 형태로 쓰여 '…에게(간접목적어) ~을(직접목적어) (해) 주다'의 의미를 나타내는 수여동사로는 give(주다), send(보내다), buy(사다), make(만들다), show(보여 주다), teach(가르치다), ask(묻다), read(읽다), write(쓰다), sing(노래하다) 등이 있다.

㉠ My father **bought** me a watch.
(아버지께서 내게 시계를 사 주셨다.)

Would you ~?

「Would you like to+동사원형 ~?」는 '~하시겠습니까?'라는 의미의 권유 표현이며, 「Would you+동사원형~?」는 '~을 해 주시겠습니까?'라는 의미의 공손한 요청 표현이다.

㉠ **Would you send** me a letter?
(편지를 보내 주시겠어요?)

Do You Know?

Alex's Lemonade Days '알렉스의 레모네이드 재단'(Alex's Lemonade Stand Foundation)주관으로 Alex Scott의 뜻을 기리기 위해 수만 명에 달하는 자원 봉사자들이 매년 6월 둘째 주 주말(금~토)에 미국 전역에서 'Alex's Lemonade Stand'라는 간판을 달고 하는 모금 행사이다. 이 행사를 통해 매년 수천만 달러가 모금되어 소아암 치료법 개발에 사용된다. Alex가 생전에 다녔던 Penn Wynne 초등학교에서는 'Alex's Original Lemonade Stand'라는 간판을 달고 모금 활동을 한다.

Check-up

[1~3] 각 문장이 본문의 내용과 일치하면 T, 일치하지 않으면 F에 표시하시오.

1 Alex wanted to raise money for doctors. **T** F

2 Bailee Madison ran her lemonade stand with her mom. **T** F

3 Bailee Madison says that helping others is difficult. T **F**

[4~5] 우리말과 일치하도록 빈칸에 알맞은 말을 쓰세요.

4 She is _____ listening to music.
(그녀는 여전히 음악을 듣고 있다.)

5 it is not _____ late.
(그다지 늦지는 않았다.)

After I Read

정답

1. Alex got cancer.(Alex가 암에 걸렸다.)
2. Alex got an idea for sick kids.
   (Alex는 아픈 아이들을 도울 방법을 생각해 냈다.)
3. Alex ran her lemonade stand for four years.
   (Alex는 레모네이드 가판대를 4년간 운영했다.)
4. Now many people volunteer at lemonade stands every year.(현재 많은 사람들이 매년 레모네이드 가판대에서 자원 봉사를 한다.)

해설 Alex는 아픈 아이들을 도울 방법으로 레모네이드 판매 봉사를 생각해 낸다. Alex가 가판대를 운영하던 중 세상을 떠나자 다른 사람들이 봉사 활동을 계속 이어간다는 줄거리이다.

본문 해석

1. 누구나 변화를 만들어 낼 수 있습니다. —B
2. 나는 레모네이드 가판대를 열고 싶어요. —A
3. 나는 의사들을 위해 모금을 하고 싶어요. —A
4. 당신은 그리 어리지 않아요. —B

본문 해석

A 아픈 아이들을 위해서 무엇을 할 수 있을까?
B 이야기를 읽어 줄 수 있어.

예시 답안

• I can play with them.
  (나는 아이들과 놀아 줄 수 있어.)

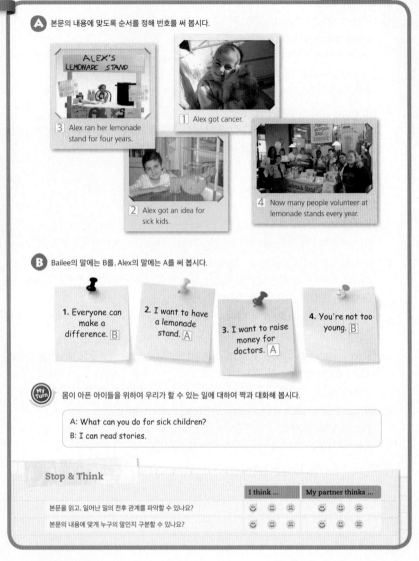

A 본문의 내용에 맞도록 순서를 정해 번호를 써 봅시다.

ALEX'S LEMONADE STAND

3 Alex ran her lemonade stand for four years.

1 Alex got cancer.

2 Alex got an idea for sick kids.

4 Now many people volunteer at lemonade stands every year.

B Bailee의 말에는 B를, Alex의 말에는 A를 써 봅시다.

1. Everyone can make a difference. B
2. I want to have a lemonade stand. A
3. I want to raise money for doctors. A
4. You're not too young. B

My Turn 몸이 아픈 아이들을 위하여 우리가 할 수 있는 일에 대하여 짝과 대화해 봅시다.

> A: What can you do for sick children?
> B: I can read stories.

Stop & Think

	I think ...	My partner thinks ...
본문을 읽고, 일어난 일의 전후 관계를 파악할 수 있나요?	☺ ☺ ☹	☺ ☺ ☹
본문의 내용에 맞게 누구의 말인지 구분할 수 있나요?	☺ ☺ ☹	☺ ☺ ☹

Write it

[1~2] 주어진 단어를 사용하여 문장을 완성하세요.

1. 우리는 해마다 어머니의 날을 기념한다.
   We _____.
   (Mother's Day, every, celebrate, year)

2. 모든 학생들이 아픈 아이들을 위해 장난감을 만들었다.
   All the students _____.
   (toys, for, children, made, sick)

Vocabulary

• get an idea 생각이 떠오르다
  예 I **got an idea** for a new TV show.
  (새로운 TV 쇼에 대한 아이디어가 떠올랐어.)

Sum up!

본문 내용과 일치하도록 빈칸에 알맞은 말을 써 넣으시오.
Bailee Madison, a _____ actress, talked about Alex and her lemonade stand. Alex got _____ before her first birthday. One day, she had an idea. It was a lemonade _____ to raise money for doctors. She hoped that the money could help _____ find cancer cures for sick children. She was only _____ years old when she had the thought, and _____ her lemonade stand for four years. She left this world when she was eight, but her dream still remains. Now, many people _____ at lemonade stands, and Bailee is one of them. Bailee believes you are not _____ young to do something for _____.

Language Detective

교과서 p.115

A You are not too young.

Your window is **too high**.

No, your ladder is **too short**.

'too …'의 뜻은 무엇일까요?

주어진 표현을 활용하여 짝과 대화해 봅시다.

A: What's the problem?
B: The bus is too wide.
A: Well, I think the bridge is too narrow.

the bus, wide / the bridge, narrow

1.

the shirt, small / the man, big

2.

the elephant, heavy / the cat, light

B I'll give them the money.

Please **give me** some food.

Here you are.

'~에게 …을 주다'라는 뜻은 어떻게 나타낼까요?

 생일을 맞은 친구에게 주고 싶은 선물에 대하여 짝과 대화해 봅시다.

A: What's your present for _____?
B: I'll give him/her _____.

 novel   cookies   CDs

More Info

이솝우화
『이솝우화』는 고대 그리스에 살았던 노예이자 이야기꾼이었던 아이소포스가 지은 우화 모음집을 말한다. 아이소포스는 '이솝'으로도 알려져 있다. 이솝우화는 의인화된 동물들이 등장하는 단편 우화 모음집을 총칭하는 말이기도 하다. 친숙한 동물이 등장하여 교훈을 전달하는 『이솝우화』는 어린이의 도덕성 교육을 위한 교재로 애용되고 있기도 하다. 여기에 인용된 〈개미와 베짱이〉도 이솝 우화에 실린 이야기로 미래를 위해 계획하고 일하는 것에 대한 도덕적인 교훈을 준다.

- too+형용사 표현의 쓰임 이해하기
- 수여동사 구문의 쓰임에 대해 이해하고 활용하기

 A

본문해석

- 여러분은 그리 어리지 않아요.
남자 당신의 창문이 너무 높아요.
여자 아니요, 당신의 사다리가 너무 짧아요.

A 무슨 일이야?
B 버스 폭이 너무 넓어.
A 글쎄, 나는 저 다리가 너무 좁은 것 같아.

예시 답안

1 A What's the problem? (무슨 일이야?)
　B The shirt is too small. (셔츠가 너무 작아.)
　A Well, I think the man is too big.
　　(글쎄, 내 생각엔 저 남자가 너무 큰 것 같아.)
2 A What's the problem?(무슨 일이야?)
　B The elephant is too heavy.
　　(코끼리가 너무 무거워.)
　A Well, I think the cat is too light.
　　(글쎄, 내 생각엔 고양이가 너무 가벼운 것 같아.)

해설 형용사 앞에 too를 써서 '너무 ~한'이라는 의미를 나타낸다.

Q 'too …'의 뜻은 무엇일까요?

모범답안

'너무 ~한'이라는 의미이다.

B

본문해석

- 내가 그들에게 그 돈을 주겠어요.
베짱이 제발 먹을 것 좀 주세요.
개미 여기 있어요.

예시 답안

A What's your present for Sora's birthday?
　(소라 생일 선물이 뭐니?)
B I will give her a novel / cookies / CDs.
　(나는 그녀에게 소설책/쿠키/CD를 줄 거야.)

해설 「give+간접목적어+직접목적어」 순으로 쓴다.

Q '~에게 …을 주다'라는 뜻은 어떻게 나타내나요?

모범답안

「give+간접목적어(사람)+직접목적어(사물)」로 나타낸다.

A too+형용사

too + 형용사 너무 ~한

A Why don't you sit on the grass?(왜 잔디밭에 앉지 않니?)
B The grass is **too** wet.(잔디가 너무 축축해.)

실력 쑥쑥

형용사 앞에 too를 쓰면 형용사의 의미를 강조하여 '너무 ~한'이라는 의미를 나타낼 수 있다. 형용사 앞에 very, so를 써도 형용사의 의미를 강조할 수 있다. too가 형용사 앞에 쓰이면 '너무 (~하여 …할 수 없다)'라는 부정의 의미를 나타낸다.
예 This bridge is **too** narrow.
(이 다리는 너무 좁다. (그래서 건너기가 어렵다.))

만점 비결 A

too, very, so
세 단어 모두 형용사를 수식하여 '너무, 매우, 몹시'라는 뜻을 나타내지만 그 쓰임과 뜻은 다소 차이가 있다.
too는 흔히 부정적인 의미를 나타내고, very는 긍정적인 단어를 수식할 때, so는 구어체에 더 많이 쓰인다.
예 It's **too** hot.(너무 더워.)
She's **very** smart.
(그녀는 매우 똑똑하다.)
I'm **so** glad to see you.
(만나서 정말 반갑습니다.)

B 수여동사

수여동사+간접목적어+직접목적어 ~에게 ~을 (해) 주다

A Did David do something for your birthday?
(David가 네 생일에 뭔가 해 줬니?)
B Sure. He **bought** me a pink cell phone case.
(물론이지. 내게 분홍색 휴대 전화 케이스를 사 줬어.)

실력 쑥쑥

'~에게 …을 (해) 주다'라는 의미의 수여동사로 give, buy, tell, show, make 등이 있으며, 수여동사는 두 개의 목적어, 즉 '~에게'에 해당하는 간접목적어와 '…을'에 해당하는 직접목적어를 함께 취한다.
예 Jane gave **Mary a book**.(Jane이 Mary에게 책을 줬다.)
　　　　간접목적어 직접목적어

만점 비결 B

수여동사의 전치사
간접목적어와 직접목적어의 순서를 바꾸어도 같은 의미를 나타낼 수 있는데, 이때는 간접목적어 앞에 전치사를 쓴다.

• to를 취하는 동사: give, send, bring, teach, lend, tell, write, show
예 She sent me a letter.
→ She sent a letter **to** me.
(그녀는 내게 편지 한 통을 보냈다.)

• for를 취하는 동사: make, buy, get
예 I bought my friend a cake.
→ I bought a cake **for** my friend.
(나는 친구에게 케이크를 사 줬다.)

• of를 취하는 동사: ask
예 He asked me a question.
→ He asked a question **of** me.
(그는 내게 질문을 하나 했다.)

Check-up

1 다음 중 밑줄 친 too의 쓰임이 <u>다른</u> 것을 고르시오.

① It's <u>too</u> late.
② These jeans are <u>too</u> tight for me.
③ Nice to talk to you, <u>too</u>.

[2~4] 다음 문장에서 어법상 <u>어색한</u> 부분을 찾아 바르게 고치시오.

2 Kevin showed me his new phone to.
3 Please give I the book.
4 Can you get for me a glass of water?

정답 1. ③ 2. to 삭제 3. I→me 4. for 삭제

Let's Write

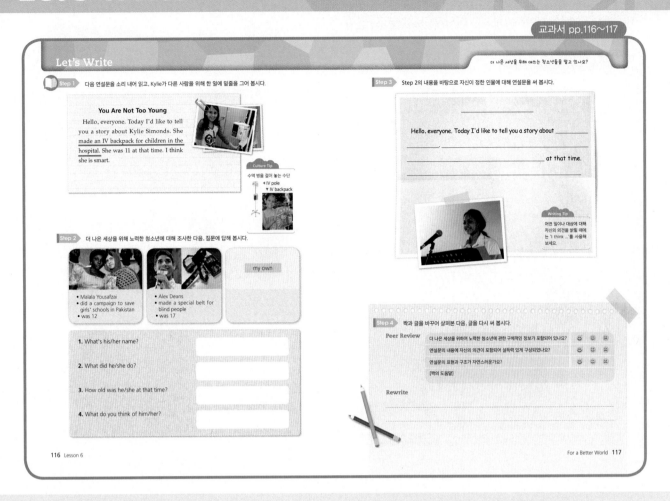

Step 1 해석

당신은 그리 어리지 않아요.
안녕하세요, 여러분. 오늘 저는 여러분께 Kylie Simonds라는 소녀에 대해 말씀 드리려고 합니다. 그녀는 병원에 있는 아이들을 위해 배낭형 링거대를 만들었습니다. 그녀는 당시 11살이었습니다. 저는 그녀가 똑똑하다고 생각합니다.

모범 답안

made an IV backpack for children in the hospital

Step 2 해석·정답

- Malala Yousafzai
- 파키스탄의 여학교를 구하기 위해 캠페인을 했다.
- 12살이었다.

- Alex Deans
- 시각장애인들을 위한 특별한 벨트를 만들었다.
- 17살이었다.

예시 답안

1. 그/그녀의 이름은 무엇인가요? Boyan Slat
2. 그/그녀는 무슨 일을 했나요? He founded the Ocean Cleanup to remove the plastic from the world's oceans.(그는 전 세계 해양에서 플라스틱을 제거하기 위해 Ocean Cleanup을 설립했다.)
3. 그/그녀는 당시에 몇 살이었나요? He was only 19 years old. (그는 19세에 불과했다.)

4. 여러분은 그/그녀에 대해 어떻게 생각하나요? I think he is clever and brave. He developed systems to collect the plastic patches.(나는 그가 영리하고 용감하다고 생각한다. 그는 플라스틱 패치를 모으는 시스템을 개발했다.)

Step 3 예시 답안

You are not too young.
Hello, everyone. Today I'd like to tell you a story about Boyan Slat. He founded the Ocean Cleanup to remove the plastic from the world's oceans. He was 19 at that time. I think he is clever and brave. (당신은 너무 어리지 않아요. 안녕하세요 여러분. 오늘 저는 여러분께 Boyan Slat에 대해 얘기하려고 합니다. 그는 전 세계 바다의 플라스틱을 제거하기 위해 Ocean Cleanup을 설립하였습니다. 그는 당시에 19살이었습니다. 저는 그가 영리하고 용감하다고 생각합니다.)

Writing TIP

연설문(speech)의 요소
인사말(Hello, everyone.), 본문(Today, I'd like to...), 맺음말(Thank you.)로 구성된다.

Vocabulary

pole [poul] 명 막대기   blind [blaind] 형 눈이 먼   found [faund] 동 (기관을) 설립하다   ocean [óuʃən] 명 대양, 바다

Project Across Subjects

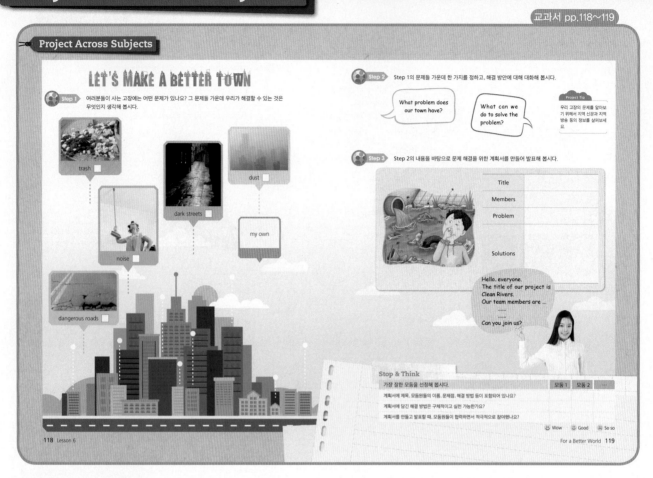

더 나은 마을을 만듭시다

활동 방법

1. 자신이 사는 고장이 안고 있는 문제가 무엇인지 생각해 본다.
2. 모둠원들끼리 의논하여 Step 1에서 생각했던 문제들 가운데 한 가지를 고른다.
3. 고른 문제에 대한 해결 방안에 대해 모둠원들과 함께 논의한다.
4. 논의된 내용을 바탕으로 문제 해결을 위한 계획서를 만들어 발표한다.

본문 해석

Step 1

□ 쓰레기 □ 소음 □ 위험한 도로 □ 어두운 거리 □ 먼지
• traffic jam(교통 체증) • stray cats(길고양이)

Step 2

본문 해석

A: 우리 마을이 지닌 문제점은 무엇일까?
B: 그 문제를 해결하기 위해 무엇을 해야 할까?

예시 답안

• 우리 고장에 어떤 문제가 있을까? We have many cats on the street.(길거리에 많은 고양이가 있다.)
• 그 문제를 해결하기 위해 무엇을 해야 할까? We can find new homes for them.(우리는 그들에게 새 보금자리를 찾아줄 수 있다.)

Step 3 예시 답안

Title (제목)	Save Our Cat Friends (우리의 고양이 친구들을 구합시다)
Members (모둠원)	Lee Hayun, Kim Sangi, Choi Seonyeong, Kang Mari (이하윤, 김상이, 최선영, 강마리)
Problem (문제)	There are many cats on the street. (길거리에 많은 고양이가 있다.)
Solutions (해결 방안)	1. We're going to feed them. (우리는 그들에게 먹이를 줄 것이다.) 2. We're going to find new homes for them. (우리는 그들에게 새 보금자리를 찾아줄 것이다.)

Hello, everyone. The title of our project is Save Our Cat Friends. Our team members are Lee Hayun, Kim Sangi, Choi Seonyeong and Kang Mari. There are many cats on the street. To solve this problem, we're going to feed them and find new homes for them. Can you join us? (안녕하세요, 여러분. 우리 프로젝트 제목은 '우리의 고양이 친구들을 구합시다'입니다. 팀 구성원은 이하윤, 김상이, 최선영, 강마리입니다. 길거리에 많은 고양이가 있습니다. 이 문제를 해결하기 위해 우리는 먹이를 주고 새 보금자리를 찾아줄 것입니다.)

Vocabulary

title [táitl] 명 제목 solution [səlúːʃən] 명 해결책
feed [fiːd] 동 먹이다, 먹이를 주다

Check My Progress

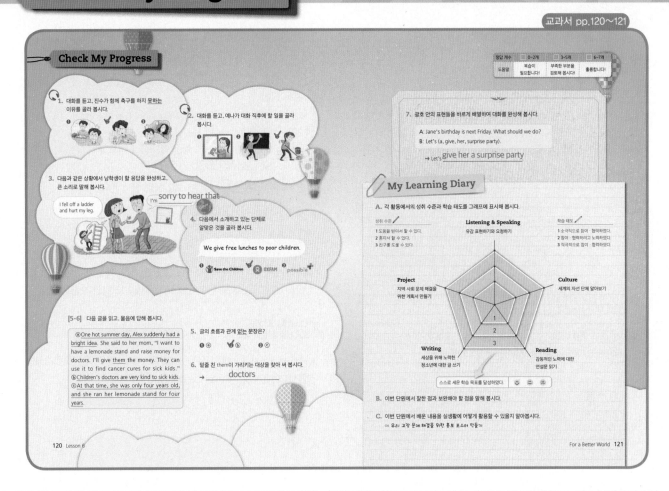

정답

1. ② **2.** ③ **3.** sorry to hear that **4.** ② **5.** ② **6.** doctors
7. give her a surprise party

1.

대본·해석

B1 We're going to play soccer. Will you join us, Jinsu?
B2 I'm sorry, but I can't. I have a bad cold.
B1 I'm sorry to hear that. Take care.
소년1 우리는 축구를 할 거야. 같이 할래, 진수야?
소년2 미안하지만 못 해. 심한 감기에 걸렸거든.
소년1 그것 참 안됐구나. 몸 조심해.

해설 축구를 같이 하자는 소년의 제안에 심한 감기에 걸렸다고 답했으므로 ②가 적절하다.

2.

대본·해석

B Wow. We have a lot of work.
G Yeah. What should we do first?
B Can you clean the floor, Yena? I'll clean up the trash.
G OK.
소년 와, 우리 할 일이 많구나.
소녀 응. 뭐부터 먼저 해야 할까?
소년 바닥을 청소해 줄래, 예나야? 난 쓰레기를 치울게.

소녀 그래.

해설 여자아이가 바닥을 청소해 달라는 요청을 수락하고 있으므로 ③이 적절하다.

3.

해석

사다리에서 떨어져서 다리를 다쳤어.

해설 사다리에서 떨어져 다리를 다쳤다는 안 좋은 소식을 전하고 있으므로 유감을 표하는 게 적절하다.

4.

해석

우리는 가난한 아이들에게 무료 점심을 제공한다.

해설 가난한 아이들에게 무료 점심을 제공하는 단체는 Oxfam이다.

[5-6]

해석

어느 더운 여름날, Alex는 갑자기 기발한 생각을 하게 되었습니다. 그녀는 어머니에게, "저는 레모네이드 가판대를 열어 의사들을 위해 돈을 모으고 싶어요. 저는 그 돈을 그들에게 주겠어요. 그들은 그것을 아픈 아이들을 위한 암 치료법을 찾는 데 사용할 수 있잖아요."라고 말했습니다. (소아과 의사들은 아픈 아이들에게 매우 친절합니다.) 그 당시 그녀의 나이는 겨우 4살이었고, 그녀는 4년 동안 레모네이드 가판대를 운영했습니다.

5.

해설 Alex가 병마와 싸우면서도 레모네이드 가판대를 열게 되었다는 내용이므로 소아과 의사들의 일반적인 성향에 대한 문장인 ⓑ는 글 전체의 내용과 관련이 없다.

6.

해설 앞 문장에서 의사들을 위해 돈을 모금하고 싶다고 했으므로 them은 doctors를 가리킨다.

7.

해석
A: Jane의 생일이 다음 주 금요일이야. 우리 뭘 해야 할까?
B: 그녀에게 깜짝 파티를 열어 주자.

해설 Let's 다음에는 동사원형이 나오며, give는 수여동사이므로 「give+간접목적어+직접목적어」 순으로 나열한다.

A. 활동 방법

1 1차시에 작성한 My Study Planner를 살펴보고, 스스로 실천 정도를 확인한다.
2 각 활동에서의 성취 수준과 학습 태도를 그래프에 표시한다.
3 그래프 아래의 점검표를 완성한다.

B. 단원에서 잘한 점과 보완해야 할 점을 말해 본다.

C. 배운 내용을 실생활에 활용할 방법을 말해 본다.

실생활 예시

• 우리 고장 문제 해결을 위한 포스터 만들기
• 불우 이웃을 돕는 자원 봉사 활동을 하고 이에 관해 영어 일기 쓰기
• 친구의 블로그를 방문하여 Alex의 레모네이드 가판대 홍보하기

Vocabulary

ladder [lǽdər] 명 사다리　take care 잘 지내, 몸 건강해 (헤어질 때 인사말)　surprise party 깜짝 파티

Lesson 6 단원 평가

1 대화를 듣고, 남자의 마지막 말에 이어질 여자의 말로 가장 적절한 것을 고르시오.

① Sure.
② Good for you.
③ You're welcome.
④ I'm sorry to hear that.
⑤ Thank you very much.

2 대화를 듣고, 빈칸에 들어갈 말이 바르게 짝지어진 것을 고르시오.

Minjun had a bad _____ so he couldn't play _____.

① headache — tennis
② headache — soccer
③ cold — tennis
④ cold — soccer
⑤ day — soccer

3 대화를 듣고, 남자의 말에 담긴 의도로 가장 적절한 것을 고르시오.

① 제안
② 후회
③ 칭찬
④ 비난
⑤ 거절

4 대화를 듣고, 내용과 일치하지 않는 것을 고르시오.

① Mike는 오늘 봉사 활동에 참여하지 못한다.
② Mike는 어제 발목을 다쳤다.
③ 여자는 Mike가 오지 않아 화가 났다.
④ 남자는 바닥을 청소할 것이다.
⑤ 여자는 창문을 닦을 것이다.

5 다음 영영 풀이에 해당하는 단어는?

a large table for selling things like food or drink

① cure
② pain
③ flood
④ stand
⑤ whole

6 다음 중 두 단어의 관계가 나머지와 다른 하나는?

① hot — cold
② old — young
③ bright — dark
④ sick — ill
⑤ easy — difficult

7 다음 중 짝지어진 대화가 어색한 것은?

① A: Can you help me?
   B: Sure.
② A: Suyeong, can you open the windows?
   B: OK.
③ A: Can you move the chairs?
   B: Of course.
④ A: Can you clean the room?
   B: I'm sorry but I can't. I'm doing the dishes.
⑤ A: Can you get me a glass of water?
   B: That's too bad.

8 다음 중 동사의 원형과 과거형이 바르게 연결된 것은?

① run — run
② hurt — hurt
③ wake — waked
④ join — join
⑤ get — gotten

9 밑줄 친 ①~⑤ 중 흐름상 관계가 <u>없는</u> 것은?

> Hello, everyone. ① <u>There was a big flood in the next village.</u> ② <u>It rains a lot in the summer in Korea.</u> ③ <u>Now many people need help.</u> ④ <u>We'll go there to help them.</u> ⑤ <u>Can you join us, please?</u>

   ①   ②   ③   ④   ⑤

[12-14] 다음 글을 읽고, 물음에 답하시오.

> Today, our speaker is a teen actress. She is going to talk about a lemonade stand. Let's welcome Bailee Madison.
>
>   Hello, everyone. I'd like to _____(A)_____, Alex Scott. She got cancer _____(B)_____ her first birthday. She became an angel _____(C)_____ she was just eight years old.

10 주어진 문장의 빈칸에 공통으로 들어갈 말을 쓰시오.

> • You know _____? A strong wind broke many greenhouses.
> • _____'s the matter?

12 윗글의 빈칸 (A)에 들어갈 말을 〈보기〉에서 골라 바르게 배열하시오.

> 보기 a little girl, you, about, tell, a story

→ _____

13 윗글의 빈칸 (B)와 (C)에 들어갈 말이 바르게 연결된 것은?

① when — before
② when — during
③ before — when
④ before — during
⑤ while — before

11 주어진 문장과 의미가 같도록 빈칸에 알맞은 의문문을 쓰시오.

> Please clean up the trash.
> → _____?

14 윗글을 읽고 대답할 수 <u>없는</u> 것은?

① Who is going to speak?
② What is the speaker going to talk about?
③ When did Alex get cancer?
④ How old was Alex when she became an angel?
⑤ Where was Alex born?

This is not the whole story. One hot summer day, Alex suddenly had a bright idea. She (A) told/said to her mom, "I want to have a lemonade stand and (B) raise/rise money for doctors. I'll give ⓐthem the money. They can use it to find cancer cures for sick kids."At that time, she was only four years old, and she ran her lemonade stand (C) for/during four years.

Alex was little, but her ___(A)___ was big. She isn't with us now, but her ___(B)___ still lives with us. Now many people volunteer at lemonade stands every year, and I'm just one of them.

Would you like to do something for others? It's not (C) too difficult. You are not too young.

15 윗글의 밑줄 친 (A), (B), (C)에 알맞은 것으로 바르게 짝지어진 것은?

	(A)	(B)	(C)
①	told	raise	for
②	told	rise	during
③	said	raise	for
④	said	raise	during
⑤	said	rise	for

18 윗글의 빈칸 (A)와 (B)에 공통으로 알맞은 것은?

① dream   ② cure   ③ fear
④ joy   ⑤ life

19 윗글의 뒤에 올 말로 가장 적절한 것은?

① You can make a lot of money.
② Everyone can make a difference.
③ Do not judge a book by its cover.
④ It's not too late to start something new.
⑤ Lemonade is the best drink in the summer.

16 밑줄 친 ⓐ가 가리키는 대상을 위 글에서 찾아 한 단어로 쓰시오.

→ _____

17 윗글의 내용과 일치하지 <u>않는</u> 것은?

① Alex는 레모네이드 가판대를 열어 돈을 모금하길 원했다.
② Alex는 자신의 꿈을 선생님께 말씀드렸다.
③ Alex는 아픈 아이들을 위한 암 치료법이 개발되길 바랐다.
④ 레모네이드 가판대를 열 때 Alex는 4살이었다.
⑤ Alex는 레모네이드 가판대를 4년간 운영했다.

20 다음 중 밑줄 친 (C)와 같은 의미로 쓰인 것은?

① Nice to talk to you, <u>too</u>.
② He is young, smart, and rich, <u>too</u>.
③ He saw something and she saw it, <u>too</u>.
④ The bus was going <u>too</u> fast.
⑤ They are selling the pens and the notebooks, <u>too</u>.

1 그림을 보고, 주어진 단어를 이용하여 도움을 요청하는 문장을 쓰시오.

_____?(move)

[2-3] 다음 우리말과 같은 의미가 되도록 주어진 단어를 이용하여 영작하시오.

2 이 셔츠는 나에게 너무 커. (too big, for me)

= This shirt _____ _____ _____
_____ _____.

3 그는 오늘 우리와 함께할 수 없어. (us, cannot, join)
= He _____ _____ _____ today.

4 두 문장이 같은 뜻이 되도록 〈보기〉와 같이 문장을 바꾸어 쓰시오.

> 보기 Alex wanted to give doctors the money.
> → Alex wanted to give the money to doctors.

(1) Kevin sent his grandmother a postcard.
→ _____

(2) Mr. Park taught us Korean history.
→ _____

(3) Ryan showed her his pictures.
→ _____

5 괄호 안의 표현을 이용하여 다음 대화를 완성하시오.

> A: We lost the soccer game.
> B: _____(sorry, hear)

6 괄호 안의 단어를 바르게 배열하여 문장을 완성하시오.

> A: (me, with, can, bag, you, my, help), Minsu?
> B: Sure.

→ _____

7 〈보기〉에서 알맞은 말을 골라 다음 대화를 완성하시오.

> 보기 grass   too   did   for   don't
> A: Why _____ you sit on the _____?
> B: The grass is _____ wet.

1 다음 대화를 읽고 답할 수 있는 것은?

A: Horses can sleep on their feet.
B: Really?
A: Yes. They lock their knees when they go to sleep.
B: That's surprising.

① What time do horses go to sleep?
② Why do horses sleep on their feet?
③ How can horses sleep on their feet?
④ How do horses find a place to sleep?
⑤ What do horses do before they go to sleep?

2 다음 대화의 빈칸에 들어갈 말로 알맞은 것은?

A: Hi, Minju. How was your soccer match?
B: I had a bad cold, so I couldn't play.
A: _____

① Not at all.
② You are right.
③ That's too bad.
④ That's amazing!
⑤ You can't miss it.

3 짝지어진 단어의 관계가 나머지와 다른 것은?

① aid – help   ② small – big
③ warm – cool   ④ light – darkness
⑤ special – common

4 다음 빈칸에 공통으로 들어갈 수 있는 단어를 쓰시오.

• _____ I feel bored, I draw some pictures.
• _____ is your birthday?

5 다음 중 어법상 틀린 것은?

① Your window is too high.
② How can we help them?
③ When it rains, I don't go out.
④ I read books and drawing pictures.
⑤ I was late for school because I missed the bus.

[6-7] 다음 대화를 읽고, 물음에 답하시오.

Yujin: Seho, Junha cannot ⓐjoin us today.
Seho: Why? What ⓑhappened to him?
Yujin: He ⓒfell and hurt his leg yesterday.
Seho: That's too bad.
Yujin: Well, he'll be fine.
Seho: OK. ⓓLet's begin our volunteer work.
        What should we ⓔdoing first?
Yujin: Can you clean the windows? I'll clean
        the floor.
Seho: Sure.

6 위 대화의 밑줄 친 ⓐ~ⓔ 중 어법상 틀린 것은?

① ⓐ   ② ⓑ   ③ ⓒ   ④ ⓓ   ⑤ ⓔ

7 **What will Seho do next?**

→ He _____.

8 다음 글의 빈칸에 공통으로 들어갈 말로 알맞은 것은?

> Hello, everyone. There was a big flood in the next village. Now many people need _____. We'll go there to _____ them. Can you join us, please?

① help   ② effort   ③ trouble
④ break   ⑤ worry

9 다음 중 짝지어진 대화가 어색한 것은?

① A: Hi, Minju. How was your cooking class?
  B: It was great.
② A: Why do you look so nervous?
  B: I have a test this afternoon.
③ A: Jinsu is sick in bed.
  B: I want to see a doctor after school.
④ A: A strong wind broke many greenhouses.
  B: That's too bad.
⑤ A: Can you help me?
  B: Sure.

10 다음 대화의 빈칸에 알맞은 말을 한 단어로 쓰시오.

> A: I want to keep a snake.
> B: Why?
> A: _____ it's clean and quiet.

→ _____

11 다음 질문에 대한 대답으로 적절하지 <u>않은</u> 것은?

> Can you clean the board?

① Sure.
② I'd love to.
③ No problem.
④ Yes, I'm sure.
⑤ I'm afraid I can't.

12 다음 대화의 순서를 바르게 배열한 것은?

(A) Polar bears! Their tongues are black!
(B) Did you see *Animal World* on TV yesterday?
(C) That's surprising!
(D) No, I didn't. What was it about?

① (A) – (B) – (C) – (D)
② (A) – (C) – (B) – (D)
③ (B) – (A) – (D) – (C)
④ (B) – (D) – (A) – (C)
⑤ (B) – (D) – (C) – (A)

15 다음 대화의 빈칸에 들어갈 말로 적절하지 <u>않은</u> 것은?

A: You know what? Bulls can't see the colors.
B: _____

① It's not fair!
② It's amazing!
③ I can't believe it!
④ That's surprising!
⑤ That's unbelievable!

[13-14] 다음 대화를 읽고, 물음에 답하시오.

Nara: Why don't we go to the Butterfly Rooms first?
Seho: Sure, Nara.
Nara: Look, Seho. The butterflies in that room aren't moving at all.
Seho: ___ⓐ___ is that?
Nara: Because it's not warm enough.
Seho: That's surprising!
Nara: But the butterflies in this room are moving and flying all around.
Seho: Oh, it's warm in this room.

13 위 대화의 빈칸 ⓐ에 들어갈 말로 알맞은 것은?

① What   ② When   ③ Where
④ How   ⑤ Why

14 위 대화의 내용과 일치하는 것은?

① 나비들은 보통 떼를 지어 움직인다.
② 나라와 세호는 나비방에 마지막으로 갔다.
③ 따뜻한 방의 나비들은 여기저기 날아다닌다.
④ 세호는 왜 나비들이 움직이지 않는지 설명했다.
⑤ 나라는 나비의 특성에 대해 놀라워한다.

16 화폐에 그려진 동물과 해당 국가가 <u>잘못</u> 연결된 것은?

	animal	country
①		Australia
②		New Zealand
③		the Republic of South Africa
④		Brazil
⑤		Norway

[17-19] 다음 대화를 읽고, 물음에 답하시오.

ⓐ<u>This fish</u> lives in the deep sea. ⓑ<u>It</u> has a (A) <u>shine</u> rod on its head. Why in the world?

There are small (B) <u>live</u> things on the rod, and light comes from ⓒ<u>them</u>. When they shine, small sea animals come close to the rod and become food for ⓓ<u>the fish</u>! ⓔ<u>The fish</u> uses this shine in the dark special effect!

Shine on, Mr. Fish!

[20-21] 다음 글을 읽고, 물음에 답하시오.

(A) (hears / something / an / when / owl), it moves its face feathers. Why in the world?

ⓐAn owl's face feathers are like a radar dish. ⓑThe owl moves the feathers because it wants to hear sounds clearly. ⓒSounds travels faster in water than in air.

ⓓYou know what? Sound scientists study owls' feathers. ⓔThey want to make new radar dishes and hearing aids!

17 밑줄 친 **(A)**와 **(B)**를 알맞은 형태로 고쳐 쓰시오.

(A) _____   (B) _____

18 윗글의 제목으로 가장 적절한 것을 고르시오.

① How to make fish shine in the dark
② Deep-sea animals eating small things
③ Special effects of various types of fish
④ Why does this deep-sea animal have a rod on its head?
⑤ What should you do when you meet this deep-sea animal in the sea?

20 윗글의 밑줄 친 **(A)**를 올바른 순서로 배열하시오.

→ _____

19 밑줄 친 ⓐ~ⓔ 중 가리키는 것이 <u>다른</u> 하나는?

① ⓐ   ② ⓑ   ③ ⓒ
④ ⓓ   ⑤ ⓔ

21 윗글에서 전체 흐름과 관계 <u>없는</u> 문장은?

① ⓐ   ② ⓑ   ③ ⓒ
④ ⓓ   ⑤ ⓔ

[22-24] 다음 글을 읽고, 물음에 답하시오.

You know what? When an elephant wants to talk to other elephants, it hits the ground with its feet. Why in the world?

An elephant has special foot pads _____ can feel shaking from far away. So, when an elephant sends a thump, other elephants can get the message from far away.

[25-26] 다음 글을 읽고, 물음에 답하시오.

Today, our speaker is a teen actress. (A)그녀는 레모네이드 가판대에 대해 이야기할 것이다. Let's welcome Bailee Madison.

Hello, everyone. I'd like to tell you a story about a little girl, Alex Scott. She got cancer before her first birthday. She became an angel when she was just eight years old.

22 윗글의 주제로 가장 적절한 것은?

① 신기한 동물들
② 코끼리의 신체적 특징
③ 발바닥이 특이한 동물들
④ 코끼리가 가진 경이로운 능력
⑤ 코끼리가 무거운 이유

25 윗글의 내용과 일치하지 <u>않는</u> 것을 고르시오.

① Bailee는 10대이다.
② Bailee는 Alex의 동생이다.
③ Alex는 8살에 하늘나라에 갔다.
④ Alex는 한 살이 되기 전에 암에 걸렸다.
⑤ Bailee는 Alex에 대한 이야기를 들려줄 것이다.

23 윗글의 빈칸에 알맞은 연결어를 쓰시오.

→ _____

24 윗글의 내용과 일치하도록 빈칸에 들어갈 말이 바르게 연결된 것은?

An elephant hits the ___ⓐ___ with its feet to send other elephants ___ⓑ___.

	ⓐ		ⓑ
①	ground	·····	food
②	ground	·····	messages
③	place	·····	food
④	place	·····	letters
⑤	mountain	·····	messages

26 밑줄 친 우리말 (A)에 맞도록 다음 빈칸에 알맞은 말을 쓰시오.

She _____ _____ _____ _____ about a lemonade stand.

[27-28] 다음 글을 읽고, 물음에 답하시오.

ⓐThis is not the whole story. ⓑOne hot summer day, Alex suddenly had a bright idea. She said to her mom, "ⓒI want to have a lemonade stand and raise money for doctors. ⓓ I'll give the money them. ⓔThey can use it to find cancer cures for sick kids." At that time, she was only four years old, and she ran her lemonade stand for four years.

27 윗글을 읽고 답할 수 없는 질문은?

① Why did Alex want to raise money?
② What did Alex want the doctors to find?
③ How many years did Alex run her lemonade stand?
④ Why do people like to drink lemonade in hot summer?
⑤ How old was Alex when she started running her lemonade stand?

28 윗글의 ⓐ~ⓔ 중 어법상 어색한 문장을 찾아 바르게 고쳐 쓰시오.

→ _____

29 Julie가 주말에 주로 하는 활동과 준비물을 보고 〈보기〉와 같이 **when**을 이용하여 문장을 완성하시오.

when I ...	I take ...
go camping	sunglasses
go fishing	a fishing rod
go hiking	a cap

보기 When I go camping, I take my sunglasses.

(1) _____
(2) _____

30 그림을 보고 여자가 하는 말에서 밑줄 친 부분을 찾아 바르게 고쳐 쓰시오.

You are too not young. You can make a difference.

→ _____

31 그림을 보고, 괄호 안의 단어를 이용하여 질문에 알맞은 응답을 쓰시오.

Q: Why does Minji look sad?
A: _____
　(because, dog, lost)

32 다음 대화를 읽고 괄호 안의 단어를 이용하여 유감을 말하는 응답을 완성하시오.

A: Hi, Namsu. How was your English speech contest yesterday?
B: It didn't go well. I forgot some lines.
A: _____ (sorry, hear)

Let's Go Green

NATURAL

Lesson Question
What do you do to save the earth?

RECYCLE

REDUCE

REUSE

ECO FRIE

BIO

이번 단원의 주요 내용을 살펴보고, 나의 학습 목표를 써 봅시다.

Listening & Speaking	Culture	Reading	Writing	Project
환경 문제와 환경 보호 활동에 대해 듣고 말하기	세계 환경의 날에 대해 알아보기	어느 왕의 오래된 나무와 그의 정원에 대한 이야기 읽기	환경 보호 활동에 대한 학교 신문 기사 쓰기	'The Natural Garden and Sir Green'을 바탕으로 연극하기

- 확인 요청하기 Chaewon always saves energy, doesn't she?
- 주제 소개하기 Now let's talk about fine dust.

- The king **was walking** in the garden.
- That old tree looks so ugly, **doesn't it?**

My Goals

학습목표

- 확인을 요청하거나 주제를 소개하는 말을 듣고, 세부 정보를 파악할 수 있다.
- 환경을 보호하기 위한 습관과 실천 방법을 말할 수 있다.
- 궁궐 정원의 오래된 나무에 대한 이야기를 읽고 줄거리를 파악할 수 있다.
- 과거진행형을 사용하여 환경 보호 활동을 설명하는 신문 기사를 쓸 수 있다.

의사소통 기능

확인 요청하기

Chaewon always saves energy, doesn't she?
(채원이는 항상 에너지를 절약해, 그렇지?)

주제 소개하기

Now let's talk about fine dust.
(이제 미세먼지에 대해서 이야기해 보자.)

언어 형식

과거진행형

The king **was walking** in the garden.
(왕은 정원을 걷고 있었다.)

부가의문문

That old tree looks so ugly, **doesn't it?**
(저 오래된 나무는 너무 못생겼어, 그렇지 않니?)

Lesson Question

What do you do to save the earth?
(여러분은 지구를 구하기 위해서 무엇을 하나요?)

예시 답안

I plant trees.
(저는 나무를 심습니다.)

I use an eco-bag.
(저는 에코백을 사용합니다.)

I try to use less shampoo.
(저는 샴푸를 덜 사용하려 노력합니다.)

I walk to school every day.
(저는 학교에 매일 걸어갑니다.)

I recycle waste.
(저는 쓰레기를 분리수거합니다.)

My Goals

예시 답안

- 환경 보호를 위한 실천 방법을 말할 수 있다.
- 새로운 환경의 날을 만들 수 있다.
- 환경 보호 활동에 대한 학교 신문 기사를 쓸 수 있다.
- 본문의 내용을 바탕으로 연극을 할 수 있다.
- 여러 환경 문제를 생각해 보고 환경 보호를 실천할 수 있다.

Listen & Speak 1

교과서 p.124

소년은 뭐라고 말할까요?
- ☑ 쓰레기를 재활용하다
- ☐ 쓰레기를 버리다
- ☐ 쓰레기통을 씻는다

대본·해석

B You always <u>recycle waste</u>, don't you?
G Yes, I do.
소년 너는 항상 쓰레기를 재활용하지, 그렇지?
소녀 응, 그래.

A 대본·해석

1 B ❶ You walk to school every day, don't you?
  G Yes, I do.
  B Isn't it far?
  G Yes, but I like walking.
  소년 너는 학교에 매일 걸어서 오지, 그렇지?
  소녀 응, 맞아.
  소년 멀지 않니?
  소녀 응, 하지만 난 걷는 걸 좋아해.

2 G ❷ Jay always brings his own cup, doesn't he?
  B ❸ Yes, he does. He doesn't use paper cups.
  G ❹ What a good habit!
  소녀 Jay는 항상 자기 컵을 가지고 오지, 그렇지?
  소년 응, 맞아. 그는 종이컵을 쓰지 않아.
  소녀 정말 좋은 습관이네!

B 본문 해석

A 채원이는 항상 에너지를 절약해, 그렇지 않니?
B 응, 맞아. / 아니야, 그렇지 않아.

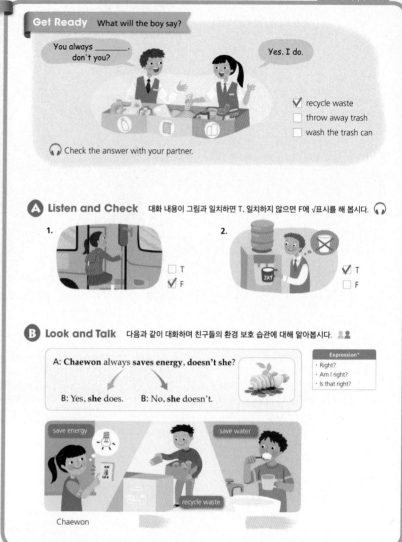

Get Ready What will the boy say?

You always _____, don't you?

Yes, I do.

- ☑ recycle waste
- ☐ throw away trash
- ☐ wash the trash can

🎧 Check the answer with your partner.

A Listen and Check 대화 내용이 그림과 일치하면 T, 일치하지 않으면 F에 √표시를 해 봅시다. 🎧

1. ☐ T ☑ F

2. ☑ T ☐ F

B Look and Talk 다음과 같이 대화하며 친구들의 환경 보호 습관에 대해 알아봅시다.

A: Chaewon always **saves energy**, doesn't she?

B: Yes, **she does**.   B: No, **she doesn't**.

Expression⁺
- Right?
- Am I right?
- Is that right?

save energy   save water
recycle waste
Chaewon

Vocabulary

- recycle [rìːsáikl] 동 재활용하다
  예 We should **recycle** paper. (우리는 종이를 재활용해야 한다.)
- waste [weist] 명 쓰레기 동 낭비하다
- throw away 버리다
  예 Can I **throw** this **away**? (이거 버려도 되니?)
- trash [træʃ] 명 쓰레기
- habit [hǽbit] 명 버릇, 습관
  예 I have a bad **habit**. (나는 나쁜 습관이 있다.)

Speaking Tip

부가의문문의 형태

부가의문문을 만들 때, 앞 문장의 동사가 일반동사면 조동사 do를 쓰고, 조동사나 be동사가 쓰이면 각각 조동사, be동사로 부가의문문을 만든다.

예 **They like** this school, **don't they**?
(그들은 이 학교를 좋아하지, 그렇지?)
You can't drive, can you?
(너는 운전을 못하지, 그렇지?)
He wasn't there, was he?
(그는 거기에 없었어, 그렇지?)

Word Quiz

우리말에 맞게 빈칸에 알맞은 단어를 쓰시오.

1. 학생들은 학교에서 분리수거를 하나요?
   Do students _____ at school?
2. 그것은 그의 오래된 버릇이다.
   It's his old _____.

정답 1. recycle 2. habit

Get Ready

해설 여학생이 분리수거함 앞에서 폐품을 분리수거하고 있고 남학생이 확인을 요청하는 질문을 하고 있으므로 '쓰레기를 재활용하다'(recycle waste)가 적절하다.

Ⓐ Listen and Check

❶ You walk to school every day, don't you?

'걸어서 학교에 다니다'라는 의미의 반복적인 행위를 나타낸다. 문장 끝에 부가의문문을 붙여 상대방에게 확인을 구하고 있다.

❷ Jay always brings his own cup, doesn't he?

always처럼 항상, 또는 자주 있는 일을 나타낼 때는 현재형을 쓴다. 주어가 3인칭 단수(Jay)이고 일반동사 brings가 쓰였으므로 부가의문문은 3인칭 단수 현재형인 doesn't he?를 쓴다.

예 She really likes pasta, **doesn't she?** (그녀는 파스타를 정말 좋아해, 그렇지?)

❸ Yes, he does. He doesn't use paper cups.

앞 문장에서 부정형인 doesn't he?로 질문했으므로 긍정일 경우 Yes, he does.로, 부정일 경우 No, he doesn't.으로 답한다. 종이컵을 사용하지 않는 것은 평소 습관이므로 현재형(doesn't use)으로 나타낸다.

❹ What a good habit!

「What+a/an+형용사+명사+(주어+동사)!」는 놀라움을 나타내는 감탄문이다. habit 뒤에는 it is가 생략되었다.

예 **What an interesting story** (it is)! (정말 재미있는 이야기구나!)

해설 1. 학교에 걸어서 통학하는 습관에 대해 얘기하고 있으므로 버스를 타고 있는 그림은 대화 내용과 일치하지 않는다.
2. Jay는 종이컵을 사용하지 않는다고 말하고 있고, 그림에서도 Jay라고 쓰여진 머그컵을 사용하는 남자아이(Jay)가 보이므로 대화 내용과 일치한다.

Ⓑ Look and Talk

해설 부가의문문을 이용하여 환경을 보호하는 습관에 대해 짝과 묻고 답한다.

예시 답안

1. A Seho always recycles waste, doesn't he?(세호는 항상 재활용을 해, 그렇지?)
   B Yes, he does./ No, he doesn't.(응, 그래./ 아니야, 그렇지 않아.)
2. A Minho always saves water, doesn't he? (민호는 항상 물을 아껴 써, 그렇지?)
   B Yes, he does./ No, he doesn't.(응, 그래./ 아니야, 그렇지 않아.)

Check-up

[1~2] Ⓐ의 대화를 읽고, 내용과 일치하면 T, 일치하지 않으면 F에 표시하시오.

1 The girl doesn't take a bus when she goes to school.
　　　　　　　　　　　　　　　　　　　　　　　T F

2 Jay always uses paper cups. T F

[3~4] 괄호 안의 우리말에 맞게 각각 두 단어로 주어진 질문에 대답하시오.

3 Q You liked the show, didn't you?
　A Yes, _____.(좋았어.)

4 Q She doesn't drink coke, does she?
　A Yes, _____.(그녀는 콜라를 마셔.)

정답 1. T 2. F 3. I did 4. she does

Listen & Speak 2

소녀는 뭐라고 말할까요?

☐ 대지 오염
☐ 수질 오염
☑ 황사

대본·해석

B   What's next?
G   Now let's talk about <u>yellow dust</u>.
소년 다음은 뭐야?
소녀 이제 황사에 대해 얘기해 보자.

A **대본·해석**

1 B   ❶ There are many school clubs.
      ❷ Which clubs are you interested in?
      Let's talk about them.
   소년 학교 동아리가 많이 있어. 너는 어떤 동아리에
   관심 있니? 그것들에 대해 얘기해 보자.

2 G   ❸ I'd like to talk about our school
      uniforms. I don't like the colors. ❹
      What do you think?
   소녀 나는 우리 학교 교복에 대해 얘기하고 싶어. 난
   색깔이 마음에 안 들어. 너는 어떻게 생각해?

3 G   Do you like your school lunches? What
      is your favorite food? Let's talk about
      it.
   소녀 너는 학교 급식이 마음에 드니? 네가 가장 좋아
   하는 음식은 뭐야? 그것에 대해 얘기해 보자.

B **본문 해석**

A 이제 미세 먼지에 대해 얘기해 보자.
B 그래. 그건 심각한 문제야, 그렇지?
A 맞아.

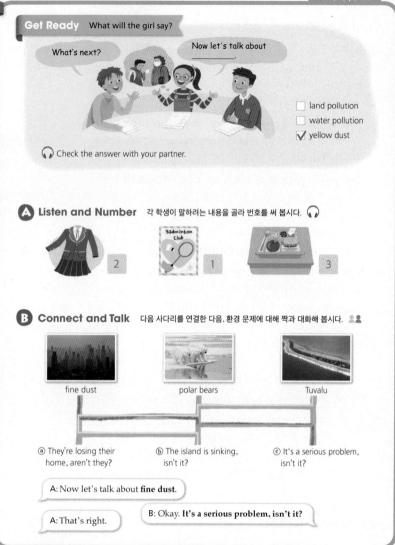

Get Ready What will the girl say?

What's next?   Now let's talk about _____.

☐ land pollution
☐ water pollution
☑ yellow dust

🎧 Check the answer with your partner.

A **Listen and Number** 각 학생이 말하려는 내용을 골라 번호를 써 봅시다. 🎧

2   Badminton Club 1   3

B **Connect and Talk** 다음 사다리를 연결한 다음, 환경 문제에 대해 짝과 대화해 봅시다.

fine dust   polar bears   Tuvalu

ⓐ They're losing their   ⓑ The island is sinking,   ⓒ It's a serious problem,
home, aren't they?   isn't it?   isn't it?

A: Now let's talk about **fine dust**.

A: That's right.   B: Okay. **It's a serious problem, isn't it?**

Vocabulary

- pollution [pəlúːʃən] 몡 오염, 공해
  예 Air **pollution** is getting worse.(대기 오염이 악화되고 있다.)
- yellow dust 몡 황사
  예 The **yellow dust** can be dangerous.(황사는 위험할 수 있다.)
- lose [luːz] 동 잃다, (시합이나 논쟁 등에서) 패하다(lose-lost-lost)
  예 Never **lose** the umbrella again! (다시는 우산 잃어버리지 마!)
- sink [siŋk] 동 가라앉다
  예 The boat was **sinking**.(그 배는 가라앉고 있었다.)
- serious [síəriəs] 혱 심각한, 진지한
  예 The situation was **serious**.(상황은 심각했다.)

Word Quiz

우리말에 맞게 빈칸에 알맞은 단어를 쓰시오.

1. 오늘의 주제는 수질 오염이다.
   Today's topic is water _____.
2. 너 왜 그렇게 심각하니?
   Why are you so _____?

정답 1. pollution 2. serious

Speaking Tip

화제 전환하기
토론이나 토의가 아닌 일상 대화에서 새로운 화제로
바꿀 때 쓰는 표현으로는 You know what?(너 그
거 알아?), Guess what!(있잖아.) 등이 있다.

예 **Guess what**! I won the first prize in
   the speech contest!
   (있잖아, 나 말하기 대회에서 1등 했어!)

186 Lesson 7

Get Ready

해설 Let's talk about ~.은 '~에 대해 이야기해 보자'라는 의미로 토론 등에서 새로운 화제를 소개할 때 쓰는 표현이다. 황사로 인해 뿌연 공기를 마시며 재채기를 하는 사람과 마스크를 쓴 사람이 제시되었으므로 yellow dust(황사)가 적절하다.

Ⓐ Listen and Number

❶ **There are** many school clubs.
「There+be동사 ~」는 '~가 있다'라는 의미이며 문장의 주어는 be동사 뒤에 나온다. 주어 many school clubs가 복수형이므로 복수형 동사인 are를 썼다.

❷ **Which** clubs **are** you **interested in?**
which는 '어떤'이라는 의미로 clubs를 수식한다. be interested in ~은 '~에 관심이 있다'라는 뜻이다.

❸ **I'd like to** talk about our school uniforms.
'd like to는 would like to의 줄임말로 '~하고 싶다'라는 뜻이다.
예 **I'd like to** have beef steak. (소고기 스테이크로 할게요.)

❹ **What do you think?**
상대방의 의견을 물어볼 때 쓰는 표현으로 '넌 어떻게 생각해?'라는 의미이다.

해설 1. school club은 학교 동아리를 의미하므로 '배드민턴 동아리' 포스터가 그려진 두 번째 그림이 적절하다.
2. 여학생이 교복(school uniform) 색깔이 마음에 들지 않는다고 했으므로 첫 번째 그림이 적절하다.
3. school lunch는 학교에서 제공하는 급식을 말하므로 세 번째 그림이 적절하다.

Ⓑ Connect and Talk

해설 Let's talk about ~.을 써서 대화에 새로운 주제를 소개해 짝과 이야기해 본다. 모두 현재 일어나고 있는 문제이므로 현재진행형(be동사+동사-ing)으로 나타낸다.

예시 답안

1. A Now let's talk about fine dust.(이제 미세먼지에 대해서 얘기해 보자.)
   B Okay. It's a serious problem, isn't it?(그래. 그건 심각한 문제야, 그렇지?)
   A That's right.(맞아.)
2. A Now let's talk about polar bears.(이제 북극곰에 대해서 얘기해 보자.)
   B Okay. They're losing their home, aren't they?
   (그래. 그들은 집을 잃고 있어, 그렇지?)
   A That's right.(맞아.)
3. A Now let's talk about Tuvalu.(이제 투발루에 대해서 얘기해 보자.)
   B Okay. The island is sinking, isn't it?
   (그래. 그 섬나라는 가라앉고 있어, 그렇지?)
   A That's right.(맞아.)

학습 도우미

의사소통 기능 ②
주제 소개하기
Let's talk about ~.은 토론 등에서 주제나 화제를 소개할 때 쓰는 표현이다. 유사한 표현으로 I'd like to say something about ~(~에 대해 말하고 싶은 게 있습니다.) 또는 I'd like to talk about ~(~에 대해 이야기하고 싶습니다.) 등이 있다.

예 **Let's talk about** water pollution.
(수질 오염에 대해 얘기해 보자.)
I'd like to say something about water pollution. /
I'd like to talk about water pollution.
(저는 수질 오염에 대해 이야기하고 싶습니다.)

의견이나 생각 묻기
상대방의 생각이나 의견을 물을 때 쓸 수 있는 표현으로 What do you think? 외에 How do you feel about ~?/What do you think of ~?(~는 어떻게 생각해?), How do you like ~?(~는 어때?, ~는 마음에 들어?)가 있다.

예 **How do you like** your new cell phone?
(새로 산 휴대 전화기는 어때?)

which의 쓰임
• 의문형용사로 쓰여 '어느, 어떤'이라는 의미로 뒤에 나오는 명사를 수식한다.
예 **Which** one do you prefer?
(너는 어떤 걸 더 좋아하니?)
• '어느 것, 어떤 것'이라는 의미의 대명사로 쓰인다.
예 **Which** is better, an apple or an orange?
(사과 아니면 오렌지, 어느 게 더 좋아?)

Check-up

[1~2] Ⓐ의 대화를 읽고, 내용과 일치하면 T, 일치하지 않으면 F에 표시하시오.

1 They are talking about school life. T F
2 There are a lot of clubs in school. T F

[3~5] 주어진 문장에 이어질 부가의문문을 쓰시오.

3 You don't like the party, _____?
4 He did the homework, _____?
5 She isn't lying, _____?

정답 1. T 2. T 3. do you 4. didn't he 5. is she

Conversation

Ⓐ 무엇에 관한 포스터인가요?

예시 답안

It is about the green project contest.
(환경 프로젝트 대회에 관한 포스터이다.)

Ⓑ **대본·해석**

Nara ❶ You're going to join the green project contest, aren't you?

Seho ❷ Yes, I am. But I don't have an idea yet.

Nara ❸ Why don't we work on it together?

Seho Great.

Nara Listen. ❹ I'm thinking of a green blog.

Seho A green blog? What's that?

Nara Students can share their green ideas on it.

Seho That sounds like a great idea. ❺ Let's talk about it some more.

나라 너 환경 프로젝트 대회에 참여할 거지, 그렇지?
세호 응, 맞아. 그런데 아직 아이디어가 없어.
나라 우리 같이 하면 어떨까?
세호 좋아.
나라 들어 봐. 난 환경 블로그는 어떨까 생각 중이야.
세호 환경 블로그? 그게 뭐야?
나라 학생들이 그곳에서 환경 관련 아이디어를 공유할 수 있어.
세호 멋진 아이디어 같아. 그것에 대해서 좀 더 이야기해 보자.

본문 해석

2. 나는 환경 블로그(green blog)에 대해 생각 중이야. 학생들은 그곳에서 환경 관련 아이디어를(green ideas) 공유할 수 있어.

Ⓒ 여러분이 가진 환경 관련 아이디어는 무엇인가요?

Ⓐ **Get Ready**   What is the poster about?

Ⓑ **Listen and Do**

1. 대화가 이루어지는 상황을 골라 봅시다. 🎧

2. 대화를 다시 듣고, 나라의 말을 완성해 봅시다. 🎧

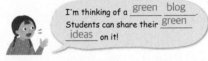

I'm thinking of a green blog. Students can share their green ideas on it!

Listening Tip
대화의 첫 부분을 주의 깊게 들으며 대화의 주제와 상황을 파악해 보세요.

Ⓒ **Do a Role-Play**   짝과 역할을 나누어 대화해 봅시다 👥

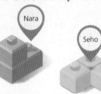

Nara   Seho

My Turn What is your green idea?

🔁 **Sounds in Use**
• You're going to join the contest, aren't you? ↗
• **Let's** talk about it. [ts]

Vocabulary

• green [griːn] 형 녹색의, 환경 보호의, 친환경적인
  예 Here are ten **green** activities.(여기 환경 보호 활동 10가지가 있어.)
• project [prάːdʒekt] 명 (연구나 생산을 위한) 계획, 설계, 과제
  예 I'm working on a history **project**.(나는 역사 프로젝트를 진행 중이야.)
• contest [kάntest] 명 대회, 시합, 경기
  예 Who won the **contest**?(그 시합에서 누가 이겼니?)
• share [ʃεər] 동 나누다, 공유하다
  예 She **shared** her family story with her friends.
    (그녀는 친구들과 그녀의 가족에 대한 이야기를 나눴다.)

다음 질문에 영어로 답해 봅시다.

1. Q What contest are they talking about?
   A They are talking about _____.
2. Q What is the girl's idea?
   A She is thinking of _____.

Word Quiz

우리말에 맞게 빈칸에 알맞은 단어를 쓰시오.

1. 그들은 친환경 캠페인을 시작했다.
   They started _____ campaign.
2. 우리는 인터넷에서 정보를 공유할 수 있다.
   We can _____ information on the Internet.

정답 1. green project contest 2. a green blog

정답 1. green 2. share

Ⓐ Get Ready

[해설] 포스터에 Join the Green Project Contest(환경 프로젝트 대회에 참가하세요)라고 나와 있다.

Ⓑ Listen and Do

❶ **You're going to** join the green project contest, **aren't you?**

be going to는 '~할 것이다'라는 의미로, 가까운 미래를 나타내는 현재진행형 표현이다. 주어가 2인칭이고 be동사 are가 쓰였으므로 부가의문문으로 aren't you?를 썼다.

❷ **Yes, I am.** But I don't have an idea **yet.**

be동사로 물었으므로 be동사로 응답해야 한다. yet은 부정문에서 '아직 (~ 않다)'이라는 의미로 쓰이는 부사다. 이 경우 주로 부정문의 마지막에 위치한다.

❸ **Why don't we work on** it together?

Why don't we ~?는 '우리 함께 ~하는 게 어때?'라는 뜻으로 상대방에게 제안할 때 쓰는 표현이다. work on은 '(해결·개선하기 위해) ~에 애쓰다[공들이다]'라는 의미를 나타내며 전치사 on 뒤에는 명사가 나온다.

[예] **Why don't we** look for it together?(우리 그걸 함께 찾아보는 건 어때?)

❹ **I'm thinking of** a green blog.

think of는 '(어떤 일을 하거나 계획할 때) ~에 대해 생각하다, ~할 것을 생각하다'라는 의미로 of 뒤에는 명사(구) 또는 동명사 형태가 온다.

[예] He **is thinking of** moving to another city.(그는 다른 도시로 이사 가려고 생각 중이다.)

❺ **Let's talk about** it some more.

Let's talk about ~은 '~에 대해 얘기해 보자'라는 의미로 화제를 소개할 때 쓰는 표현이다. '얼마간의, 다소의'라는 의미의 some은 more를 수식한다.

[해설] 둘이 함께 이야기를 나누고 있는 그림인 ⓐ가 적절하다.

Ⓒ Do a Role-Play

[해설] 각자 환경을 위해 무엇을 할 수 있는지 생각해 보고, 짝과 대화하며 쉽게 실천할 수 있는 아이디어를 공유해 본다.

 [예시 답안]

• I want to hold a flea market.(나는 벼룩시장을 개최하고 싶어.)
• I want to do a campaign about eco-bags.
  (나는 에코백에 관한 캠페인을 하고 싶어.)

학습 도우미 ▶

○ **부사 yet**
yet은 부정문에서 '아직 (~않다)', 의문문에서는 '이미, 벌써, 지금'이라는 의미로 쓰인다.

[예] Don't fall asleep **yet**.(아직 잠들지 마.)
Is she asleep **yet**?(그녀는 벌써 잠들었어?)

○ **감정을 나타내는 색깔**
green은 '친환경적인'이라는 의미 외에도 '질투가 나는'이라는 뜻을 지닌다. 이처럼 사람의 감정을 표현할 때 특정 색깔을 연관시켜 나타내는 경우가 있다.
• red - 분노, 열정, 흥분
• blue - 슬픔, 우울함
• black - 죽음, 암울함
• green - 환경, 평화, 질투

🔊 Sounds in Use

You're going to join the contest, aren't you? ♪
상대방에게 확인을 요청할 때의 억양은 끝을 올려 말한다. 그러나 진술이 거의 확실하여 상대방으로부터 긍정의 대답만을 기대하는 경우에는 끝을 내려서 말한다.

Let's talk about it. ↘
/lets/는 1음절 소리이다. 음절의 종성은 /ts/이며 이를 /t/와 /s/로 각각 발음하지 않도록 유의한다. /t/와 /s/를 각각 발음할 경우, 실제로는 /t/와 /s/ 사이에 모음이 하나 들어간 2음절 단어(/letəs/)로 잘못 발음하게 된다.

Check-up

[1~2] Ⓑ의 대화를 읽고, 내용과 일치하면 T, 일치하지 <u>않으면</u> F에 표시하시오.

1 Nara is thinking of sharing an idea offline. T F
2 Seho wants to talk about a green blog. T F

[3~5] 다음 중 괄호 안에서 알맞은 것을 고르시오.

3 Why don't we (talking, talk) about it?
4 I don't know (already, yet).
5 I'm thinking (of, at) checking out the new movie.

정답 1. F 2. T 3. talk 4. yet 5. of

교과서 p.127

Step 1 대본·해석

G Hi, guys. Let's talk about our green activities. ❶ Today I interviewed ten students. Five students recycle waste. Three save energy. Two use eco-bags. ❷ What about you?

소녀 얘들아, 안녕. 우리의 환경 보호 습관에 대해 얘기해 보자. 나는 오늘 열 명의 학생들을 인터뷰했어. 다섯 명은 재활용을 해. 세 명은 에너지를 절약해. 두 명은 에코백을 사용한대. 너희들은 어떠니?

Step 2

본문 해석

A 우리의 환경 보호 습관에 대해 얘기해 보자. ❸ 너는 재활용을 하지, 그렇지?

B 응, 나는 해. / 아니, 그렇지 않아.

Step 3 본문 해석

저는 저희 모둠의 환경보호 습관에 대해서 얘기해 보겠습니다. 이 3명의 학생들은 재활용을……

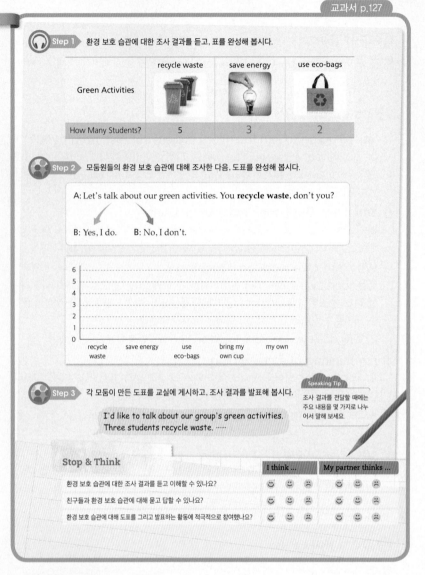

Vocabulary

- activity [æktívəti] 명 활동, 행동, 움직임
  예 What's your favorite club **activity**?
  (네가 가장 좋아하는 동아리 활동은 뭐니?)
- interview [íntərvjùː] 통 인터뷰하다 명 인터뷰, 면접
  예 He **interviewed** a famous movie star.(그는 유명한 영화배우를 인터뷰했다.)
- save [seiv] 통 절약하다, 아끼다
  예 You should **save** water.(너는 물을 아껴 써야 해.)

Write it

다음 질문에 영어로 답해 봅시다.

1. Q What are they talking about?
   A They are talking about _____.
2. Q How many students recycle taste?
   A _____ out of 10 recycle waste.

정답 1. green activities 2. Five

Word Quiz

우리말에 맞게 빈칸에 알맞은 단어를 쓰시오.

1. 아이들과 함께할 수 있는 재미난 활동이구나!
   What a fun _____ to do with kids!
2. 여기 돈을 아낄 수 있는 세 가지 방법이 있습니다.
   Here are three ways to _____ money.

정답 1. activity 2. save

 Step 1

❶ Today I **interviewed** ten students.
interview는 동사와 명사의 형태가 같은 단어이다. 여기에서는 '인터뷰하다'라는 뜻의 동사로 쓰였다. 참고로 '인터뷰하는 사람'은 interviewer, '인터뷰 받는 사람'은 interviewee라고 한다.

❷ What about you?
'너는 어때?'라는 뜻으로, 상대방의 의견이나 생각을 물을 때 쓴다. 같은 의미를 나타내는 표현으로 How about you?가 있다.

해설 에너지를 절약하는 학생은 3명이라고 했고, 에코백을 사용하는 학생은 2명이라고 했다.

 Step 2

❸ You recycle waste, **don't you**?
상대의 동의나 확인을 구하고 싶을 때 부가의문문을 쓴다. 주어가 you이고, 동사가 일반동사 recycle이므로 부가의문문은 조동사를 이용해 don't you를 쓴다. 앞 문장이 긍정문이므로 부가의문문은 부정문으로 나타낸다.

예 He **doesn't use** paper cups, **does** he?(그는 종이컵을 안 써, 그렇지?)

해설 모둠원들의 환경 보호 습관을 떠올려 보고 부가의문문으로 확인을 구한다.

예시 답안

A Let's talk about our green activities. You use eco-bags, don't you?
(우리의 환경 보호 습관에 대해 얘기해 보자. 너는 에코백을 사용하지, 그렇지?)
B Yes, I do.(응, 사용해.)
C No, I don't.(아니, 그렇지 않아.)
D Of course, I do. I use it every day.(물론 하지. 나는 매일 사용해.)
B Now it's my turn. You bring your own cup, don't you?
(이제 내 차례야. 너는 네 컵을 가지고 다니지, 그렇지?)
A Yes, I do.(응, 그래.)
C No, I don't.(아니, 그렇지 않아.)

 Step 3

해설 도표를 보며 친구들의 환경 보호 습관을 조사해 발표해 본다.

예시 답안

I'd like to talk about our group's green activities. Three students recycle waste, and all of us try to save energy. These two use eco-bags, and only one brings her own cup. Three of us turn off water while brushing our teeth.(저는 저희 모둠의 환경 보호 습관에 대해서 얘기해 보겠습니다. 세 명의 학생이 분리수거를 하고 모둠원 전원이 에너지를 절약하려고 노력합니다. 이 두 명은 에코백을 쓰고 단 한 명만 자기 컵을 가져옵니다. 우리 중 셋은 이를 닦을 때 물을 잠급니다.)

학습 도우미

🔘 환경 보호 습관과 관련된 표현
• do not leave food(음식을 남기지 않는다)
• reduce waste(쓰레기를 줄인다)
• take shorter showers(샤워를 짧게 한다)
• turn off water while brushing one's teeth(양치질을 하는 동안 물을 잠가 둔다)
• volunteer for an environmental charity (환경 자선단체에서 자원 봉사를 한다)

Check-up

[1~2] **Step 1**의 담화를 읽고, 내용과 일치하면 T, 일치하지 않으면 F에 표시하시오.

1 The girl interviewed students about their green activities.
T F

2 All the interviewees do some green activities. T F

[3~4] 우리말과 일치하도록 주어진 문장에 이어질 부가의문문을 작성하시오.

3 Wolves look like dogs, _____ _____?
(늑대는 개를 닮았어, 그렇지?)

4 We don't have homework today, _____ _____?
(우리 오늘 숙제 없지, 그렇지?)

정답 1. T 2. T 3. don't they 4. do we

Mission Across Cultures

DAYS FOR THE EARTH

여러분은 어떤 환경의 날에 대해 알고 있나요? 다음 표에서 환경의 날과 그날에 어울리는 표어를 골라 포스터를 완성해 봅시다.

환경의 날	표어
Ⓐ World Wetlands Day	ⓐ Wetlands for Our Future
Ⓑ Earth Day	ⓑ Save Water, Save the World
Ⓒ World Water Day	ⓒ Every Day Is Earth Day

1.
World Wetlands Day
February 2
Wetlands for Our Future

2.

Ⓒ
March 22
ⓑ

3.
Ⓑ
April 22
Ⓒ

🚶 Mission

1. 모둠원들과 새로운 환경의 날을 정하고, 그날에 어울리는 표어를 만들어 봅시다. 🚶

환경의 날	날짜	표어(Slogan)

2. 다른 모둠의 발표를 듣고, 어떤 환경의 날인지 맞혀 봅시다.

Our group's slogan is "No Electricity, Yes Green Activities!" What day is this slogan for?

Complete

본문 해석

지구를 위한 날

1. Ⓐ 2월 2일. 세계 습지의 날 – ⓐ 우리의 미래를 위한 습지

2. Ⓒ 3월 22일. 세계 물의 날 – ⓑ 물을 아껴서 세계를 구합시다.

3. Ⓑ 4월 22일. 지구의 날 – ⓒ 매일이 지구의 날입니다.

해설 수도꼭지와 물방울로 표현된 지구로 보아 두 번째 그림은 물의 날, 지구를 나뭇잎으로 감싼 모양으로 보아 세 번째 그림은 지구의 날에 대한 포스터임을 알 수 있다.

🚶 Mission

예시 답안

1. 환경의 날: World Air Day(세계 공기의 날)
   날짜: April 15(4월 15일)
   표어: Clean Air, Healthy life
   　　　(깨끗한 공기, 건강한 삶)

2. 본문 해석

저희 모둠의 슬로건은 "No Electricity, Yes Green Activities!"(전기는 안 돼요, 환경보호 활동은 돼요!)입니다. 이 표어는 어떤 날을 위한 것일까요?

예시 답안

World Energy Day(세계 에너지의 날)

해설 전기 사용을 줄이고 환경을 보호하는 습관과 활동을 장려하는 표어이므로 에너지 절약을 실천하는 날임을 알 수 있다.

Culture Tip

세계 나무의 날/식목일(Arbor Day)

각국의 기후와 상황에 따라 나라별로 식목일 날짜가 다르다.

• 한국: 4월 5일로, 절기상 청명(淸明)을 전후한 이 시기가 나무 심기에 좋은 때라는 이유로 제정됐다. 공휴일은 아니다.

• 미국: 네브래스카 주에서 매년 4월 마지막 금요일을 국경일로 정한 것이 시초가 됐으며 각 주에서 독자적으로 시행한다.

• 호주: 7월 28일에는 전국의 학교에, 7월 30일에는 전국적으로 식목일(National Tree Day)이 시행된다.

• 남아프리카: 9월 1일부터 식목주간(National Arbor Week)이 시행된다.

• 뉴질랜드: 6월 5일로, 이날은 세계 환경의 날이기도 하다.

• 중국: 3월 12일을 식수절로 정해 모든 국민이 나무를 심도록 장려하고 있다.

Vocabulary

• wetland [wétlænd] 몡 습지
  예 The **wetlands** are home to various wildlife.
  (습지는 다양한 야생 생물의 서식지이다.)

• slogan [slóugən] 몡 구호, 슬로건
  예 The company needs a new **slogan**.(그 회사는 새로운 슬로건이 필요하다.)

• electricity [ilektrísəti] 몡 전기
  예 This machine uses a lot of **electricity**.(이 기계는 전기를 많이 소비한다.)

Word Quiz

우리말에 맞게 빈칸에 알맞은 단어를 쓰시오.

1. 우리는 학교를 위한 새로운 구호를 생각 중이다.
   We're thinking of a new _____ for the school.

2. 넌 전기를 너무 많이 쓰고 있어.
   You're using too much _____.

정답 1. slogan　2. electricity

Before I Read

교과서 p.129

A 그림을 보고, 시간의 흐름에 따른 변화에 대해 짝과 대화해 봅시다.

B 그림을 보고, 알맞은 표현을 골라 글을 완성해 봅시다.

My father and I planted a tree in our garden. We __took care of__ it every day. As time __went by__, many plants __grew up__ around it.

- went by   - grew up   - took care of

A

예시 답안

A What happened?(무슨 일이 일어난 거야?)
B People took the tree away, so the birds left and the plants died.(사람들이 나무를 가져가 새들이 떠났고 식물들은 죽었어.)

해설 나무 한 그루가 서 있고 그 주위로 다양한 동식물들이 보인다. 나무가 뽑히면서 동물들도 서식지를 잃어버리고 나무가 있었던 자리는 황량하게 변했다.

B

본문 해석

나는 아빠와 함께 마당에 나무 한 그루를 심었다. 우리는 나무를 매일 잘 보살폈다(took care of). 시간이 지나면서(went by) 나무 주위에 많은 식물들이 자라났다(grew up).

해설 take care of는 '~를 돌보다'라는 뜻이며 go by는 '시간이 지나가다[흐르다],' grow up은 '자라다'라는 뜻이다. 과거시제임에 유의한다.

Vocabulary

- **go by** (시간이) 지나가다, 흐르다
  예 As time **went by**, I got better.(시간이 지나면서 나는 괜찮아졌다.)
- **grow up** 자라다, 성장하다
  예 I **grew up** in Busan.(나는 부산에서 자랐다.)
- **around** [əráund] 전 둘레에
  예 They were sat **around** the table.(그들은 탁자 주위에 둘러앉았다.)
- **take care of** ~을 돌보다, ~을 처리하다
  예 My children **take** good **care of** the pet.
  (우리 아이들은 애완동물을 잘 돌본다.)

Word Quiz

우리말에 맞게 빈칸에 알맞은 단어나 어구를 쓰시오.

1. 누가 그 나무를 돌볼 거니?
   Who will _____ the tree?
2. 나는 커서 화가가 되고 싶어.
   I want to become a painter when I _____.

정답 1. take care of   2. grow up

우리말에 맞게 다음 문장을 올바르게 배열하시오.

1. 지구는 태양 주위를 돈다.

   _____
   (travels, Earth, the Sun, around)
2. 그녀는 빨리 자랐다.

   _____
   (grew, she, fast, up)

정답 1. Earth travels around the Sun.
2. She grew up fast.

Let's Go Green **193**

Read 1

First Reading 글을 훑어 읽으며, 이야기의 줄거리를 파악해 봅시다.
Second Reading 글을 천천히 다시 읽으며, 사건의 원인과 결과를 생각해 봅시다.

THE NATURAL GARDEN AND SIR GREEN

— SCENE I —

There was once a king. His palace had a wonderful garden. But there was one problem — an ugly old tree.

The king was walking in the garden with the queen. He said, "That old tree looks so ugly, doesn't it?" "Yes! Let's take that tree away!" said the queen.

Months and years went by. All the birds flew away, and the plants died. The king wanted to know why, but nobody knew the answer. He missed his beautiful garden.

Q1. Why did the queen want to take the old tree away? Because it looked so ugly.

· natural   · sir   · once   · take away   · go by   · fly away   · nobody

Main Idea

왕에게 정원의 소중함을 일깨워 준 Green 경 이야기

First Reading

예시 답안

어느 왕이 정원에 있는 오래되고 흉한 나무를 없애자 정원은 점점 황폐해지고 왕은 이유를 궁금해한다. 어느 날 한 청년이 왕을 찾아와 그 나무에 살던 나방의 똥이 거름이 되어 식물이 자라나고 새가 날아오며 정원이 풍성해지는 것이라고 말한다. 왕은 청년을 Sir Green으로 임명하고 함께 정원을 돌본다.

본문 해석

자연적인 정원과 Green 경
장면1

❶ 예전에 어느 왕이 있었다. 그의 궁전에는 아름다운 정원이 있었다. ❷ 그러나 한 가지 문제가 있었다. 그것은 못생기고 오래된 나무였다.
❸ 왕은 왕비와 함께 정원을 걷고 있었다. 그는 말했다. ❹ "저 오래된 나무는 너무 못생겼어요, 그렇지요?" ❺ "네! 저 나무를 없애 버려요!" 왕비가 말했다.
❻ 몇 달, 몇 년이 지났다. ❼ 모든 새들이 날아가 버렸고, 식물들도 죽었다. ❽ 왕은 그 이유를 알고 싶었지만, 어느 누구도 답을 알지 못했다. 그는 아름다웠던 정원이 그리웠다.

Q1 왕비는 왜 오래된 나무를 없애고 싶어 했나요?
A   Because it looked so ugly.(그것은 너무 못생겼기 때문이다.)

해설 왕과 왕비는 정원에서 산책을 하던 중 오래된 나무가 못생겼다는 이유로 없애기로 결정한다.

Vocabulary

- natural [nǽtʃərəl] 형 자연의, 천연의
  예 Air and water are **natural** resources.(공기와 물은 천연자원이다.)
- sir [sər] 명 경, 각하, (이름을 모르는) 남자에 대한 경칭
- once [wʌns] 부 예전에, 한때
- take away 없애다, 제거하다
  예 I'll **take away** these empty boxes.(내가 이 빈 상자들을 치울게.)
- nobody [nóubàdi] 대 아무도 ~ 않다
  예 **Nobody** was there.(아무도 그곳에 없었다.)
- miss [mis] 동 그리워하다

Say it

다음 질문에 영어로 답해 보시오.

1. What does the king have in his palace?
2. What does the king think is the problem?

정답 1. a garden 2. an ugly old tree

Circle it

우리말과 일치하도록 올바른 형태를 고르시오.

1. 시간은 빨리 간다.
   - Time go/goes by quickly.
2. 정답은 아무도 모른다.
   - Nobody knows/know the answer.

정답 1. goes 2. knows

Word Quiz

우리말에 맞게 빈칸에 알맞은 단어를 쓰시오.

1. 한번은 그가 유리창을 깼다.
   He _____ broke a window.
2. 우리는 네가 그리울 거야.
   We will _____ you.

정답 1. once 2. miss

❶ **There was** once a king.
「There+be동사」는 '~가 있다'라는 뜻으로 문장의 주어는 be동사 뒤에 나오는 명사 a king이다.

❷ But there was one problem — an ugly old tree.
—(줄표)를 써서 앞에 나온 말을 보충 설명하고 있다. one problem은 an ugly old tree를 가리킨다.

❸ The king **was walking** in the garden with the queen.
was walking은 「be동사+동사-ing」 형태의 과거진행형 표현이다.

❹ That old tree **looks** so ugly, doesn't it?
look 뒤에는 보어로 형용사가 온다. 주어가 that old tree이므로 대명사 it을, 동사가 일반동사의 현재시제(looks)이므로 does의 부정형인 doesn't를 써서 부가의문문으로 나타냈다.

❺ Yes! Let's **take** that tree **away**!
take away는 구동사로, 이때의 away는 부사이다. 목적어가 대명사일 때는 take와 away 사이에 쓰고 일반 명사일 경우에는 둘 사이에 쓰거나 take away 뒤에 쓴다.

❻ Months and years **went by**.
go by는 '(시간이) 지나가다[흐르다]'라는 추상적인 개념을 나타내거나 '어떤 곳을 지나다[통과하다]'라는 물리적인 개념을 나타낼 때도 쓸 수 있다.
(예) **I went by** the post office on my way home.(집에 오는 길에 우체국을 지나왔다.)

❼ **All the birds** flew away, and the plants died.
「all the+명사」는 '모든 ~'라는 뜻으로 「all of the+명사」로 바꿔 쓸 수 있다. fly away는 '날아가다'라는 뜻이다.

❽ The king wanted to know why, but **nobody** knew the answer.
nobody는 '아무도 ~않다'라는 뜻으로 부정의 의미가 포함돼 있으므로 부정형 동사를 쓰지 않는다.

Do You Know?

The Natural Garden의 원작 내용
원작은 Pedro Pablo Sacristán의 'The Natural Garden'이다. 원작의 내용은 다음과 같다. 왕이 정원에 있는 오래되고 못생긴 나무를 베어 내고 거대한 분수를 짓자 새들도 날아가고 식물도 점점 사라진다. 이유를 알고 싶어 하는 왕에게 젊은 청년이 찾아와 나방의 똥이 사라졌기 때문이라고 말한다. 나방의 똥이 거름이 되고 나방을 잡아 먹으러 새들이 모여든다는 것이다. 사실 청년의 아버지가 버려진 나무를 가져와 정원에 심었고 지금은 풍성한 정원이 되었다. 왕은 많은 돈을 줄 테니 나무를 돌려달라고 하지만, 청년이 단기간에 정원을 되돌릴 수 없다고 말하자 왕은 자책한다.

Check-up

[1~3] 각 문장이 본문의 내용과 일치하면 T, 일치하지 <u>않으면</u> F에 표시하시오.

1 The king thought the old tree looks fine. T F
2 The tree was taken away. T F
3 The queen knew why the plants died. T F

[4~5] 괄호 안의 단어를 알맞은 형태로 고쳐 문장을 완성하시오.

4 That sounds good, _____ it? (do)
5 There _____ once a giant. (be)

정답 1. F 2. T 3. F 4. doesn't 5. was

Read 2

Second Reading

해석 답안

1 원인: The king and queen took the old tree away.(왕과 왕비는 오래된 나무를 없앴다.) → 결과: All the birds flew away, and the plants died. (모든 새들이 날아가고 식물들이 죽었다.)

2 원인: The young man's father planted the old tree in his garden.(청년의 아버지는 정원에 오래된 나무를 심었다.) → 결과: The young man has the beautiful garden.(청년은 아름다운 정원을 가졌다.)

본문 해석

장면2

❶ 어느 날, 한 청년이 왕을 보러 왔다. 왕은 정원을 보고 있었다.
❷ "폐하, 폐하의 정원에는 나방이 필요합니다." 그가 말했다.
❸ "그는 허튼소리를 하고 있군. 그렇지 않나?"
❹ "무슨 뜻인가?" 왕이 물었다.
"20년 전에, 제 아버지가 여기에서 오래된 나무를 가져와 우리 정원에 심었습니다. 많은 나방들이 그 나무에 살았고, 나방의 똥이 땅에 떨어졌습니다. ❺ 나방의 똥은 정원에 좋습니다. 그래서 많은 새로운 식물들이 그 오래된 나무 주변에서 자라났습니다. 이제 우리 정원에는 많은 나무들과 새들이 있습니다." 청년이 말했다.
❻ "좋아! 나의 오래된 나무를 돌려주게!" 왕이 소리쳤다.

Q2 청년의 아버지가 왕의 정원에 그 오래된 나무를 심었다.
A ☐ 참 ☑ 거짓

해설 청년의 아버지는 그 오래된 나무를 왕의 정원에 심은 것이 아니라 그것을 정원에서 가져와 자신의 정원에 심었다.

Say it

다음 질문에 영어로 답해 보시오.

1. Who brought an old tree from the king's garden?
2. What is good for gardens?

정답 1. a young man's father 2. moth poop

Circle it

우리말과 일치하도록 올바른 형태를 고르시오.

1. 우리는 정원에 토마토를 심었다.
   - We planted tomatoes in/on the garden.
2. 그녀는 그림을 보고 있었다.
   - She was looking to/at the picture.

정답 1. in 2. at

── SCENE II ──

One day, a young man came to see the king. The king was looking at the garden.

"Your Majesty, your garden needs moths," he said.

He is talking nonsense, isn't he?

"What do you mean?" asked the king.

"Twenty years ago, my father brought an old tree from here and planted it in our garden. Many moths lived in the tree, and their poop fell to the ground. Moth poop is good for gardens, so many new plants grew up around the old tree. Now we have many trees and birds in the garden," said the young man.

"Excellent! Bring my old tree back!" shouted the king.

Q2. The young man's father planted the old tree in the king's garden. ☐ True ☑ False

• majesty • moth • nonsense • mean • poop • excellent

Vocabulary

- **majesty** [mǽdʒəsti] 명 폐하
- **moth** [mɔːθ] 명 나방
- **nonsense** [nɑ́nsens] 명 허튼소리
  예 You are talking **nonsense**! (너는 말도 안 되는 소리를 하고 있어!)
- **mean** [miːn] 동 의미하다
  예 Do you know what I **mean**?(내 말 무슨 말인지 알겠니?)
- **poop** [puːp] 동 똥
- **excellent** [éksələnt] 형 훌륭한
  예 It was an **excellent** service!(훌륭한 서비스였어요!)

Word Quiz

우리말에 맞게 빈칸에 알맞은 단어를 쓰시오.

1. What does this _____?
   이거 무슨 뜻이야?
2. He is an _____ player.
   그는 훌륭한 선수야.

정답 1. mean 2. excellent

❶ One day, a young man came to see the king.
  to see는 '보기 위해서'라는 뜻의 목적을 나타낸다.

❷ "Your **Majesty**, your garden **needs** moths," he said.
  majesty는 '폐하, 왕권'이라는 뜻이고, Your Majesty는 옛 영국 왕이나 여왕을 부르는 존칭이다. need는 '~을 필요로 하다'라는 뜻으로, 목적어를 취하는 타동사다.

❸ He **is talking** nonsense, **isn't he?**
  He는 앞에서 언급된 the young man을 가리킨다. 앞의 동사가 is이므로 부가의문문은 is의 부정형인 isn't를 쓴다.

❹ Twenty years **ago**, my father **brought** an old tree **from** here and planted it in our garden.
  ago는 '(과거의) ~전에'라는 뜻이므로 과거시제(brought)와 함께 쓰인다. bring A from B는 'B로부터 A를 가져오다'라는 의미이며 「bring+간접목적어+직접목적어」 순으로 쓰여 두 개의 목적어를 취하기도 한다.
  예) Could you **bring me those books**?(그 책들을 나에게 가져다줄래?)

❺ Moth poop **is good for** gardens, **so** many new plants grew up around the old tree.
  be good for는 '~에 좋다'라는 의미이다. so는 절과 절을 이어주는 접속사이며, 주로 인과관계를 나타낼 때 쓰인다.

❻ "Excellent! **Bring** my old tree **back**!" shouted the king.
  큰따옴표로 인용된 문장은 동사원형으로 시작하는 명령문이지만 사실상 한 문장 내에 포함된 인용구이다. bring ~ back은 '~을 돌려주다'라는 의미이다.

Do You Know?

흙을 기름지게 해 주는 고마운 지렁이 본문의 나방(나방의 똥)만큼이나 흙에 도움이 되는 생물이 또 있다. 바로 지렁이다. 지렁이는 '지구의 청소부'라고 불릴 정도로 땅을 기름지게 하는 데 도움을 준다. 지렁이는 썩어가는 물질이나 동물들의 배설물을 좋아하는데, 하루에 자기 몸의 몇 배나 되는 양을 먹어 치운다. 그러고 난 뒤 지렁이는 '분변토'라는 검은 흙똥을 누는데, 이 분변토가 흙을 기름지게 하는 것이다. 또한, 지렁이는 땅 속 깊이 흙을 파헤치고 다니는데, 이것은 흙에 산소를 공급하고 빗물이 잘 스며들도록 해 준다.

○ **one day와 some day**
둘 다 '언젠가, 어느 날'이라는 뜻을 나타내지만 쓰임에는 차이가 있다. one day는 '(과거의) 어느 하루, 어느 때'를 말하고 some day는 '(미래의) 어느 날, 어느 때'를 가리킨다.
예) I'll travel all over the world **some day**.
   (언젠가 전 세계 방방곡곡을 여행할 거야.)
   One day, there was a chicken in a farm.
   (어느 날, 한 농장에 닭 한 마리가 있었다.)

○ **명령문 만들기**
명령의 청자는 주로 you이다. 따라서 명령문에서는 주어가 생략되며 동사원형이 문장 앞에 온다.
• be동사 명령문: be동사 + 형용사 ~
   예) **Be** careful.(조심해.)
• 일반동사 명령문: 일반동사 ~
   예) **Work** hard.(열심히 일해.)
• 금지 명령문: Don't + 동사원형 ~
   예) **Don't be** late.(늦지 마.)

○ **직접 화법에서의 도치**
직접 화법은 남의 말을 인용할 때 큰따옴표를 써서 그대로 나타내는 것을 말한다. 문어체에서는 직접 화법으로 표현된 인용구가 문장 맨 앞에 올 경우 주어와 동사의 자리가 바뀐다. 단, 인칭대명사가 주어일 경우에는 도치되지 않는다.
"Come with me," **said the king**.("나와 함께 갑시다."라고 왕이 말했다.)

Check-up

[1~3] 각 문장이 본문의 내용과 일치하면 T, 일치하지 않으면 F에 표시하시오.

1 The king went to the young man's garden. T F
2 The young man's father got the old tree from the king's garden. T F
3 Moth poop is useful for gardens. T F

[4~5] 괄호 안의 단어를 알맞은 형태로 고쳐 문장을 완성하시오.

4 She _____ some food for a party last night. (bring)
5 I _____ him one year ago. (see)

정답 1. F 2. T 3. T 4. brought 5. saw

Read 3

본문 해석

장면 3

"폐하." 청년이 말했다. ❶ "그 나무로 일 년 만에 정원을 만들 수 없습니다. ❷ 오랜 세월이 걸립니다."
왕은 슬퍼 보였다.
❸ "그러나 저희 정원은 단지 저희의 것만은 아닙니다. ❹ 저희 정원의 모든 것은 폐하의 정원에서 온 것입니다. 저희는 그저 그것을 잘 돌본 것뿐입니다!"
❺ "이렇게 현명한 청년이라니!" 왕이 말했다. 그는 입이 귀에 걸릴 정도로 활짝 미소를 지었다.
❻ 청년은 Green 경(정원을 관리하는 직책)이 되었다. 그와 왕은 왕국의 정원들을 함께 돌보았다. ❼ 왕국의 모든 사람들이 정원을 사랑했다.

Q2 왕과 청년은 정원을 함께 돌봤다.
A ☑ 참   □ 거짓

해설 왕은 청년의 현명함에 감동하여 청년에게 정원을 관리하는 직책을 주었고 둘은 함께 정원을 돌보았다.

─ SCENE III ─

"Your Majesty," said the young man. "The tree cannot make a garden in a year. It takes many years."

The king looked sad.

"But our garden is not just ours. Everything in our garden came from yours. We just take good care of it."

"What a wise man!" said the king. He smiled from ear to ear.

The young man became Sir Green. He and the king took care of the gardens in the kingdom together. Everyone in the kingdom loved them.

Adapted from *The Natural Garden*
by Pedro Pablo Sacristán

Q3. The king and the young man took care of the gardens together. ☑ True □ False

· wise   · from ear to ear   · take care of   · kingdom

Vocabulary

- wise [waiz] 형 현명한, 지혜로운
  예 My grandma is **wise**. (우리 할머니는 지혜로우시다.)
- from ear to ear 입을 크게 벌리고, 입이 찢어지도록
  예 He was smiling **from ear to ear**.(그는 활짝 웃고 있었다.)
- take care of ~을 돌보다
  예 **Take** good **care of** yourself.(몸조리 잘 해.)
- kingdom [kíŋdəm] 명 왕국
  예 In the **kingdom** of the blind, the one-eyed is a king.
  (장님 나라에서는 애꾸눈이 왕이다.)

Say it

다음 질문에 영어로 답해 보시오.

1. What does the young man become?
2. Who took care of the gardens in the kingdom?

정답 1. Sir Green 2. the king and Sir Green

Circle it

우리말과 일치하도록 올바른 형태를 고르시오.

1. 나는 그가 현명한 사람이라 생각한다.
   - I think he is a/an wise man.
2. 모두가 여행하는 걸 좋아한다.
   - Everyone love/loves to travel.

정답 1. a 2. loves

Word Quiz

우리말에 맞게 빈칸에 알맞은 단어를 쓰시오.

1. 이들 농장에서는 아이들이 동물들을 돌본다.
   On these farms, children _____ animals.
2. 나는 그녀의 현명한 말씀에 귀 기울였다.
   I listened to her _____ words.

정답 1. take care of 2. wise

❶ **The tree cannot make a garden in a year.**

'나무가 정원을 만든다'는 말은 나무를 심으면 나방이 몰려들고 나방의 배설물이 거름이 되어 식물들도 자라나게 되고 새들도 모여들어 결국엔 정원이 형성된다는 뜻을 나타낸다. in은 '(시간의 경과를 나타내어) ~ 후에, ~안에'라는 뜻으로 쓰였다. 따라서 in a year은 '1년 안에'를 의미한다.

◉ I can finish it **in** two weeks.(나는 그걸 2주 안에 끝낼 수 있어요.)

❷ **It takes many years.**

take는 '(시간이) 걸리다'라는 의미로, 정원이 만들어지는 시간을 의미한다.

❸ **But our garden is not just ours.**

ours는 '우리의 것'이라는 의미의 소유대명사로, our garden을 가리킨다.

❹ **Everything in our garden came from yours.**

주어인 명사 everything은 단수 취급한다. yours는 소유대명사로 your garden을 가리킨다.

❺ **"What a wise man!" said the king.**

「What+a/an 형용사+명사+(주어+동사)!」 형태의 감탄문이다. 여기서는 주어와 동사인 he is가 생략되었으며 감탄문이 삽입되면서 주어(the king)와 동사(said)도 도치되었다.

❻ **The young man became Sir Green.**

청년은 자연의 소중함을 잘 알고 있으므로 '친환경적인, 환경 보호의'라는 의미를 지닌 green을 써서 상징적인 직책을 부여했다. Sir는 귀족 계급을 나타내는 경칭이므로 대문자로 표기한다.

❼ **Everyone in the kingdom loved them.**

kingdom까지가 문장의 주어이다. in the kingdom이 everyone을 수식하며, them은 앞 문장의 the gardens를 가리킨다.

Do You Know?

창덕궁의 정원, 비원 서울 창덕궁의 북쪽 울안에 있는 후원인 비원은 흔히 우리나라 정원 가운데 가장 아름다운 것들 중 하나로 뽑힌다. 비원은 임금의 소풍과 산책에 사용한 후원으로, 울창한 숲속 곳곳에 운치 있는 정자와 연못이 있다. 비원은 조선 왕조 초창기인 1406년부터 축조되기 시작하여 오랜 세월을 거치는 동안 점차 확장되어 지금의 모습을 갖추게 되었다.

학습 도우미

● **소유대명사**

특정 명사가 누구의 소유인지를 나타낼 때 소유격을 쓰는데 소유격(my, your, his, her, its, our, their)과 소유의 대상을 나타내는 명사를 합친 형태를 소유대명사라고 한다. 소유대명사는 '~의 것'이라는 뜻을 지니며 보통 소유격 뒤 명사의 반복을 피하는 데 쓰인다.

◉ A: Is this her office?
(여기가 그녀의 사무실이니?)
B: Yes, it's **hers**.(응, 그녀의 사무실이야.)

● **직접 화법 vs. 간접 화법**

화법이란 다른 사람의 말을 전달하는 방식을 말한다. 직접 화법은 다른 사람이 한 말을 변형하지 않고 그대로 큰따옴표로 처리해 전달하는 방법이고, 간접 화법은 큰따옴표 안의 말을 인용하는 사람의 관점에서 바꾸어 표현하는 방법이다. 주로 시제와 인칭, 장소 부사 표현 등을 바꾸어 표현한다.

◉ **"I will be late,"** he said.
("나 늦을 거야." 그는 말했다.) – 직접 화법
He said **that he would** be late.
(그는 늦을 거라고 말했다.) – 간접 화법

Check-up

[1~3] 각 문장이 본문의 내용과 일치하면 T, 일치하지 않으면 F에 표시하시오.

1 The tree made a garden in a year. T F

2 The king thought that the young man was wise. T F

3 The king gave a job to the young man. T F

[4~5] 괄호 안의 단어를 알맞은 형태로 고쳐 문장을 완성하시오.

4 너 오늘 멋져 보이는데.
You _____ nice today.

5 시간이 오래 걸려.
It _____ a long time.

정답 1. F 2. T 3. T 4. look 5. takes

After I Read

본문 해석

왕과 왕비는 그 오래된 나무를 없앴다.
☐ 그 오래된 나무는 너무 흉해 보였다.
☑ 왕의 정원에 있는 식물들이 죽었다.
☐ 왕은 멋진 정원을 가졌다.

해설 왕과 왕비가 오래된 나무를 없애자 왕의 정원에 있던 식물들도 죽었다.

본문 해석

내게는 더 이상 아름다운 정원이 없어. → 폐하, 정원에는 나방이 필요합니다. → 내 나무를 돌려주게! → 폐하, 나무로 일 년 만에 정원을 만들 수 있습니다.

해설 청년은 왕에게 나무로 일년 만에 정원을 만들 수는 없다고 말했으므로 can을 cannot으로 바꿔야 한다.

본문 해석

A 아름다운 정원을 가지려면 무엇을 해야 할까?
B 정원에 나무들을 심는 건 어떨까?

예시 답안

· Why don't we take good care of the garden?(정원을 잘 돌보는 건 어때요?)
· Why don't we bring some moths to the garden?(정원에 나방들을 가져다 놓는 건 어때요?)
· Why don't we water the trees in the garden regularly?
(정원에 있는 나무에 주기적으로 물을 주는 건 어때요?)

[1~2] 주어진 단어를 이용하여 문장을 완성하시오.

1. 그는 더 이상 체육관에 가지 않는다.
   He doesn't _____.
   (gym, the, go, any, more, to)
2. 그거 나한테 다시 돌려줘.
   Bring _____.
   (back, it, me, to)

정답 1. go to the gym any more 2. it back to me

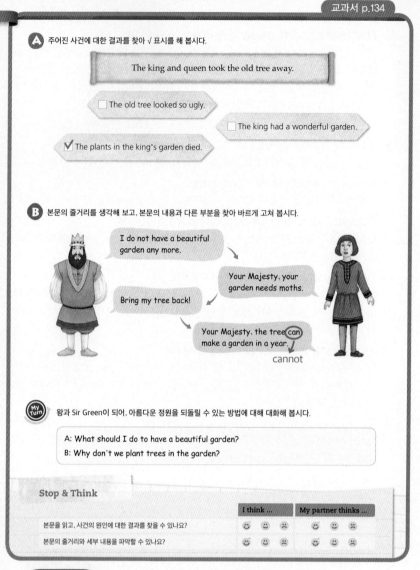

A 주어진 사건에 대한 결과를 찾아 √ 표시를 해 봅시다.

> The king and queen took the old tree away.

☐ The old tree looked so ugly.
☐ The king had a wonderful garden.
☑ The plants in the king's garden died.

B 본문의 줄거리를 생각해 보고, 본문의 내용과 다른 부분을 찾아 바르게 고쳐 봅시다.

I do not have a beautiful garden any more.

Your Majesty, your garden needs moths.

Bring my tree back!

Your Majesty, the tree can make a garden in a year.
cannot

My Turn 왕과 Sir Green이 되어, 아름다운 정원을 되돌릴 수 있는 방법에 대해 대화해 봅시다.

A: What should I do to have a beautiful garden?
B: Why don't we plant trees in the garden?

Stop & Think

	I think ...	My partner thinks ...
본문을 읽고, 사건의 원인에 대한 결과를 찾을 수 있나요?	☺ ☺ ☹	☺ ☺ ☹
본문의 줄거리와 세부 내용을 파악할 수 있나요?	☺ ☺ ☹	☺ ☺ ☹

Vocabulary

· regularly [régjulərli] ⊕ 정기적으로, 규칙적으로
  예) I exercise **regularly**.(나는 운동을 규칙적으로 한다.)
· remove [rimu:v] 동 없애다
  예) I **removed** some programs from my computer.
  (나는 내 컴퓨터에서 프로그램 몇 개를 지웠다.)

Sum up!

본문 내용과 일치하도록 알맞은 말을 빈칸에 써 넣으시오.
There once lived a king who had a wonderful garden in his _____. However, he and the queen thought that one old tree in the garden was so _____, so they removed it. After that, all the birds were gone and the plants _____. One day, a young man came to the king's garden and said that his father _____ the old tree from the king's garden to his place. There, the tree made a beautiful garden. He said that the secret was moths' _____. The young man became _____ Green, and the king and the young man made a beautiful _____ again.

정답 palace, ugly, died, took, poop, Sir, garden

Language Detective

교과서 p.135

Ⓐ The king was walking in the garden.

What were you doing at noon yesterday?

I was sleeping at home.

I was... I was driving.

 '~하고 있었다'라는 뜻은 어떻게 나타낼까요?

시계를 보며 짝이 어제 무엇을 했는지 대화해 봅시다.

A: What were you doing at _____ o'clock yesterday?
B: I was _____.

• eat supper
• do my homework
• hang out with friends

Ⓑ That old tree looks so ugly, doesn't it?

This ring looks beautiful, doesn't it?

No, it doesn't!

Yes, it does!

 진하게 표시된 표현의 역할은 무엇일까요?

한 사람이 모둠원 중 한 명을 마음속으로 생각하고, 나머지 모둠원들은 질문을 통해 그 모둠원이 누구인지 맞혀 봅시다.

He wears glasses, doesn't he?

No, he doesn't.

He likes classical music, doesn't he?

Yes, he does.

He is Jinho, isn't he?

Yes! You got it!

More Info

Who is Gollum? Where is he from?

『반지의 제왕』은 세계에서 가장 많이 읽힌 3대 판타지 소설이다. 작품의 배경은 작가(J.R.R.Tolkein)가 창조한 세계인 '중간계'로, 노르만과 독일 신화, 핀란드나 앵글로색슨, 켈트 신화의 영향을 받아 만들어졌다고 알려져 있다. 중간계에는 요정, 드워프, 오크, 인간 등 다양한 종족이 함께 살고 있다. 이중 골룸은 한때 호빗이었던 생물로 절대 반지에 중독되어 정신과 육체가 모두 망가진 캐릭터로 등장한다. 영화 버전에 등장하는 골룸은 배우 앤디 서키스의 동작과 목소리를 기반으로 컴퓨터로 만들어 낸 캐릭터이다.

• 과거진행형의 쓰임 이해하기
• 부가의문문의 기능 이해하여 활용하기

Ⓐ

【본문 해석】
• 왕은 정원을 걷고 있었다.
탐정　어제 정오에 무엇을 하고 있었죠?
남자1　저는 집에서 자고 있었어요.
남자2　저는… 저는… 운전하고 있었어요.

【예시 답안】
A What were you doing at 8/5/11 o'clock yesterday?(너는 어제 8/5/11시에 뭐 하고 있었니?)
B I was eating supper.(나는 저녁식사를 하고 있었어.) / I was doing my homework.(나는 숙제를 하고 있었어.) / I was hanging out with friends.(나는 친구와 놀고 있었어.) / I was watching TV.(나는 TV를 보고 있었어.)

【해설】　주어가 I이므로 단수 과거형 was를 쓰고 동사 원형에 -ing를 붙여서 과거진행형을 만든다.

Q '~하고 있었다'라는 뜻은 어떻게 나타낼까요?
【모범 답안】「was/were＋동사-ing」형태를 써서 나타낸다.

Ⓑ

【본문 해석】
• 저 오래된 나무는 너무 못 생겼어, 그렇지?
골룸　이 반지 정말 예쁘죠, 그렇죠?
남자1　아니, 그렇지 않아.
남자2　응, 예쁘네.

A 그는 안경을 쓰지, 그렇지?　B 아니, 그렇지 않아.
A 그는 클래식 음악을 좋아해, 그렇지?　B 응, 좋아해.
A 그는 진호지, 그렇지?　B 맞아! 네가 맞혔어!

【예시 답안】
A She comes to school on foot, doesn't she?
(그녀는 걸어서 학교에 다니지, 그렇지?)
B Yes, she does.(응, 맞아.)
A She is very tall, isn't she?
(그녀는 키가 매우 크지, 그렇지?)
B No, she isn't.(아니, 그렇지 않아.)
A She is Sujin, isn't she?
(그녀는 수진이지, 그렇지?)
B Yes! You got it!(맞아! 네가 맞혔어!)

【해설】　일반동사, be동사를 알맞게 써 본다.

Q 부가의문문의 역할은 무엇일까요?
【모범 답안】　상대방에게 확인을 요청하는 역할을 한다. 부가의문문의 동사는 문장의 동사가 긍정이면 부정 형태로, 부정이면 긍정 형태로 쓴다. 이때 앞 문장과의 시제 일치, 수 일치에 주의해야 한다.

A 과거진행형

was/were + 동사-ing (과거 어느 시점에) ~하는 중이었다.

A What **were** you **doing** when I called you?
(내가 전화했을 때 뭐하고 있었니?)
B I **was having** lunch. (나는 점심을 먹고 있었어.)

실력 쑥쑥

진행형은 「be동사 + 동사-ing」로 나타내며, 과거형인 was/were가 쓰이면 '~하고 있었다'는 의미의 과거진행형이 된다. 과거진행형은 과거 시점에 어떤 동작이 진행되고 있음을 말할 때 쓰이며, 흔히 과거의 시점을 나타내는 부사(구)나 when절과 함께 사용된다.

예 She **was making** dinner when I came home.
(내가 집에 왔을 때 그녀는 저녁 식사를 만들고 있었다.)

만점 비결 A

과거시제와 과거진행형

과거시제는 과거의 한 시점에서 시작해서 끝난 행동이나 상황을 표현하고, 과거진행형은 특정한 과거 시점에 진행되고 있었던 일을 말할 때 사용한다. 반복되거나 습관적인 과거의 행동, 오랫동안 지속된 상황을 표현할 때는 과거시제를 쓴다.

예 Columbus **discovered** America in 1492.(콜럼버스는 미 대륙을 1492년에 발견했다.)
We **were playing** in the park when it began to rain.(비가 내리기 시작했을 때 우리는 공원에서 놀던 중이었다.)

B 부가의문문

do[don't] you?/ is[isn't] it? ...
(진술하는 내용을 확인하기 위해) 그렇지?

A They are twins, **aren't they**? (그들은 쌍둥이지, 그렇지?)
B Yes, they are. / No, they aren't. (응, 맞아./ 아니야, 그렇지 않아.)

실력 쑥쑥

부가의문문은 흔히 진술하는 내용을 확인하기 위해 문장 끝에 덧붙이는 말이다. 진술하는 내용이 긍정문일 때는 부정의문문이, 부정문일 때는 긍정의문문이 부가된다. 진술하는 문장의 동사가 일반동사이면 부가의문문에서는 do동사를, be동사일 때는 be동사를, 조동사(can, will 등)일 때는 조동사를 쓴다. 단, 시제를 반드시 일치시켜야 한다.

예 She **can't** come to the party, **can she**?
(그녀는 파티에 올 수 없지, 그렇지?)

만점 비결 B

부가의문문의 일치

• 진술하는 문장의 인칭(주어)과 수에 따라 부가의문문에는 그에 상응하는 대명사가 쓰인다.
예 **Mary and I** don't need to clean this, do **we**?(Mary와 나는 이걸 치울 필요가 없지, 그렇지?)
• 명령문의 부가의문문은 will you?를 쓴다.
예 **Clean** this up, **will you**?
(이것 좀 치워, 그럴 거지?)
• Let's ~로 시작하는 제안문은 긍정이든 부정이든 상관없이 shall we?를 쓴다.
예 **Let's** meet tomorrow, **shall we**?
(내일 만나자, 그럴래?)

Cheek-up

[1~2] 괄호 안에서 어법상 알맞은 것을 고르세요.

1 I (slept, was sleeping) when you called me.
2 The Korean War (ended, was ending) in 1953.

[3~5] 다음 중 어법상 어색한 곳을 찾아 바르게 고치시오.

3 Let's go to the movies, will you?
4 Tell him to come downstairs, can you?
5 The young man is wise, doen't he?

정답 1. was sleeping 2. ended 3. will you → shall we 4. can you → will you 5. doen't he → isn't he

Let's Write

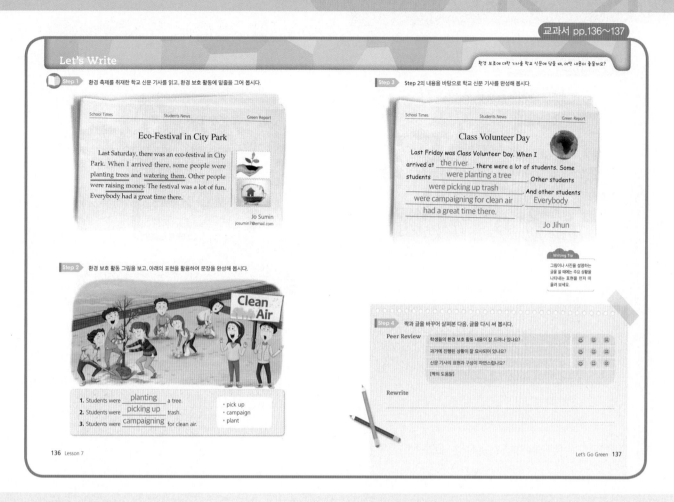

136 Lesson 7

Let's Go Green 137

본문 해석

시립 공원에서의 환경 축제

지난 토요일, 시립 공원에서 환경 축제가 열렸어요. 내가 그곳에 도착했을 때, 몇몇 사람들은 나무를 심고 물을 주고 있었다. 다른 사람들은 모금을 하고 있었다. 축제는 매우 즐거웠다. 모든 사람들이 그곳에서 좋은 시간을 보냈다.

조 수민
josumin7@email.com

모범 답안

planting trees, watering them, raising money

Step 2 해석·정답

1. Students were planting a tree.
   (학생들은 나무를 심고 있었다.)
2. Students were picking up trash.
   (학생들은 쓰레기를 줍고 있었다.)
3. Students were campaigning for clean air.
   (학생들은 깨끗한 공기를 위한 캠페인을 하고 있었다.)

Step 3 예시 답안

Class Volunteer Day

Last Friday was Class Volunteer Day. When I arrived at the river, there were a lot of students. Some students were planting a tree. Other students were picking up trash. And other students were campaigning for clean air. Everybody had a great time there.

(학급 자원 봉사의 날

지난 주 금요일은 학급 자원 봉사의 날이었다. 내가 강에 도착했을 때, 많은 학생들이 있었다. 몇몇 학생들은 나무를 심고 있었다. 다른 학생들은 쓰레기를 줍고 있었다. 그리고 또 다른 학생들은 깨끗한 공기를 위한 캠페인을 벌이고 있었다. 모두가 그곳에서 좋은 시간을 보냈다.

조지훈)

Writing TIP

영어로 신문 기사 쓰기

신문 기사는 독자에게 정보를 전달하기 위한 글로, 사실에 기초하여 간결하고 명료하게 쓴다. 제목은 내용을 담되 독자의 흥미를 끌도록 쓰는 것이 좋으며, 완전한 문장일 필요는 없다. 내용에는 5W(Who?/What?/Where?/When?/Why?)와 1H(How?)가 담겨 있어야 한다. 다양한 영어 신문 기사를 제목 없이 읽어 본 후 제목을 지어 보는 활동이나 기사의 사건이나 내용의 요지가 되는 핵심 문장들에 밑줄을 쳐 보는 활동은 기사 쓰는 데 큰 도움이 될 것이다.

Vocabulary

eco [í:kou] 명 환경·생태(= ecology 생태(계))

festival [féstivl] 명 축제   arrive [əráiv] 동 도착하다

pick up (~을 바닥에서) 줍다   plant [plænt] 동 심다

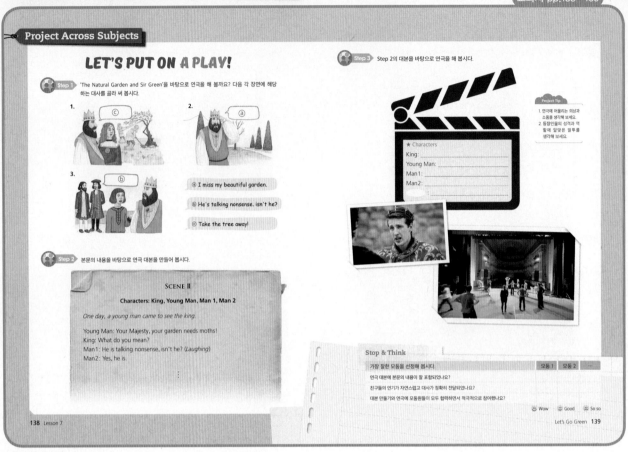

연극을 상연합시다!

활동 방법
1. 주어진 본문의 장면을 보고 알맞은 대사를 골라 본다.
2. 본문의 한 장면을 연극으로 만든 샘플 대본을 읽어 본 후, 모둠별로 맡고 싶은 역할을 정한다.
3. 모둠별로 샘플 대본을 참고하여 본문의 한 장면을 자유롭게 선택하여 연극 대본을 만들어 본다.
4. 모둠별로 직접 만든 대본을 바탕으로 연극을 해 본다.
5. 각 모둠의 활동에 대해 이야기해 보고 점검표를 완성하여 가장 잘한 모둠을 선정해 본다.

 Step 1

본문 해석

1. ⓒ 저 나무를 치워버리시오!
2. ⓐ 내 아름다운 정원이 그리워.
3. ⓑ 그는 허튼 소리를 하고 있군, 그렇지?

 Step 2

본문 해석

장면 2
등장인물: 왕, 청년, 남자1, 남자2
어느 날, 한 청년이 왕을 보러 왔다.
청년 폐하, 폐하의 정원에는 나방이 필요합니다!
왕 그게 무슨 뜻인가?
남자1 (웃으며) 그는 허튼소리를 하고 있군, 그렇지?
남자2 그렇군요.

 **Step 3** 예시 답안

Young Man	Your Majesty, your garden needs moths!
King	What do you mean?
Young Man	Twenty years ago, my father brought an old tree from here and planted it in our garden. Many moths lived in the tree, and their poop fell to the ground.
King	So what?
Young Man	Moth poop is good for gardens, so many new plants grew up around the old tree. Now we have many trees and birds in the garden.
King	Excellent! Bring my old tree back!
청년	폐하, 폐하의 정원에는 나방이 필요합니다!
왕	그게 무슨 말인가?
청년	20년 전, 저희 아버지께서 한 오래된 나무를 이곳에서 가져와 저희 정원에 심으셨습니다. 많은 나방들이 그 나무에 살았고, 나방의 똥은 땅에 떨어졌습니다.
왕	그래서 뭐가 어떻다는 건가?
청년	나방의 똥은 정원에 아주 좋아서 많은 새로운 식물들이 그 오래된 나무 주위에 자라게 되었습니다. 이제 우리 정원에는 많은 나무와 새들이 있습니다.
왕	좋아! 내 오래된 나무를 돌려주게!

Vocabulary

laugh [læf] 통 (소리 내어) 웃다

So what? 그래서 뭐?(어쩌라는 말이야?)

Check My Progress

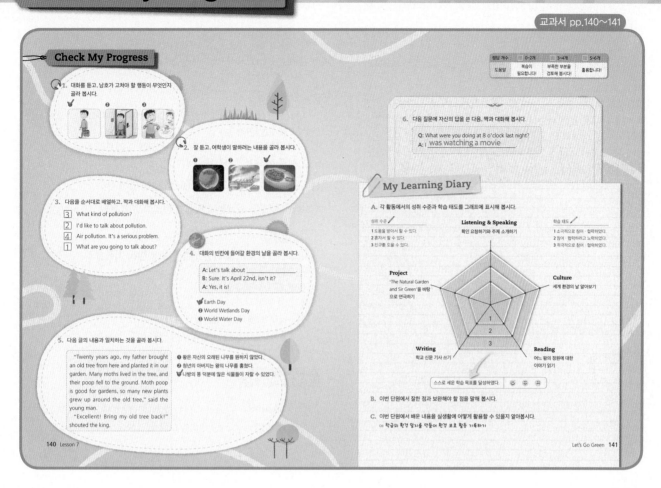

정답

1. ① **2.** ③ **3.** 3-2-4-1 **4.** ① **5.** ③ **6.** was watching a movie

1.

대본·해석

B　You use paper bags, don't you?
G　No, I use my eco-bag. What about you, Namho?
B　Well, I use a lot of paper bags.
G　Hmm. That's not good for the earth.

소년 너는 종이 가방을 쓰지, 그렇지?
소녀 아니, 나는 에코백을 써. 너는 어때, 남호야?
소년 음, 나는 종이 가방을 많이 써.
소녀 흠. 그건 지구에 좋지 않아.

해설　종이 가방을 많이 쓴다(use a lot of paper bags)고 하자 그런 습관은 지구 환경에 좋지 않다고 말하고 있다.

2.

대본·해석

G　I'd like to talk about sinking islands. Tuvalu is one of them.

소녀 저는 가라앉고 있는 섬들에 대해 이야기해 보고 싶습니다. 투발루는 그러한 섬 중 하나입니다.

해설　가라앉고 있는 섬(sinking islands) 중 하나인 Tuvalu에 대해 이야기하고 싶다고 했다.

3.

해석

1. 무엇에 대해 이야기하고 싶니?
2. 나는 오염에 대해 이야기하고 싶어.
3. 어떤 종류의 오염 말이야?
4. 대기 오염. 그건 심각한 문제야.

해설　이야기 화제에 대해 묻는 질문이 가장 먼저 나와야 한다. 그런 다음 이야기하고 싶은 주제를 말하면 상대방이 더 구체적인 주제를 묻고 그에 답하는 순서가 적절하다.

4.

대본·해석

A Let's talk about Earth Day.
B Sure. It's April 22nd, isn't it?
A Yes, it is!

A 지구의 날에 대해 이야기해 보자!
B 그래, 그날은 4월 22일이지, 그렇지?
A 응, 맞아!

① 지구의 날
② 세계 습지의 날
③ 세계 물의 날

해설　대화에서 말하고 있는 환경의 날이 4월 22일인지 확인을 구하는 부가의문문이 쓰였으며 긍정의 표현으로 답하고 있다.

Let's Go Green　**205**

5.

"20년 전에, 제 아버지가 여기에서 오래된 나무를 가져와 우리 정원에 심었습니다. 많은 나방들이 그 나무에 살았고, 나방의 똥이 땅에 떨어졌습니다. 나방의 똥은 정원에 좋습니다. 그래서 많은 새로운 식물들이 그 오래된 나무 주변에 자랐습니다. 이제 우리 정원에는 많은 나무들과 새들이 있습니다." 청년이 말했다.
"좋아! 나의 오래된 나무를 돌려주게!" 왕이 소리쳤다

해설 청년이 '나방의 똥이 정원에 유익하고 그 때문에 오래된 나무 주위로 새로운 식물들이 자라났다'(Moth poop is good for gardens, so many new plants grew up around the old tree.)라고 했으므로 ③이 적절하다.

6.

해석

Q 어제 저녁 8시에 뭐 하고 있었니?

예시 답안

A I was watching a movie.(나는 영화를 보고 있었어).

해설 과거진행형(What were you doing ~?)을 써서 과거의 특정 시간에 무엇을 하던 중이었는지 묻고 있으므로 과거진행형으로 답하는 게 자연스럽다.

My Learning Diary

A. 활동 방법

1 1차시에 작성한 My Study Planner를 살펴보고, 스스로 실천 정도를 확인한다.
2 각 활동에서의 성취 수준과 학습 태도를 그래프에 표시한다.
3 그래프 아래의 점검표를 완성한다.

B. 단원에서 잘한 점과 보완해야 할 점을 말해 본다.

C. 배운 내용을 실생활에 활용할 방법을 말해 본다.

실생활 예시

• 학급에 환경 일지를 만들고 환경 보호 활동 기록하기
• 환경 캠페인 참여하기
• 음식 남기지 않기
• 물 아껴 쓰기
• 환경 동아리에 가입하고 활동하기
• 환경 운동 단체에 관심 가지고 후원하기

Vocabulary

kind [kaind] 명 종류, 유형 pollution [pəlúːʃən] 명 오염, 공해 watch a movie 영화를 보다

Lesson 7 단원 평가

1 대화를 듣고, 남자의 마지막 말에 이어질 여자의 말로 가장 적절한 것을 고르시오.

① Yes, but I like walking.
② No, but I walk for exercise.
③ Yes, my home is very close from the school.
④ No, I don't like taking a train.
⑤ No, but I think it's good for the Earth.

2 대화를 듣고, 여자가 마지막 말에 담긴 의도로 가장 적절한 것을 고르시오.

① 제안　　② 칭찬　　③ 비난
④ 축하　　⑤ 조언

3 대화를 듣고, 두 사람의 대화가 <u>어색한</u> 것을 고르시오.

①　　②　　③　　④　　⑤

4 대화를 듣고, 알 수 있는 것을 고르시오.

① 여학생과 남학생은 가족이다.
② 남학생은 환경 프로젝트에 대해 모르고 있었다.
③ 여학생과 남학생은 프로젝트를 따로 하기로 했다.
④ 환경 블로그는 남학생의 아이디어이다.
⑤ 환경 블로그는 다른 학생들도 참여할 수 있다.

5 다음 영영 풀이에 해당하는 단어는?

> to change waste to be used again

① sink　　② bring　　③ recycle
④ share　　⑤ lose

6 다음 〈보기〉와 짝지어진 관계가 같은 것은?

> 보기 save – waste

① excellent – great
② clean – natural
③ smart – bright
④ bring – take
⑤ ugly – bad

7 다음 우리말과 일치하도록 빈칸에 알맞은 말을 쓰시오.

> A: What were you doing when I called you?
> B: I _____ _____ lunch.
> 　(나는 점심을 먹고 있었어.)

8 다음 빈칸에 알맞은 부가 의문문을 쓰시오.

(1) They are losing the game, _____?

(2) It's not a serious problem, _____?

[11-13] 다음 글을 읽고, 물음에 답하시오.

(A) The king was walking in the garden with the queen. He said, "That old tree looks so ugly, doesn't it?" "Yes! Let's take that tree away!" said the queen.

(B) Months and years went by. All the birds flew away, and the plants died. The king wanted to know why, but ⓐ아무도 답을 알지 못했다. He missed his beautiful garden.

(C) There was once a king. His palace had a wonderful garden. But there was one problem — an ugly old tree.

9 다음 빈칸에 들어갈 말로 적절한 것은?

> They like the school, _____?

① is they
② didn't they
③ don't they
④ are they
⑤ aren't they

11 글이 자연스럽게 이어지도록 (A) ~ (C) 문단을 순서대로 바르게 배열한 것은?

① (A) – (C) – (B)
② (B) – (A) – (C)
③ (B) – (C) – (A)
④ (C) – (A) – (B)
⑤ (C) – (B) – (A)

12 (B)에 나타난 왕의 심정으로 가장 적절한 것은?

① 분노   ② 슬픔   ③ 불안   ④ 긴장   ⑤ 기쁨

10 다음 환경의 날과 각 표어가 잘못 짝지어진 것은?

① World Wetlands Day – Wetlands for Our Future
② World Water Day – Make the Air Clean, You Can Live Longer
③ Earth Day – Every Day is Earth Day
④ Energy Day – No Electricity, Yes Green Activities!
⑤ Arbor Day – Plant Trees, Green World!

13 ⓐ의 우리말과 같도록 주어진 단어를 이용하여 문장을 완성하시오.

> nobody, know, the answer

→ _____

One day, a young man came ⓐto see the king. The king was in his garden. He ⓑis looking at the garden.

"Your Majesty, your garden needs moths," he said. (①)

"What do you mean?" ⓒasked the king.

"Twenty years ago, my father brought an old tree from here and planted it in our garden.(②) Many moths lived in the tree, and their poop fell to the ground. Moth poop ⓓis good for gardens. (③) Now we have many trees and birds in the garden," said the young man. (④)

"Excellent! ⓔBring my old tree back!" shouted the king. (⑤)

14 윗글에서 답을 찾을 수 없는 것은?

① Where were they?
② What was the king doing when the young man came to the garden?
③ Who gave the old tree to the young man's father?
④ How did the young man get many trees in his garden?
⑤ After listening to the young man, what did the king want from him?

15 윗글의 ①~⑤ 중 주어진 문장이 들어가기에 가장 알맞은 곳은?

So many new plants grew up around the old tree.

①　　②　　③　　④　　⑤

16 윗글의 ⓐ~ⓔ 중 어법상 틀린 것은?

① ⓐ　② ⓑ　③ ⓒ　④ ⓓ　⑤ ⓔ

"Your Majesty," said the young man. "The tree (1) can/cannot make a garden in a year. ⓐIt (A)takes many years." The king looked (2) sad/sadly. "But our garden is not just ⓑours. Everything in our garden came from yours. We just take good care of (3) it/them."

"What ⓒa wise man!" said the king. ⓓHe smiled ear to ear.

The young man became (B)Sir Green. He and the king took care of the gardens in the kingdom together. Everyone in the kingdom loved ⓔthem.

17 윗글의 ⓐ~ⓔ 중 가리키는 것이 틀린 것은?

① ⓐ the tree
② ⓑ our garden
③ ⓒ the young man
④ ⓓ the king
⑤ ⓔ the gardens

18 윗글의 (A) take와 쓰임이 같은 것은?

① Let's take a break!
② I'm taking 10 subjects this semester.
③ I'm late, so I will take a taxi.
④ I will take the black jacket.
⑤ It took two hours to get there.

19 윗글의 (1)~(3)에 들어갈 말로 바르게 짝지어진 것은?

	(1)	(2)	(3)
①	can	sadly	it
②	can	sadly	them
③	can	sad	it
④	cannot	sad	them
⑤	cannot	sad	it

20 윗글을 읽고 (B) Sir Green이 왕실에서 맡은 일로 가장 적절한 것은?

① 왕에게 조언을 해주는 사람
② 중요한 결정을 하는 사람
③ 정원의 나무들을 파는 사람
④ 오래되고 흉한 나무를 없애는 사람
⑤ 정원을 돌보는 사람

1 괄호 안의 단어를 이용하여 대화를 완성하시오.

> A: What were you doing when your mom cleaned the house?
> B: I _____.
>   (be, the dishes, wash)

2 각 문장에 이어질 부가의문문을 쓰시오.

(1) You are coming with us, _____?

(2) He didn't like the party, _____?

[3-4] 다음 주어진 단어를 바르게 배열하여 문장을 완성하시오.

3 (talk, green, about, activities, let's, our)

_____

4 (garden, why, take, we, good, the, care, of, don't)

_____

5 다음 대화의 빈칸에 적절한 말을 자유롭게 쓰시오.

> A: Fiona _____, doesn't she?
> B: Yes, she does. That's her favorite food.

→ _____

[6-7] 다음 글을 읽고, 물음에 답하시오.

> I'd like to talk about last Saturday. There was the eco-festival in our school. (A) When I arrive there, boys were planting trees and watering them. And girls were raising money. (B) 축제는 정말 재미있었다. Everybody had a great time there.

6 윗글의 (A)에서 틀린 부분을 찾아 바르게 고쳐 쓰시오.

→ _____

7 윗글 (B)의 우리말과 의미가 같도록 주어진 단어를 올바르게 배열하시오.

> (was, fun, a lot of, the, festival)

Lesson 8

Wonderful Korea

Lesson Question
What do you know about Korean culture?

이번 단원의 주요 내용을 살펴보고, 나의 학습 목표를 써 봅시다.

Listening & Speaking	Culture	Reading	Writing	Project
문화 및 위치 정보에 대해 듣고 말하기	여러 나라의 유네스코 세계 유산 알아보기	안중근과 윤동주에 대한 글 읽기	우리나라 문화재에 관한 기네스 기록 만들기	우리 고장의 명소를 홍보하는 책자 만들기

My Goals

- 구체적 정보 말하기 I like the one with wings.
- 길 묻기 How can I get to the Korean Art Museum?

- It is famous for **the coldest winter** in China.
- **The old one** is in the Joseon Art Museum.

학습목표

- 지도를 보며 길 찾기에 대한 대화를 듣고, 세부 정보를 파악할 수 있다.
- 주변의 위치나 장소에 대해 묻고 답할 수 있다.
- 안중근 의사와 윤동주 시인에 대한 글을 읽고, 중심 내용을 파악할 수 있다.
- 우리나라의 문화재를 묘사하는 글을 쓸 수 있다.

의사소통 기능

구체적 정보 말하기
I like the one with wings. (나는 날개가 달린 게 좋아.)

길 묻기
How can I get to the Korean Art Museum?
(한국 미술관에 어떻게 가나요?)

언어 형식

형용사의 최상급
It is famous for **the coldest winter** in China.
(그곳은 중국에서 겨울에 가장 추운 것으로 유명하다.)

부정대명사 one
The old one is in the Joseon Art Museum.
(오래된 것은 조선 민족 예술관에 있다.)

Lesson Question

What do you know about Korean culture?
(여러분은 한국 문화에 대해 무엇을 알고 있나요?)

예시 답안

I know (a lot) about Korean songs.
저는 한국 노래에 대해 (많이) 압니다.
I know (a lot) about Korean dance.
저는 한국 무용에 대해 (많이) 압니다.
I know (a lot) about *taekwondo*.
저는 태권도에 대해 (많이) 압니다.

My Goals

예시 답안

- 여러 표현을 사용하여 길을 묻고 대답하는 대화를 할 수 있다.
- 본문의 읽기 자료인 안중근 의사와 하얼빈에 관한 글의 내용을 이해할 수 있다.
- 우리나라에 있는 세계 유산에 대한 정보를 찾아 그 내용을 이해할 수 있다.
- 으뜸인 것을 영어로 표현하는 방법을 익혀 사용할 수 있다.

Listen & Speak 1

소년은 뭐라고 말할까요?

☑ 검정
☐ 파랑
☐ 노랑

대본·해석

W   Which one is your bag?
B   The <u>black</u> one.
여자 어느 것이 네 가방이니?
소년 검은색 가방이에요.

Ⓐ 대본·해석

1 G ❶ Which shirt do you like, Chanho?
   B ❷ I like the pink one. What about you?
   G I like that one, too.
   소녀 어떤 셔츠가 좋니, 찬호야?
   소년 난 분홍색 셔츠가 좋아. 너는 어때?
   소녀 나도 그 셔츠가 좋아.

2 B Which skirt do you want, Narae?
   G ❸ I want the short one with flowers.
   B ❹ I see. It's very pretty.
   소년 어떤 치마를 갖고 싶니, 나래야?
   소녀 나는 꽃무늬가 있는 짧은 치마가 갖고 싶어.
   소년 그렇구나. 그거 굉장히 예쁘다.

Ⓑ 본문 해석

A 어떤 모자가 마음에 드니?
B 나는 날개가 달린게 좋아.

Get Ready   What will the boy say?

Which one is your bag?

The _____ one.

LOST & FOUND

☑ black
☐ blue
☐ yellow

🎧 Check the answer with your partner.

Ⓐ **Listen and Match**   찬호와 나래가 선택한 물건을 찾아 연결해 봅시다. 🎧

1. Chanho   2. Narae

ⓐ ⓑ   ⓐ ⓑ ⓒ ⓓ

Ⓑ **Look and Talk**   그림을 보고, 좋아하는 것에 대해 짝과 대화해 봅시다.

hat

A: Which **hat** do you like?
B: I like **the one with wings**.

with wings / without wings

1. vase
with a handle   without a handle

2. coin
with a hole   without a hole

Vocabulary

- which [witʃ] 형 어느, 어느 쪽의
  예 **Which** bus should I take?(어느 버스를 타야 합니까?)
- wing [wiŋ] 명 날개
  예 Ostriches have **wings**, but they cannot fly.
    (타조는 날개가 있지만 날지 못한다.)
- handle [hǽndl] 명 손잡이
  예 She turned the **handle** and found the door was open.
    (그녀는 손잡이를 돌리자 문이 열렸다는 걸 알았다.)

Speaking Tip

이해 정도 표현하기
'아, 그렇군요[알아들었어요]'라는 의미로 I see.라는 표현을 흔히 쓴다. 상대방의 말이 제대로 전달되었음을 알릴 때는 I see. 외에도 다음과 같이 다양한 표현을 쓸 수 있다.
예 I hear you.   I got you.
    I get it.   I got it.

Word Quiz

우리말에 맞게 빈칸에 알맞은 단어를 쓰시오.
1. 어느 것이 더 무겁습니까?
   _____ one is heavier?
2. 그는 문손잡이를 천천히 돌렸다.
   He turned the door _____ slowly.

정답 1. Which 2. handle

Get Ready

해설 남학생이 분실물 보관소(Lost & Found)에서 가방을 찾고 있고 직원이 여러 개의 가방이 있는 선반을 가리키며 어느 게 학생의 것인지 묻자 남학생이 검은색 가방을 떠올리고 있다.

Ⓐ Listen and Match

❶ Which shirt do you like, Chanho?
which는 '어느, 어느 쪽의'라는 의미로, 명사를 수식하는 형용사로 쓰였으며 몇 중에 하나를 고르는 질문에 흔히 쓰인다.
예 **Which** way should we go?(어느 쪽 길로 가야 할까?)

❷ I like the pink one. What about you?
부정대명사 one은 앞에서 언급된 명사와 같은 종류의 '불특정한 하나'를 나타낼 때 쓰이며, 여기서는 a skirt를 뜻한다. What about you?는 자신의 생각을 얘기한 후 상대방의 의견을 물어볼 때 쓰는 표현이다.
예 My backpack is too old. I want a new **one**.
(내 배낭은 너무 낡았어. 나는 새 것(=배낭)이 갖고 싶어.)

❸ I want the short one with flowers.
one은 앞서 언급된 skirt를 의미하며 with는 '~이 달린[붙은/있는], ~을 가진'이라는 의미로 '특징, 소유, 부속'의 개념을 나타낸다.
예 My sister is wearing a dress **with** short sleeves.
(내 여동생은 소매가 짧은 드레스를 입고 있다.)

❹ I see.
'아, 알아들었어[그렇구나].'라는 의미로, see는 '보다'라는 의미가 아니라 '~을 이해하다, 깨닫다, 알다'라는 의미를 나타낸다.

해설 1. 찬호는 분홍색 셔츠가 마음에 든다고 했으므로 ⓐ가 적절하다.
2. 나래가 꽃무늬가 있는 짧은 치마를 갖고 싶다고 했으므로 ⓒ가 적절하다.

Ⓑ Look and Talk

해설 짝과 함께 의문형용사 which와 the one with[without] ~를 써서 둘 중 어느 것이 더 마음에 드는지를 묻고 물건의 특징을 표현하며 답한다.

예시 답안

1. A Which vase do you like?(어느 병이 더 좋아?)
   B I like the one with a handle.(나는 손잡이가 있는 게 좋아.)
2. A Which coin do you like?(어느 동전이 더 좋아?)
   B I like the one with a hole.(나는 구멍이 있는 동전이 좋아.)

학습 도우미

○ **의사소통 기능 ①**
구체적 정보 말하기
I like the one with wings.에서 the one이 가리키는 대상은 앞에서 이미 언급된 것으로, 그에 대한 구체적인 정보는 with wings로 표현된다. 이와 같이 the one은 앞에서 언급된 대상을 가리킬 때 사용된다. 어떤 대상을 구체적으로 지칭하거나 어떤 대상에 대해 구체적인 정보를 말할 때는 That's ~, It's ~, They're ~ 등을 쓰기도 한다.

예 My brother is over there. **He** is wearing a shirt **with** red stripes.
(우리 오빠는 저기 있어. 그는 빨간 줄무늬 셔츠를 입고 있어.)

○ **부정대명사 one**
부정대명사는 이미 언급되어 상대방이 알고 있는 명사를 반복 사용하는 것을 피하기 위해 쓰인다. 앞에 나온 사람이나 사물(명사)을 가리킨다는 점에서 대명사 it과 쓰임이 비슷해 보이지만 같은 종류의 정해지지 않은 '불특정한 사람/사물' 하나를 가리킨다는 점에서 '이미 정해진 특정한 것'을 나타내는 it과 다르다. 가리키는 대상이 하나일 때는 one, 둘 이상일 때는 복수형인 ones를 쓴다.

예 I can't find my ruler. I should buy **one**.
(내 자를 찾을 수가 없네. 하나 사야겠어.)

[1~3] Ⓐ의 대화를 읽고, 내용과 일치하면 T, 일치하지 않으면 F에 표시하시오.

1 Chanho likes the pink shirt. T F
2 Narae wants a long skirt with flowers. T F
3 Narae's friend thinks the skirt is pretty. T F

[4~5] 우리말과 같도록 빈칸에 알맞은 말을 쓰시오.

4 어느 것이 너의 책이니?
_____ _____ is your book?
5 나는 말 그림 있는 것이 좋아.
I like _____ _____ _____ a horse.

정답 1. T 2. F 3. T 4. Which one 5. the one with

Listen & Speak 2

소녀는 뭐라고 말할까요?
- ☑ 약국
- ☐ 박물관
- ☐ 슈퍼마켓

대본·해석

G How can I get to the drugstore?
B Go straight one block and turn left.
소녀 약국에 어떻게 가나요?
소년 한 블록 직진해서 왼쪽으로 꺾으세요.

Ⓐ 대본·해석

1 M ❶ How can I get to the fire station?
  G ❷ Go straight two blocks and turn right. It's on your left.
  남자 소방서까지 어떻게 가나요?
  소녀 두 블록 직진하셔서 오른쪽으로 가세요. 그럼 왼편에 보여요.

2 B How do I get to the K-pop music shop?
  W Go straight one block and turn left. It's on your right.
  소년 K-pop 음반가게에 어떻게 가나요?
  여자 한 블록 직진해서 왼쪽으로 도세요. 그럼 오른편에 있어요.

3 G ❸ Excuse me. Where is the library?
  B Go straight one block and turn right. It's next to Royal University.
  소녀 실례합니다. 도서관이 어디에 있나요?
  소년 한 블록 직진해서 오른쪽으로 도세요. Royal 대학교 옆에 있어요.

Ⓑ 본문 해석

A 한국 미술관에는 어떻게 가나요?
B 두 블록 직진하셔서 왼쪽으로 도세요. 그럼 오른편에 있어요.
A 정말 고맙습니다.

Get Ready What will the girl say?

How can I get to _____?

Go straight one block and turn left.

- ☑ the drugstore
- ☐ the museum
- ☐ the supermarket

🎧 Check the answer with your partner.

Ⓐ Listen and Find 다음 각 장소의 위치를 찾아 지도에 써 봅시다. 🎧

- fire station • K-pop music shop • library

fire station Ⓒ
The Korean Art Museum
Star Bookstore
Blue Ocean Swimming Pool
pop music shop Ⓑ
Royal University
library Ⓐ
You are here.

Ⓑ Look and Talk 위 지도를 보며, 길을 묻는 대화를 해 봅시다. 👥

A: How can I get to **the Korean Art Museum**?
B: Go straight **two blocks** and turn **left**. It's **on your right**.
A: Thank you very much.

- ・ Star Bookstore
- ・ Blue Ocean Swimming Pool
- ・ Royal University

- on your right • on your left • next to

Vocabulary

- **drugstore** [drʌ́gstɔːr] 몡 약국
- **straight** [streit] 틧 똑바로
  예 Stand **straight**.(똑바로 있어.)
- **fire station** 몡 소방서
  예 We visited the local **fire station**.(우리는 지역 소방서를 방문했다.)
- **library** [láːbrὲri] 몡 도서관, 도서실
- **next to** 옆에
  예 I stood right **next to** him.(나는 그의 바로 옆에 섰다.)

Speaking Tip

길 묻기
길을 물을 때는 다음과 같은 표현을 사용할 수 있다.
Where is the library?
(도서관이 어디에 있나요?)
= **Could[Can] you tell me how to get to the library?**
= **Could[Can] you show me the way to the library?**
= **How can I get to the library?**
= **How do I get to the library?**

Word Quiz

우리말에 맞게 빈칸에 알맞은 단어를 쓰시오.
1. 나는 소방서에서 자원봉사 활동을 했다.
   I volunteered at the _____.
2. 그는 그의 어머니 옆에 앉았다.
   He sat _____ his mother.

Get Ready

해설 지도를 보며 약국(drugstore)를 찾고 있던 소녀가 남자에게 말을 건네자 남자가 길을 안내하고 있으므로 약국의 위치를 묻고 안내하고 있음을 알 수 있다.

Ⓐ Listen and Find

❶ How can I get to the fire station?

How can I get to ~?(~는 어떻게 가나요?)는 길을 물을 때 쓰는 표현으로, 목적지로 갈 수 있는 교통수단을 물을 때도 사용된다. 이때의 get to는 '~에 도달하다'라는 의미이다.

❷ Go straight two blocks and turn right. It's on your left.

straight는 '똑바로, 일직선으로'라는 뜻의 부사로 동사 go를 수식한다. 전치사 on은 '~에 접하여[면하여], ~쪽에'라는 의미이며, left의 기준이 듣는 사람임을 나타내기 위해 소유격 your을 썼다.

❸ Excuse me. Where is the library?

낯선 사람에게 말을 걸 때는 Excuse me.로 상대방의 주의를 끌며 대화를 시작한다.

예 **Excuse me.** Where is the nearest bank?
(실례합니다. 가장 가까운 은행이 어디 있나요?)

해설 1. 두 블록 직진해서 오른쪽으로 돌면 왼편에 있다고 했으므로 ⓒ가 알맞다.
2. 한 블록 직진 후 왼쪽으로 돌면 오른편에 있다고 했으므로 Ⓑ가 알맞다.
3. 한 블록 직진한 뒤 오른쪽으로 돌면 Royal 대학교 옆에 있다고 했으므로 Ⓐ가 알맞다.

Ⓑ Look and Talk

해설 짝과 함께 How can I get to ~? 등으로 질문하고 Go straight ~ block(s). 등으로 대답하며 길을 묻고 답하는 대화를 주고받는다.

예시 답안

1. A How can I get to Star Bookstore?(Star 서점에는 어떻게 가나요?)
   B Go straight two blocks and turn right. It's next to the fire station.
   (두 블록 직진하셔서 오른쪽으로 꺾으세요. 서점은 소방서 옆에 있어요.)
   A Thank you very much.(정말 고맙습니다.)
2. A How can I get to Blue Ocean Swimming Pool?
   (Blue Ocean 수영장에는 어떻게 가나요?)
   B Go straight two blocks and turn left. It's on your left.
   (두 블록 가셔서 왼쪽으로 꺾으세요. 그럼 왼쪽에 있어요.)
   A Thank you very much.(정말 고맙습니다.)
3. A How can I get to Royal University?(Royal 대학교에는 어떻게 가나요?)
   B Go straight one block and turn right. It's on your right.
   (한 블록 직진하신 다음에 오른쪽으로 꺾으세요. 그럼 오른쪽에 있어요.)
   A Thank you very much.(정말 고맙습니다.)

학습 도우미 ◉

의사소통 기능 ②
길 묻기
How can I get to ~?는 길을 물을 때 사용하는 표현이다. 길을 묻기 전에 Excuse me.(실례합니다.)를 사용하면 공손함을 표현할 수 있다.

예 A: Excuse me. **How can I get to** the supermarket?(실례합니다. 슈퍼마켓에는 어떻게 가나요?)
   B: Go straight one block and turn right. It's on your left.
   (한 블록 직진하셔서 오른쪽으로 도세요. 그럼 왼쪽에 있어요.)

get to ~
• 「get to+(주로) 장소 명사」는 '~에 도착하다, 도달하다[닿다, 이르다]'를 뜻한다.
   예 This is the fastest way to **get to** Seoul Station.
   (이것이 서울역에 가는 지름길이다.)
• 「get to+동사원형」는 '~하게[~가] 되다'라는 의미이다.
   예 I hope I **get to** meet him.
   (그를 만나게 되면 좋겠어.)

Check-up

[1~3] Ⓐ의 대화를 읽고, 내용과 일치하면 T, 일치하지 않으면 F에 표시하시오.

1 The man is looking for the fire station. T F
2 The K-pop music shop is one block away. T F
3 The library is next to the bookstore. T F

[4~5] 괄호 안의 우리말과 의미가 일치하도록 빈칸에 알맞은 말을 쓰시오.

4 Go _____ ahead. (앞으로 곧장 가세요.)
5 _____ left at the next corner.
   (다음 모퉁이에서 왼쪽으로 도세요.)

정답 1. T 2. T 3. F 4. straight 5. Turn

Conversation

A 남자와 소녀는 무엇을 하고 있나요?

예시 답안

- The man is asking for directions, and the girl is giving directions.(남자는 길을 묻고 있고, 소녀는 길을 안내하고 있다.)
- The man is looking for somewhere, and the girl is giving directions.(남자는 어딘가를 찾고 있고, 소녀는 길을 안내하고 있다.)

B 대본·해석

Mr. Smith   Excuse me. ❶ I think I'm lost. How can I get to the Yun Dong-ju Museum?

Yujin   Oh, the Yun Dong-ju Literature Museum. ❷ Do you see that house over there?

Mr. Smith   There are many houses there. ❸ Which one?

Yujin   ❹That one with red walls.

Mr. Smith   Oh, yes. ❺ I see it.

Yujin   Go straight and turn left at the house. ❻ Then walk about 300 meters. It's on your left.

Mr. Smith   Thank you very much.

Yujin   You're welcome.

Mr. Smith   실례합니다. 제가 길을 잃은 것 같네요. 윤동주 박물관에는 어떻게 가나요?

유진   오, 윤동주 문학관 말씀하시는군요. 저기에 집이 보이세요?

Mr. Smith   저기엔 집이 많은데요. 어떤 집이요?

유진   저기 빨간색 벽이 있는 집이요.

Mr. Smith   아, 네. 보여요.

유진   직진하셔서 저 집에서 왼쪽으로 도세요. 그런 다음 300미터 정도 걸으세요. 그럼 왼편에 있어요.

Mr. Smith   정말 감사합니다.

유진   천만예요.

C 길을 잃었을 때 여러분은 무엇을 합니까?

A Get Ready   What are the man and the girl doing?

B Listen and Draw   외국인이 가려고 하는 곳까지의 경로를 그려 봅시다.

Listening Tip
대화의 내용에 따라 지도 위에서 손가락을 움직여 직접 길을 따라가 보세요.

You are here.

C Do a Role-Play   짝과 역할을 나누어 대화해 봅시다.

Mr. Smith   Yujin

My Turn   What do you do when you get lost?

Sounds in Use
- How can I get to the Yun Dong-ju Museum?
- That one with red walls.

Vocabulary

- **lost** [lɔːst] 형 길을 잃은
  예 You look **lost**. Can I help you?(길을 잃은 것 같군요. 도와드릴까요?)
- **museum** [mjuːzíːəm] 명 박물관, 미술관
  예 Many people visit this **museum** every year.
  (많은 사람들이 매년 이 박물관을 방문한다.)
- **literature** [lítərətʃər] 명 문학
  예 He teaches English **literature**.(그는 영문학을 가르친다.)
- **wall** [wɔːl] 명 담, 벽
  예 I will paint the **walls**.(내가 저 벽을 칠할게.)

Write it

다음 질문에 영어로 답해 봅시다.

1. Q Where does Mr. Smith want to go?
   A He wants to go to _____.
2. Q Which one is the Museum?
   A The one with _____.

Word Quiz

우리말에 맞게 빈칸에 알맞은 단어를 쓰시오.

1. 나는 숲속에서 길을 잃었다.
   I was _____ in the forest.
2. 나는 벽에 그림을 걸었다.
   I hung the picture on the _____.

정답 1. the Yun Dong-ju Literature Museum   2. red walls

정답 1. lost   2. wall

A Get Ready

해설 길을 잃은 외국인이 한 손에 지도를 들고 어쩔 줄 몰라 하고 소녀는 손가락으로 특정 방향을 가리키며 길을 알려주고 있다.

B Listen and Draw

❶ I think I'm **lost**.
I think 다음에 명사절(I'm lost)을 이끄는 접속사 that이 생략되었다.

❷ Do you see **that** house **over there**?
that은 '(멀리 떨어져 있는) 그, 저'를 뜻하는 지시형용사로 쓰여 house를 수식한다. over there에서 over는 '떨어진 곳으로, 저쪽으로'를, there은 '저기에'라는 의미로 쓰여 '떨어져 있는 저쪽으로, 저 건너에'를 뜻한다.

❸ **Which one**?
which는 여러 개 중에서 말하는 것이 무엇인지 물을 때 쓰는 의문형용사이다. one은 상대방이 이미 알고 있는 것을 가리킬 때 명사의 반복을 피하기 위해 쓰는 부정대명사로 여기서는 house를 의미한다.

❹ That one **with** red walls.
one은 앞에서 언급한 명사(house)를 가리킨다. 전치사 with는 '~이 있는, ~을 가진'이란 의미로 '특성, 소유, 부속'을 나타낸다.

❺ I see it.
여기서 대명사 it은 that one(house) with red walls를 의미한다.

❻ **Then** walk about 300 meters.
then은 '그런 다음, 그러고 나서'라는 의미로, 시간의 경과를 나타낸다.

해설 외국인이 서 있는 곳에서 직진한 뒤(Go straight), 빨간 벽이 있는 집에서 좌회전(turn left at the house)한 뒤 300미터를 걸으면(walk about 300 meters) 왼편(It's on your left.)에 목적지가 있다고 설명한다.

C Do a Role-Play

해설 짝과 함께 How can I get to ~? 등 목적지로 가는 길을 묻는 표현과 go straight, turn left[right] 등 길을 안내하는 표현을 써서 길을 묻고 답한다.

 예시 | 답안

• I ask somebody for directions.(저는 누군가에게 길을 묻습니다.)
• I look at a map to find the place.(저는 장소를 찾기 위해 지도를 봅니다.)

○ **over의 다양한 뜻**
• (넘어가는 움직임) ~의 위를 넘어서 저쪽(편)에; ~ 너머로
look **over** one's shoulder
(어깨 너머로 보다)
• (떨어져서) ~의 위에
a bridge **over** a river(강에 놓인 다리)
• ~의 여기저기에, 사방에
all **over** the world(세계 곳곳에, 전 세계에)
• ~의 위에 접촉하여, ~을 덮어서
a jacket **over** her shoulders
(그녀의 어깨에 둘러진 재킷)

○ **접속부사 then**
then은 접속사 역할을 하는 부사라 할 수 있다. 접속부사는 문장 전체를 수식하는 부사이므로 절과 절을 연결해 한 문장으로 만드는 접속사와는 쓰임이 다르다.
자주 쓰는 접속부사로는 also(또한), still(여전히), finally(마침내), whereas(반면), however(그러나), meanwhile(한편으로는), thus(따라서), besides(게다가) 등이 있다.

 Sounds in Use

How can I get to the Yun Dong-ju Museum? ↘
wh- 의문문의 억양은 문장 끝을 내려서 읽는다.

That one with red walls.
문장 강세는 단어가 문장 안에서 차지하는 의미상 중요도에 의해 결정된다. 이 문장에서 강세는 red와 지시형용사 that에 위치한다. 또한 red가 새로 추가된 정보이므로 that보다 강하게 읽는다.

Check-up

[1~3] A의 대화를 읽고, 내용과 일치하면 T, 일치하지 <u>않으면</u> F에 표시하시오.

1 The man is looking for a house with red walls. T F
2 Yujin is giving directions. T F
3 The man can see the museum. T F

[4~5] 괄호 안의 우리말과 의미가 일치하도록 빈칸에 알맞은 말을 쓰시오.

4 There is a gas station _____ there.
(저쪽에 주유소가 있네요.)

5 _____ click "Delete."(그런 다음 '삭제'를 클릭하세요.)

정답 1. F 2. T 3. F 4. over 5. Then

Real-Life Task

 Step 1 대본·해석

M Hello, everyone. ❶ There are three palaces on the map. ❷ Do you see the one on the left? It's Gyeongbokgung. ❸ Now we're going to visit it.

남자 안녕하세요, 여러분. 지도에 세 개의 고궁이 있습니다. 왼쪽에 있는 고궁이 보이나요? 그것은 경복궁입니다. 지금 우리는 그곳을 방문할 것입니다.

 Step 2 본문 해석

A ❹ 서점에는 어떻게 가나요?
B 직진하신 다음 종로에서 왼쪽으로 도세요. ❺ 그런 다음 한 블록 더 가서 세종대로에서 오른쪽으로 꺾으세요. 그럼 오른편에 나와요.
A 감사합니다.

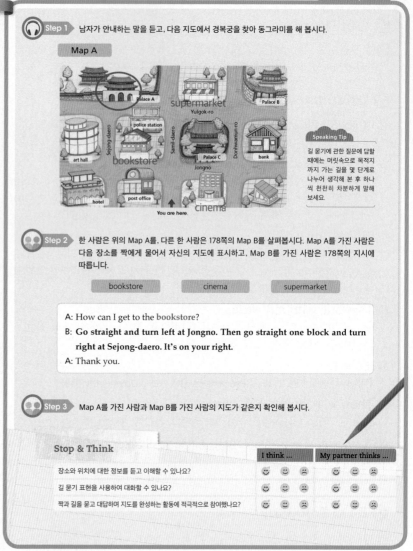

Step 1 남자가 안내하는 말을 듣고, 다음 지도에서 경복궁을 찾아 동그라미를 해 봅시다.

Step 2 한 사람은 위의 Map A를, 다른 한 사람은 178쪽의 Map B를 살펴봅시다. Map A를 가진 사람은 다음 장소를 짝에게 물어서 자신의 지도에 표시하고, Map B를 가진 사람은 178쪽의 지시에 따릅니다.

bookstore   cinema   supermarket

A: How can I get to the bookstore?
B: Go straight and turn left at Jongno. Then go straight one block and turn right at Sejong-daero. It's on your right.
A: Thank you.

Step 3 Map A를 가진 사람과 Map B를 가진 사람의 지도가 같은지 확인해 봅시다.

Vocabulary

- palace [pǽləs] 명 궁전
  예 The queen lives in the **palace**.(여왕은 궁전에 산다.)
- map [mæp] 명 지도
  예 Do you enjoy reading **maps**?(너는 지도 보는 걸 좋아해?)
- visit [vízit] 동 ~를 찾아가다, 방문하다, ~에 가다
- cinema [sínəmə] 명 영화관
  예 I used to go to the cinema on Saturdays.
  (나는 토요일에 영화를 보러 가곤 했다.)

write it

다음 질문에 영어로 답해 봅시다.

1. Q What is the man's job?
   A He is a _____.
2. Q Where are they going to visit?
   A They are going to visit _____.

Word Quiz

우리말에 맞게 빈칸에 알맞은 단어를 쓰시오.

1. 나는 이 도시의 도로 지도가 필요해.
   I need a street _____ of this city.
2. 얼마나 자주 영화관에 가십니까?
   How often do you go to the _____?

Step 1

❶ There **are** three palaces on the map.
문장의 주어는 be동사 뒤에 나온 three palaces이므로 복수형 동사 are를 써서
수를 일치시켰다.

❷ Do you see the **one** on the left?
one은 앞서 말한 단어(palace)를 반복해서 사용하는 것을 피하기 위해 사용된
부정대명사로, 앞에 나온 명사와 동일한 것이 아닌 같은 종류임을 나타낸다.
⑩ If you need a camera, I can lend you **one**.
(카메라가 필요하면 내가 하나 빌려줄 수 있어.)

❸ Now we're **going to** visit it.
여기서 be going to는 가까운 미래에 일어날 일을 나타내는 미래 시제로 쓰였다.
대명사 it은 앞서 말한 Gyeongbokgung을 뜻한다.
⑩ I can't find my cell phone. Did you see **it**?
(내 휴대 전화를 못 찾겠어. 그것 봤니?)

해설 남자는 세 개의 고궁을 언급하며 셋 중 왼편에 위치한 고궁(the one on the
left)을 방문할 것이라고 말했다.

Step 2

❹ **How can I get to** the bookstore?
How can I get to ~?는 '~까지 어떻게 가나요?'라는 의미로 길을 물을 때 쓰는
표현이다.

❺ Then go straight one block and turn right **at** Sejong-daero.
전치사 at은 '(장소·위치) ~에서'라는 의미로 뒤에 명사(구)가 온다. 명령문이므로
주어 you가 생략되어 go와 turn 모두 동사원형으로 쓰였다.

해설 서로 정보를 교환하여 장소를 찾는 활동을 통해 길 안내 표현을 익힌다.

Step 3

해설 짝과 함께 지도에서 장소 찾기 활동을 한 후 각자 표시한 장소가 맞는지 확인
하며 길 안내 설명의 정확도를 점검해 본다.
1. A How can I get to the cinema?(영화관에는 어떻게 가나요?)
   B Go straight one block and turn right at Jongno. Then go straight one
      block and turn right at Donwhamun-ro. It's on your right.
      (한 블록 직진한 다음 종로에서 오른쪽으로 꺾으세요. 그런 다음 한 블록 더 가서
      돈화문로에서 오른쪽으로 도세요. 그럼 오른편에 나와요.)
   A Thank you.(감사합니다.)
2. A How can I get to the bank?(은행에 어떻게 가나요?)
   B Go straight one block and turn right at Jongno. Then go straight one
      block and turn left at Donhwmun-ro. It's on your right.
      (한 블록 직진한 다음 종로에서 오른쪽으로 꺾으세요. 그런 다음 한 블록 더 가서
      돈화문로에서 왼쪽으로 도세요. 그럼 오른편에 나와요.)
   A Thank you.(감사합니다.)

학습 도우미

○ 의문사 의문문
의문사는 who(누구), what(무엇), which(어느
것), when(언제), where(어디에, 어디서),
why(왜), how(어떻게)를 말한다. 의문문의 어순
은「의문사+be동사/조동사+주어+동사 ~?」의 순
으로 쓴다.
의문사가 있는 의문문은 특정 정보를 요구하는 의
문문이므로 yes/no로 답할 수 없다.
⑩ A: **How** do you go to school?
   (넌 학교에 어떻게 가니?)
   B: I go to school **by bus**.
   (난 버스를 타고 가.)
의문사가 형용사로 쓰일 때는「what/which/
whose+명사 ~?」형태로 나타낸다.
⑩ **What** sports do you like?
   (넌 어떤 스포츠를 좋아하니?)

○ 전치사 in/on/at + 시간/장소(명사)
in, on, at 모두 시간이나 장소를 나타내는 명사와
함께 쓰일 수 있다.
• in+국가·도시·달·계절·년도·세기…
  ⑩ **in** Seoul(서울에)
• on+접촉/거리명/날짜·요일·특정일…
  ⑩ **on** weekends(주말에)
• at+시간/하루 중 특정한 때/특정 위치…
  ⑩ **at** night(밤에)

Check-up

[1~2] 괄호 안의 단어를 알맞은 형태로 고쳐 문장을 완성하시오.

1 There _____ a lot of people on the train. (be)
2 Keep _____ straight ahead. (go)

3 우리말과 의미가 일치하도록 빈칸에 알맞은 말을 쓰시오.

Walk past the Police Station on _____ left.
(왼편에 있는 경찰서를 지나가세요.)

정답 1. 1 are 2. going 3. your[the]

WORLD HERITAGE SITES AROUND THE WORLD

유네스코 세계 유산에는 어떤 것들이 있을까요? 다음 세계 유산들이 위치하고 있는 지역을 찾아 연결해 봅시다.

The Colosseum

The Sphinx

Angkor Wat

Machu Picchu

Culture Tip

유네스코 세계 유산
인류 전체를 위해 보호해야
할 가치가 있다고 유네스코
가 인정한 문화재 또는 자연
경관

본문 해석

세계의 문화유적지
· 콜로세움 · 스핑크스 · 앙코르와트 · 마추픽추

해설 콜로세움은 이탈리아에, 스핑크스는 이집트에, 앙코르와트는 캄보디아에, 마추픽추는 페루에 있다.

⚐ Mission

1.

본문 해석

이름	사진	장소	특징
창덕궁		서울	조선 왕조 시대의 아름다운 궁궐

예시 답안

이름	사진	장소	특징
Hwaseong Fortress (수원 화성)		Gyeonggi-do (경기도)	the fortress surrounding the center of Suwon from the Joseon Dynasty(수원의 중심부를 둘러싸고 있는 조선 왕조 시대의 성곽)

2.

본문 해석

그것은 한국에 있는 유네스코 세계 유산 중 하나이다. 그것은 서울에 있다. 그것은 조선 왕조의 아름다운 궁궐이다. 그것은 무엇인가?

예시 답안

It is one of the UNESCO's world Heritage Sites in Korea. It is in the center of Suwon, Gyeonggi-do. It is a fortress. What is it?(한국에 있는 유네스코 세계 유산 중 하나이다. 그것은 경기도 수원의 중심부에 있다. 그것은 요새이다. 그것은 무엇일까?)

해설 수원 화성에 대한 설명이다.

⚐ Mission

1. 우리나라의 세계 유산을 찾아 조사해 봅시다.

Name	Picture	Place	Note
Changdeokgung	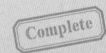	Seoul	a beautiful palace from the Joseon Dynasty

2. 모둠별로 조사한 우리나라의 세계 유산에 대해 발표하고, 다른 모둠은 그것이 무엇인지 맞혀 봅시다.

It is one of the UNESCO's World Heritage Sites in Korea. It's in Seoul. It is a beautiful palace from the Joseon Dynasty. What is it?

Complete

Vocabulary

· heritage [hérítidʒ] 명 (국가·사회의) 문화 유산
  예 We have a rich cultural **heritage**.(우리는 풍부한 문화 유산을 갖고 있다.)
· site [sait] 명 장소, 위치, 유적
  예 This is the most popular **site** for tourists.
    (이곳은 관광객 사이에서 가장 인기 있는 명소입니다.)
· dynasty [dáinəsti] 명 왕조
  예 Joseon was the last **dynasty** of Korea.(조선은 한국의 마지막 왕조이다.)

Culture Tip

세계 문화유산

· The Sphinx(스핑크스): 사람의 머리와 사자의 몸체를 가진 괴물의 조각상으로, 이집트의 기자에 있는 카프라 왕의 피라미드에 딸린 스핑크스가 가장 크고 오래된 것으로 알려져 있다.
· Angkor Wat(앙코르와트): 캄보디아에 있는 앙코르 문화의 대표적 유적으로, 12세기 초 수리아바르만 2세가 건립한 바라문교 사원이다.
· The Colosseum(콜로세움): 이탈리아 로마에 있는 로마 시대의 투기장이다.
· Machu Picchu(마추픽추): 페루 남부 쿠스코 시의 우루밤바 계곡에 있는 잉카 유적으로, 해수면으로부터 2,430m 높이의 고지대에 있다.

Word Quiz

우리말에 맞게 빈칸에 알맞은 단어를 쓰시오.

1. 그 역사적 건물은 우리의 유산이다.
   The historic building is our _____.
2. 공원은 소풍하기에 좋은 장소이다.
   The park is a great _____ for picnics.

정답 1. heritage 2. site

Before I Read

교과서 p.149

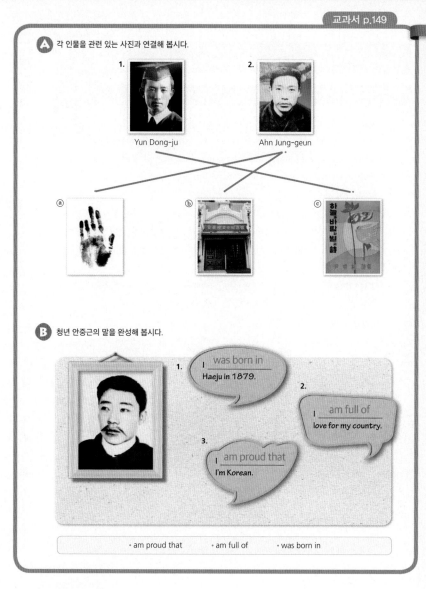

Ⓐ 각 인물을 관련 있는 사진과 연결해 봅시다.

1. Yun Dong-ju

2. Ahn Jung-geun

ⓐ   ⓑ   ⓒ

Ⓑ 청년 안중근의 말을 완성해 봅시다.

1. I **was born in** Haeju in 1879.

2. I **am full of** love for my country.

3. I **am proud that** I'm Korean.

| • am proud that | • am full of | • was born in |

Ⓐ

본문 해석

1. 윤동주   2. 안중근

예시 답안

1. ⓒ   2. ⓐ,ⓑ

해설 윤동주 시인은 시집 『하늘과 바람과 별과 시』를 간행했고(ⓒ), 안중근 의사는 네 번째 손가락을 단지하면서 흘린 피로 태극기에 '대한독립'이라고 썼으며(ⓐ) 하얼빈에는 안중근 기념관(ⓑ)이 있다.

Ⓑ

본문 해석

1. I was born in Haeju in 1879.
   (나는 1879년에 해주에서 태어났다.)
2. I am full of love for my country.
   (나는 내 조국에 대한 사랑으로 가득하다.)
3. I am proud that I'm Korean.
   (나는 내가 한국인임이 자랑스럽다.)

해설 be born in은 '~에서 태어나다', be full of는 '~로 가득 차다', be proud that은 '~라는 점을 자랑스러워하다'라는 의미이다.

Vocabulary

• **proud** [praud] 혱 자랑스러운
  예 I am **proud** of you.(나는 네가 자랑스러워.)
• **be full of** ~로 가득 차다
  예 This sweater **is full of** holes.(이 스웨터에는 구멍이 잔뜩 났다.)
• **be born** 태어나다, 탄생하다
  예 She **was born** in 2002.(그녀는 2002년에 태어났다.)
• **country** [kʌ́ntri] 몡 나라
  예 There are a lot of people from every **country**.
    (각국에서 많은 사람들이 왔다.)

Word Quiz

우리말에 맞게 빈칸에 알맞은 단어를 쓰시오.

1. 나는 내가 그 팀의 일원이라는 것이 매우 자랑스럽다.
   I feel very _____ to be a part of the team.
2. 그 상자는 책들로 가득 했다.
   The box is _____ of books.

정답 1. proud 2. full

Write it

우리말에 맞게 주어진 단어를 이용하여 문장을 완성하시오.

1. 그녀는 2005년 서울에서 태어났다.
   She _____ in Seoul in 2005. (be born)
2. 나는 완주한 것이 자랑스럽다.
   I _____ that I finished the race.
   (be proud)

정답 1. was born 2. am proud

Read 1

Main Idea

안중근 의사와 윤동주 시인의 얼이 깃든 하얼빈과 북간도에 대한 애정과 자부심

First Reading

예시 답안

글쓴이는 안중근 의사와 윤동주 시인의 흔적을 느낄 수 있는 하얼빈과 북간도에 대한 애정과 자부심을 표현한다.

본문 해석

나의 사랑, 안중근의 도시

안녕, 나는 김연화야. ❶ 나는 얼음의 도시 하얼빈에 살아. ❷ 하얼빈은 중국에서 겨울에 가장 추운 곳으로 유명해. 또한 세계에서 가장 큰 얼음과 눈 쇼가 열리는 것으로도 유명하지.

많은 조선족에게 하얼빈은 안중근의 도시이지. ❸ 하얼빈에는 이 영웅을 위한 두 개의 기념관이 있어. ❹ 오래된 기념관은 조선민족예술관에 있고, 새 기념관은 하얼빈역에 있어. 새 기념관에서는 안중근 의사의 사진과 유명한 글을 볼 수 있어.

새로운 기념관에는 특별한 시계도 있어. ❺ 건물 밖에 걸려 있는 시계가 보이니? ❻ 몇 시지? 9시 30분이야. ❼ 시계 바늘은 움직이지 않아. 그 시계는 그의 의거 당시의 시간을 알려 주고 있기 때문이야.

Q1 하얼빈에 안중근 의사를 위한 특별 기념관이 몇 개 있나요?

A It has two special halls.
(2개의 특별 기념관이 있다.)

해설 이 영웅을 위한 두 개의 기념관이 있다(It has two special halls for this hero.)고 말했다.

My Love, the City of Ahn Jung-geun

Hello, I'm Kim Yeonhwa. I live in Harbin, the Ice City. It is famous for the coldest winter in China. It's also famous for the largest ice and snow show in the world.

To many Korean-Chinese, Harbin is the city of Ahn Jung-geun. It has two special halls for this hero. The old one is in the Joseon Art Museum, and the new one is in Harbin Station. In the new hall, you can see his photos and famous writings.

The new hall has a special clock. Do you see the clock on the outside of the building? What time is it? It's 9:30. The hands don't move because the clock tells the time of his action.

Q1. How many special halls for Ahn Jung-geun does Harbin have? It has two special halls.

• be famous for • Korean-Chinese • hall • hero • photo • hand • action

---

Say it

다음 질문에 영어로 답해 봅시다.

1. Who is telling the story?
2. Where does Yeonwha live?

정답 1. Kim Yeonwha 2. Harbin

Circle it

우리말과 일치하도록 올바른 형태를 고르시오.

1. 그 땅은 많은 야생동물에게 서식처가 돼 줍니다.
   - The land is home to/from wild animals.
2. 나는 그 건물 밖을 걸어서 한바퀴 돌았다.
   - I walked around the out/outside of the building.

정답 1. to 2. outside

Vocabulary

• **be famous for** ~로 유명하다
• **Korean-Chinese** 몡 조선족
• **hall** [hɔːl] 몡 회관, 집회장
• **hero** [híərou] 몡 영웅
   예 He became a national **hero**.(그는 국민 영웅이 되었다.)
• **photo** [fóutou] 몡 사진
• **hand** [hænd] 몡 시계 바늘
   예 The second **hand** is so thin.(초침이 너무 가늘다.)
• **action** [ǽkʃən] 몡 행동, 행위

Word Quiz

우리말에 맞게 빈칸에 알맞은 단어를 쓰시오.

1. 그는 나의 영웅이다.
   He is my _____.
2. 그녀는 음악적 재능으로 유명하다.
   She is _____ for her musical talent.

정답 1. hero 2. famous

❶ I live in Harbin, the Ice City.

in은 장소를 나타내는 전치사로 '(공간·지역·위치) ~안에'를 뜻하므로 live와 함께 쓰이면 '~에 살다'라는 뜻이 된다. Harbin 뒤의 쉼표는 Harbin과 the Ice City가 동격임을 나타낸다.

❷ It is famous for the coldest winter in China.

'유명한'이라는 뜻의 형용사 famous는 명사 앞에 쓰이거나 famous for 형태로 쓰여 '~로 유명한'을 뜻한다. coldest는 최상급 표현으로 형용사의 최상급은 「the + 형용사 – est」형태로 나타낸다.

예 This place is **famous for** its beauty.(이곳은 아름답기로 유명하다.)

❸ It has two special halls for this hero.

It은 앞서 나온 Harbin을 뜻하고 this hero는 안중근 의사를 가리킨다.

❹ The old one is in the Joseon Art Museum, and the new one is in Harbin Station.

one은 앞서 언급된 같은 종류의 명사를 지칭하며, 여기서는 two special halls를 가리킨다.

예 My computer is broken. I need a new **one**.(컴퓨터가 고장 났어. 새 것이 필요해.)

❺ Do you see the clock on the outside of the building?

outside는 '겉(면), 바깥쪽'을 의미한다. on은 '~의 표면에, ~에 달아 매어져'라는 의미의 '접촉, 부착' 등을 의미한다.

❻ What time is it? It's 9:30.

it은 시간을 나타낼 때 주어 자리에 쓰는 비인칭 주어로, 아무런 뜻이 없다.

❼ The hands don't move because the clock tells the time of his action.

because는 원인이나 이유를 나타내는 절을 이끈다. tell은 '말하다'가 아니라 '(시계가) 시각을 알리다'라는 의미로 쓰였다.

학습 도우미

○ **최상급**

최상급은 셋 이상의 비교 대상들 중에서 특정 성질의 정도 또는 등급이 가장 높은 것을 나타내며, '가장 ~한'을 의미한다.

예 Mt. Everest is **the highest** mountain in the world.
(에베레스트 산은 세계에서 가장 높은 산이다.)

○ **형용사의 최상급**

최상급은 형용사 뒤에 -(e)st나 앞에 most를 붙여 만든다. 흔히 「the + 최상급 (+명사) + in + 장소/범위를 나타내는 단수 명사」형태나 「the + 최상급 (+명사) + of + 비교 대상이 되는 명사의 복수형」형태로 쓰여 '~에서 가장 …한'이라는 의미를 나타낸다.

예 Russia is **the biggest** country **in** the world.(러시아는 세계에서 가장 큰 나라이다.)
What's **the most important** thing **of** all?(모든 것 중 가장 중요한 것은 무엇인가?)

○ **불규칙 비교급/최상급**

형용사	비교급	최상급
good(좋은)	better	best
bad(나쁜)	worse	worst
little(작은)	less	least
much/many (많은)	more	most

Do You Know?

하얼빈에 있는 두 개의 안중근 기념관

2006년 7월부터 하얼빈 시 따오리(道里)구 안성지에(安升街) 85호에 위치한 조선민족예술관 1층에 '안중근 기념실'이 만들어져 일반인들에게 개방되었다. 이후 2008년 10월에 같은 건물 2층으로 옮겨졌고, 2014년 1월 하얼빈 역에 '안중근 기념관'이 문을 열면서 '안중근 기념실'은 외부 개방을 하지 않고 자료를 보관하는 장소로 쓰이고 있다. 그러나 2020년까지 하얼빈 역을 단계적으로 개축한다는 중국 정부의 계획에 따라 하얼빈 역사 건물을 허물게 되어 2017년 3월부터 하얼빈 역의 '안중근 기념관'은 휴관 중이다.

Check-up

[1~3] 각 문장이 본문의 내용과 일치하면 T, 일치하지 <u>않으면</u> F에 표시하시오.

1 Harbin is very cold in winter. T F

2 The new Ahn Jung-geun hall is in Harbin Station. T F

3 There is a special clock outside the new hall. T F

4 우리말과 일치하도록 빈칸에 공통으로 들어갈 알맞은 말을 쓰시오.

• What time is _____ now? (지금 몇 시인가요?)

• _____ is August 19th. (오늘은 8월 19일이다.)

정답 1. T 2. F 3. T 4. it

Read 2

Second Reading

예시 답안 (글쓴이의 심정이 드러난 부분)

I'm proud that I was born in Bukgando. I'm also proud that I live in Harbin, the city of Ahn Jung-geun.(나는 북간도에서 태어난 게 자랑스러워. 또한 안중근의 도시인 하얼빈에서 살고 있는 것도 자랑스러워.)

본문 해석

❶ 나는 안중근 의사를 생각할 때면, 윤동주 시인의 '별 헤는 밤'을 읽곤 해. ❷ 그 시에는 한국에 대한 사랑이 가득해서 나는 그 시가 정말 좋아.

❸ 이네들은 너무나 멀리 있습니다.
별이 아스라이 멀 듯이.
어머님,
그리고 당신은 멀리 북간도에 계십니다.

그거 아니? ❹ 북간도는 하얼빈에서 멀지 않아. 그리고 윤동주 시인은 어렸을 때 그곳에 살았어. ❺ 나는 북간도에서 태어난 것이 자랑스러워. ❻ 또한, 나는 안중근 의사의 도시, 하얼빈에서 살고 있는 것이 자랑스러워.

Q2 윤동주는 하얼빈에 살았습니까?
A   No, he didn't. (아니요, 그는 하얼빈에 살지 않았습니다.)

해설 글쓴이는 윤동주 시인이 하얼빈에서 멀지 않은 북간도에서 살았다고 말하며 북간도에서 태어난 것을 자랑스러워한다.

When I think of Ahn Jung-geun, I read Yun Dong-ju's *Counting the Stars at Night*. It is full of love for Korea, and I like it a lot.

They are so far away,
As the stars are.
And Mother,
You are far away in Bukgando.

You know what? Bukgando is not far from Harbin, and Yun Dong-ju lived there when he was young. I'm proud that I was born in Bukgando. I'm also proud that I live in Harbin, the city of Ahn Jung-geun.

Q2. Did Yun Dong-ju live in Harbin? No, he didn't.

• count   • be full of   • proud

Vocabulary

- count [kaunt] 동 세다
  예 Can you **count** to ten in Japanese?(일본어로 열까지 셀 수 있니?)
- far away (~로부터) 멀리 떨어진
  예 The station is **far away**.(그 역은 멀리 떨어져 있다.)

Say it

다음 질문에 영어로 답해 보시오.

1. Where did Yun Dong-ju live?
2. Where does Kim Yeonhwa live now?

정답 1. Bukgando 2. Harbin

Circle it

우리말과 일치하도록 올바른 형태를 고르시오.

1. 할머니는 1943년에 태어나셨다.
   - My grandmother was born in/on 1943.
2. 그 방은 책으로 가득했다
   - The room was full of/with books.

정답 1. in 2. of

Word Quiz

우리말에 맞게 빈칸에 알맞은 단어를 쓰시오.

1. 눈을 감고 열까지 세어 봐.
   Close your eyes and _____ to ten.
2. 도서관은 여기서 멀리 떨어져 있다.
   The library is far _____ from here.

정답 1. count 2. away

❶ **When** I think of Ahn Jung-geun, I read Yun Don-ju's *Counting the Stars at Night*.

when은 '~할 때'라는 의미로 시간을 나타내는 부사절을 이끈다. 주절(I read ~)과 종속절(When I ~) 모두 반복적인 행동이나 습관을 나타내기 위해 현재형 동사가 쓰였다.

❷ It **is full of** love for Korea, and I like **it** a lot.

be full of는 '~로 가득 차다'라는 의미로, of 뒤에는 명사(구)가 나온다. it은 앞서 제시된 윤동주 시인의 시 〈Counting the Stars at Night〉를 뜻한다.

㉠ The bowl **is full of** apples. (그릇에 사과가 가득하다.)

❸ They are **so** far away, **As** the stars are.

so는 '그렇게 (대단히), 너무'라는 뜻으로, 이어지는 far away를 수식한다. as는 '~만큼, ~처럼'의 의미로, 별들이 멀리 떨어져 있는 것처럼 그들 역시 멀리 떨어져 있다는 뜻을 나타낸다.

❹ Bukgando **is** not **far from** Harbin, and Yun Dong-ju lived **there** when he was young.

be far from ~은 '~로부터 멀리 떨어져 있다'라는 의미이며, 부사 there은 앞서 말한 Bukgando를 가리킨다.

㉠ My house **is far** away **from** the town. (내 집은 도시에서 멀리 떨어져 있다.)

❺ **I'm proud that** I was born in Bukgando.

be proud는 '자랑스러워하다'라는 의미이며 that절에서 그러한 자부심의 대상을 밝히고 있다.

❻ I'm **also** proud that I live in Harbin, the city of Ahn Jung-geun.

also는 '~도 또한'이라는 의미이며 부가적인 정보를 제공하거나 관련된 사실을 덧붙일 때 쓰인다. Harbin 뒤의 쉼표는 Harbin과 the city of Ahn Jung-geun이 동격임을 나타낸다.

㉠ The story is **also** full of fun.(그 이야기는 또한 재미로 가득하다.)

학습 도우미

◇ **현재시제**

현재시제는 변하지 않는 진리나 일반적인 사실, 반복적인 행동이나 습관, 현재의 동작이나 상태를 나타낼 때 쓴다.

㉠ The sun rises **in** the east.
(해는 동쪽에서 뜬다.) – 진리, 일반적인 사실
Sue **reads** books after school.
(Sue는 방과 후에 책을 읽는다.) – 반복적인 습관
Bill **is** thirsty.
(빌은 목이 마르다.) – 현재의 상태

◇ **접속사 as**

• 비교: ~와 같이, ~만큼, ~처럼
㉠ He is **as** tall **as** you (are).
(그는 너만큼 키가 크다.)
• 비례: ~함에 따라, ~할수록
㉠ **As** he grew up, he wanted to be a scientist.
(그는 자라면서 과학자가 되고 싶어 했다.)
• 이유 · 원인: ~이므로, ~ 때문에
㉠ **As** she was sick, she stayed home.
(그녀는 몸이 안 좋았기 때문에 집에서 쉬었다.)

Do You Know?

윤동주의 시 「별 헤는 밤」 본문에 나오는 '별 헤는 밤'은 시집 「하늘과 바람과 별과 시」에 수록되어 있다. 이 시집은 1941년 윤동주가 연희전문학교 문과 졸업 기념으로 자신이 고른 시 19편을 77부 한정판으로 출판하기 위하여, 먼저 자필로 3부를 만들어 이양하(李敭河)와 정병욱(鄭炳昱)에게 1부씩 주고 1부는 자신이 간직하였다고 한다. 광복 후 1948년 정병욱의 주관으로 유고 31편을 모아 처음 간행하였다. 이 시집의 제목은 '병원(病院)'으로 붙일 예정이었다고 하는데, 정병욱의 회고에 의하면 '당시의 세상이 온통 환자 투성이'였기 때문이라고 한다.

Check-up

[1~3] 각 문장이 본문의 내용과 일치하면 T, 일치하지 않으면 F에 표시하시오.

1 Yeonhwa reads Yun Dong-ju's poem when she thinks of Ahn Jung-geun. **T** F

2 Bukgando is far from Harbin. **T** F

3 Yun Dong-ju lived in Harbin when he was young. **T** F

[4~5] 괄호 안의 우리말과 의미가 일치하도록 빈칸에 알맞은 말을 쓰시오.

4 I'm proud _____ you're my son.
(네가 아들이라는 사실이 자랑스럽단다.)

5 I think _____ her as my best friend.
(나는 그녀를 단짝으로 생각한다.)

정답 1. T 2. F 3. F 4. that 5. of

After I Read

A

본문 해석

ⓐ 연화는 한국에 대해 더 많이 알고 싶어 한다.
ⓑ 연화는 한국의 역사에 대해 공부하는 것을 좋아한다.
ⓒ 연화는 안중근의 도시를 사랑한다.

해설   연화가 한국에 대해 더 많이 알고 싶다는 내용이나 한국의 역사에 대해 공부하는 것을 좋아한다는 내용은 언급되어 있지 않으며, 연화가 안중근 의사의 도시를 사랑하는 마음이 표현된 글이므로 ⓒ가 적절하다.

B

본문 해석

1. 하얼빈은 중국에서 가장 추운 도시이다. – 참
2. 북간도는 하얼빈에서 꽤 멀다. – 거짓
3. 연화는 하얼빈에 살고 있다는 데 자부심이 있다. – 참

해설   하얼빈은 중국에서 겨울에 가장 춥기로 유명하며 연화는 안중근의 도시 하얼빈에 사는 것이 자랑스럽다고 했고 북간도는 하얼빈에서 멀지 않다고 했다.

My Turn

본문 해석

A 너는 하얼빈에서 무엇을 하고 싶니?
B 나는 얼음과 눈 쇼를 즐기고 싶어.

예시 답안

• I want to visit the Joseon Art Museum.
  (나는 조선민족예술관에 방문하고 싶어.)
• I want to look around Harbin.
  (나는 하얼빈을 둘러보고 싶어.)

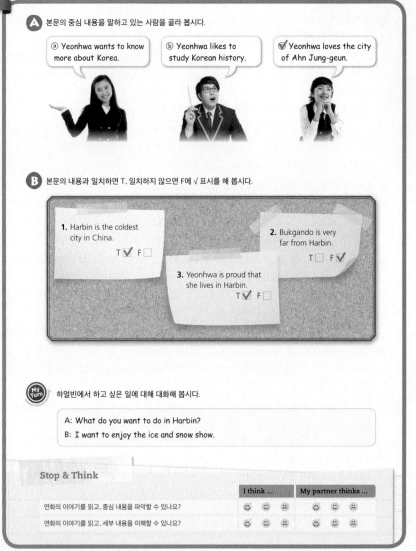

A 본문의 중심 내용을 말하고 있는 사람을 골라 봅시다.

ⓐ Yeonhwa wants to know more about Korea.
ⓑ Yeonhwa likes to study Korean history.
✓ Yeonhwa loves the city of Ahn Jung-geun.

B 본문의 내용과 일치하면 T, 일치하지 않으면 F에 ✓ 표시를 해 봅시다.

1. Harbin is the coldest city in China.
   T ✓   F ☐

2. Bukgando is very far from Harbin.
   T ☐   F ✓

3. Yeonhwa is proud that she lives in Harbin.
   T ✓   F ☐

My Turn   하얼빈에서 하고 싶은 일에 대해 대화해 봅시다.

A: What do you want to do in Harbin?
B: I want to enjoy the ice and snow show.

Stop & Think

	I think ...	My partner thinks ...
연화의 이야기를 읽고, 중심 내용을 파악할 수 있나요?	😊 🙂 🙁	😊 🙂 🙁
연화의 이야기를 읽고, 세부 내용을 이해할 수 있나요?	😊 🙂 🙁	😊 🙂 🙁

Vocabulary

• **look around** 둘러보다
  예 The guide helped us **look around** the city.
    (그 가이드는 우리가 도시를 둘러보도록 도와주었다.)

Write it

[1~2] 주어진 단어를 사용하여 문장을 완성하세요.

1. 세상에서 가장 큰 동물이 뭐지?
   _____ in the world?
   (animal, what, the, largest, is)

2. 그 역은 이곳에서 멀지 않아.
   The station is _____.
   (far, not, here, from)

정답 1. What is the largest animal 2. not far from here

Sum up!

본문 내용과 일치하도록 빈칸에 알맞은 말을 써 넣으시오.
Yeonhwa _____ in Harbin, the city of Agn Jung-geun. There are two special _____ for the _____. In the new hall, there is a special _____ and it tells the time of his _____. When she thinks of Ahn Jung-geun, she _____ Yun Dong-ju's *Counting the Stars at Night*. She likes it because it is full of love for Korea. Yun Dong-ju lived in Bukgando _____ he was young and Yeonhwa is _____ that she was _____ there. She is also proud that she lives in Harbin.

정답 lives, halls, hero, clock, action, reads, when, proud, born

226 Lesson 8

Language Detective

교과서 p.153

A It is famous for the coldest winter in China.

He is **the tallest person** in the kingdom.

He is **the shortest person** in the kingdom.

'가장 ~한'이라는 뜻은 어떻게 나타낼까요?

관련 있는 것끼리 연결한 다음, 퀴즈 게임을 해 봅시다.

A: What is **the longest country** in the world?
B: It's **Chile**.

1. the coldest city　　**2.** the longest country　　**3.** the highest mountain

ⓐ Chile　　ⓑ Mount Everest　　ⓒ Yakutsk

B The old one is in the Joseon Art Museum.

Which bowl do you like? **The flat one** or the **deep one**?

I like **the flat one**.

I like the **deep one**.

'the ... one'은 무슨 뜻을 나타낼까요?

자신이 좋아하는 것을 고르고, 짝과 대화해 봅시다.

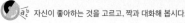

A: Which **ruler** do you like?
B: I like **the short one**.

long / short

backpack　　cell phone

red / blue　　big / small

More Info

『걸리버 여행기』
영국의 풍자 작가인 조나단 스위프트의 풍자 소설로, 1726년에 간행되었다. 작품은 4부로 나뉘며, 영국인 뱃사람인 '걸리버'가 난파 사고로 표류하다가 기이한 나라에 도착해 벌어지는 이야기를 담고 있다. 제1편 〈릴리퍼트〉는 키가 6인치도 되지 않는 소인이 사는 나라로, 이곳에서 벌어지는 사건이 이야기의 중심을 이룬다. 제2편 〈브라브딩내그〉는 거인이 사는 나라로, 이번에는 걸리버가 소인의 입장이 되어 '크고 작은 것은 비교의 문제'임을 깨닫는다. 제3편에서는 하늘에 떠 있는 섬과 여러 나라를 방문해 사색에 열중하는 사람과 이상야릇한 연구에 종사하는 학자들, 죽은 자와 과거의 장면을 현실에 불러일으킬 수 있는 마법사들을 만난다. 제4편 〈말(馬)의 나라〉에는 인간의 모양을 한 추악한 동물 야후와 생김새가 말과 비슷한 동물 피눔이 살고 있다. 4편에 걸쳐 펼쳐지는 걸리버의 여행기를 통해 작가는 당시 영국의 정치와 타락한 사회상을 통렬히 비판했다.

• 형용사의 최상급의 쓰임 이해하기
• 부정대명사 one의 쓰임 이해하기

A

본문해석

그곳은 중국에서 겨울에 가장 춥기로 유명하다.
• 그는 왕국에서 가장 키가 큰 사람이다.
• 그는 왕국에서 가장 키가 작은 사람이다.

정답

1　A What is the coldest city in the world?
　　(세상에서 가장 추운 도시는 어디인가?)
　B It's Yakutsk. (그것은 야쿠츠크이다.)
2　A What is the longest country in the world?
　　(세상에서 가장 긴 나라는 어디인가?)
　B It's Chile. (그것은 칠레이다.)
3　A What is the highest mountain in the
　　world?(세상에서 가장 높은 산은 무엇인가?)
　B It's Mount Everest.
　　(그것은 에베레스트 산이다.)

해설　제시된 곳과 그에 알맞은 특징을 연결한 후 최상급 표현을 써서 짝과 함께 질문하고 대답한다.

Q '가장 ~한'이라는 뜻은 어떻게 나타낼까요?
모범 답안「the + 형용사-est」의 형태로 나타낸다.

B

본문해석

• 오래된 것은 조선민족예술관에 있다.
Q　어떤 그릇을 좋아하나요? 납작한 거요, 아니면 깊은 거요?
A1　저는 납작한 것이 좋아요.
A2　저는 깊은 것이 좋아요.

A Which ruler do you like?(어떤 자가 좋은가요?)
B I like the short one.(저는 짧은 것이 좋아요.)

예시 답안

1　A Which backpack do you like?
　　(어떤 배낭이 좋은가요?)
　B I like the red one.(나는 빨간 것이 좋아요.)
2　A Which cell phone do you like?
　　(어떤 전화기가 좋은가요?)
　B I like the small one.(저는 작은 것이 좋아요.)

해설　둘 중 하나를 골라 부정대명사 one을 사용해서 짝과 대화한다.

Q 'the ... one'은 무슨 뜻을 나타낼까요?
모범 답안 '~한 것'이라는 의미이다. 이때 사용되는 부정대명사 one은 앞에 언급된 것과 같은 종류의 명사를 가리킨다.

Ⓐ 형용사의 최상급

---

the + 형용사-est 가장 ~한

- A Who is **the tallest student** in our class?
  (우리 반에서 가장 키가 큰 학생은 누구지?)
- B Mira is **the tallest student** in our class.
  (미라가 우리 반에서 가장 큰 학생이야.)
- A Do you know about blue whales?(대왕고래에 대해 아니?)
- B Yes. They are **the largest sea animals** in the world.
  (응. 세상에서 가장 큰 바다 동물이야.)

> 🖊 실력 쑥쑥
>
> 최상급은 셋 이상의 대상을 비교하여 '~에서 가장 …한'을 의미하며 「the+형용사-est+in[of]+대상」의 형태로 나타낸다. 일부 2음절 형용사와 3음절 이상의 형용사는 앞에 most를 붙여 최상급을 만든다.
>
> 예 honest(정직한) → **most** honest
> difficult(어려운, 힘든) → **most** difficult
> interesting(흥미진진한) → **most** interesting

Ⓑ 부정대명사 one

---

the + (형용사) + one + (전치사구) ~한 것

- A How about this coat, ma'am?(이 코트는 어떠십니까, 손님?)
- B I don't like it. Can you show me **the brown one**?
  (그건 마음에 들지 않아요. 갈색 코트를 보여 줄 수 있나요?)
- A Which bike are you going to buy?(어떤 자전거를 살 거니?)
- B Well, I'd like to buy **the one with a basket**.
  (글쎄, 나는 바구니가 달린 것을 사고 싶어.)

> 🖊 실력 쑥쑥
>
> '~한 것'이라는 의미로 앞에 언급된 것과 같은 종류의 명사를 가리킬 때 「the+(형용사)+one+전치사구」을 쓴다. 부정대명사 one은 「a+명사」의 의미를 나타내기도 한다.
>
> 예 I lost my umbrella. I think I need to buy **one**(= an umbrella).(나 우산을 잃어버렸어. 하나 사야 될 것 같아.)

Check-up

[1~3] 괄호 안에서 알맞은 최상급 표현을 고르시오.

1 This is the (safest / most safe) car in the world.
2 He is my (youngest / most young) brother.
3 It is the (funniest / funnyst) TV show.

4 우리말에 맞게 다음 빈칸에 공통으로 들어가는 단어를 쓰시오.
- I'll take the blue _____.
- No. The red _____ with black stripes.
- Here's the green _____ in size four.

정답 1. safest 2. youngest 3. funniest 4. one

Let's Write

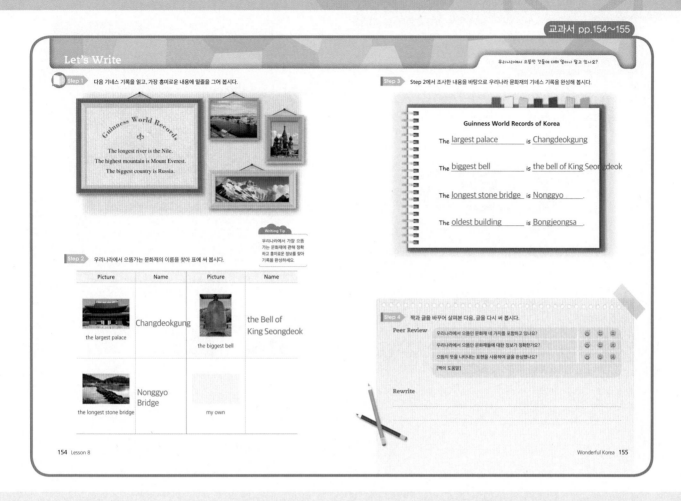

기네스 세계 기록
가장 긴 강은 나일 강이다.
가장 높은 산은 에베레스트 산이다.
가장 큰 나라는 러시아이다.

Step 2

해석·정답

가장 큰 고궁: Changdeokgung(창덕궁)
가장 큰 종: the Bell of King Seongdeok(성덕대왕신종)
가장 긴 돌다리: Nonggyo(농다리)

예시 답안

the oldest building(가장 오래된 건물): Bongjeongsa(봉정사)

Step 3

 예시 답안

Guinness World Records of Korea
The largest palace is Changdeokgung.
The biggest bell is the bell of King Seongdeok.
The longest stone bridge is Nonggyo.
The oldest building is Bongjeongsa.

한국의 기네스 기록
가장 큰 고궁은 창덕궁이다.
가장 큰 종은 성덕대왕신종이다.
가장 긴 돌다리는 농다리이다.
가장 오래된 건물은 봉정사이다.

Writing TIP

영어로 우리나라와 문화를 소개하는 글쓰기
우리나라와 문화에 대해 소개하는 글을 쓸 때는 독자의 관점에서 볼 때 흥미로울 만한 내용을 담아야 한다. 예를 들어, 사는 고장의 명소나 음식, K-pop 등 흥미로운 주제를 중심으로 개요를 먼저 작성한 뒤 정확한 정보 전달을 위해 정보를 검색하여 사실 여부를 확인해 본다. 조사가 끝나면 간결한 문장으로 글을 쓰도록 한다.

Vocabulary

record [rékərd] 명 기록   bell [bel] 명 종
stone [stoun] 명 돌, 석조   bridge [bridʒ] 명 다리

우리 고장에 오신 것을 환영합니다.

활동 방법

1. 고장의 명소를 찾아 홍보하는 책자를 모둠원들과 만든다.
2. 자신이 사는 고장의 명소에 대한 정보를 찾아 조사한 내용을 영어로 정리하여 홍보 책자의 내용으로 활용한다.
3. 고장의 명소를 소개하는 홍보 책자를 핵심 정보가 잘 드러나도록 발표한다.

 Step 1

본문 해석

환영해!
나는 서울의 흥미로운 장소 두 군데를 소개하고 싶어.
첫 번째는 인사동이야. 그곳은 재미로 가득하지.
두 번째는 경복궁이야. 그것은 서울에서 가장 오래된 궁궐이야.
서울에서 좋은 시간 보내.

예시 답안

Insa-dong(인사동), Gyeongbokgung(경복궁)

Step 2

예시 답안

첫 번째 장소
그곳의 명칭은 무엇인가? Jeonju Hanok Village(전주 한옥 마을)
특별한 점은 무엇인가? It is full of beautiful old Korean houses.(그곳은 아름다운 옛 한국 가옥들로 가득하다.)

두 번째 장소
그곳의 명칭은 무엇인가? Jeonju zoo(전주 동물원)
특별한 점은 무엇인가? It has many interesting animals.
(흥미로운 동물들이 많이 있다.)

 Step 3

예시 답안

Welcome!
I'd like to introduce two interesting places in Jeonju.
The first one is Jeonju Hanok Village. It is full of beautiful old Korean houses. The second one is Jeonju Zoo. It has many interesting animals. Have a good time in Jeonju.

환영해!
나는 전주의 흥미로운 장소 두 군데를 소개하고 싶어.
첫 번째 장소는 전주 한옥 마을이야. 그곳은 아름다운 옛 한국 가옥들로 가득해. 두 번째 장소는 전주 동물원이야. 그곳에는 많은 흥미로운 동물들이 있단다. 전주에서 좋은 시간 보내.

Vocabulary

introduce [ìntrədjúːs] 동 소개하다 village [vílidʒ] 명 마을
zoo [zuː] 명 동물원

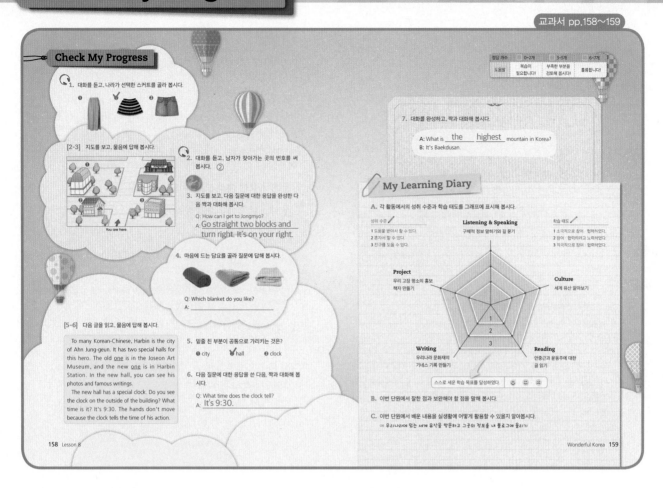

Check My Progress

교과서 pp.158~159

정답

1. ② **2.** ② **3.** Go straight two blocks and turn right. It's on your right. **4.** 예시 답안 I like the brown one. **5.** ②

6. It's 9:30. **7.** the highest

1.

대본·해석

B Which skirt do you like, Nara?

G I like the short one with stripes.

B Yes, it'll look good on you.

소년 어떤 치마가 좋아, 나라야?

소녀 나는 줄무늬가 있는 짧은 치마가 좋아.

소년 그래, 그 치마가 너한테 잘 어울릴 거야.

해설 짧고 줄무늬가 있는 것이라고 했으므로 ②가 적절하다.

2.

대본·해석

M How can I get to the post office?

G Go straight one block and turn left. It's on your left.

M Thank you.

남자 우체국까지 어떻게 가나요?

소녀 한 블록 직진해서 왼쪽으로 도세요. 그럼 왼편에 있어요.

남자 고맙습니다.

해설 출발 지점에서 곧장 한 블록을 가고, 좌측으로 돌면 왼쪽에 있다고 했으므로 ②가 적절하다.

3.

해석·정답

Q 종묘에 어떻게 가나요?

A Go straight two blocks and turn right. It's on your right.(두 블록 직진한 다음 오른쪽으로 꺾으세요. 그럼 오른편에 있어요.)

해설 출발 지점에서 곧장 두 블록을 간 뒤 우측으로 돌면 오른편에 종묘가 있다.

4.

해석·예시 답안

Q 어떤 담요가 마음에 들어?

A I like the brown one.(나는 갈색 담요가 좋아.)

해설 상대방의 질문에서 이미 언급된 blanket을 one으로 나타내어 「I like the+(형용사)+one.」으로 대답할 수 있다.

[5~6]

해석

많은 조선족에게 하얼빈은 안중근의 도시이지. 하얼빈에는 이 영웅을 위한 두 개의 기념관이 있어. 오래된 기념관은 조선민족예술관에 있고, 새 기념관은 하얼빈역에 있어. 새 기념관에서는 안중근 의사의 사진과 유명한 글을 볼 수 있어.

새로운 홀에는 특별한 시계도 있어. 건물 밖에 걸려 있는 시계가 보이니? 몇 시지? 9시 30분이야. 시계 바늘은 움직이지 않아. 그 시계는 그의 의거 당시의 시간을 알려 주고 있기 때문이야.

5.

해설 첫 번째 one의 바로 앞 문장에서 two special halls가 언급되었으므로 두 one이 가리키는 것은 hall이다.

6.

해석·정답

Q 그 시계는 몇 시를 가리키나요?
A It's 9:30.(9시 30분을 가리킨다.)

해설 글에 '몇 시지? 9시 30분이야.'(What time is it? It's 9:30.)라고 나와 있다.

7.

해석·정답

A What is the highest mountain in Korea?
(한국에서 가장 높은 산은 뭐야?)
B 백두산이야.

해설 백두산은 한국에서 가장 높은 산이므로 the highest가 적절하다. 산처럼 면적이 넓으면서 높은 것은 high를 쓰고, 건물이나 탑처럼 좁고 높은 것은 tall을 쓴다.

My Learning Diary

A. 활동 방법

1 1차시에 작성한 My Study Planner를 살펴보고, 스스로 실천 정도를 확인한다.
2 각 활동에서의 성취 수준과 학습 태도를 그래프에 표시한다.
3 그래프 아래의 점검표를 완성한다.

B. 단원에서 잘한 점과 보완해야 할 점을 말해 본다.

C. 배운 내용을 실생활에 활용할 방법을 말해 본다.

실생활 예시

- 우리나라에 있는 세계 유산을 방문하고, 그곳의 정보를 내 블로그에 올리기
- 우리나라의 세계 유산을 외국 친구들에게 소개하는 홍보물 만들기
- 우리나라의 세계 유산을 소개하는 UCC를 만들어 SNS에 올리기

Vocabulary

stripe [straip] 명 줄무늬   look good on ~에 잘 어울리다
blanket [blǽŋkit] 명 담요

Lesson 8 단원 평가

1 대화를 듣고, 알 수 있는 것을 고르시오.

① 남학생은 셔츠와 바지를 살 것이다.
② 남학생은 보라색 셔츠를 좋아한다.
③ 여학생과 남학생은 분실물 센터에 있다.
④ 여학생은 남학생이 고른 셔츠가 마음에 든다.
⑤ 둘은 곧 집으로 돌아갈 것이다.

2 대화를 듣고, 두 사람이 대화하는 장소로 가장 적절한 곳을 고르시오.

① 병원   ② 옷가게   ③ 우체국
④ 학교   ⑤ 야구장

3 대화를 듣고, 남자가 대화 직후에 할 일로 가장 적절한 것을 고르시오.

① 왼쪽으로 돌아 직진하기
② 버스 타고 이동하기
③ 직진하여 한 블록 가기
④ 왔던 길로 되돌아 가기
⑤ 약국 앞에서 왼쪽으로 돌기

4 대화를 듣고, 내용과 일치하는 것을 고르시오.

① 여학생은 서점을 찾고 있다.
② 소방서는 서점 옆에 있다.
③ 여학생은 도서관에서 나오는 길이다.
④ 도서관은 Royal 대학교 옆에 있다.
⑤ 한 블록 직진해서 왼쪽으로 돌면 목적지가 나온다.

5 다음 영영 풀이에 해당하는 단어는?

> a large home for king or queen

① library   ② museum
③ park   ④ garden
⑤ palace

6 다음 중 형용사의 최상급이 잘못 연결된 것은?

① old – oldest
② busy – busiest
③ happy – happiest
④ big – bigest
⑤ little – least

7 다음 빈칸에 공통으로 알맞은 말은?

> • A: Which one do you like?
>   B: I like the one _____ wings.
> • I live _____ my parents.

8 다음 중 의도하는 바가 나머지 넷과 다른 하나는?

① No problem.
② My pleasure.
③ You're welcome.
④ Don't mention it.
⑤ That will be fine.

9 다음 중 짝지어진 두 단어의 관계가 나머지와 <u>다른</u> 것은?

① left – right ② big – large
③ inside – outside ④ full – empty
⑤ long – short

12 자연스러운 글이 되도록 ⓐ~ⓓ를 바르게 배열한 것은?

Hello, everyone.
ⓐ Do you see the one on the left?
ⓑ Now we're going to visit it.
ⓒ There are three palaces on the map.
ⓓ It's Gyeongbokgung.

① ⓐ–ⓑ–ⓒ–ⓓ ② ⓐ–ⓒ–ⓑ–ⓓ
③ ⓑ–ⓒ–ⓐ–ⓓ ④ ⓒ–ⓐ–ⓑ–ⓓ
⑤ ⓒ–ⓐ–ⓓ–ⓑ

[10-11] 다음 글을 읽고, 물음에 답하시오.

Mr. Smith: Excuse me. ___(A)___ Where is the Yun Dong-ju Museum?
Yujin: Oh, the Yun Dong-ju Literature Museum. Do you see that house over there?
Mr. Smith: There are many houses there. Which one?
Yujin: That one with red walls.
Mr. Smith: Oh, yes. I see it.
Yujin: (B)직진하세요 and turn left at the house. Then walk about 300 meters. It's on your left.
Mr. Smith: Thank you very much.
Yujin: You're welcome

[13-16] 다음 글을 읽고, 물음에 답하시오.

Hello, I'm Kim Yeonhwa. I live in Harbin, the Ice City. It is famous for the (A)<u>cold</u> winter in China. It's also famous for the (B)<u>large</u> ice and snow show in the world.
(①) To many Korean-Chinese, Harbin is the city of Ahn Jung-geun. (②) The old one is in the Joseon Art Museum, and the new one is in Harbin Station. (③) In the new hall, you can see his photos and famous writings. (④) The new hall has a special clock. (⑤) Do you see the clock on the outside of the building? What time is ⓐ<u>it</u>? It's 9:30. The hands don't move because the clock tells the time of his action.

10 밑줄 친 빈칸 **(A)**에 가장 적절한 표현은?

① I think I'm lost.
② I am going for a walk.
③ It is going to rain soon.
④ It's nice to see you again.
⑤ I enjoy traveling around the world.

13 밑줄 친 **(A)**와 **(B)**의 최상급을 각각 쓰시오.

(A)_____ (B)_____

14 윗글의 ①~⑤ 중 주어진 문장이 들어갈 위치로 알맞은 곳은?

It has two special halls for this hero.

①   ②   ③   ④   ⑤

11 밑줄 친 **(B)**의 우리말을 영어로 옮겨 쓰시오.

→ _____.

15 밑줄 친 ⓐ와 쓰임이 <u>다른</u> 것은?

① <u>It</u> is a red shirt.
② <u>It</u>'s windy and cloudy.
③ What date is <u>it</u> today?
④ How far is <u>it</u> from here?
⑤ <u>It</u> takes half an hour by bus.

16 윗글의 내용과 일치하지 <u>않는</u> 것은?

① 조선족들에게 하얼빈은 안중근의 도시이다.
② 새 기념관은 하얼빈 역에 있다.
③ 새 기념관에 특별한 시계가 있다.
④ 시계의 분침은 계속 움직인다.
⑤ 시계는 안중근 의사의 의거 시간을 알려 준다.

[17-18] 다음 글을 읽고, 물음에 답하시오.

(A)When/For I think of Ahn Jung-geun, I read Yun Dong-ju's *Counting the Stars at Night*. It is (B) fill/full of love for Korea, and I like ⓐ it a lot.

They are (C) so/much far away,
As the stars are.
And Mother,
You are far away in Bukgando.

17 윗글의 밑줄 친 ⓐ가 가리키는 것을 본문에서 찾아 쓰시오.

18 윗글의 괄호 (A), (B), (C)에 들어갈 말로 바르게 짝지어진 것은?

	(A)	(B)	(C)
①	When	fill	much
②	When	full	so
③	For	fill	so
④	For	full	much
⑤	For	fill	much

[19-20] 다음 글을 읽고, 물음에 답하시오.

You know what? Bukgando is not far from Harbin, and Yun Dong-ju lived (A)<u>there</u> when he was young. I'm ___(B)___ that I was born in Bukgando. I'm also ___(C)___ that I live in Harbin, the city of Ahn Jung-geun.

19 밑줄 친 (A)가 뜻하는 것을 찾아 한 단어로 쓰시오.

20 빈칸 (B)와 (C)에 공통으로 들어갈 말로 알맞은 것은?

① sad   ② angry
③ bored   ④ surprised
⑤ proud

1 다음 문장과 의미가 같도록 주어진 단어를 이용하여 의문문을 쓰시오.

I'm looking for the nearest library.

→ _____

    (how, get, can)

2 다음 문장에서 어법상 <u>어색한</u> 부분을 찾아 바르게 고쳐 쓰시오.

Jinsu is smartest student in my class.

→ _____.

3 그림을 보고 남자가 꽃가게를 어떻게 가야 하는지 괄호 안에 주어진 표현을 이용하여 설명하시오.

You are here.

    (straight, turn)

→ _____.

    It's on your right.

[4-5] 다음 우리말과 일치하도록 주어진 단어를 바르게 배열하시오.

4 나일 강은 세계에서 가장 길다.
    (is, world, the, longest, the, in, the Nile river)

→ _____

5 나는 우리 가족 중에 키가 가장 작다.
    (the, I, in, am, shortest, family, my)

→ _____

6 그림을 보고, 주어진 단어를 이용하여 대답을 자유롭게 완성하시오.

red   blue

Q: Which cup do you like?
A: _____.(one)

7 다음 〈보기〉와 같이 최상급을 이용한 문장으로 바꾸어 쓰시오.

> 보기 Sora is a tall student.
> → Sora is the tallest student in her class.

(1) Ryan is a kind person.

→ _____

    in my neighborhood.

(2) Tom is a fast student.

→ _____

    my school.

(3) I think Julia is a pretty actress.

→ _____

    in the world.

1 다음 대화의 빈칸에 들어갈 말로 알맞은 것은?

> A: You walk to school every day, don't you?
> B: Yes, I do.
> A: Isn't it far?
> B: Yes,_____.

① it is very close
② I don't live here
③ you have to walk
④ but I like walking
⑤ I always walk to school

2 다음 영영 풀이에 해당하는 단어로 알맞은 것은?

> to put a seed, flower, or young tree in the ground to grow

① park   ② plant   ③ pollute
④ catch   ⑤ build

[3-4] 다음 글을 읽고, 물음에 답하시오.

> Hi, guys. Let's talk about our ___(A)___. Today I interviewed ten students. Five students recycle waste. Three save energy. Two use eco-bags. What about you?

3 윗글의 요지로 알맞은 것은?

① How to save energy
② Why people use eco-bags
③ How many people recycle waste
④ The best way to interview students
⑤ What students do to protect the environment

4 윗글의 빈칸 (A)에 들어갈 말로 가장 알맞은 것은?

① dream jobs   ② weekend plans
③ green activities   ④ school field trip
⑤ favorite subjects

5 다음 대화의 빈칸에 들어갈 말로 알맞지 <u>않은</u> 것은?

> A: Excuse me, _____
> B: Go straight one block and turn left.
> A: Thank you.

① how can I get to the drugstore?
② where is the drugstore?
③ I am looking for a drugstore.
④ can you tell me how to get to the drugstore?
⑤ I think the drugstore is next to the bank.

6 다음 중 단어의 성격이 나머지와 <u>다른</u> 하나는?

① coldest   ② longest
③ largest   ④ contest
⑤ strongest

7 다음 중 짝지어진 대화가 <u>어색한</u> 것은?

① A: What's next?
  B: Let's talk about yellow dust.
② A: You always recycle waste, don't you?
  B: Yes, I do.
③ A: Which one is your bag?
  B: I have one.
④ A: Do you like your school lunches?
  B: No, I don't. What about you?
⑤ A: Which school clubs are you interested in?
  B: I'm interested in *Taekwondo* club.

[8-9] 다음 대화를 읽고, 물음에 답하시오.

> Nara: You're going to join the green project contest, right? (ⓐ)
> Seho: Yes, I am. (ⓑ)
> Nara: Why don't we work on it together? (ⓒ)
> Seho: Great. (ⓓ)
> Nara: Listen. I'm thinking of a green blog. (ⓔ)
> Seho: A green blog? What's that?
> Nara: Students can share their green ideas on it.
> Seho: That sounds like a great idea. Let's talk about it some more.

8 위 대화의 ⓐ~ⓔ 중 주어진 문장이 들어갈 곳은?

> But I don't have an idea yet.

① ⓐ   ② ⓑ   ③ ⓒ   ④ ⓓ   ⑤ ⓔ

9 밑줄 친 it이 가리키는 말을 본문에서 찾아 세 단어로 쓰시오.

→ _____ _____ _____

[10-11] 대화를 읽고, 물음에 답하시오.

A: Excuse me. _____ ⓐ _____
　　How can I get to the Yun Dong-ju Museum?
B: Oh, the Yun Dong-ju Literature Museum.
　　Do you see that house over there?
A: There are many houses there. Which one?
(A) Oh, yes. I see it.
(B) That one with red walls.
(C) Thank you very much.
(D) Go straight and turn left at the house. Then
　　walk about 300 meters. It's on your left.

10 위 대화의 빈칸 ⓐ에 들어갈 말로 알맞은 것은?

① I think I'm lost.
② May I help you?
③ I'm interested in literature.
④ Let's go to the museum.
⑤ I enjoy traveling around cities.

11 자연스러운 대화가 되도록 (A)~(D)를 바르게 배열한 것은?

① (A) – (B) – (C) – (D)
② (A) – (C) – (D) – (B)
③ (B) – (A) – (C) – (D)
④ (B) – (A) – (D) – (C)
⑤ (C) – (A) – (D) – (B)

12 유네스코 세계 유산과 그 위치가 바르게 연결된 것은?

	picture	place
①	Angkor Wat	Cambodia
②	The Colosseum	Egypt
③	Machu Picchu	Brazil
④	The Sphinx	Vietnam
⑤	Changdeokgung	Japan

(A) The king was walking in the garden with the queen. He said, "That old tree looks so ugly, doesn't it?" "Yes! Let's take that tree away!" said the queen.

(B) Months and years ⓐgo by. All the birds ⓑfly away, and the plants ⓒdie. The king wanted to know why, but nobody ⓓknow the answer. He missed his beautiful garden.

(C) There was once a king. His palace had a wonderful garden. But there was one problem — an ugly old tree.

One day, a young man came to see the king. The king was in his garden. (A) <u>He was looked at the garden.</u>

"Your Majesty, your garden needs moths," he said.

"What do you mean?" asked the king.

"Twenty years ago, my father brought ⓐ <u>an old tree</u> from here and planted ⓑ<u>it</u> in our garden. Many moths lived in ⓒ<u>the tree</u>, and their poop fell to the ground. Moth poop is good for gardens, so many new plants grew up around ⓓ<u>the old tree</u>. Now we have many ⓔ <u>trees</u> and birds in the garden," said the young man.

"Excellent! Bring my old tree back!" shouted the king.

13 자연스러운 글이 되도록 (A)~(C)를 바르게 배열한 것은?

① (A) – (B) – (C) ② (A) – (C) – (B)
③ (B) – (A) – (C) ④ (C) – (A) – (B)
⑤ (C) – (B) – (A)

15 윗글의 밑줄 친 (A)에서 어법상 어색한 부분을 찾아 바르게 고쳐 쓰시오.

→ _____

16 윗글의 밑줄 친 ⓐ~ⓔ 중 가리키는 것이 다른 하나는?

① ⓐ   ② ⓑ   ③ ⓒ   ④ ⓓ   ⑤ ⓔ

17 윗글을 읽고 답할 수 없는 질문은?

① Who came to see the king?
② What does the garden need?
③ What did the young man's father plant?
④ How much moth poop does a tree need?
⑤ When did the man's father take the old tree?

14 밑줄 친 ⓐ~ⓓ의 동사를 과거형으로 바꿔 쓰시오.

ⓐ:_____ ⓑ:_____
ⓒ:_____ ⓓ:_____

[18-20] 다음 글을 읽고, 물음에 답하시오.

"Your Majesty," said the young man. "The tree cannot make a garden in a year. It takes many years."

The king looked ___(A)___ .

"But our garden is not just ours. Everything in our garden came from yours. We just take good ___ⓐ___ of it."

"What a wise man!" said the king. He smiled from ear to ear.

The young man became Sir Green. He and the king took ___ⓑ___ of the gardens in the kingdom together. Everyone in the kingdom loved them.

18 윗글의 빈칸 (A)에 들어갈 말로 가장 적절한 것은?

① happy
② surprised
③ excited
④ sad
⑤ angry

19 윗글의 빈칸 ⓐ와 ⓑ에 공통으로 들어갈 말을 쓰시오.

→ _____

20 윗글의 내용을 가장 바르게 이해한 학생은?

① 수진: To make a garden beautiful, it takes long time.
② 민주: The king wants to know how trees grow.
③ 지우: Wise men never make mistakes.
④ 아람: The young man is very lazy.
⑤ 경호: The king was angry because the garden would never be as beautiful as before.

21 괄호 안의 단어를 알맞게 배열하여 빈칸에 들어갈 말을 완성하시오.

A: Which skirt do you want, Narae?
B: I want _____ .
   (flowers / short / one / the / with)
A: I see. It's very pretty.

[22-23] 다음 글을 읽고, 물음에 답하시오.

Hello, I'm Kim Yeonhwa. I live in Harbin, the Ice City. It is ___(A)___ for the coldest winter in China. It's also ___(B)___ for the largest ice and snow show in the world.

To many Korean-Chinese, Harbin is the city of ⓐAhn Jung-geun. It has two special halls for ⓑthis hero. ⓒThe old one is in the Joseon Art museum, and the new one is in Harbin Station. In the new hall, you can see ⓓhis photos and famous writings.

The new hall has a special clock. Do you see the clock on the outside of the building? What time is it? It's 9:30. The hands don't move because the clock tells the time of ⓔhis action.

22 윗글의 밑줄 친 ⓐ~ⓔ 중 가리키는 대상이 다른 것은?

① ⓐ   ② ⓑ   ③ ⓒ   ④ ⓓ   ⑤ ⓔ

23 윗글의 빈칸 (A)와 (B)에 공통으로 들어갈 말로 알맞은 것은?

① fair
② famous
③ friendly
④ usual
⑤ possible

[24-26] 다음 글을 읽고, 물음에 답하시오.

When (A)I think of Ahn Jung-geun, I read Yun Dong-ju's *Counting the Stars at Night*. It is full of love for Korea, and I like it a lot.

They are so far away,
As the stars are.
And Mother,
You are far away in Bukgando.

You know what? Bukgando is not far from Harbin, and Yun Dong-ju lived there when he was young. I'm proud that I was born in Bukgando. I'm also proud that I live in Harbin, the city of Ahn Jung-geun.

24 밑줄 친 (A) I에 관한 설명으로 옳은 것은?

① 하얼빈에서 태어났다.
② 현재 북간도에서 살고 있다.
③ 가족들과 떨어져 지내고 있다.
④ 윤동주 시인이 어린 시절을 보냈던 곳에서 살고 있다.
⑤ 안중근 의사를 생각할 때면 윤동주 시인의 시를 읽는다.

25 윗글을 읽고 답할 수 <u>없는</u> 질문은?

① Where does the writer live?
② Where was the writer born?
③ How does the writer feel about Harbin?
④ When did Yun Dong-ju write the poem?
⑤ Where did Yun Dong-ju live when he was young?

26 윗글의 내용과 일치하도록 빈칸에 알맞은 말을 쓰시오.

The writer lives in _____, the city of Ahn Jung-geun. It is not _____ from Bukgando.

27 다음 중 어법상 옳은 문장은?

① It was rained.
② I was eating snacks.
③ When will she coming home?
④ James was seating on the grass.
⑤ He came to my house and ringing the bell.

28 그림을 보고, 괄호 안의 주어진 단어를 이용하여 대화를 완성하시오.

A: What was Jinsu doing?
B: He _____.
　 (clean, the street)

29 Ron의 일과표를 보고, 빈칸에 들어갈 부가의문문과 그에 알맞은 대답을 쓰시오.

(1) A: Ron goes to school at nine, _____?
    B: Yes, he _____.
(2) A: Ron doesn't have an art class at eleven, _____?
    B: No, he _____.
(3) A: Ron will take a shower at 3 p.m, _____?
    B: No, he _____. He will take a bath at five.

31 그림을 보고, 괄호 안의 표현을 활용하여 소방서로 가는 길을 설명하시오.

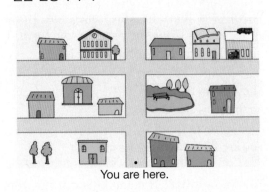

You are here.

(two blocks, right, left, then, 100 meters)

→ _____

_____

32 괄호 안의 주어진 단어를 바르게 배열하여 빈칸에 들어갈 말을 쓰시오.

A: Jay always brings his own cup.
B: Yes, he doesn't use paper cups.
A: _____
   (a / good / what / habit / !)

30 그림을 보고, 〈보기〉에서 잘못된 부분을 찾아 바르게 고쳐 쓰시오.

Paul   Jack   Emma

보기 Paul is the tallest of them all.

→ _____

정답 및 해설

LESSON
1 Meet My New Classmates p.29

단원 평가

1 ⑤ 2 ③ 3 ② 4 ④ 5 ⑤ 6 ② 7 ④ 8 ① 9 ⑤
10 ④ 11 excited 12 Am I the first writer 13 ②
14 ④ 15 Do you 16 a new star 17 ③ 18 ③ 19 ④
20 ④

서술형 평가

1. This is 2. I want to be a cook. / My dream job is
a cook. 등 3. Hanah, will become a big star 4. Mr.
Stevens, brings the letters 5. Is this brown dog,
Max? 6. for you 7. drawing

단원 평가

1 **B**: What do you do on weekends?
G: I enjoy watching movies. What about you?
B: I enjoy reading books.

소년: 너는 주말에 뭐 하니?
소녀: 나는 영화 보는 걸 좋아해. 너는 어때?
소년: 나는 책 읽는 걸 좋아해.

해설 주말에 하는 일을 묻고 있으므로 즐겨 하는 취미 활동에
대한 대화이다.

2 ① **B**: Mom, this is my friend Mijin.
W: Nice to meet you, Mijin.
② **B**: Hello, Ms. Lee. This is my friend, Sora.
W: Pleased to meet you, Ms. Lee.
③ **B**: What do you do in your free time?
G: We have a new student in the class.
④ **B**: I enjoy cooking for my family.
G: What do you usually cook?
⑤ **B**: I like jogging in the morning.
G: Where do you jog?

① 소년: 엄마, 여기는 제 친구 미진이에요.
여자: 만나서 반갑구나, 미진아.
② 소년: 안녕하세요, 이 선생님. 여기는 제 친구 소라예요.
여자: 만나서 반갑습니다, 이 선생님.
③ 소년: 너는 한가할 때 뭐 하니?
소녀: 우리 반에 새로 온 학생이 있어요.
④ 소년: 나는 가족들을 위해 요리하는 걸 좋아해.
소녀: 보통 뭘 요리하는데?
⑤ 소년 : 나는 아침에 조깅하는 걸 좋아해.
소녀: 어디서 조깅 하는데?

해설 ③ 한가할 때 무엇을 하는지 묻는 말에 전학 온 학생이
있다고 말하고 있으므로 어색하다.

3 **B**: Minha, what do you do in your free time?
G: I enjoy cooking for my little sister.
B: That's cool! What does she like the most?
G: She likes spaghetti the most. What do you do in
your free time?
B: I like riding a bike.

소년: 민하야, 너는 한가할 때 뭐 하니?
소녀: 나는 여동생을 위해 요리하는 걸 좋아해.
소년: 그거 멋지다! 네 여동생은 뭘 제일 좋아해?
소녀: 스파게티를 제일 좋아해. 너는 한가할 때 뭐 해?
소년: 나는 자전거 타는 걸 좋아해.

해설 I enjoy cooking for my little sister.에서 for는 '~를
위해'라는 의미이다. with는 '~와 함께'라는 의미이다.

4 **B**: I like playing sports with my friends.
G: What sports do you like?
B: _____

소년: 나는 친구들과 운동하는 걸 좋아해.
소녀: 어떤 스포츠를 좋아하니?
소년: 나는 야구하는 걸 좋아해.
① 만나서 반갑습니다.
② 이 분은 우리 아빠야.
③ 너는 어때?
④ 나는 야구하는 걸 좋아해.
⑤ 나는 기타 치는 걸 좋아해.

해설 어떤 스포츠를 좋아하는지 묻고 있으므로 즐겨 하는 운
동명으로 답한다.

5 • 나는 책 읽는 걸 좋아한다. 『소공녀』는 내가 가장 좋아하는 책
이다.
• 나는 영화 보는 걸 좋아하는데, 내가 가장 좋아하는 영화는
〈토이 스토리〉이다.

해설 좋아하는 활동을 말한 후 그에 대한 구체적인 예를 들고
있으므로 문맥상 '가장 좋아하는'이라는 의미의 favorite이 적
절하다. ①은 '새로운', ②는 '좋은', ③은 '재미있는', ④는 '첫
번째의', ⑤는 '가장 좋아하는'이라는 의미이다.

6 ① 나는 언젠가 신문 기자가 될 거야.
② 우리는 언젠가 공원에 소풍을 갔다.
③ 나는 언젠가는 훌륭한 예술가가 될 거야.
④ 나는 언젠가 그 나라에 방문하고 싶어.
⑤ 우리는 언젠가는 다시 만날 거야.

해설 someday는 '(미래의) 언젠가'라는 뜻이므로 미래의 일
에 대해 말할 때 쓴다. ②는 과거의 일을 나타낸 문장이므로
부적절하다.

7 해설 ①, ②, ⑤는 '나는 컴퓨터 게임을 좋아한다'라는 의미이며 ③은 '나는 컴퓨터 게임을 즐겨 한다'라는 의미이다. ④는 '나는 컴퓨터 게임을 하고 싶다'라는 뜻이므로 '좋아하는 것'을 표현한 ①, ②, ③, ⑤와 의도가 다르다.

8

> A: 혜나야, 여기는 내 친구 Mike야.
> B: 만나서 반가워, Mike.
> C: 만나서 반갑다.

① 혜나야, 여기는 내 친구 Mike야.
② 주말에는 뭐 하니?
③ 나는 애완동물 사진 찍는 것을 좋아해.
④ 나는 항상 Mike를 만나고 싶었어.
⑤ Mike는 스포츠를 좋아해.

해설 첫인사를 나누는 것으로 보아 B와 C가 처음으로 만나는 자리이므로 문맥상 A가 두 사람을 소개해 주는 말이 나와야 한다.

[9~12]

> 안녕하세요, 여러분! 이건 우리 반 학급일지예요. 모두 즐기면서 써 봅시다.
> – 담임 선생님
> 안녕! 내 이름은 유나야. 내가 첫 번째로 쓰는 사람인 거야? 신난다. 나는 글쓰기를 좋아해. 내 장래 희망은 작가야. 나는 독서도 좋아해. 이건 내가 가장 좋아하는 책인 『어린 왕자』야.

9 ① 유나의 반에는 학급일지가 있다.
② 유나는 글쓰기를 좋아한다.
③ 유나는 독서를 좋아한다.
④ 유나는 작가가 되고 싶어 한다.
⑤ 유나는 『어린 왕자』라는 책을 썼다.

해설 『어린 왕자』는 유나가 가장 좋아하는 책이라고 했지 유나가 쓴 책은 아니다.

10 ① 춥고 눈이 내리는 날이었다.
② 커피, 차, 아니면 주스를 드시겠어요?
③ 나는 공원에서 Kevin, Mike, 그리고 Erin을 만났다.
④ 우리 개 Charlie는 장난감을 갖고 노는 걸 좋아한다.
⑤ 물론 Jack은 올 거야.

해설 ⓐ에서 『어린 왕자』와 my favorite book은 같은 대상을 가리키는 동격 관계이다. ①은 두 개의 형용사를 나열하고 있으며 ②와 ③은 세 개의 명사를 열거하고 있다. ⑤는 문장 안에 of course가 삽입된 형태이다. ④는 our dog이 Charlie임을 나타내는 동격 관계이다.

11 해설 exciting은 '재미있는, 흥분하게 하는'이라는 뜻으로, 이 같은 감정을 불러일으키는 대상이 주어로 나온다. excited는 '신이 난, 들뜬, 흥분한'이라는 뜻으로, 이 같은 감정을 느끼는 주체가 주어로 나와야 한다.

12 해설 물음표로 끝나는 의문문이므로 주어와 동사의 위치를 바꾸어 「be동사 + 주어 ~?」 순으로 나타낸다. 서수 first 앞에는 반드시 the를 쓰며, first가 writer를 수식하는 형용사이므로 Am I the first writer?라고 써야 알맞다.

[13~16]

> 안녕, 유나야. 나는 민수야. 나도 그 책 좋아해. 나는 그 책의 그림들이 좋아.
>
> 안녕, 민수야. 나는 지민이야. 두 번째 그림이 B-612 행성이지? 나는 별을 좋아해. 밤하늘을 바라보는 걸 즐겨. 언젠가 나는 새로운 별을 발견할 거야. 그 별의 이름은 '지민'이라고 해야지.

13 해설 also는 문장 끝에 쓸 수 없으며 pictures는 복수형이므로 a를 쓸 수 없다. 앞서 나온 특정 그림을 나타내므로 앞에는 the가 나온다.

14 해설 지민은 새로운 별을 찾아내 자기 이름을 붙이겠다고 했으므로 포부가 크다고 할 수 있다.

15 해설 일반동사 enjoy가 쓰인 현재시제 문장이므로 조동사 do를 문장의 맨 앞에 써서 의문문을 만든다.

16 해설 밑줄 친 Its는 앞 문장의 a new star를 가리킨다.

[17~20]

> 안녕, 지민아. 나는 인호야. 나도 별을 좋아해. 그런데 내가 제일 좋아하는 별은 축구장에 있어. 이건 내가 가장 좋아하는 축구팀인 FC Real이야. 너는 어느 팀을 가장 좋아하니?
>
> 인호야, 내가 가장 좋아하는 팀은 우리 반이란다! 우리는 훌륭한 팀이 될 거야. – 담임 선생님

17 어떤 팀을 가장 좋아하나요?

해설 가장 좋아하는 팀은 바로 이 반이라고 답한 선생님의 응답 앞에 와야 한다.

18 ① 그리고 ② 또한 ③ 하지만 ④ 그래서 ⑤ 또한

해설 인호 역시 별을 좋아하지만 자신이 좋아하는 별은 축구장의 별들인 축구팀이라고 했으므로 반대되는 내용을 나타내는 But이 알맞다.

19 해설 조동사 will 다음에는 동사원형이 나오므로 We와 a great team이 동격임을 나타내는 be동사가 나와야 한다.

① 북극성은 매우 밝은 별이다.

② 태양은 항성인가요?

③ 한 남자가 별에 소원을 빌고 있다.

④ 그녀는 인기 배우가 되었다.

⑤ 미국 국기에는 50개의 별이 있다.

해설 ①, ②, ③은 '항성'을 뜻하고 ④는 '인기 있는 사람', ⑤는 '별 모양, 별표'를 의미한다.

서술형 평가

1
소녀: 안녕하세요. 박 선생님. 여기는 제 사촌 미나예요.

남자: 만나서 반갑구나, 미나야.

해설 다른 사람에게 누군가를 소개할 때는 '이 사람[분]'을 뜻하는 this를 쓴다. this는 3인칭 단수이므로 is를 써서 수를 일치시킨다.

2
A: 네 희망 직업은 뭐니?

B: 내 희망 직업은 요리사야.

해설 명사 앞에 your을 썼으므로 소유격 my를 써서 답한다. 요리사 그림이 제시되었으므로 a cook이 알맞다.

3 해설 The singer와 Hannah는 동격 관계이고 문맥상 가수가 유명한 스타(a big star)임을 유추할 수 있으므로 동사 앞에 쉼표를 써서 구분하여 문장으로 나타낸다.

4 해설 The mailman과 Mr. Stevens는 동격 관계이고, 편지를 가져다주는(brings the letter) 일을 하는 사람은 '집배원'이므로 동사 앞에 쉼표를 써서 구분하여 문장으로 나타낸다.

5
소년: 여기 Max와 Billy라는 개 두 마리가 있어. 이 사진을 봐.

소녀: 와, 정말 귀여워. 이 갈색 개가 Max니?

해설 be동사가 쓰인 평서문은 be동사를 문장의 맨 앞에 써서 의문문을 만든다. brown은 dog을, this는 brown dog을 수식하는 형태로 배열한다.

6
여자: 오늘 학교는 어땠니?

소녀: 오늘 시험을 쳤어요. 제가 A를 받았어요.

여자: 잘했구나!

해설 좋은 성적을 받았다고 했으므로 칭찬하는 말이 나와야 한다. 이 밖에도 (You did a) Good job. Well done. Excellent. 등을 쓸 수 있다.

7 해설 enjoy 다음에는 동명사 형태가 나오므로 drawing이 알맞다.

단원 평가

1 ② 2 ④ 3 ② 4 ③, ⑤ 5 ④ 6 ③ 7 ① 8 ③
9 ⑤ 10 ⑤ 11 have 12 What are you going to do
13 ⑤ 14 ⑤ 15 ② 16 ② 17 airs → air 18 ④ 19 ③
20 (D)-(C)-(B)-(A)

서술형 평가

1. interested in playing the guitar 2. interested in drawing pictures 3. Are you going to go shopping
4. don't we join the tennis club 5. (1) What do you want to buy? (2) I am going to visit my grandmother.
6. Do you want to learn swimming? 7. All students

단원 평가

1 G: What are you going to do this Saturday, Minho?

B: I'm going to go to a concert. How about you?

G: I'm going to go swimming.

소녀: 민호야, 이번 주 토요일에 뭐 하니?

소녀: 나는 공연장에 갈 거야. 너는 어때?

소녀: 나는 수영하러 갈 거야.

해설 여자는 수영하러 갈 계획이라고 말했다.

2 G: Which club are you interested in, Jaehoon?

B: I'm interested in the art club.

G: What do you want to do there?

B: _____

소녀: 재훈아, 너는 어떤 동아리에 관심이 있어?

소년: 나는 미술 동아리에 관심이 있어.

소녀: 넌 거기서 뭘 하고 싶어?

소년: 나는 그림을 그리고 싶어.

① 아니, 아니야.

② 응, 맞아.

③ 나는 그 동아리를 좋아해.

④ 나는 그림을 그리고 싶어.

⑤ 나는 일요일마다 박물관에 가.

해설 미술 동아리에서 뭘 하고 싶은지 묻고 있으므로 I want to ~ 구문으로 응답한 ④가 적절하다.

3 G: Hello. We are the Music Lovers. Are you interested in music? Come and join us. We want to enjoy music with you.

소녀: 안녕하세요. 우리는 Music Lovers입니다. 음악에 관심이 있으세요? 저희 동아리에 가입하세요. 우리는 여러분과 함께 음악을 즐기고 싶습니다.

해설 동아리를 소개하며 가입을 권하는 내용이므로 동아리 '홍보'가 목적임을 알 수 있다.

4 **G**: Tomorrow is Mom's birthday. What do you want to do for her birthday?

B: Well, I'm going to buy some special gifts for her. How about you?

G: I'm going to write a card and make a cake for her.

B: Wow, she will be so happy. I'm going to write a card, too.

소녀: 내일이 엄마 생신이야. 엄마 생신에 뭐 해 드리고 싶어?
소년: 음, 난 엄마를 위해 특별한 선물을 살 거야. 누나는 어때?
소녀: 난 생일 카드를 쓰고 케이크를 만들어 드릴 거야.
소년: 우와, 엄마가 아주 기뻐하시겠다. 나도 생일 카드를 쓸래.

해설 아들이 아니라 딸이 케이크를 만들겠다고 말했고, 마지막에 아들도 생일 카드를 쓰겠다고 말한다.

5 누군가 갑자기 아플 때 우리는 <u>응급 처치</u>를 한다.

① 시간표 ② 마술 ③ 동아리 ④ 응급 처치 ⑤ 만화책

해설 누군가 갑자기 아플 때는 응급 처치를 할 수 있다. give first aid는 '응급 처치를 하다'라는 의미이다.

6 • 우리는 환경을 위해 <u>캠페인을 합니다</u>.
• 그 동아리는 독도를 위한 <u>캠페인을 하나요</u>?

① 가입하다 ② 이기다 ③ 캠페인을 하다 ④ ~에 오신 것을 환영합니다 ⑤ 서명하다

해설 campaign for는 '~을 위한 캠페인을 펼치다, ~에 찬성하는 운동을 하다'라는 의미로, for 뒤에는 캠페인 활동의 대상이 되는 명사가 나온다.

7 ① 나는 동아리에 가입하고 싶어.
② 동아리에 가입하자.
③, ④, ⑤ '동아리에 가입하는 게 어때?'

해설 want to ~는 '~을 하고 싶다'라는 의미로 바람을 나타내며 Let's ~, What about ~?, How about ~?, Why don't we ~? 모두 상대방에게 제안 및 권유하는 표현이다.

8 ① **A**: 네가 창문을 닦을 거니?
   B: 응, 그럴 거야.
② **A**: 네가 시간표를 만들 거니?
   B: 응, 그걸 벽에 붙여 놓을 거야.
③ **A**: 넌 우리 동아리를 위해서 뭘 거니?
   B: 응, 그래.
④ **A**: 넌 어떤 책에 관심이 있니?

B: 난 역사책에 관심이 있어.
⑤ **A**: 넌 컴퓨터에 관심이 있니?
   B: 아니, 없어.

해설 의문사(what)로 묻는 의문문에는 Yes/No로 답할 수 없다.

9 ① 나는 금요일마다 승마를 하러 가.
② 우리는 집으로 갈 거야.
③ 우리 영화 보러 가는 거 어때?
④ 너 스키 타러 가고 싶니?
⑤ 어느 동아리에 가입하고 싶니?

해설 빈칸은 모두 동사원형이 들어갈 자리이다. go horse riding은 '승마를 하러 가다', go home은 '집에 가다', go to a movie는 '영화를 보러 가다', go skiing은 '스키를 타러 가다'라는 의미로 모두 go가 쓰이는 관용적 표현이다. ⑤의 Which club은 '어느 동아리'라는 의미로, 문맥상 어느 동아리에 가입할 것인지 묻는 말이 적절하므로 '가입하다'라는 의미의 join이 적절하다.

[10~11]

안녕하세요, 여러분! 여러분은 이번 주말에 뭘 할 건가요? 저는 이번 주 토요일에 영화를 보러 가려고 합니다. 재미있을 거예요. 또한 이번 주 일요일에는 친구들과 박물관에 갈 것입니다. 우리는 그곳에서 즐거운 시간을 보낼 겁니다.

10 ① 내 친구 ② 학창 시절 ③ 나의 미래 ④ 영화와 박물관
⑤ 나의 주말 계획

해설 상대방의 주말 계획을 묻고 자신이 이번 주말에 할 일을 말하고 있다.

11 해설 빈칸 뒤에 a good time이 제시되었고 빈칸 앞에는 조동사 will이 쓰였으므로 동사원형이 와야 한다. 박물관에서 친구들과 즐거운 시간을 보내게 될 것임을 알 수 있으므로 '즐거운 시간을 보내다'라는 뜻의 숙어 have a good time의 동사 have가 적절하다.

[12~15]

교내 동아리 쇼에 오신 것을 환영합니다.
저희는 Magic World입니다!
여러분은 이번 주 금요일에 뭘 할 건가요? Magic World에 가입하러 오세요.
우리는 온라인에서, 그리고 직접 만나서 마술을 즐깁니다.
매달 나눔 양로원에서 마술쇼도 하고요.
마술을 배우고 싶나요?
이번 주 금요일 오후 4시에 재능실로 오세요!
Water Bag Magic을 보려면 여기를 클릭해 보세요!

12 해설 가까운 미래의 계획을 묻고 있으므로 be going to를 써서 의문문을 만든다. '무엇을'이라는 의미의 의문사가 쓰인 의문문이므로 의문사를 문장의 맨 앞에 쓴 뒤 「What + be동사 + 주어 ~?」의 순서로 나타낸다.

13 해설 ⓐ '~도 역시'라는 의미의 too는 문장의 맨 끝에 온다. ⓑ '매 ~, ~마다'라는 의미의 every는 뒤에 단수 명사가 온다. ⓒ Please로 시작하는 명령문이므로 click은 동사원형을 쓴다.

14 ① 자러 갈 시간이야.
② 그녀는 오전 9시부터 오후 5시까지 일한다.
③ 나는 독일어를 배우고 싶다.
④ 그는 그것을 여동생에게 주었다.
⑤ 역까지 어떻게 가면 되나요?
해설 ①은 to부정사의 형용사적 용법, ②는 '~까지', ③은 to부정사의 명사적 용법, ④는 be going to이고, (B)의 to와 ⑤의 to 모두 '~에, ~로'라는 방향의 의미를 나타낸다.

15 ① 그들은 마술 쇼를 한다.
② 학생들은 온라인으로 동아리에 가입할 수 있다.
③ 학생들은 이번 주 금요일에 동아리에 가입할 수 있다.
④ 학생들은 재능실에서 만날 수 있다.
⑤ 동아리 회원들은 마술을 배울 수 있다.
해설 온라인상에서, 또는 직접 만나서 마술을 할 수 있고, 나눔 양로원에서 매달 마술 쇼를 한다고 했으며 이번 주 금요일 재능실에서 가입할 수 있다. 온라인에서 마술을 즐기고, Water Bag 마술을 볼 수 있다고는 했지만 가입할 수 있다는 말은 없다.

[16~19]

하이킹을 갑시다!
우리는 Backpackers입니다. 야외 운동을 좋아하나요? 신선한 공기를 즐기고 싶은가요? 여러분을 위해 여기 우리가 있습니다.
우리는 캠핑과 하이킹을 해요. 배낭여행을 하는 법과 응급 처치를 배웁니다.
첫 번째 여행은 남산으로 갑니다. 시청역 앞에서 만날 거예요. 여기에 등록한 후, 다음 주 토요일 오전 10시에 우리와 함께해요.

16 해설 야외 스포츠를 좋아하거나 신선한 공기를 즐기는 여러분을 위해 바로 '우리가 여기에 있다(We're here for you.)'는 내용으로 이어져야 자연스럽다.

17 해설 air는 셀 수 없는 명사이므로 복수형을 쓸 수 없다.

18 해설 in front of는 '~ 앞에'라는 의미이며, sign up은 '~에 신청하다, 참가하다, 등록하다'라는 의미이다.

19 ① 그들은 그곳에서 무엇을 하는가?
② 어떻게 가입할 수 있는가?
③ 그들은 얼마나 자주 만나는가?
④ 동아리의 이름은 무엇인가?
⑤ 그들은 첫 여행을 위해 언제 만날 것인가?
해설 얼마나 자주 만나는지는 언급되지 않았다.

20 (D) 넌 방과 후에 뭐 할 거니?
(C) 책을 읽을 거야.
(B) 넌 어떤 책에 관심이 있니?
(A) 나는 역사책에 관심이 있어.
해설 방과 후에 독서를 할 계획이라고 말했으므로 구체적으로 어떤 책에 관심이 있는지 묻는 흐름이 자연스럽다.

서술형 평가

1
Q: 세진이는 무엇에 관심이 있니?
A: 세진이는 기타를 연주하는 데 관심이 있어.
해설 세진이 기타를 연주하는(play the guitar) 그림이 제시되었으므로 play를 동명사형인 playing으로 나타낸다.

2
Q: 하성이는 무엇에 관심이 있니?
A: 하성이는 그림을 그리는 데 관심이 있어.
해설 하성이가 그림을 그리는(draw pictures) 그림이 제시되었으므로 draw를 동명사형인 drawing으로 나타낸다.

3 해설 가까운 미래에 할 일을 묻고 있으므로 be going to를 써서 나타낸다.

4 해설 테니스 동아리에 함께 가입할 것을 권하고 있으므로 「Why don't we + 동사원형 ~?」으로 나타낸다.

5 해설 (1) 의문사 what을 문장의 맨 앞에 쓰며 want 뒤에는 to부정사(to+동사원형)가 나온다. (2) 가까운 미래에 할 일을 나타내는 be going to 미래시제를 쓰며 to 다음에는 동사원형이 나온다.

[6~7]

Balck Sand Swimmers
수영을 배우고 싶으신가요?(Do you want to learn swimming?)
Black Sand Beach로 오세요.
우리는 다음 주 토요일 오후 4시에 만날 겁니다.
모든 학생을 환영합니다.
와서 가입하세요.

6 해설 상대방이 하고 싶은 일을 물을 때는 「want to + 동사원형」을 쓰고 조동사 do를 문장의 맨 앞에 놓는다.

7 Q: 누가 가입할 수 있나요?
A: 모든 학생이 가입할 수 있다.

해설 All students are welcome.(모든 학생을 환영합니다.)이라고 했으므로 학생 전원이 가입 대상이다.

1학기 중간고사 1~2과   p.59

1 ② **2** ② **3** ③ **4** ③ **5** ② **6** ⑤ **7** ④ **8** ⑤ **9** ④
10 ⑤ **11** too **12** Some day **13** ③ **14** ⑤ **15** My favorite team is this class! **16** Do you want to enjoy fresh air? **17** ③ **18** We learn backpacking and first aid. / We learn first aid and backpacking. **19** do **20** month **21** ③ **22** I'm not interested in computer games. **23** How[What] **24** ② **25** ③ **26** ① **27** ④ **28** ① **29** I'm interested in baseball. **30** want to watch TV, want to go to a concert, wants to play soccer **31** The boy enjoys drawing. He can draw cartoons for his class. The girl's hobby is playing soccer. She enjoys playing soccer after school. **32** Do you know anything about first aid?

1 • 당신을 만나게 되어 매우 기쁩니다.
• Tom은 시험 결과에 매우 기뻐했다.

해설 '~하게 되어 기쁘다'라는 의미를 나타낼 때는 「be pleased to+동사원형」을 쓰고, '~에 대해 기쁘다'라고 할 때는 「be pleased with+명사」를 쓴다. ①은 '관심이 있는' ③은 '가장 좋아하는' ④는 '좋은' ⑤는 '멋진'이라는 뜻이다.

2 해설 ①은 배우다 – 공부하다, ③은 끝마친 – 끝내다 ④는 사랑하다 – 좋아하다 ⑤는 '역시,~도 또한'이라는 의미로, 모두 유의어 관계이다. ② excited는 '신이 난, 들뜬, 흥분한'이라는 의미이며 calm은 '차분한'이라는 의미로, 반의어 관계이다.

3 • 너는 여가 시간엔 뭘 즐겨 하니?
• 과학자들은 새로운 별을 찾고 싶어 한다.

해설 첫 번째 문장의 빈칸 뒤에 「동사+-ing」 형태가 나왔으므로 이를 목적어로 취하는 enjoy가 알맞다. 두 번째 문장은 과학자들이 원하는 것을 나타내고 있으므로 문맥상 새로운 별을 '찾고 싶어 한다'에 해당하는 동사가 적절하다.

4 시골에서 긴 산책을 하러 가다

해설 go for a walk는 '산책을 하러 가다'라는 의미이므로 ③ 하이킹[도보 여행]을 가다가 알맞다. ①은 '~가 되다', ②는 '~를 환영하다', ④는 '원하다' ⑤는 '캠페인을 하다'라는 의미이다.

5 어느 동아리에 가입할 거니?

① 모르겠어. 그런데 난 하이킹에 관심이 있어.
② 나는 공원에서 그림을 그릴 거야.
③ '독도 사랑'에 가입할 거야.
④ Tom은 내가 자기 캠핑 동아리에 가입하길 원해.
⑤ 나는 마술 동아리가 좋을 것 같아.

해설 가입할 동아리가 무엇인지 물었으므로 그림을 그릴 것이라는 대답은 부적절하다.

6 ① A: 넌 주말에 뭐 하니?
B: 주말에는 중국어를 배워.
② A: 우리 반을 위해 넌 뭘 할 거니?
B: 시간표를 만들 거야.
③ A: 방과 후에 뭐 할 거니?
B: 학교 도서관에 갈 거야.
④ A: 너는 어떤 책에 관심이 있니?
B: 나는 과학책에 관심이 있어.
⑤ A: 너는 창문을 닦을 거니?
B: 응, 벽에 걸 거야.

해설 창문을 닦을 건지 묻는 질문에 그렇다고 답하며 벽에 걸 거라고 한 응답은 어색하다.

7 (D) 나는 영화 보는 걸 좋아해.
(A) 나도 영화 보는 걸 좋아해.
(B) 우리 같이 〈스타워즈〉를 보러 가는 게 어때?
(C) 좋은 생각이야.

해설 (D) 영화 보는 걸 좋아한다고 말하자 (A) 상대방도 영화 감상을 즐긴다고 답하고 (B) 함께 영화를 보러 가자고 제안하는 말에 (C) 긍정적으로 답하는 흐름이 자연스럽다.

8 ① 가입하려면 어디로 가야 되나요?

② 나는 볼링을 치러 갈 거야.

③ 여러분은 온라인상에서 쇼핑을 할 수 있습니다.

④ 오늘은 우리의 주말 계획에 대해 이야기할 것입니다.

해설 ⑤ excited는 '신이 난'이라는 뜻으로 사람을 주어로 취한다. 흥분을 불러일으키는 대상이 주어일 때는 exciting을 쓴다. sign up은 '신청하다, 등록하다', go bowling은 '볼링을 치러 가다', online은 '온라인상에서', talk about은 '~에 대해 이야기하다'라는 의미이다.

9 A: 세호야, 이쪽은 내 사촌 지훈이야.

B: 만나서 반가워, 지훈아.

해설 B에게 사촌을 소개하는 상황이므로 소개하는 사람을 가리키는 this가 적절하다.

10 ① 그녀는 과학책을 좋아하지 않는다.

② 그녀는 숙제를 다 했니?

③ 나는 수프를 먹고 싶지 않아.

④ 너는 자고 싶니?

⑤ 우리는 매달 쇼를 한다.

해설 조동사 do는 의문문과 부정문을 만들 때 쓰인다. ⑤는 '하다'라는 의미의 일반동사로 쓰인 do이다.

[11~15]

안녕하세요, 여러분! 이건 우리 반 학급일지예요. 모두 즐기면서 써 봅시다. – 담임 선생님

안녕! 내 이름은 유나야. 내가 첫 번째로 쓰는 사람인 거야? 신난다. 나는 글쓰기를 좋아해. 내 장래 희망은 작가야. 나는 독서도 좋아해. 이건 내가 가장 좋아하는 책인 『어린 왕자』야.

안녕, 유나야. 나는 민수야. 나도 그 책 좋아해. 거기에 나온 그림을 좋아하거든.

안녕, 민수야. 나는 지민이야. 두 번째 그림이 B-612 행성이지? 나는 별을 좋아해. 밤하늘을 바라보는 걸 즐겨. 언젠가 나는 새로운 별을 발견할 거야. 그 별의 이름은 '지민'이라고 해야지.

안녕, 지민아. 나는 인호야. 나도 별을 좋아해. 그런데 내가 제일 좋아하는 별은 축구장에 있어. 이건 내가 가장 좋아하는 축구팀인 FC Real이야. 너는 어느 팀을 가장 좋아하니?

인호야, 내가 가장 좋아하는 팀은 우리 반이란! 우리는 훌륭한 팀이 될 거야. – 담임 선생님

11 해설 유나가 『어린 왕자』를 좋아한다고 하자 민수도 that book이라고 지칭하고 자신도 좋아한다고 말하고 있으므로 '~도 마찬가지인'이라는 의미의 too가 적절하다.

12 해설 미래시제 will이 쓰였으므로 Some day라고 써야 한다. One day는 '(과거의) 언젠가'라는 의미를 나타낸다.

13 ① 사진 ② 책 ③ 별 ④ 팀 ⑤ 직업

해설 앞서 지민이 I love stars.라고 말했고 인호는 '~도 마찬가지인'이라는 too를 썼으므로 stars가 적절하다.

14 해설 ⑤ 민수는 미술 작품을 좋아하는 것이 아니라 『어린 왕자』에 실린 그림을 좋아한다고 말했다.

15 해설 favorite이 team을 꾸며 주고 '~이다'라는 의미의 be동사 다음에 this class가 나와야 한다.

[16~18]

야외 운동을 좋아하나요? 신선한 공기를 즐기고 싶은가요? 여러분을 위해 우리가 여기 있습니다.

우리는 캠핑과 하이킹을 해요. 배낭여행을 하는 법과 응급 처치를 배우지요. 첫 번째 여행은 남산으로 갑니다. 시청역 앞에서 만날 거예요.

여기에 등록한 후, 다음 주 토요일 오전 10시에 우리와 함께해요.

16 해설 want는 to부정사를 목적어로 취하는 동사이므로 to enjoy가 되어야 한다.

17 해설 '~로, ~에'라는 의미의 목적지를 나타낼 때는 to, '~ 앞에'라는 의미를 나타낼 때는 in front of, 시간을 나타낼 때는 전치사 at을 쓴다.

18 해설 등위접속사 and가 쓰였으므로 and 앞뒤에는 문법적으로 대등한 구조가 이어져야 한다. 여기서 and는 명사(구)를 연결한다.

[19~21]

Magic World 동아리에 오신 것을 환영합니다!
마술을 배우는 데에 관심 있으세요?
여러분은 이번 주 토요일에 뭘 할 건가요? Magic World에 가입하러 오세요. 우리는 온라인에서, 그리고 직접 만나서 마술을 가르칩니다. 매달 나눔 양로원에서 마술쇼도 하고요. 마술을 배우고 싶으면, 이번 주 토요일 오후 4시에 재능실로 오세요! Water Bag Magic을 보려면 여기를 클릭해 보세요!

19 해설 '매직쇼를 하다'라는 의미가 되어야 하므로 do가 알맞다.

20 해설 '모든'이라는 의미의 every는 단수 명사를 취하는 형용사이다.

21 ① 그는 2년 전에 새로운 사무실로 옮겼다.

② 5시까지 회의에 오세요.

③ 곧 뵙기를 바랍니다.

④ 그들은 새로운 곡에 맞추어 노래하고 춤을 췄다.

⑤ 그는 언제나 선생님 말씀을 듣는다.

해설 '~하는 것, ~하기'라는 의미로 to부정사의 명사적 용법으로 쓰인 것은 ③이다. 나머지는 모두 전치사로 쓰였다.

[22~24]

> A: 민수야! 넌 생일에 뭘 하고 싶니?
> B: 나는 놀이 공원에 가고 싶어. 넌 어때, 제호야?
> A: 나는 컴퓨터 게임을 하고 싶어. 내 생일에 같이 게임을 하는 건 어때?
> B: 미안해. 나는 컴퓨터 게임에 관심이 없어.
> A: 그럼 넌 뭐에 관심이 있니?
> B: 나는 영화 보는 걸 좋아해. 네 생일에 같이 영화를 보러 가자.

22 해설 '관심이 있다'는 be interested in으로 나타낸다.

23 해설 '~는 어때?'라는 제안의 의미가 되어야 하므로 What[How] about ~?를 쓴다. 이 표현은 상대방의 의견을 알고 싶을 때 흔히 쓰인다.

24 해설 마지막에 함께 영화 보기를 제안하고 있다. 놀이 공원에 가자는 제안은 언급되지 않았다.

[25~28]

> 안녕하세요, 여러분! 저는 민호입니다. 여러분은 이번 주말에 뭐 하세요? 저는 토요일 아침에는 항상 조깅을 합니다. 하지만 이번 주 토요일 오전에는 친구들과 영화를 볼 겁니다. 재미있을 거예요. 그 다음에는 공원에서 강아지와 놀 겁니다. (저는 언젠가 멋진 예술작가가 될 거예요.) 일요일은 어때요? 저는 이번 주 일요일에 박물관에 방문할 예정입니다. 저녁에는 기타 동아리에서 기타 연주를 하고 그곳에서 재미있는 시간을 보낼 겁니다.

25 해설 '나는 언젠가 훌륭한 예술가가 될 것이다'라는 바람은 주말 계획과는 관련이 없다.

26 해설 토요일 아침에는 주로 조깅을 하지만 이번 주말에는 친구와 영화를 볼 것이라고 했다.

27 ① 민호는 이번 주 토요일에 개와 어디로 갈 것인가?
② 민호는 매주 토요일 오전에 무엇을 하는가?
③ 민호는 이번 주 일요일에 무엇을 할 것인가?
④ 민호는 어떤 음악에 관심이 있는가?
⑤ 민호는 어디에서 기타를 연주할 것인가?

해설 민호가 어떤 음악에 관심이 있는지는 언급되지 않았다.

28 해설 장소를 나타낼 때는 at, '아침, 오후, 저녁'을 나타낼 때는 in을 쓴다.

29
> A: 너는 어떤 운동에 관심이 있니?
> B: 나는 야구에 관심이 있어.

해설 야구를 하고 있는 모습이므로 야구에 관심이 있음을 알 수 있다.

30 A: 학생들은 방과 후에 어떤 활동을 하고 싶어 하나요?
B: 10명은 TV를 보고 싶어 합니다. 12명은 공연을 보러 가고 싶어 하고 한 명은 축구를 하고 싶어 합니다.

해설 want to로 물었으므로 want to를 써서 답한다. 현재시제에서 3인칭 단수가 주어일 때는 want에 -s를 붙인다.

31
> Q: 소년과 소녀는 어떤 취미를 갖고 있나요?
> A: 소년은 그림 그리기를 즐긴다. 그는 그의 반을 위해 만화를 그릴 수 있다. 소녀의 취미는 축구이다. 그녀는 방과 후에 축구를 즐긴다.

해설 the boy는 3인칭 단수이므로 enjoys로, 조동사 can이 쓰였으므로 뒤에는 동사원형인 draw가 와야 한다. the girl's hobby 역시 3인칭 단수이므로 is를 써야 하며, she는 3인칭 단수 대명사이므로 enjoy에 -s를 붙인다.

32
> 안녕하세요, 여러분! 학생 방송에 오신 것을 환영합니다. 오늘 우리는 응급 처치에 대해 이야기하려고 합니다. 여러분은 응급 처치에 대해 아는 게 있나요?

해설 일반동사의 의문문은 「조동사 do+주어+동사원형」 순으로 쓴다.

LESSON 3 Thank You, My Family p.87

단원 평가

1 ② 2 ④ 3 ① 4 ② 5 ② 6 ⑤ 7 ③ 8 ③ 9 ③
10 ④ 11 ② 12 뭐가 감사하다는 거니? 13 ⓓ say
→ saying 14 ① 15 ① 16 ③ 17 ⑤ 18 that 19
Saying thanks 20 ⑤

서술형 평가

1 has to do the laundry 2 (예시 답안) don't you send a message 3 I think that he is an honest person. 4 go to the doctor 5 didn't like, at all 6 (that) this Sunday is Grandma's birthday 7 about getting a special present for her

단원 평가

1 **G**: Can you go to the swimming pool with me?

　B: _____

소녀: 나랑 같이 수영장에 갈래?

소년: 물론이지. 나는 수영을 좋아해.

① 미안해.

② 물론이지. 나는 수영을 좋아해.

③ 미안하지만 못 가. 수영하러 가야 해.

④ 농구 경기 보러 가자.

⑤ 넌 수영복을 입어야 해.

[해설] 수영장에 함께 가자고 제안하는 말이므로 이에 응하거나 거절하는 응답이 나와야 적절하다. 제안에 거절하면서 수영장에 간다는 말은 어색하다.

2 ① **G**: My dad's birthday is coming.

　　B: Why don't you buy a birthday gift for him?

② **G**: My dog is sick.

　　B: How about taking him to the doctor?

③ **G**: I'm really tired now.

　　B: You should take a rest.

④ **G**: My mom is really angry with me.

　　B: You have to thank her.

⑤ **G**: It's raining outside. I don't have an umbrella.

　　B: Why don't you use mine?

① 소녀: 곧 아빠 생신이야.

　소년: 아빠를 위해 생실 선물을 사 드리는 건 어때?

② 소녀: 우리 개가 아파.

　소년: 병원에 데려가는 게 어때?

③ 소녀: 난 지금 너무 피곤해.

　소년: 넌 쉬는 게 좋겠어.

④ 소녀: 엄마가 나한테 화가 많이 나셨어.

　소년: 넌 엄마한테 감사를 표해야 해.

⑤ 소녀: 밖에 비가 내려. 난 우산이 없어.

　소년: 내 걸 쓰는 게 어때?

[해설] 엄마가 화가 많이 나셨다는 말에 감사를 표해야 한다는 응답은 어색하다.

3 **G**: The weather is so nice today.

　B: Yes, it is. Why don't we go bike riding?

　G: I'd love to, but I don't know how to ride a bicycle.

　B: Then, how about going on a picnic?

　G: That's a good idea!

소녀: 오늘 날씨가 아주 좋아.

소년: 응, 그래. 자전거 타러 가는 게 어때?

소녀: 그러고 싶지만 자전거를 탈 줄 몰라.

소년: 그럼 소풍 가는 건 어때?

소녀: 그거 좋은 생각이야.

[해설] 소풍을 가자고 제안하자 긍정적인 응답을 하고 있으므로 함께 소풍을 갈 것임을 알 수 있다.

4 **G**: Is this Thursday Dad's birthday?

　B: Yes, it is. We have to do something for our dad.

　G: Sure. Why don't we get a special present for him?

　B: That sounds great. Do you have any ideas?

　G: How about making a video letter?

　B: Hey, that's a good idea. What do we have to say to him?

　G: Let's think about it now.

소녀: 이번 주 목요일 아빠 생신이지?

소년: 응, 맞아. 아빠를 위해 뭔가 해 드려야 돼.

소녀: 물론이야. 아빠를 위해 특별한 선물을 해 드리는 건 어때?

소녀: 그거 좋은데. 아이디어라도 있어?

소녀: 영상 편지를 만드는 건 어때?

소년: 야, 그거 좋은 생각인데. 아빠께 무슨 말을 해야 될까?

소녀: 이제 생각해 보자.

[해설] 특별한 선물을 해 드리자고 말하며 영상 편지를 만들자고 제안하자 이에 동의하고 있다. ② 아빠의 생신은 금요일이 아니고 목요일이다.

5 ① 그녀는 나를 보며 활짝 웃었다.

② 나는 그 건물로 달려갔다.

③ 나랑 농구 할 수 있니?

④ 내 차에 문제가 좀 생겼어요.

⑤ 나랑 점심 먹을래?

[해설] ②에는 방향을 나타내는 전치사 to가 알맞다.

6 　활동이 시작되기 전에 부드러운 운동을 하다

① 방문하다 ② 특별한 ③ 보내다 ④ 퍼트리다 ⑤ 준비 운동을 하다

[해설] 본격적인 활동을 하기 전에 몸을 푸는 동작을 설명하는 말이므로 '준비 운동을 하다'가 적절하다.

7 [해설] Let's ~, How about ~?, Why don't we ~?, What about ~? 모두 '함께 ~하자'라는 의미의 제안하는 표현이다. ③ Why didn't you go to the movies?는 영화를 보러 가지 않은 이유를 묻는 표현이다.

8 　A: 오늘은 엄마 생신이야. 엄마를 위해 뭘 할 수 있을까?

　B: _____ 는 어때?

　A: 좋은 생각인데. 엄마가 좋아하실 거야.

① 카드를 쓰다 ② 꽃을 좀 사 드리다 ③ 함께 숙제를 하다
④ 생일 케이크를 만들다 ⑤ 설거지를 하다

해설 함께 숙제를 하자는 제안은 생신 축하와 관계가 없다.

9 지훈이의 감사 일기
5월 1일
오늘 우리는 이상한 숙제를 받았다. 우리는 우리 부모님께 감사의 말을 전해야 한다. 한 달 동안 감사 일기도 써야 한다. 내가 어떻게 그 일을 할 수 있을까? 나는 감사의 마음을 잘 표현하는 사람이 아니다.

① 일기는 5월 1일부터 시작된다.
② 숙제는 한 달 동안 일기 쓰기이다.
③ 지훈이는 감사 읽기 쓰기를 좋아한다.
④ 지훈이는 부모님께 자주 감사하다고 말하지 않는다.
⑤ 지훈이는 오늘 새로운 숙제를 받았다.

해설 일기 쓰기를 좋아한다는 내용은 언급되지 않았다.

10 ① 이것은 당신을 위한 것입니다.
② 무엇을 도와드릴까요?
③ 도와주신 데 감사드리고 싶습니다.
④ 그 가게는 2주 동안 문을 닫는다.
⑤ 그는 장난감 회사에서 일한다.

해설 ⓐ와 ④의 for는 '~동안'이라는 의미의 '기간'을 나타낸다. ①, ②, ⑤는 '~을 위한', ③은 '~에 대한'이라는 의미로 쓰였다.

[11~13]

5월 9일
엄마는 거실에 계셨다. 나는 엄마께 감사의 말을 해야 했다. 나는 엄마 옆에 앉았다. 나는 엄마께 "엄마, 고마워요."라고 부드러운 목소리로 말했다. 엄마는 눈이 휘둥그레져서 나를 쳐다보셨다. 엄마는 내게 "뭐가 감사하다는 거니? 지훈아. 너 괜찮니?"라고 물어보셨다. 나는 내 방으로 달려갔다. 휴! 감사의 말을 하는 건 그렇게 쉬운 일이 아니다!

11 해설 next to는 '~옆에', in은 '~으로'라는 의미이다.

12 해설 For what do you thank?의 뜻이므로 '뭐가 감사하다는 거니?'라고 해석한다.

13 해설 동사 say가 주어 자리에 쓰였으므로 동사+-ing의 동명사 형태로 고쳐 써야 한다.

[14~16]

5월 20일
엄마는 점심으로 피자를 만들어 주셨다. 나는 피자를 전혀 좋아하지 않지만 감사의 말을 해야 했다. 나는 엄마께 "엄마, 고마워요. 정말 맛있어요."라고 두 엄지손가락을 치켜들며 말했다. 엄마는 이번에는 "뭐가 고맙다는 거니?"라고 말씀하지 않으셨지만, 내게 "그럼 내가 내일 또 피자를 또 만들어 줄게."라고 말씀하셨다. 이런. 나는 솔직한 감사의 말을 전해야 한다.

14 해설 피자를 전혀 좋아하지 않는데도 만들어 주셔서 감사하다고 말했다는 의미이므로 반대되는 내용을 나타내는 접속사가 적절하다.

15 ① 그의 숙제는 감사의 말을 하는 것이다.
② 그는 피자를 아주 좋아했다.
③ 그 피자는 아주 맛있었다.
④ 엄마는 피자를 잘 만드셨다.
⑤ 그는 그 피자를 또 먹고 싶어 했다.

해설 '감사의 말을 해야 한다'는 '의무'를 나타내고 있으므로 숙제 때문임을 알 수 있다.

16 ① 슬픈 ② 행복한 ③ 당황한 ④ 지루한 ⑤ 신나는

해설 피자를 전혀 좋아하지 않는데 피자를 또 만들어 주겠다고 하셨으므로 '당황한'이 가장 적절하다.

[17~20]

5월 30일
엄마는 야근 때문에 집에 늦게 오셨다. 엄마는 매우 피곤해 보이셨다. 나는 엄마를 안아 드리면서 "엄마, 감사합니다. 저는 엄마가 저희들을 위해 열심히 일하신다는 것을 알아요."라고 말했다. 엄마는 활짝 웃으시며 나를 안아 주셨다.
이제 나는 감사를 전하는 사람이다. 나는 이런 방식으로 행복을 퍼트릴 수 있다고 생각한다.

17 해설 ⑤ 형용사와 부사의 형태가 같은 hard는 부사로 쓰일 때 '열심히, 세게, 강력하게'라는 뜻을 나타낸다. hardly는 '거의 ~아니다'라는 부정의 의미이다.

18 해설 (A) 앞뒤에 절이 나왔으므로 두 절을 연결해 주는 접속사가 와야 한다. know와 think의 목적어 자리에 절이 나왔으므로 접속사 that이 적절하다.

19 다른 사람들에게 감사를 표현하는 것은 행복을 퍼트리는 좋은 방법이다.

해설 자신이 이제 '감사의 말을 하는 사람'이 되었다고 말했으므로 '이런 방식'은 '다른 사람에게 감사의 말을 하는 것'임을 알 수 있다.

20 ① 엄마는 야근을 하셨다.

　② 그는 엄마를 안아드렸다.

　③ 엄마는 행복해 보이셨다.

　④ 그는 엄마에게 감사하다고 말씀드렸다.

　⑤ 엄마는 숙제를 알고 계셨다.

　해설 ⑤ 엄마가 숙제에 대해 알고 있었다는 언급은 없다.

서술형 평가

1

　A: 너희 아빠는 무엇을 하셔야 되니?

　B: 아빠는 빨래를 하셔야 돼.

　해설 주어가 3인칭 단수이며 현재시제로 묻고 있으므로 의무를 나타내는 have to를 has to로 써서 수를 일치시킨다. '빨래를 하다'는 do the laundry라고 한다.

2

　어제 나는 제일 친한 친구와 싸웠어. 어제는 그녀에게 굉장히 화가 났었는데 지금은 아니야. 지금은 그녀에게 너무 미안해. 내가 어떻게 해야 할까?

　해설 상대방에게 조언을 할 때는 You should ~, Why don't you ~?, What about ~?, How about ~? 등의 표현을 사용하며, 문장 앞에 Why가 주어졌으므로 Why don't you ~?를 쓴다.

3 해설 각 절인 I think와 He is an honest person.을 접속사 that으로 연결하여 한 문장으로 만든다.

4

　A: 나 독감에 걸렸어.

　B: 너는 병원에 가 봐야 해.

　해설 '~해야 한다'라는 뜻의 조동사 must 뒤에는 동사원형을 써야 한다. 감기에 걸렸다고 했으므로 병원에 가 보라는 말이 어울린다. go to the doctor는 '의사의 진찰을 받다, 병원에 가다'라는 의미이다. 같은 표현으로 go to see a doctor가 있다.

5

　A: 피자는 어땠니?

　B: 전혀 마음에 안 들었어.

　해설 '전혀 ~하지 않다'라는 의미의 not ~ at all을 쓴다. 과거시제로 물었으므로 과거 동사를 써서 답한다.

[6~7]

소녀: 너 그거 아니? 이번 주 일요일이 할머니 생신이야.

소년: 응 알아. 우리는 할머니를 위해 뭔가를 해 드려야 해. 우리는 할머니의 사랑에 감사해야 해.

소녀: 물론이야. 할머니께 특별한 선물을 해 드리는 게 어때?

소년: 좋은 생각이야.

6 해설 소년이 알고 있는 사실은 앞서 언급된 This Sunday is Grandma's birthday.이다. I know와 This ~ birthday.를 접속사 that으로 연결하여 목적어절을 이끄는 문장으로 나타낸다. 이때의 that은 생략할 수도 있다.

7 해설 상대방에게 제안할 때는 How about ~?을 쓸 수 있으며 전치사 about 뒤에는 (동)명사만 올 수 있으므로 getting으로 고쳐 쓴다.

LESSON 4 Get Healthy, Be Happy!
p.113

단원 평가

1 ④ **2** ① **3** ① **4** ⑤ **5** ② **6** ⑤ **7** ⑤ **8** ④ **9** ④ **10** ③ **11** ① **12** ⑤ **13** an apple **14** fresh egg → a fresh egg **15** berries and greens **16** ② **17** How fresh **18** ① **19** ⑤ **20** being healthy → to be healthy

서술형 평가

1 How was the[your] baking class **2** I practice singing every day to be good at singing. **3** another **4** I met Jane on the way home. **5** Catch **6** a fish **7** take a ship

단원 평가

1 **B**: What will you have for lunch?

　G: I'll have pizza. Would you like to try it?

　B: Well, not today.

　G: What would you like?

　B: I'm not that hungry. I'll just have a piece of cheese cake.

　G: All right. Would you like something to drink?

　B: No, I'm good. How about you?

　G: Hmm. I'm going to have some soda.

소년: 점심으로 뭘 먹을래?

소녀: 피자를 먹을래. 너도 먹어 볼래?

소년: 아니, 오늘은 안 먹을래.

소녀: 뭘 먹고 싶어?

소년: 난 배가 별로 고프지 않아. 치즈케이크 한 조각을 먹을래.

소녀: 좋아. 음료수 마시고 싶니?

소년: 아니, 난 괜찮아. 너는 어때?

소녀: 흠. 난 탄산음료를 조금 마실래.

해설 여학생이 피자를 고르고 나서 남학생에게 권하자 남학생은 피자 대신 치즈케이크 한 조각을 골랐다. 남학생은 음료를 시키지 않고 여학생은 탄산음료를 마시기로 한다.

2 **B**: What a nice drawing!

G: Thanks.

B: _____

소년: 멋진 그림인데!

소녀: 고마워.

소년: 정말 잘했어.

① 정말 잘했어! ② 좋아! ③ 만나서 반가워. ④ 네, 주세요.

⑤ 정말 잘하는 (선수)구나!

해설 그림에 감탄하고 있으므로 상대방의 그림 솜씨를 칭찬하는 말이 와야 적절하다.

3 **G**: How was your cooking class?

B: It was great. Ta-da! Chocolate cookies!

G: How cool! You did a good job!

B: Thank you. Would like to try one?

G: Sure, I'd love to.

B: How do you like it?

G: Mmm. What a delicious cookie! I love it.

B: Would you like another?

G: Yes, please.

소녀: 요리 수업 어땠어?

소년: 아주 좋았어. 짜잔! 초콜릿 쿠키야!

소녀: 정말 멋지다! 아주 잘했는걸!

소년: 고마워. 하나 먹어 볼래?

소녀: 물론이지.

소년: 어때?

소녀: 음. 정말 맛있는 쿠키야. 마음에 들어.

소년: 하나 더 먹을래?

소녀: 응, 그럴래.

해설 남학생이 쿠키를 하나 더 권하자 긍정적인 응답을 하고 있다.

4 **B**: What do you want for lunch? Today we have rice, *kimchi* soup, fried fish, and *bulgogi. Bulgogi* is our favorite! And a slice of watermelon is waiting for us. Thank you, school cooks! You did a good job!

소년: 점심으로 무엇을 먹고 싶으신가요? 오늘의 메뉴는 밥, 김칫국, 생선튀김, 불고기입니다. 불고기는 우리가 가장 좋아하는 메뉴죠! 그리고 수박 한 조각도 준비되어 있습니다. 급식 요리사님, 고맙습니다! 솜씨가 정말 훌륭하세요!

해설 학생들이 불고기를 가장 좋아한다는 말은 했지만 급식 메뉴 선정에 참여한다는 언급은 하지 않았다.

5 ① 사람들이 높은 나무에서 과일을 딴다.

② 식사는 맛있었어요?

③ 십 대는 우유를 많이 마셔야 한다.

④ 날씨가 더워지고 있어.

⑤ 잠깐 쉽시다.

해설 meal은 '끼니, 식사'라는 의미이다.

6
• 넌 학교에 어떻게 가니?

• 그거 마음에 드니?

• 뉴욕 여행은 어땠어?

① 무엇을 ② 왜 ③ 누가 ④ 어디에 ⑤ 어떻게[어떤]

해설 How는 '어떻게'라는 의미의 '수단, 방법'을 묻거나 '얼마만큼, 어느 정도'라는 의미로 상대방에게 '(마음에 드는) 정도'를 물을 때, 또는 '어떠하게'라는 의미로 '(즐거움 등) 상태'를 물을 때 쓰인다.

7 해설 ⑤는 어떤 것을 좋아하는지 묻는 말이고, 나머지는 모두 음식을 권할 때 쓰는 표현이다.

8 ① **A**: 정말 잘했어!

B: 고마워.

② **A**: 정말 멋져! 넌 훌륭한 가수야.

B: 고마워.

③ **A**: 나한테 콜라가 조금 있어. 마실래?

B: 응, 고마워.

④ **A**: 내가 이 케이크를 만들었어.

B: 얼마나 무거워?

⑤ **A**: 쿠키 하나 더 먹을래?

B: 고맙지만 사양할게.

해설 케이크를 직접 만들었다는 말에 얼마나 무거운지를 묻는 응답은 어색하다.

9
A: 우리 학교 급식 마음에 드니?

B: 응. 비빔밥이 가장 마음에 들어.

A: 나는 카레를 아주 좋아해.

B: 나도 카레를 좋아해. 급식 요리사들 솜씨가 아주 훌륭하셔.

A: 정말 그래. 내일 점심으로 그걸 먹을래?

B: 응, 좋아.

해설 Would you like it for lunch tomorrow?는 권유하는 표현이므로 권유에 대한 응답이 이어지는 것이 알맞다.

먼저, 버스를 타고 충주로 가세요. 사과나무를 찾아서 사과 두 개를 따세요. 그 중 하나는 가는 길에 드세요.

다음으로, 안동으로 가는 기차를 타고 농가로 가세요. 닭을 향해 "꼬끼오" 하고 울고 신선한 달걀 하나를 받으세요. 아니면 그 닭을 가져오세요.

그 다음에는, 제주도가 당신을 기다리고 있습니다. 그곳에 가려면 배를 타세요. 잠수해서 물고기를 잡고 파도타기를 즐기세요.

뭐 잊은 거 없나요? 여객선을 타고 장흥으로 가 들판으로 뛰어들어 가세요. 열매와 채소를 따세요. 닭에게 조금 나누어 주세요. 닭이 좋아할 거예요.

마지막으로, 버스를 타고 평창으로 가 농가에서 소 한 마리를 찾으세요. "음메"라고 소에게 외치고 신선한 우유 한 잔을 받으세요.

10 해설 건강한 샐러드를 만드는 데 필요한 재료를 찾아 떠나는 여행에 대한 글이다.

11 해설 여정을 순서대로 제시하고 있으므로 각각 Frist(첫째로), Next(다음으로), Finally(마지막으로)가 차례로 들어가야 한다.

12 해설 평창에서 구한 재료는 소고기가 아니라 우유다.

13 해설 one은 앞서 나온 명사와 같은 종류 중 하나를 가리키는 말이다. two apples 중 한 개를 오는 길에 맛보라는 의미다.

14 해설 fresh egg는 셀 수 있는 단수 명사이므로 앞에 a를 써야 한다.

15 해설 ⓒ는 앞서 나온 명사를 가리키는 수량 표현이고 ⓓ는 앞서 나온 명사를 대신 가리키는 대명사이다. 둘 다 앞서 나온 berries and greens를 가리킨다.

[16~17]

요리할 준비가 됐나요?
채소를 씻으세요.
사과를 얇게 써세요.
달걀을 삶으세요.
생선을 구우세요.
드디어 샐러드 한 그릇을 먹을 시간입니다. 우유 한 잔과 즐겨보세요. 정말 신선한 샐러드군요!

16 해설 각 재료를 다듬는 방법을 안내한 후 샐러드와 우유를 즐기라고 했으므로 요리법에 대한 글임을 알 수 있다.

17 해설 형용사 fresh를 강조하는 감탄문이 적절하므로 「How+형용사(fresh) (+주어+동사!)」 순서로 쓴다.

[18~20]

나는 건강해지고 싶어요. 나는 건강해지기 위해서 이 세 가지 일들을 할 것입니다.
• 나는 일찍 일어나기 위해 일찍 잠자리에 들 것입니다.
• 나는 건강한 음식을 섭취하기 위해 과일과 채소를 좀 더 즐겨 먹을 것입니다.
• 나는 건강을 유지하기 위해 매일 운동을 할 것입니다.

18 해설 건강해지기 위한 세 가지 생활 습관에 대한 글이다.

19 ① 나는 수영하는 것을 좋아해.
② 수학을 공부하는 건 어려워.
③ 영어를 배우는 건 쉽지 않아.
④ 내 꿈은 의사가 되는 거야.
⑤ 나는 해야 될 숙제가 많아.

해설 ⓐ의 to부정사는 '~하는 것'이라는 의미의 명사적 용법을 나타낸다. ①, ②, ③, ④ 모두 명사적 용법으로 쓰였으나 ⑤는 '~할, ~하는'이라는 의미로 명사를 수식하는 형용사적 용법으로 쓰였다.

20 해설 '목적'을 나타내는 to부정사구가 필요하므로 being helthy를 to be healthy로 써야 한다.

서술형 평가

1 해설 '~는 어땠어?'라는 의미로 상대방의 소감을 물어볼 때는 의문사 how를 써서 나타낸다.

2 나는 매일 노래 연습을 한다. 나는 노래를 잘하고 싶다.

해설 '~하기 위해'라는 의미의 '목적'을 나타내는 to부정사구(to+동사원형)를 써서 한 문장으로 연결한다.

3 해설 '또 하나의 것, 같은 것'을 의미하는 대명사 another를 쓸 수 있다.

4 해설 '오는 길에, 도중에'라는 의미는 on the way를 써서 나타낸다. home은 부사로 쓰이면 '집으로'라는 의미를 나타내므로 전치사를 쓰지 않는다는 데 유의한다.

[5~7]

그 다음에는, 제주도가 당신을 기다리고 있습니다. 그곳에 가려면 배를 타세요. 잠수해서 물고기를 잡고 파도타기를 즐기세요.

5 해설 take는 '(교통 수단·도로 등을) 타다[이용하다]', catch는 '(버스·기차 등을 시간 맞춰) 타다'라는 의미이다.

6 해설 catch a fish(물고기를 잡다)로 보아 '물고기'를 얻을 수 있다.

7 해설 '그곳에 가려면 배를 타라(Take a ship to get there)'고 했으므로 take a ship이 알맞다.

---

1 ② **2** ③ **3** ② **4** ⑤ **5** ④ **6** Here is a list of things for you. **7** ② **8** ② **9** ④ **10** sending → send **11** ③ **12** do **13** How **14** ④ **15** ⑤ **16** picked **17** ⑤ **18** of **19** ③ **20** ⑤ **21** that **22** I didn't like it at all **23** ① **24** ④ **25** next → next to **26** ③ **27** ③ **28** ④ **29** (1) All students are welcome. (2) I want to win the race. **30** (1) You always take care of me. (2) You are wonder parents. **31** I exercise every morning in the park to be healthy. **32** Then you have to take a ferry to Jejudo. Next, you have to go to a beautiful beach and take a boat. And you can catch a fish from the boat.

1
A: 이번 주 토요일 엄마 생신이지?
B: 응, 그래. 우리는 엄마를 위해 뭔가를 해 드려야만 해.
A: 엄마를 위해 특별한 선물을 드리는 건 어떨까?
B: _____

① 너는 먼저 선물에 대해 얘기해야 해.
② 그거 좋은데. 영상 편지를 만드는 건 어때?
③ 너는 아빠를 위해 특별한 선물을 준비했구나.
④ 응, 오늘은 엄마 생신이었어.
⑤ 나는 온라인으로 재미있는 영상을 봤어.

해설 특별한 선물을 하자고 제안하고 있으므로 영상 편지라는 구체적인 아이디어를 제시하는 응답이 적절하다.

2
① 점심으로 피자를 만들자.
② 점심으로 피자를 만드는 건 어때?
③ 점심으로 왜 피자를 만들지 않은 거야?
④ 점심으로 피자를 만들까?
⑤ 점심으로 피자를 만드는 건 어때?

해설 ①, ②, ④, ⑤는 피자를 만들자는 '제안'의 표현이지만 ③은 '이유'를 묻는 질문이다.

3
• 유리병을 버리지 마세요.
• 음악은 스트레스를 없애 주고 나를 행복하게 해 준다.

해설 부사 away는 동사와 함께 쓰여 '사라져, 없어져'라는 의미를 나타낸다. throw away는 '버리다', take away는 '없애 주다, 제거하다'라는 의미이다.

4
휴식을 취하거나 잠을 자야 하는
① 진실한 ② 건강한 ③ 늦은 ④ 정직한 ⑤ 피곤한
해설 휴식이나 잠이 필요한 상태는 'tired(피곤한)' 상태이다.

[5~7]
여러분은 건강해지고 싶나요? 여기 여러분을 위한 할 일들의 목록이 있습니다. 첫 번째, 건강을 유지하고 싶다면 일찍 잠자리에 들어야 합니다. 두 번째, 과일과 야채를 더 많이 먹어야 합니다. 세 번째, 매일 운동을 해야 합니다.

5
① 에너지를 절약하는 가장 좋은 방법들
② 운동을 하기 위한 가장 좋은 방법들
③ 야채를 즐기기 위한 가장 좋은 방법들
④ 건강해지기 위한 가장 좋은 방법들
⑤ 일찍 일어나기 위한 가장 좋은 방법들
해설 건강해지고 싶은 사람들을 위해 3가지 방법을 나열하고 있다.

6 해설 '여기에 ~가 있습니다'는 Here is/are ~ 구문을 쓰고, '~의 목록'은 a list of ~로 나타낸다.

7
① 아침 식사를 하다
② 건강을 유지하다
③ 운동이 필요하다
④ 건강한 음식을 먹다
⑤ 열심히 노력하다
해설 keep fit은 '건강을 유지하다, 건강하게 있다'라는 의미로, get healthy와 의미가 같다. 건강을 유지하기 위한 방법을 권하고 있으므로 keep fit이 적절하다.

8
① A: 날씨가 더워지고 있어.
   B: 응. 그래.
② A: 그가 고맙다고 말했을 때 기분이 어땠니?
   B: 아니, 그는 감사를 잘 표하는 사람이 아니야.
③ A: 잘했구나.
   B: 고마워.
④ A: 그건 정말 좋은 책인 것 같아.
   B: 나도 그렇게 생각해.
⑤ A: 이 쿠키 좀 먹어 볼래?
   B: 응, 맛있는 쿠키구나!

해설 ② 의문사 How로 묻는 질문에는 Yes/No로 답할 수 없으며 구체적인 의견이나 소감으로 응답하는 것이 적절하다.

[9~10]

> 어버이날이 다가오고 있습니다. 네, 여러분은 뭔가를 해 드려야 하죠. Happy Video 앱을 사용해 보는 건 어떠세요? 영상 편지를 만들어 부모님께 여러분의 사랑을 표현해 보세요.

9 해설 어버이날을 맞아 Happy Video app을 이용해 영상 편지를 만들어 부모님께 사랑을 전달해 보라고 권하고 있으므로 광고임을 알 수 있다.

10 해설 동사원형으로 시작하는 명령문이 쓰였으며 등위접속사 and는 문법적으로 대등한 관계를 나타내는 구조를 연결하므로 sending을 send로 바꿔 써야 한다.

[11~12]

> A: 오늘은 엄마 생신이야. 우리는 그녀를 위해 뭔가를 해야 해.
> B: 맞아.
> A: 감사 카드를 쓰는 건 어떨까?
> B: 그거 좋은 생각이야. 엄마께 진실된 감사를 표하자.
> A: 다른 아이디어가 또 있니?
> B: 넌 빨래를 하는 게 어때? 난 설거지를 할게.

11 해설 give thanks는 '감사를 드리다'라는 의미의 숙어이다.

12 해설 '빨래를 하다'는 do the laundry, '설거지를 하다'는 do the dishes로 쓴다.

[13~15]

> A: 오늘 요리 수업 어땠어?
> B: 좋았어. 짜잔! 초콜릿 쿠키와 버터 쿠기야!
> A: 멋지다! 정말 잘 만들었네!
> B: 고마워. 하나 먹어 볼래?
> A: 물론. 먹고 싶어.
> B: 맛이 어때?
> A: (C) 음. 정말 맛있는 쿠키구나! 마음에 쏙 들어.
> B: (A) 버터 쿠키도 먹어 볼래?
> A: (D) 물론이야. 내가 가장 좋아하는 게 버터 쿠키거든.
> B: (B) 여기 있어.

13 해설 ⓐ와 ⓒ는 상대방의 의견이나 소감을 묻는 표현으로, 각각 '어떠하여', '얼마나'라는 의미의 '상태'나 '정도'를 묻는 말이 와야 하며, ⓑ는 형용사 감탄문이므로 How가 적절하다.

14 ① 좀 더 먹을래?
② 이 쿠키는 정말 맛있어.
③ 내일 점심으로 먹을래?
④ 하나 먹어 볼래?
⑤ 이 쿠키 정말 맛이 좋구나.

해설 권유 또는 제안하는 말에 대한 응답 표현이 이어지고 있으므로 쿠키를 권하는 말이 와야 적절하다.

15 해설 쿠키 맛이 어떤지 묻고 있으므로 그에 대한 응답 (C)가 이어져야 하며, 또 다른 쿠키를 권하자(A) 가장 좋아하는 쿠키라고 말하며 응하고(D) 쿠키를 건네주는 (B)의 흐름이 가장 자연스럽다.

[16~18]

> 한 유명 요리사가 샐러드를 위해 사과, 열매, 생선, 달걀을 얻으러 여행을 떠났습니다. 먼저, 그는 충주로 가는 버스를 탔습니다. 그는 사과나무 한 그루를 찾아 사과 두 개를 땄습니다. 그 다음으로 그는 안동으로 가는 기차를 타고 농장으로 갔습니다. 그곳에서 그는 신선한 달걀 한 알을 얻었습니다.
> 그 뒤에는 제주도가 그를 기다리고 있었습니다. 그는 그곳에 가기 위해 배를 탔습니다. 그는 물고기 한 마리를 잡고 파도타기를 즐겼습니다. 그런 다음, 그는 장흥으로 가는 배를 타고 열매와 채소를 땄습니다. 마지막으로 그는 평창으로 가는 버스를 타고 농장에서 소 한 마리를 찾았습니다. 그는 소에게서 신선한 우유 한 잔을 얻었습니다.

16 해설 pick의 과거형은 picked이다.

17 해설 충주에서는 사과를, 안동에서는 달걀을, 제주도에서는 생선 한 마리를, 장흥에서는 열매와 채소를, 평창에서는 우유 한 잔을 얻었다.

18 해설 milk는 셀 수 없는 명사이므로 우유를 담는 용기를 기준으로 수량을 나타낼 수 있다. 여기서는 glass가 제시되었으므로 a glass of ~(~ 한 잔)로 나타낸다.

[19~21]

> 오늘은 아빠 생신이다. 나는 아빠가 우리를 위해 매우 열심히 일하신다는 걸 알고 있다. 나는 아빠를 위해 무엇이든 하고 싶었다. 그래서 나는 아빠를 위해 생일 케이크를 샀고 감사 편지도 썼다.
> 아빠는 늦게 퇴근하셨다. 아빠는 피곤해 보이셨다. 나는 아빠를 안아 드리면서 "생신 축하해요, 아빠. 아빠가 최고예요!"라고 말했다. 아빠는 활짝 웃으시면서 나를 안아주셨다. 아빠는 행복해하셨고 나도 행복했다. 나는 오늘 잘 해낸 것 같다.

19 해설 아빠의 생신을 축하드리기 위해 감사 편지를 썼고 아빠와 서로 포옹을 한 후 서로 행복해했다고 했다.

20 [해설] '웃음을 띠다'라는 의미를 나타낼 때는 '~을 가지고 있는'이라는 의미의 with를 써야 한다.

21 [해설] know와 think 뒤에 나오는 절은 목적어로 볼 수 있으므로 절을 이끄는 접속사 that을 써야 한다.

[22~24]

> 엄마는 점심으로 피자를 만들어 주셨다. 너무 매웠기 때문에 그것을 전혀 좋아하지 않았다. 하지만 엄마를 행복하게 해드리고 싶었다. 그래서 두 엄지손가락을 치켜들며 감사를 표했다.
> A: 고마워요, 엄마. 정말 맛있어요.
> B: 그럼 내일 또 피자를 만들어 줄게.
> A: 내일 제가 도와드려도 될까요? 피자 만드는 법을 배우고 싶어요.

22 [해설] not ~ at all은 '전혀 ~아니다'라는 의미이므로 동사 앞에 not을 쓰고 문장 맨 뒤에 at all을 붙인다.

23 [해설] 피자가 매웠지만 엄마에게 엄지손가락을 치켜들며 고맙다고 말했으므로 엄마를 행복하게 해드리고 싶었음을 알 수 있다.

24 [해설] 피자가 매웠지만 엄마의 기분을 상하게 하지 않으려고 맛있다고 말하며 감사를 표한 것은 배려의 행동임을 알 수 있다.

[25~28]

> 어제 우리는 학교에서 이상한 숙제를 받았다. 우리는 우리 부모님께 감사의 말을 전해야 한다. 부모님을 위해 감사 편지도 써야 한다. 나는 감사의 마음을 잘 표현하는 사람이 아니라서 걱정이 되었다. 어젯밤에 엄마는 거실에 계셨다. 엄마는 행복하신 것 같다. 나는 엄마께 감사의 말을 해야 했다. 나는 엄마 옆에 앉았다. 나는 엄마께 "엄마, 고마워요."라고 부드러운 목소리로 말했다. 엄마는 눈이 휘둥 그레져서 나를 쳐다보셨다. 엄마는 내게 "뭐가 감사하다는 거니? 지해야. 너 괜찮니?"라고 물어 보셨다. 나는 내 방으로 달려갔다. 휴! 감사의 말을 하는 건 그렇게 쉬운 일이 아니다.

25 [해설] next to는 '~ 옆에'라는 의미이다.

26 [해설] 엄마가 거실에 앉아 계실 때 감사의 말을 해야 했다는 전개가 자연스럽다. '엄마가 행복해 보인다.'라는 글쓴이의 추측은 문맥상 자연스럽지 않다.

27 [해설] 감사의 이유에 해당하는 말은 전치사 for를 써서 나타낸다.

28 ① 엄마는 왜 놀라셨는가?
② 지해는 엄마께 감사의 말을 자주 하는가?
③ 지해는 왜 방으로 도망갔는가?

④ 지해는 감사 편지를 어디에서 썼는가?
⑤ 지해는 엄마에게 언제 감사의 말을 했는가?
[해설] 지해가 감사 편지를 어디에서 썼는지는 언급되지 않았다.

29 [해설] (1) welcome은 '환영받는'이라는 의미의 형용사로 쓰였으므로 be동사 뒤 보어 자리에 와야 한다. (2) want는 to부정사를 목적어로 취하는 동사이므로 to win the race가 목적어가 된다.

30
> 엄마, 아빠께
> 감사합니다. 엄마, 아빠.
> (1) 두 분은 절 항상 돌봐주시죠.
> (2) 두 분은 훌륭한 부모님이세요.
> 정말 사랑해요.

[해설] (1) take care of는 '~을 돌보다'라는 의미의 숙어이다. always는 조동사나 be동사 뒤, 일반동사 앞에 위치한다.
(2) 형용사 wonderful이 명사 parents를 앞에서 꾸며 준다.

31
> 나는 수학을 공부한다. 나는 수학 교사가 되고 싶다.
> → 나는 수학 교사가 되기 위해 수학을 공부한다.

나는 공원에서 매일 아침 운동을 한다. 나는 건강해지고 싶다.
→ 나는 건강해지고 싶어서 매일 아침 공원에서 운동을 한다.
[해설] 명사적 용법으로 쓰인 to부정사구(to be healthy)를 앞 문장에 연결한다.

32
> Q: 어떻게 제주도에 가서 물고기를 잡을 수 있나요?
> A: 먼저 부산으로 가는 기차를 타야 합니다. 그런 다음 배를 타고 제주도로 가야 합니다. 그 다음으로, 아름다운 해변에 가서 배를 탑니다. 그리고 그 배에서 물고기를 잡을 수 있습니다.

[해설] '제주도로 가는 배'라는 의미의 '목적지'는 전치사 to를 써서 나타내며, 등위접속사 and는 문법적으로 대등한 구조를 연결하므로 taking을 동사원형인 take로 고쳐야 한다. 조동사 다음에는 동사원형이 와야 하므로 catch로 써야 한다.

단원 평가

1 ③　2 ④　3 ⑤　4 ③　5 ②　6 ②　7 ②　8 ④　9 ③
10 ①　11 ②　12 ①　13 ⑤　14 ⑤　15 ③　16 ②　17
small living things　18 ④　19 ③　20 (A) to hear (B)
studying (C) to make

서술형 평가

1 That's surprising! / I'm surprised!　2 Because I
got up late.　3 Because the movie is sad.　4 (1) I
went to bed early because I was tired. / Because I
was tired, I went to bed early. (2) I can't help you
because I'm busy. / Because I'm busy, I can't help
you.　5 go shopping, have dinner　6 I sang a song,
my sister played the piano　7 deep-sea, shining rod

단원 평가

1　**B**: Why didn't you come to the party?
　　G: _____

소년: 왜 파티에 안 온 거니?
소녀: 아팠거든.
① 정말 고마워.
② 참 안됐구나.
③ 아팠거든.
④ 파티에 가고 싶어.
⑤ 나랑 함께 가는 게 어때?

해설 파티에 오지 못한 까닭을 묻고 있으므로 이유로 답해야
한다.

2　**G**: You know what? Horses can sleep on their feet.
　　B: Really? That's amazing!

소녀: 너 그거 아니? 말은 서서 잠을 잘 수 있대.
소년: 그래? 그거 놀라운데!

해설 놀라움을 나타내는 단어는 surprised(놀라운)이다. 감정
을 나타낼 때는 -ed 형태를 쓰고, 그 같은 감정을 불러일으킨
대상이 주어일 때는 -ing형태를 쓴다.

3　① **B**: Jimin looks excited. Why?
　　　G: It's because she won the tennis game.
　　② **B**: Why were you late for school?
　　　G: Because I woke up late.
　　③ **B**: Jane, why do you look so tired?
　　　G: I couldn't sleep at all because I was sick.
　　④ **B**: Honeybees can taste with their feet.
　　　G: That's surprising!
　　⑤ **B**: Guess what? Cats have shining eyes.
　　　G: Because cats have round eyes.

① 소년: 지민이 신이 나 보이는데. 왜지?
　 소녀: 테니스 경기에서 이겼거든.
② 소년: 학교에 왜 늦은 거니?
　 소녀: 늦잠을 잤거든.
③ 소년: Jane, 너 왜 그렇게 피곤해 보이니?
　 소녀: 아파서 한숨도 못 잤거든.
④ 소년: 꿀벌은 발로 맛을 볼 수 있대.
　 소녀: 그거 놀라운데!
⑤ 소년: 그거 아니? 고양이는 빛나는 눈을 가졌어.
　 소녀: 고양이는 동그란 눈을 가졌기 때문이야.

해설 고양이에 관한 놀라운 사실을 전하는 말에 이유로 답하
고 있으므로 적절하지 않다.

4　**B**: Did you see *Animal World* on TV last night?
　　G: No, I didn't. What was it about?
　　B: It was about zebras. Every zebra has a different
　　　　stripe pattern.
　　G: You mean no two zebras have the same stripe
　　　　pattern?
　　B: You got it. Isn't it amazing?
　　G: Yes, it is. I'm very surprised. They all look the
　　　　same to me.

소년: 어제 밤에 〈동물의 세계〉 봤니?
소녀: 아니, 안 봤어. 뭐에 대한 거였어?
소년: 얼룩말에 관한 거였어. 얼룩말은 저마다 다른 줄무늬 형태
　　　를 가지고 있대.
소녀: 똑같은 줄무늬 형태를 가진 얼룩말이 없다는 말이야?
소년: 맞아. 놀랍지 않니?
소녀: 응, 그래. 정말 놀라운데. 내 눈엔 다 똑같이 보이거든.

해설 얼룩말의 줄무늬가 저마다 다르다고 하자 소녀가 놀라
고 있다.

5　A: 이 곤충은 날 수 있어. 발로 맛을 볼 수도 있어. 꿀을 만들기
　　　도 해.
　　B: 그거 놀라운데!
　　A: 이 동물이 뭘까?
　　B: 벌이니?
　　A: 응. 맞아.

해설 상대방의 추측이 맞다고 응답했으므로 '네 말이 맞아,
바로 그거야'라는 의미의 You got it.이 적절하다.

6　• 넌 언제 떠날 거니?
　　• 나는 내가 어릴 때 고모와 함께 살았다.
　　• 우리는 모두가 집에 오면 함께 저녁을 먹는다.

해설 첫 번째 문장은 의문사 의문문이며, 두 번째와 세 번째

는 절과 절이 하나의 문장을 이루고 있으므로 두 절을 이어줄 접속사가 들어가야 한다. 문맥상 '언제' 또는 '~할 때'라는 의미의 '시간, 때'를 나타내는 when이 가장 적절하다.

7 경기나 시험에서 점수를 따다

① 놓치다 ② 득점하다 ③ 고정시키다 ④ 선택하다 ⑤ 이동하다

해설 'score(득점하다)'는 '시험이나 경기 따위에서 점수를 얻다'는 의미이다.

8 (D) 저것 봐! 저 방에 있는 나비는 전혀 움직이질 않아.
(A) 왜 그럴까?
(C) 충분히 따뜻하지 않기 때문이야.
(B) 그거 놀라운데.

해설 어떤 놀라운 사실을 지적한 후 그에 대한 이유를 묻고 그 이유를 밝히고 놀라움에 감탄하는 순서가 적절하다.

9 ① 오늘 정말 덥구나.
② 오늘은 우리 엄마 생신이야.
③ 너를 위한 선물이야. 열어 봐.
④ 9시구나. 자러 가렴.
⑤ 점점 어두워지고 있어. 서둘러.

해설 ③은 '그것'을 의미하는 지시대명사이다. 나머지는 날씨, 시각, 요일, 날짜, 거리 등을 나타낼 때 쓰는 비인칭주어 it이다.

10 세상에는 놀라운 동물들이 많다. 벌은 발로 먹이를 먹을 수 있다. 코끼리는 귀를 이용해서 시원함을 유지한다. 말은 서서 잠을 잘 수 있다.

해설 다양한 동물의 놀라운 능력을 나열하고 있는 글이다.

[11~14]

왜 코끼리는 무거운 걸음걸이로 걸을까?
너 그거 아니? 코끼리는 다른 코끼리들과 소통하고 싶을 때 발로 땅을 내리친다. 도대체 왜 그럴까? 코끼리는 특별한 발바닥을 가졌고 먼 땅의 흔들림을 감지할 수 있다. 그래서 한 코끼리가 쿵 하고 발을 내리치면, 다른 코끼리들이 멀리서 온 메시지를 받을 수 있다.

11 대체 왜 그럴까?

해설 코끼리의 특이한 행동을 묘사하는 말이 먼저 나오고 그 다음으로 그 이유에 대한 설명이 이어지고 있으므로 이유를 제시하기 전에 나와야 자연스럽다.

12 ① 나는 학교에 버스를 타고 가.
② 와 줘서 고마워.
③ 나는 2주 동안 런던에서 지낼 거야.
④ 이 책은 야생동물에 관한 거야.
⑤ 우리 학교는 여기에서 멀리 떨어져 있어.

해설 ①은 교통수단을 언급하고 있으므로 '~로, ~에'라는 의미의 to가 적절하다. ②는 감사를 표하는 이유가 제시되었으므로 '~에 대해'라는 의미의 for가 적절하다. ③은 일정한 기간이 제시되었으므로 '~동안'이라는 의미의 for가 적절하다. ④는 책이 다루는 주제에 대해 이야기하고 있으므로 '~에 대한'이라는 의미의 about이 적절하다. ⑤는 어느 지점에서 거리상 멀리 떨어진 상태를 나타내므로 '~로부터'라는 의미의 from이 적절하다.

13 ① 그러나 ② 왜냐하면 ③ 그리고 ④ 또는 ⑤ 그래서

해설 앞 문장에서 코끼리의 특별한 능력에 대해 설명하고 있고 뒤 문장에서 그러한 능력을 지닌 결과 멀리서도 메시지를 받을 수 있다고 했으므로 '그래서 (그 결과)'라는 의미의 So가 적절하다.

14 ① 코끼리는 무엇을 먹을까?
② 코끼리는 어디에서 살까?
③ 코끼리는 얼마나 살까?
④ 코끼리는 왜 무리지어 살까?
⑤ 코끼리는 진동을 어떻게 그렇게 잘 느끼는 걸까?

해설 코끼리는 특별한 발바닥(special foot pad)을 갖고 있으므로 진동을 잘 느낀다고 언급되어 있다.

[15~17]

이 물고기는 깊은 바닷속에 산다. 이 물고기는 머리에 빛나는 막대가 있다. 도대체 왜 그럴까?
이 막대에는 작은 생물들이 있으며, 이 생물들에게서 빛이 나온다. 그것들이 빛날 때 작은 바다 동물들이 막대 가까이에 와 이 물고기의 먹이가 된다! 이 물고기는 이 '어둠 속 광채' 특수 효과를 이용하는 것이다!
물고기 씨, 불빛을 비추세요!

15 해설 (A)는 명사 rod를 꾸며주는 형용사가 필요하므로 '빛나는'이라는 뜻의 shining을, (B)는 때를 나타내는 접속사 when이 제시되었으므로 3인칭 복수형 현재시제 동사인 shine을, (C)는 명령문이므로 동사원형인 shine을 써야 한다.

16 해설 이 물고기의 머리 위에는(on its head) 빛나는 막대가 있다고 했다.

17 **해설** 복수형 목적격 대명사 them이 쓰였으므로 바로 앞에 제시된 작은 생물들(small living things)을 가리킨다.

[18~20]

올빼미는 어떤 소리를 들을 때 얼굴 깃털을 움직인다. 도대체 왜 그럴까?
올빼미의 얼굴 깃털은 레이더 접시와 같다. 올빼미는 소리를 분명하게 듣기 위해서 깃털을 직인다.
알고 있는가? 소리 과학자들은 올빼미의 깃털을 연구하고 있다. 그들은 새로운 레이더 접시와 보청기를 만들고 싶어 하는 것이다!

18 ① 새로운 레이더 접시는 누가 만들까?
   ② 사람들은 왜 보청기가 필요할까?
   ③ 올빼미는 어떻게 날개를 움직일까?
   ④ 올빼미는 왜 얼굴 깃털을 움직일까?
   ⑤ 소리 과학자들은 왜 올빼미의 깃털을 연구할까?

   해설 올빼미가 소리를 더 잘 듣기 위해 얼굴의 깃털을 움직인다는 내용이 이 글의 요지이다.

19 ① 어떤 사람들은 낚시를 매우 좋아한다.
   ② 나랑 같이 갈래?
   ③ 이 펜은 내 거랑 똑같아 보이네.
   ④ 나는 주스보다 커피가 좋아.
   ⑤ 아이들은 작은 동물을 좋아한다.

   해설 ⓐ like는 '~처럼,~와 비슷한'이라는 의미의 전치사로 쓰였다. ③을 제외한 나머지는 모두 '좋아한다'라는 의미의 동사로 쓰였다.

20 **해설** (A)는 '~하기 위하여'라는 의미의 '목적'을 나타내는 to부정사구가 와야 적절하다. (B)는 be동사 are가 제시되었으므로 현재진행형인 studying이 와야 한다. (C)는 to부정사만 목적어로 취하는 want가 제시되었으므로 「to+동사원형」형태가 와야 한다.

서술형 평가

1
A: 너 그거 아니? 황소는 색깔을 볼 수 없대.
B: That's surprising! / I'm surprised! (그거 놀라운데!/정말 놀랍구나!) 믿기지가 않아.

해설 놀라움을 불러일으키는 대상이 주어일 때는 -ing 형태를 쓰고 놀라운 감정을 느끼는 주체가 주어일 때는 -ed 형태를 쓴다.

[2~3]

A: 넌 왜 그렇게 행복해 보이니?
B: 내가 1등상을 탔기 때문이야.

2 A: 학교에는 왜 늦었니?
   B: Because I got up late.(늦게 일어났기 때문이야.)

   해설 과거형으로 묻고 있으므로 get up의 과거시제인 got up을 써서 나타낸다. 이때 부사 late는 동사 뒤에 위치한다.

3 A: 왜 울고 있니?
   B: Because the movie is sad.(영화가 너무 슬프기 때문이야.)

   해설 영화가 슬픈 것이므로 be동사 뒤에 보어 역할을 하는 형용사 sad가 나와야 한다.

4 **해설** because가 문장 맨 앞에 오거나 이유를 나타내는 두 번째 절 앞에 올 수 있다. (1)은 과거시제이므로 tired 앞에 be동사의 과거형인 was를 써서 Because I was tired, I went to bed early. / I went to bed early because I was tired.로 나타낼 수 있다. (2)는 현재시제이므로 Because I'm busy, I can't help you. / I can't help you because I'm busy.로 나타낼 수 있다. 단, because절이 문장 앞에 올 때는 절이 끝날 때 반드시 쉼표를 써야 한다.

[5~6] **해설**

5 등위접속사 and가 제시되었으므로 문법적으로 대등한 요소를 연결해야 한다. 주어와 조동사가 제시되었으므로 본동사가 나와야 한다. 따라서 둘 다 동사구인 go shopping, have dinner가 적절하다.(또는 have dinner, go shopping 순서도 가능하다.)

6 마찬가지로 등위접속사 and가 제시되었으므로 문법적으로 대등한 요소를 연결해야 한다. 따라서 주어와 동사가 포함된 두 절인 I sang a song, my sister played the piano가 적절하다.(또는 My sister played the piano, I sang a song 순서도 가능하다.)

7
물고기 한 마리가 있고 그 물고기는 깊은 바닷속에 산다. 그 물고기는 머리에 막대기가 있으며 그 막대기는 빛난다.

해설 두 단어를 -(hyphen, 하이픈)을 이용하여 연결하면 명사를 꾸며 주는 형용사를 만들 수 있다. 따라서 '깊은 바다의'라는 의미의 deep-sea가 fish를 꾸며 주는 형태가 가능하다. 또한 동사에 -ing를 붙여도 형용사를 만들 수 있다. 따라서 '빛나는 막대'라는 의미의 shining rod가 목적어 자리에 온다.

단원 평가

1 ④ 2 ④ 3 ⑤ 4 ③ 5 ④ 6 ④ 7 ⑤ 8 ② 9 ②
10 what 11 Can you clean up the trash? 12 tell you
a story about a little girl 13 ③ 14 ⑤ 15 ③ 16
doctors 17 ② 18 ① 19 ② 20 ④

서술형 평가

1 Can you help me move the box? / Can you move
the box (with me)? 2 is too big for me 3 cannot
join us 4 (1) Kevin sent a postcard to his
grandmother. (2) Mr. Park taught Korean history to
us. (3) Ryan showed his pictures to her. 5 I'm sorry
to hear that. 6 Can you help me with my bag 7
don't, grass, too

단원 평가

1 G: Hi, Namsu. How was your English speech in the
contest yesterday?
B: It didn't go well. I forgot some lines.
G: _____

소녀: 안녕, 남수야. 어제 영어 말하기 대회는 어땠니?
소년: 잘 안됐어. 몇몇 대사를 잊어버렸어.
소녀: 그렇다니 안됐구나.
① 물론이야. ② 잘했구나. ③ 천만에.
④ 그렇다니 안됐구나. ⑤ 정말 고마워.

해설 말하기 대회가 어땠는지 묻자 대사를 잊어 잘 안됐다고
했으므로 안타까움을 표현하는 ④ I'm sorry to hear that.이
적절하다.

2 G: Hi, Minjun. How was your soccer match?
B: I had a bad cold, so I couldn't play.
G: That's too bad.

소녀: 안녕, 민준아. 너 축구 경기는 어땠니?
소년: 독감에 걸려서 경기를 뛸 수 없었어.
소녀: 그거 안됐구나.

민준은 독감에 걸려서 경기를 뛸 수 없었다.

① 두통 – 테니스 ② 두통 – 축구 ③ 감기 – 테니스
④ 감기 – 축구 ⑤ 하루 – 축구

해설 독한 감기 때문에 축구 경기에 나갈 수 없었다고 했으므
로 각각 cold와 soccer가 적절하다.

3 G: Minsu, can you clean the board?
B: I'm afraid I can't. I'm moving the chairs.
소녀: 민수야, 칠판을 닦아줄 수 있니?
소년: 미안하지만 안 되겠어. 난 의자를 옮기고 있어.

해설 칠판을 닦아 줄 수 있는지 묻자 의자를 옮기는 중이라고
거절하고 있다.

4 G: Mike cannot join us today.
B: Why? What happened to him?
G: He fell and hurt his ankle yesterday.
B: Oh, I'm sorry to hear that.
G: Well, he'll be OK.
B: OK. Let's start our volunteer work. What should
we do first?
G: Can you clean the floor? I'll wash the windows.
B: Sure.

소녀: Mike는 오늘 우리랑 함께하지 못해.
소년: 왜? 무슨 일이 생겼어?
소녀: 어제 넘어져서 발목을 다쳤대.
소년: 아, 안됐구나.
소녀: 음, 그는 괜찮을 거야.
소년: 그래. 우리 봉사 활동을 시작하자. 뭘 먼저 해야 될까?
소녀: 바닥을 닦아 줄래? 난 창문을 닦을게.
소년: 그럴게.

해설 Mike가 오지 못하는 이유를 전한 후 곧 쾌유할 것이라
고 말했으며 화를 내지는 않았다.

5   음식이나 음료 등을 팔기 위한 큰 탁자

해설 길가 등에 물건을 벌여 놓고 파는 곳을 의미하므로 '가판
대'라는 의미의 stand가 적절하다.

6 ① 뜨거운 – 차가운 ② 나이 든 – 젊은 ③ 밝은 – 영리한
④ 아픈 – 병든 ⑤ 쉬운 – 어려운

해설 ④는 유의어 관계이고 나머지는 반의어 관계이다.

7 ① A: 나를 도와줄 수 있니?
B: 물론이야.
② A: 수영, 창문을 열어 줄래?
B: 알았어.
③ A: 의자를 옮겨 줄래?
B: 물론이야.
④ A: 방을 청소해 줄래?
B: 미안하지만 안 되겠어. 설거지를 하고 있거든.
⑤ A: 나한테 물 한 잔 갖다줄 수 있니?
B: 그거 안됐구나.

해설 That's too bad.는 유감을 나타낼 때 쓰는 표현으로 요
청에 대한 응답으로는 적절하지 않다.

8 ① 운영하다 ② 다치다 ③ 깨어나다 ④ 가입하다 ⑤ 얻다

각 동사의 과거형은 run─ran, wake─woke, join ─joined, get─got이며, hurt의 과거형은 현재형과 형태가 같다.

9　안녕하세요, 여러분. 옆 마을에 큰 홍수가 났습니다. (한국에는 여름에 비가 많이 내립니다.) 지금 많은 사람들이 도움을 필요로 합니다. 우리는 그들을 도우러 그곳에 가려고 합니다. 여러분들도 함께해 주시겠어요?

해설 큰 홍수가 나 어려움에 처한 옆 마을 사람들을 함께 돕자고 요청하는 내용이므로 ② '한국에는 여름에 비가 많이 내린다'는 어울리지 않는다.

10　• 너 그거 아니? 강풍이 많은 비닐하우스를 무너뜨렸대.
　• 무슨 일이야?

해설 You know what?은 '그거 알아?'라는 의미로 상대방에게 놀라운 소식 등을 전할 때 쓰는 표현이며, What's the matter?은 '무슨 일이야?'라는 의미로 상대방에게 문제점을 물을 때 쓰는 표현이다.

11　쓰레기를 치워 주세요.

해설 상대방에게 요청할 때는 「Please+명령문」 또는 Can you ~?를 쓸 수 있다.

[12~14]

오늘 연사는 십 대 배우입니다. 그녀는 레모네이드 가판대에 대해 말해 줄 겁니다. Bailee Madison 양을 환영해 주시기 바랍니다. 안녕하세요, 여러분. 저는 Alex Scott이라는 어린 소녀에 대한 이야기를 여러분들께 전해드리려고 합니다. 그녀는 한 살이 되기도 전에 암에 걸렸습니다. 그녀는 불과 8살의 나이에 (이 세상을 떠나) 천사가 되었습니다.

12　해설 「tell+간접목적어(you)+직접목적어(a story about a little girl)」 순서로 배열한다.

13　① ~할 때 ― ~전에
　② ~할 때 ― ~ 동안
　③ ~ 전에 ― ~할 때
　④ ~ 전에 ― ~ 동안
　⑤ ~하는 동안 ― ~ 전에

해설 (B) 뒤에 명사구가 나왔으므로 전치사 before가 적절하다. when과 while은 접속사로 뒤에 절이 와야 한다. (C) 뒤에는 절이 나왔으므로 절과 절을 연결해 주는 접속사가 와야 한다.

14　① 누가 말할 예정인가요?
　② 연사는 무엇에 관해 얘기할 예정인가요?
　③ Alex는 언제 암에 걸렸나요?
　④ Alex는 몇 살에 천사가 되었나요?
　⑤ Alex는 어디에서 태어났나요?

해설 Alex의 출생지는 언급되지 않았다.

[15~17]

이것이 이야기의 전부는 아닙니다. 어느 더운 여름날, Alex는 갑자기 기발한 생각을 하게 되었습니다. 그녀는 어머니에게, "저는 레모네이드 가판대를 열어 의사들을 위해 돈을 모으고 싶어요. 저는 그 돈을 그들에게 주겠어요. 그들은 그것을 아픈 아이들을 위한 암 치료법을 찾는 데 사용할 수 있잖아요."라고 말했습니다. 그 당시 그녀의 나이는 겨우 4살이었고, 그녀는 4년 동안 레모네이드 가판대를 운영했습니다.

15　해설 (A) tell은 「tell+간접목적어+직접목적어」 순으로, say는 「say+to+듣는 이」 순으로 쓰이므로 said가 적절하다. (B) raise는 '자금을 모으다', rise는 '오르다'라는 의미이므로 문맥상 raise가 적절하다. (C) for 뒤에는 시간을 나타내는 명사가 오고 during 뒤에는 구체적이지 않은 기간을 나타내는 명사가 오므로 for가 적절하다.

16　해설 them은 3인칭 복수형 목적격 대명사이므로 앞 문장에 나온 복수 명사 doctors를 가리킨다.

17　해설 Alex는 선생님이 아니라 어머니께 말씀드렸다.

[18~20]

Alex는 어렸지만, 그녀의 꿈은 컸습니다. 이제 그녀는 우리 곁에 없지만, 그녀의 꿈은 여전히 우리와 함께합니다. 현재 많은 사람들이 매년 레모네이드 판매대에서 자원 봉사를 하고 있고, 저는 그중 한 명일 뿐입니다.
남을 위해서 무언가를 하고 싶으세요? 그것은 그리 어렵지 않습니다. 여러분은 그리 어리지 않습니다.

18　① 꿈　② 치료법　③ 두려움　④ 기쁨　⑤ 삶
　해설 문맥상 Alex가 생전에 품었던 '꿈'이 알맞다.

19　① 당신은 많은 돈을 벌 수 있다.
　② 누구나 변화를 만들어 낼 수 있다.
　③ 겉모습만 보고 판단해선 안 된다.
　④ 새로운 일을 시작하기에는 아직 늦지 않다.
　⑤ 레모네이드는 여름에 최고의 음료이다.
　해설 누구나 변화를 만들어 내 좋은 세상으로 바꿀 수 있다는 취지의 글이다.

20 ① 저도 만나서 반갑습니다.

② 그는 젊고 똑똑하고 부자이기까지 하다.

③ 그는 어떤 것을 보았고 그녀 역시 그것을 보았다.

④ 버스는 너무 빨리 가고 있었다.

⑤ 그들은 펜과 공책도 팔고 있다.

해설 ④는 '너무 ~한'이라는 의미로 쓰였으며, 나머지는 모두 '또한'이라는 의미로 쓰였다.

서술형 평가

1 해설 상자를 옮기며 힘겨워하고 있으므로 Can you ~?를 이용하여 Can you move the box (with me)?/ Can you help me move the box? 등으로 도움을 요청하는 표현을 만든다.

2 해설 주어가 this shirt이므로 3인칭 단수의 현재시제 be동사 is를 쓰고 이어서 형용사와 전치사구 for me 순서로 나타낸다.

3 해설 cannot 뒤에 본동사 join을 쓴다. join은 '~에 함께하다'라는 의미로 전치사의 의미가 이미 포함되어 있으므로 with 등의 전치사를 쓰지 않는다는 데 유의한다.

4
Alex는 의사들에게 돈을 주고 싶었다.

해설 수여동사는 「주어+수여동사+간접목적어+직접목적어」 순으로 쓰며 「직접목적어+전치사(to/for/of)+간접목적어」 형태로 바꾸어 쓸 수 있다.

5
A: 우리는 축구 경기에서 졌어.
B: 그렇다니 유감이구나.

해설 안타까움을 표시할 때는 That's too bad. 또는 I'm sorry to hear that.을 쓴다.

6
A: 가방 드는 것 좀 도와줄래, 민수야?
B: 물론이야.

해설 help 다음에 「with+명사」가 나오면 도움을 필요로 하는 대상을 나타내어 '~하여 돕다[거들다]'라는 의미가 된다.

7
A: 잔디에 앉는 게 어때?
B: 잔디가 너무 젖었어.

해설 Why로 시작하므로 제안하는 표현이 적절하다. 전치사 on 뒤에는 명사가 나와야 하며, '너무 ~한'이라는 의미의 too가 형용사 wet을 꾸며 준다.

2학기 중간고사 5~6과 　　　　　　p.177

1 ③ **2** ③ **3** ① **4** When **5** ④ **6** ⑤ **7** will clean the windows **8** ① **9** ③ **10** Because **11** ④ **12** ④ **13** ⑤ **14** ③ **15** ① **16** ⑤ **17** (A) shining (B) living **18** ④ **19** ③ **20** When an owl hears something **21** ③ **22** ④ **23** and **24** ② **25** ② **26** is going to talk **27** ④ **28** I'll give them the money. **29** (1) When I go fishing, I take a fishing rod. (2) When I go hiking, I take a cap. **30** You are not too young. **31** Because she lost her dog. **32** I'm sorry to hear that.

1
A: 말들은 서서 잘 수 있대.
B: 정말?
A: 응. 그들은 잘 때 무릎을 고정시킨대.
B: 그것 참 놀랍구나.

① 말은 몇 시에 잠을 자는가?

② 말은 왜 서서 잠을 자는가?

③ 말은 어떻게 서서 잘 수 있는가?

④ 말은 어떻게 잘 장소를 찾는가?

⑤ 말은 자기 전에 무엇을 하는가?

해설 말이 무릎을 고정시켜 선 상태로 잠을 잘 수 있다고 설명하고 있다.

2
A: 안녕, 민주야. 축구 경기 어땠어?
B: 난 독감에 걸려서 경기에 나갈 수 없었어.
A: _____

① 별 말씀을요.

② 네 말이 맞아.

③ 그거 안됐구나.

④ 그거 놀라운데!

⑤ 쉽게 찾으실 거예요.

해설 안 좋은 소식을 들었을 때는 유감을 표하는 말이 적절하다.

3 ① 도움 – 도움 ② 작은 – 큰 ③ 따뜻한 – 시원한
④ 빛 – 어둠 ⑤ 특별한 – 보통의

해설 ①은 유의어 관계이고 나머지는 반의어 관계이다.

4
• 나는 지루할 때면 그림을 그린다.
• 네 생일은 언제니?

해설 첫 번째 문장에서는 '~할 때'라는 의미로 시간을 나타내는 부사절을 이끄는 when이, 두 번째 문장에서는 '언제'라는 의미의 의문사로 쓰인 when이 적절하다.

5 ① 네 창문은 너무 높아.

② 어떻게 그들을 도울 수 있을까?

③ 비가 오면 난 외출하지 않아.

④ 나는 책을 읽고 그림을 그려.

⑤ 버스를 놓쳐서 학교에 늦었어.

해설 접속사 and 앞뒤에는 문법적으로 대등한 구조가 나와야 하므로 어법상 draw가 알맞다.

[6~7]

유진: 세호야. 준하는 오늘 우리랑 함께할 수 없어.

세호: 왜? 무슨 일이 생겼어?

유진: 어제 넘어져서 다리를 다쳤대.

세호: 안됐네. 그 말을 들으니 안타깝구나.

유진: 음, 괜찮아질 거야.

세호: 좋아. 우리는 봉사 활동을 시작하자. 먼저 무슨 일부터 하지?

유진: 창문 좀 닦아 줄래? 내가 바닥을 청소할게.

세호: 알았어.

6 **해설** ⓔ 조동사 should가 쓰였으므로 본동사는 원형인 do를 써야 한다.

7 세호는 다음으로 무엇을 할까요?

해설 유진이 창문을 닦아 달라고 요청하자 알았다고 답했으므로 창문을 닦을 것이다.

8 안녕하세요, 여러분. 옆 마을에 큰 홍수가 났습니다. 지금 많은 사람들이 도움을 필요로 합니다. 우리는 그들을 도우러 그곳에 가려고 합니다. 여러분들도 동참해 주시겠어요?

① 도움, 돕다 ② 노력 ③ 문제점 ④ 휴식 ⑤ 걱정

해설 마을에 큰 홍수가 났다고 했으므로 '도움'이 필요하다는 것을 알 수 있다. help는 명사와 동사로 모두 쓰일 수 있다.

9 ① A: 안녕, 민주야. 네 요리 수업은 어땠니?

B: 좋았어.

② A: 너 왜 그렇게 긴장하고 있니?

B: 오늘 오후에 시험이 있어.

③ A: 진수가 앓아누웠어.

B: 방과 후에 병원에 진찰 받으러 가고 싶어.

④ A: 강풍이 많은 비닐하우스를 무너뜨렸대.

B: 그것 안됐구나.

⑤ A: 나를 도와줄 수 있니?

B: 물론이야.

해설 ③ 다른 사람이 앓아누웠다는 말에 자신이 방과 후에 병원을 가고 싶다는 대답은 어색하다.

10 A: 나는 뱀을 키우고 싶어.

B: 왜?

A: 왜냐하면 깨끗하고 조용하기 때문이야.

해설 Why로 묻는 질문에는 보통 because로 대답한다.

11 칠판 좀 닦아줄 수 있니?

① 물론이야.

② 그럴게.

③ 되고말고.

④ 응, 확실해.

⑤ 미안하지만 안 되겠어.

해설 Sure.가 응답으로 쓰일 때는 Yes.라는 의미를 나타내어 '물론, 좋고말고'를 뜻한다. sure가 형용사로 쓰이면 '확신하고 있는'이라는 의미를 뜻한다.

12 (B) 어제 TV에서 〈동물의 왕국〉 봤니?

(D) 아니, 안 봤어. 뭐에 관한 내용이었는데?

(A) 북극곰! 북극곰의 혀는 검은색이래.

(C) 그것 참 놀랍구나!

해설 (B) 어제 TV에서 'Animal World'를 보았느냐고 묻자 (D) 보지 못했다고 답하며 무엇에 대한 내용이었는지 묻고 (A) 북극곰의 검은 혀에 대한 내용이었다고 설명하자 (C) 놀라움을 표현하는 순서가 가장 자연스럽다.

[13~14]

나라: 우리 나비방에 먼저 가 보는 게 어때?

세호: 좋아. 나라야.

나라: 세호야. 봐. 저 방의 나비들은 전혀 움직이질 않아.

세호: 왜 그런 걸까?

나라: 충분히 따뜻하지 않기 때문이야.

세호: 그것 참 놀랍구나!

나라: 그런데 이 방의 나비들은 움직이며 여기저기 날아다니고 있어.

세호: 아, 이 방은 따뜻하구나.

13 ① 무엇을 ② 언제 ③ 어디서 ④ 어떻게 ⑤ 왜

해설 이어지는 문장이 Because로 시작하고 있으므로 이유를 묻는 의문사인 Why가 알맞다.

14 **해설** 대화의 마지막 부분에서 따뜻한 방의 나비들이 움직이며 여기저기 날아다닌다고 말하고 있다.

15
A: 그거 알아? 황소는 색을 볼 수 없어.
B: 그것 참 놀랍구나!

해설 It's not fair!는 '이건 불공평해, 너무해'라는 의미로 불만을 표현할 때 쓰인다. ②~⑤는 모두 놀라움을 나타내는 표현이다.

16 ① 캥거루 – 호주
② 키위 – 뉴질랜드
③ 코끼리 – 남아프리카공화국
④ 앵무새 – 브라질
⑤ 사자 – 노르웨이

해설 사자는 노르웨이 화폐에 사용되는 동물이 아니다.

[17~19]

이 물고기는 깊은 바다 속에 산다. 이 물고기는 머리에 빛나는 막대가 있다. 도대체 왜 그럴까?
이 막대에는 작은 생물들이 있으며, 이 생물들에게서 빛이 나온다. 그것들이 빛날 때 작은 바다 동물들이 막대 가까이에 와 이 물고기의 먹이가 된다! 이 물고기는 이 '어둠 속 광채' 특수 효과를 이용하는 것이다!
물고기 씨, 불빛을 비추세요!

17 해설 (A)와 (B) 모두 뒤의 명사를 꾸며 주는 형용사가 와야 하며 능동 및 진행의 의미를 나타내야 하므로 동사에 -ing를 쓴 형태가 알맞다.

18 ① 물고기가 어둠 속에서 빛나게 하는 방법
② 작은 것들을 먹는 심해 물고기
③ 다양한 종류의 물고기들의 특수 효과
④ 왜 이 심해 물고기는 머리에 막대가 있을까?
⑤ 이 심해 물고기를 바다에서 만나면 어떻게 해야 하는가?

해설 아귀가 빛나는 막대를 이용해 먹이를 잡는다는 것이 이 글의 요지이다.

19 해설 ⓒ는 작은 생물(small living things)을 지칭하고 나머지는 아귀를 가리킨다.

[20~21]

올빼미는 어떤 소리를 들을 때 얼굴 깃털을 움직인다. 도대체 왜 그럴까?
올빼미의 얼굴 깃털은 레이더 접시와 같다. 올빼미는 소리를 분명하게 듣기 위해서 깃털을 움직인다. (소리는 공기에서보다 물에서 더 빠르게 전달된다.)
알고 있는가? 소리 과학자들은 올빼미의 깃털을 연구하고 있다. 그들은 새로운 레이더 접시와 보청기를 만들고 싶어 하는 것이다!

20 해설 접속사 When이 절을 이끌며 뒤로 「주어+동사+목적어」 순으로 이어진다.

21 해설 올빼미의 얼굴 깃털이 소리 과학자들의 관심사가 된 이유가 주요 내용이므로 '소리는 공기에서보다 물에서 더 빠르게 전달된다'는 문장은 관련이 없다.

[22~24]

알고 있는가? 코끼리는 다른 코끼리들과 소통하고 싶을 때 발로 땅을 내리친다. 도대체 왜 그럴까?
코끼리는 특별한 발바닥을 가졌고 먼 땅의 흔들림을 감지할 수 있다. 따라서 한 코끼리가 쿵 하고 발을 내리치면, 다른 코끼리들이 멀리서 온 메시지를 받을 수 있다.

22 해설 코끼리가 발로 신호를 보내면 멀리 있는 코끼리들이 메시지를 받는다는 내용이므로 '코끼리가 가진 경이로운 능력'이 주제로 가장 알맞다.

23 해설 특별한 발바닥을 가진 결과에 해당하는 내용이 이어지고 있으므로 앞의 절과 뒤의 절을 이어주는 등위접속사 and가 들어가야 알맞다.

24

코끼리는 다른 코끼리들에게 메시지를 보내기 위해 발로 땅을 내리친다.

① 땅 – 음식 ② 땅 – 메시지 ③ 장소 – 음식 ④ 장소 – 편지
⑤ 산 – 메시지

해설 코끼리들은 발로 땅을 내리쳐서 다른 코끼리들에게 메시지를 보낸다고 나와 있다.

[25~26]

오늘의 연사는 십 대 영화배우입니다. 그녀는 레모네이드 가판대에 대해 말씀해 주실 겁니다. Bailee Madison 양을 환영해 주시기 바랍니다.
안녕하세요, 여러분. 저는 Alex Scott이라는 어린 소녀에 대한 이야기를 전해드리려고 합니다. 그녀는 한 살이 되기도 전에 암에 걸렸습니다. 그녀는 불과 8살의 나이에 (이 세상을 떠나) 천사가 되었습니다.

25 해설 연사 Bailee와 Alex의 관계는 언급되지 않았다.

26 해설 '~할 것이다'는 「be going to+동사원형」 형태를 쓰며, '~에 대해 이야기하다'는 talk about을 쓴다.

[27~28]

이것이 이야기의 전부는 아닙니다. 어느 더운 여름날, Alex는 갑자기 기발한 생각을 하게 되었습니다. 그녀는 어머니에게, "저는 레모네이드 가판대를 열어 의사들을 위해 돈을 모으고 싶어요. 저는 그 돈을 그들에게 주겠어요. 그들은 그것을 아픈 아이들을 위한 암 치료법을 찾는 데 사용할 수 있잖아요."라고 말했습니다. 그 당시 그녀의 나이는 겨우 4살이었고, 그녀는 4년 동안 레모네이드 가판대를 운영했습니다.

27 ① Alex는 왜 돈을 모금하고 싶어 했는가?
② Alex는 의사들이 무엇을 찾기를 원했는가?
③ Alex는 몇 해 동안 레모네이드 가판대를 운영했는가?
④ 사람들은 왜 더운 여름에 레모네이드를 마시고 싶어 하는가?
⑤ Alex가 레모네이드 가판대를 시작했을 때 그녀는 몇 살이었는가?

해설 사람들이 더운 여름에 레모네이드를 마시고 싶어 하는 이유는 언급되지 않았다.

28 해설 수여동사는 「수여동사+간접목적어+직접목적어」 순으로 써야 하므로 I'll give them the money.가 적절하다.

29 캠핑을 갈 때 나는 선글라스를 가져간다.

해설 문맥상 낚시를 떠날 때는 '낚싯대'를 가져가며, 하이킹을 갈 때는 '모자'를 가져간다. 시간의 부사절에 쓰이는 접속사 when이 주절의 앞에 나올 때는 쉼표(,)를 절 끝에 붙인다.

30 해설 '너무 ~한'이라는 의미의 too를 부정할 때는 not이 too 앞에 온다.

31 Q: 민지는 왜 슬퍼 보이는 거니?
A: 반려견을 잃어버렸기 때문이야.

해설 Why...?로 묻는 질문에는 Because...로 답한다.

32 A: 안녕, 남수야. 어제 말하기 대회는 어땠니?
B: 잘 못했어. 몇 구절을 잊어버렸거든.
A: 그것 참 안됐구나.

해설 sorry는 '안된, 안쓰러운, 유감스러운'이라는 의미로, 유감을 나타낼 때는 I'm sorry to ~(~하게 되어 유감이군요) 형태를 쓸 수 있다.

LESSON 7 Let's Go Green
p.207

단원 평가
1 ① 2 ② 3 ③ 4 ⑤ 5 ③ 6 ④ 7 was having [eating] 8 (1) aren't they (2) is it 9 ③ 10 ② 11 ④ 12 ② 13 Nobody knew the answer. 14 ③ 15 ③ 16 ② 17 ① 18 ⑤ 19 ⑤ 20 ⑤

서술형 평가
1 was washing the dishes 2 (1) aren't you (2) did he 3 Let's talk about our green activities. 4 Why don't we take good care of the garden? 5 예시답안 likes chicken[spaghetti] 6 When I arrived there, boys were planting trees and watering them. 7 The festival was a lot of fun.

단원 평가
1 B: You walk to school every day, don't you?
G: Yes, I do.
B: Why don't you just take a bus? Isn't the school far?
G: _____

소년: 넌 학교에 매일 걸어가지, 안 그래?
소녀: 응, 그래.
소년: 버스를 타지 그래? 학교가 멀지 않니?
소녀: 응, 하지만 난 걷는 게 좋아.

① 응, 하지만 난 걷는 게 좋아.
② 아니, 하지만 운동하려고 걸어.
③ 응, 우리 집은 학교에서 매우 가까워.
④ 아니, 난 기차 타는 걸 좋아하지 않아.
⑤ 아니, 하지만 지구에 좋은 것 같아.

해설 남자는 왜 버스를 타지 않느냐고 물었고, 걷기에 멀지 않느냐고 물어봤다. 이에 여자는 멀다고 대답했지만 '그러나'라고 문장을 시작하고 있다. 그러므로 여자의 이어질 말에는 학교가 집에서 멀지만 그럼에도 불구하고 걸어가는 이유가 나와야 한다. ③ 집이 학교와 가깝다는 것은 바로 앞 문장과 반대되는 내용이다.

2 G: Jay always brings his own cup, doesn't he?
B: Yes, he does. He doesn't use paper cups.
G: What a good habit!

소녀: Jay는 항상 자기 컵을 들고 와, 그렇지?
소년: 응, 그래. 그는 종이컵을 쓰지 않아.
소녀: 정말 좋은 습관이구나!

해설 「What+(a/an)+형용사+명사」 순으로 감탄을 표현하고 있으므로 상대방을 칭찬하고 있음을 알 수 있다.

3 ① **B**: What's next?

    G: Now let's talk about yellow dust.

② **B**: There are many school clubs. Let's talk about them.

    G: Which clubs are you interested in?

③ **B**: I'd like to talk about our school uniforms this time.

    G: What's the next topic?

④ **B**: Do you like your school lunches?

    G: Yes, I do. What about you?

⑤ **B**: Let's talk about fine dust.

    G: OK. It's a very serious problem.

① 소년: 다음은 뭐야?

    소녀: 이제 황사에 대해 이야기해 보자.

② 소년: 교내 동아리가 많이 있어. 동아리에 대해 얘기해 보자.

    소녀: 넌 어떤 동아리에 관심이 있니?

③ 소년: 이번에는 우리 교복에 대해 이야기하고 싶어.

    소녀: 다음 주제는 뭐야?

④ 소년: 너는 학교 급식이 마음에 드니?

    소녀: 응, 마음에 들어. 넌 어때?

⑤ 소년: 미세먼지에 대해 이야기해 보자.

    소녀: 그러자. 그건 매우 심각한 문제야.

[해설] 새로운 토론 주제를 소개하는 말에 다음 주제가 뭐냐고 묻는 응답은 어색하다.

4 **G**: You're going to join the green project contest, aren't you?

B: Yes, I am. But I don't have any ideas yet.

G: Why don't we work on it together?

B: Great.

G: Listen. I'm thinking of starting a green blog.

B: A green blog? What's that?

G: Students can share their green ideas on it — you know, ideas for protecting our environment.

B: That sounds like a great idea. Let's talk about it some more.

소녀: 너 환경 프로젝트 대회에 나갈 거지, 그렇지?

소녀: 응, 그래. 그런데 아직 아이디어가 없어.

소녀: 우리 같이 해 보는 건 어때?

소녀: 좋아.

소녀: 들어 봐. 나는 환경 블로그를 시작할까 생각 중이야.

소년: 환경 블로그? 그게 뭐야?

소녀: 학생들이 거기서 환경 관련 아이디어를 나누는 거지. 저, 우리 환경을 보호하기 위한 아이디어들 있잖아.

소년: 그거 좋은 생각인데. 그것에 대해 좀 더 이야기해 보자.

[해설] 여학생은 환경 블로그를 통해 다른 학생들과 환경을 보호하기 위한 아이디어를 나눌 수 있다고 말한다.

5 재사용할 수 있도록 쓰레기를 바꾸다

① 가라앉다 ② 가져오다 ③ 재활용하다 ④ 나누다 ⑤ 잃어버리다

[해설] 'recycle(재활용하다)'는 '재사용될 수 있도록 쓰레기를 바꾸다'라는 의미이다. ①은 '가라앉다', ②는 '가져오다', ④는 '공유하다', ⑤는 '잃어버리다'라는 의미이다.

6 ① 뛰어난 – 훌륭한

② 깨끗한 – 자연의

③ 똑똑한 – 총명한

④ 가져오다 – 가져가다

⑤ 못생긴 – 나쁜

[해설] '절약하다' – '낭비하다'는 반의어 관계이다.

7 **A**: 내가 전화했을 때 너 뭐 하고 있었어?

B: I was having[eating] lunch.(나는 점심을 먹고 있었어.)

[해설] '점심을 먹다'는 have[eat] lunch이며 과거진행형으로 묻고 있으므로 be동사 1인칭 과거형 was와 have[eat]의 -ing 형태를 써야 한다.

8 (1) 그들은 경기에서 지고 있어, 그렇지?

(2) 그건 심각한 문제가 아니야, 그렇지?

[해설] 부가의문문은 앞 문장의 동사가 긍정형이면 부정형을, 부정형이면 긍정형을 쓴다. (1)에서는 3인칭 복수 주어와 긍정형의 현재진행형이 쓰였으므로 부정형이 aren't they를, (2)에서는 3인칭 단수 주어와 부정형의 현재시제가 쓰였으므로 is it을 쓴다.

9 그들은 그 학교를 마음에 들어 해, 그렇지?

[해설] 주어가 3인칭 복수형 주어이고 일반동사 현재시제가 쓰였으므로 don't they가 알맞다.

10 ① 세계 습지의 날 – 우리의 미래를 위한 습지

② 세계 물의 날 – 공기를 깨끗이 하면 더 오래 살아요.

③ 지구의 날 – 매일이 지구의 날입니다.

④ 에너지의 날 – 전기는 안 돼요, 환경보호 활동은 돼요!

⑤ 식목일 – 나무를 심으면 온 세상이 푸르러집니다!

[해설] 세계 물의 날과 깨끗한 공기에 관한 표어는 어색하다.

[11~13]

(C) 예전에 어느 왕이 있었다. 그의 궁전에는 아름다운 정원이 있었다. 그러나 한 가지 문제가 있었다. 그것은 못생기고 오래된 나무였다.

(A) 왕은 왕비와 함께 정원을 걷고 있었다. 그는 말했다. "저 오래된 나무는 너무 못생겼어요, 그렇지요?" "네! 저 나무를 없애 버려요." 왕비가 말했다.

(B) 몇 달, 몇 년이 지났다. 모든 새들이 날아가 버렸고, 식물들도 죽었다. 왕은 그 이유를 알고 싶었지만, 어느 누구도 답을 알지 못했다. 그는 아름다웠던 정원이 그리웠다.

11 해설 등장인물인 왕과 정원의 흉한 나무에 대해 소개하는 (C)가 맨 처음에 나오고, 그 다음으로 나무가 정원에서 사라지게 된 배경을 알 수 있는 (A)가 이어진다. 마지막으로 나무가 사라진 후 일어난 일들에 대한 내용이 나와 있는 (B)가 나와야 한다.

12 해설 정원이 황량하게 변하자 이유를 모른 채 옛 정원의 모습을 그리워하고 있으므로 '슬픔'이 적절하다.

13 해설 nobody는 '부정'의 의미가 포함된 대명사이므로 동사는 긍정형으로 나타내야 한다. 이 글의 전체 시제가 과거형이므로 know의 과거형인 knew를 쓴다.

[14~16]

어느 날, 한 청년이 왕을 보러 왔다. 왕은 정원을 보고 있었다.
"폐하, 폐하의 정원에는 나방이 필요합니다." 그가 말했다.
"무슨 뜻인가?" 왕이 물었다.
"20년 전에, 제 아버지가 여기에서 오래된 나무를 가져와 우리 정원에 심었습니다. 많은 나방들이 그 나무에 살았고, 나방의 똥이 땅에 떨어졌습니다. 나방의 똥은 정원에 좋습니다. 그래서 많은 새로운 식물들이 그 오래된 나무 주변에서 자랐습니다. 이제 우리 정원에는 많은 나무들과 새들이 있습니다." 청년이 말했다.
"좋아! 나의 오래된 나무를 돌려주게!" 왕이 소리쳤다

14 ① 그들은 어디에 있었나요?
② 청년이 정원에 왔을 때 왕은 무엇을 하고 있었나요?
③ 누가 청년의 아버지에게 오래된 나무를 주었나요?
④ 청년은 어떻게 그의 정원에 많은 나무를 갖게 되었나요?
⑤ 왕은 청년의 말을 들은 후에 청년에게 무엇을 원했나요?

해설 20년 전 청년의 아버지가 궁전의 정원에서 나무를 가져왔다고만 언급되어 있다.

15 그래서 많은 새로운 식물들이 그 오래된 나무 주변에서 자랐습니다.

해설 so는 '그래서(그 결과)'라는 의미의 접속사로, 앞 문장에는 원인이, so 뒤에 이어지는 문장에는 결과가 나와야 한다. 나방의 똥이 나무에 좋은 거름이 됐기 때문에 나무 주변에 식물들이 많이 자라난 것이다.

16 해설 이야기가 과거시제로 전개되고 있으므로 과거 진행형인 was looking으로 고쳐 써야 한다.

[17~20]

"폐하." 청년이 말했다. "그 나무로 일 년 만에 정원을 만들 수 없습니다. 오랜 세월이 걸립니다."
왕은 슬퍼 보였다.
"그러나 저희 정원은 단지 저희의 것만은 아닙니다.
저희 정원의 모든 것은 폐하의 정원에서 온 것입니다. 저희는 그저 그것을 잘 돌본 것뿐입니다!"
"이렇게 현명한 청년이라니!" 왕이 말했다. 그는 입이 귀에 걸릴 정도로 활짝 미소를 지었다.
청년은 Green경(정원을 관리하는 직책)이 되었다. 그와 왕은 왕국의 정원들을 함께 돌보았다. 왕국의 모든 사람들이 정원을 사랑했다.

17 해설 It takes many years.에서 it은 '나무'가 아니라 '나무가 정원을 만드는 것'을 가리킨다.

18 ① 잠깐 쉬자.
② 나는 이번 학기에 10과목을 듣는다.
③ 늦었으니 택시를 탈 거야.
④ 그 검정색 재킷으로 할게요.
⑤ 그곳에 도착하는 데 두 시간이 걸렸다.

해설 (A) take는 '(시간이) 걸리다'라는 뜻이므로 ⑤가 적절하다. ①은 명사와 함께 쓰여 그 명사가 나타내는 동작·일 등을 한다는 뜻을 나타내며, ②는 '수강하다', ③은 '(교통수단을) 타다', ④는 '사다', ⑤는 '(시간이) 걸리다'라는 의미로 쓰였다.

19 해설 (1) 바로 뒤 문장에서 오랜 세월이 걸린다고 했으므로 1년 내로는 불가능하다는 의미의 부정어가 있어야 한다. (2) look은 '~(처럼) 보이다'라는 의미의 지각동사로, look 형용사를 보어로 취한다. (3) everything을 가리키는 대명사가 와야 되므로 단수형인 it이 알맞다.

20 해설 green이라는 단어를 쓴 것으로 보아 환경과 관련된 것임을 알 수 있다. 따라서 정원을 돌보는 일을 맡은 사람을 가리킨다.

서술형 평가

1
A: 너희 엄마가 집을 청소하고 계실 때 넌 뭘 하고 있었니?
B: I was washing the dishes.(나는 설거지를 하고 있었어.)

해설 과거진행형으로 묻고 있으므로 「be동사 과거형(was/were)+동사-ing」 형태의 과거진행형으로 응답해야 한다.

2
(1) 우리랑 같이 갈 거지, 그렇지?
(2) 그는 그 파티를 좋아하지 않았지, 그렇지?

해설 부가의문문은 앞 문장이 긍정형이면 부정형을, 부정형이면 긍정형으로 쓴다. 이때 주어의 수와 시제를 일치시켜야 한다. 따라서 (1)은 be동사의 부정형을 쓴 aren't you를, (2)는 조동사 do의 과거형을 쓴 did he로 나타낸다.

3 해설 Let's ~로 시작하는 제안 표현은 「Let's + 동사원형 ~」 순으로 나타낸다. talk about은 '~에 대해 이야기하다'라는 의미이다.

4 해설 Why don't we ~로 시작하는 제안 표현은 「Why don't we + 동사원형 ~?」 순으로 나타낸다. take good care of는 '~을 잘 돌보다'라는 의미의 숙어이다.

5
A: Fiona는 _____를 좋아해. 그렇지?
B: 응, 그래. 그게 그녀가 가장 좋아하는 음식이야.

해설 부가의문문이 현재시제 부정형이므로 앞 문장은 현재시제 긍정형으로 나타낸다. B가 Fiona가 가장 좋아하는 음식이라고 긍정하고 있으므로 Fiona가 좋아하는 음식을 제시하는 문장이 나와야 한다.

[6~7]

지난 토요일에 대해 말하고 싶다. 우리 학교에서 환경 축제가 열렸다. 내가 도착했을 때 남학생들은 나무를 심고 물을 주고 있었다. 여학생들은 모금을 하고 있었다. 축제는 정말 재미있었다. 모두가 그곳에서 좋은 시간을 보냈다.

6 해설 그곳에 도착했을 때 남학생들이 나무를 심고 물을 주고 있던 중이라는 의미이므로 '도착했을 때'라는 의미의 과거시제가 알맞다.

7 해설 fun은 '재미, 즐거움'이라는 의미의 명사로 쓰였으며 a lot of는 앞에서 fun을 꾸며 주는 형용사이다. 과거에 있었던 일을 말하고 있으므로 과거시제로 나타낸다.

LESSON 8 Wonderful Korea

p.233

단원 평가

1 ④　2 ②　3 ③　4 ④　5 ⑤　6 ④　7 with　8 ⑤　9 ②　10 ①　11 Go straight　12 ⑤　13 (A) coldest (B) largest　14 ②　15 ①　16 ④　17 (Yun Dongju's) Counting the Stars at Night　18 ②　19 Bukgando　20 ⑤

서술형 평가

1 How can I get to the nearest library?　2 Jinsu is the smartest student in my class.　3 Go straight two blocks and turn left.　4 The Nile river is the longest in the world.　5 I'm the shortest in my family.　6 I like the red[blue] one.　7 (1) Ryan is the kindest person (2) Tom is the fastest student　(3) I think Julia is the prettiest actress

단원 평가

1 G: Which shirt do you like, Chanho?
B: I like the red one. What about you?
G: I like that one, too.
소녀: 어떤 셔츠가 마음에 드니, 찬호야?
소년: 나는 빨간색이 마음에 들어. 너는 어때?
소녀: 나도 그게 마음에 들어.

해설 one은 앞서 나온 명사와 같은 종류 중 '하나'를 가리키므로 빨간색 셔츠를 마음에 들어 한다는 것을 알 수 있다.

2 B: Which skirt do you like, Narae?
G: I want the short one with flowers.
B: I see. It's very pretty.
소년: 어떤 치마가 마음에 드니, 나래야?
소녀: 꽃무늬가 있는 짧은 치마가 갖고 싶어.
소년: 그렇구나. 정말 예쁘네.

해설 마음에 드는 치마가 무엇인지 묻고 답하고 있으므로 옷 가게임을 알 수 있다.

3 B: How can I get to the drugstore?
G: Go straight one block and turn left.
소년: 약국에는 어떻게 가나요?
소녀: 한 블록 직진해서 왼쪽으로 도세요.

해설 약국의 위치를 묻자 한 블록 직진하고 왼쪽으로 꺾으라고 했으므로 안내하는 방향으로 갈 것임을 알 수 있다.

4 G: Excuse me. Where is the library?
B: Go straight one block and turn right. It's next to Royal University.

소녀: 실례합니다. 도서관이 어디에 있나요?

소년: 한 블록 직진해서 오른쪽으로 도세요. Royal 대학교 바로 옆에 있습니다.

[해설] 도서관이 어디에 있는지 묻자 한 블록 직진해서 오른쪽으로 꺾으면 Royal 대학교 옆에 있다고 응답하고 있다.

5

왕 또는 왕비를 위한 대저택

① 도서관 ② 박물관 ③ 공원 ④ 정원 ⑤ 궁전

[해설] 왕이나 왕비를 위한 대저택은 'palace(왕실, 궁전)'이라고 한다.

6 [해설] 형용사의 최상급은 대부분 –est를 붙인다. 단, -y로 끝나는 단어는 -y를 i로 고치고 –est를 붙이며, 「단모음+단자음」으로 끝나면 자음을 한 번 더 쓰고 –est를 붙인다. 따라서 big은 g를 한 번 더 쓰고 –est를 붙인다. little은 little-less-least로 변화하는 불규칙 형용사이다.

7

• A: 넌 어느 게 좋니?

  B: 나는 날개가 달려 있는 게 좋아.

• 나는 부모님과 함께 살아.

[해설] 첫 번째 with는 '~을 가진, ~이 붙은'이라는 의미로 쓰였고 두 번째 with는 '~와 함께'라는 의미로 쓰였다.

8 ① 별 말씀을요.

② 도움이 되어 저도 기쁩니다.

③ 천만에요.

④ 별 말씀을요./천만에요.

⑤ 그거면 괜찮아요.

[해설] That will be fine.은 '괜찮아, 문제 없어'라는 의미의 '수락'을 나타낸다. 나머지는 모두 감사의 인사에 대한 응답이다.

9 ① 왼쪽 – 오른쪽

② 큰 – 커다란

③ 안의 – 바깥의

④ 가득 찬 – 텅 빈

⑤ 긴 – 짧은

[해설] ②는 유의어 관계이고 나머지는 모두 반의어 관계이다.

[10~11]

Mr. Smith: 실례합니다. 제가 길을 잃은 것 같네요. 윤동주 박물관에는 어떻게 가나요?

유진: 오, 윤동주 문학관 말씀하시는군요. 저기에 집이 보이세요?

Mr. Smith: 저기엔 집이 많은데요. 어떤 집이요?

유진: 저기 빨간색 벽이 있는 집이요.

Mr. Smith: 아, 네. 보여요.

유진: 직진하셔서 저 집에서 왼쪽으로 도세요. 그런 다음 300미터 정도 걸으세요. 그럼 왼편에 있어요.

Mr. Smith: 정말 감사합니다.

유진: 천만에요.

10 ① 길을 잃은 것 같아요.

② 산책하러 갈 거예요.

③ 곧 비가 내릴 거예요.

④ 다시 뵙게 되어 반갑습니다.

⑤ 저는 세계 여행하는 걸 즐깁니다.

[해설] 남자가 윤동주 박물관에 가는 길을 묻고 있으므로 길을 잃었음을 알 수 있다.

11 [해설] '직진하다'는 '똑바로 가다'라는 의미로, '똑바로, 일직선으로, 곧장'이라는 의미의 부사 straight를 쓴다.

12 안녕하세요, 여러분.

ⓒ 지도에 세 개의 고궁이 있어요.

ⓐ 왼쪽에 있는 고궁이 보이나요?

ⓓ 그건 경복궁이라고 해요.

ⓑ 이제 우리는 그곳을 방문할 거예요.

[해설] 세 군데의 고궁이 있다고 말한 후 그곳 중 한 곳(one)을 가리키며 명칭을 소개하고 지금부터 그곳(it)을 방문할 것이라고 이어지는 흐름이 자연스럽다.

[13~16]

안녕. 나는 김연화야. 나는 얼음의 도시 하얼빈에 살아. 하얼빈은 중국에서 겨울에 가장 추운 곳으로 유명해. 또한 세계에서 가장 큰 얼음과 눈 쇼가 열리는 것으로도 유명하지.

많은 조선족에게 하얼빈은 안중근의 도시이지. 하얼빈에는 이 영웅을 위한 두 개의 기념관이 있어. 오래된 기념관은 조선민족예술관에 있고, 새 기념관은 하얼빈역에 있어. 새 기념관에서는 안중근 의사의 사진과 유명한 글을 볼 수 있어.

새로운 홀에는 특별한 시계도 있어. 건물 밖에 걸려 있는 시계가 보이니? 몇 시지? 9시 30분이야. 시계 바늘은 움직이지 않아. 그 시계는 그의 의거 당시의 시간을 알려 주고 있기 때문이야.

13 [해설] (A) cold에는 -est를 붙이고 large는 -e로 끝났으므로 -st만 붙인다.

14 하얼빈에는 이 영웅을 위한 두 개의 기념관이 있어.

해설 two halls는 각각 the old one과 the new one을 의미하므로 이 두 장소에 대한 상세 설명 앞에 오는 것이 적절하다.

15 해설 @의 it은 시간을 나타내는 비인칭 주어이다. ①의 it은 '그것'이라는 의미로 앞서 나온 명사를 가리키는 인칭대명사이며, 나머지는 시간, 요일, 날짜, 날씨, 거리, 계절 등을 나타내는 비인칭 주어로 쓰였다.

16 해설 시계는 안중근 의사가 의거한 당시 시간을 알리기 위해 멈춰 있다.

[17~18]

나는 안중근 의사를 생각할 때면, 윤동주 시인의 '별 헤는 밤'을 읽곤 해. 그 시에는 한국에 대한 사랑이 가득해서 나는 그 시가 정말 좋아.

이네들은 너무나 멀리 있습니다.
별이 아스라이 멀 듯이.
어머님,
그리고 당신은 멀리 북간도에 계십니다.

17 해설 안중근 의사를 생각할 때면 윤동주 시인의 '별 헤는 밤'을 읽는다고 말한 후, 이어서 그 시는 한국에 대한 사랑으로 가득 차 있어서 좋아한다고 말하고 있다.

18 해설 (A) '시간'을 나타내는 접속사 when은 '~할 때'라는 의미로 쓰여 절을 이끌며, (B) be full of는 '~로 가득 찬'이라는 의미의 숙어이다. 참고로, fill은 '채우다'라는 의미의 동사이다. (C) 부사 so는 '너무'라는 의미로 쓰여 형용사를 꾸며 주는 반면, 부사 much는 일부 형용사의 원급을 수식하거나 too 또는 전치사구를 강조할 때 쓰인다.

[19~20]

그거 아니? 북간도는 하얼빈에서 멀지 않아. 그리고 윤동주 시인은 어렸을 때 그곳에 살았어. 나는 북간도에서 태어난 것이 자랑스러워. 또한, 나는 안중근 의사의 도시, 하얼빈에서 살고 있는 것이 자랑스러워.

19 해설 there는 '거기에, 그곳에'라는 의미로 앞서 나온 지명을 가리킨다. 바로 앞 문장에서 북간도를 소개하며 하얼빈에서 멀지 않다고 했으므로 there는 북간도를 가리킨다.

20 ① 슬픈 ② 화가 난 ③ 지루한 ④ 놀란 ⑤ 자랑스러운

해설 북간도에서 태어난 것과 안중근의 도시 하얼빈에서 살고 있는 데에 자부심을 느끼고 있다.

서술형 평가

1 저는 가장 가까운 도서관을 찾고 있어요.

해설 길을 물을 때는 '~로 어떻게 가나요?'라는 의미의 「How can I get to+장소 ~?」 형태를 쓸 수 있다.

2 해설 최상급 표현은 항상 형용사 앞에 the가 붙는다.

3 해설 직진해서(go straight) 두 블록(two blocks)을 지나 왼쪽으로 돌면(turn left) 오른편에(on your right) 있다.

[4~5]

4 해설 최상급 앞과 '세상에서'라는 의미를 나타내는 world 앞에는 반드시 the를 써 준다. 이때 최상급 뒤에 나오는 명사는 생략할 수 있다.

5 해설 '우리 가족 중에서'는 전치사 in을 써서 나타낼 수 있다. 이때 최상급 뒤에 나오는 명사는 생략할 수 있다.

6 해설 앞에 나온 cup은 같은 종류의 명사 중 '하나'를 가리키는 one으로 나타내며 one 앞에는 반드시 the를 쓴다.

7 소라는 키가 큰 학생이다.
→ 소라는 반에서 가장 키가 큰 학생이다.

(1) Ryan은 친절한 사람이다. → Ryan은 우리 동네에서 가장 친절한 사람이다.
(2) Tom은 빠른 학생이다. → Tom은 우리 학교에서 가장 빠른 학생이다.
(3) Julia는 예쁜 배우라고 생각한다. → Julia는 세상에서 가장 예쁜 배우라고 생각한다.

해설 최상급은 「the+최상급(+명사)+in+장소/범위를 나타내는 단수명사」 형태로 나타낸다.

2학기 기말고사 7~8과　　　　p.237

1 ④　2 ②　3 ⑤　4 ③　5 ⑤　6 ④　7 ③　8 ④　9 a green blog　10 ①　11 ④　12 ①　13 ④　14 ⓐ went ⓑ flew ⓒ died ⓓ knew　15 He was looking at the garden.　16 ⑤　17 ④　18 ④　19 care　20 ①　21 the short one with flowers　22 ③　23 ②　24 ⑤　25 ④　26 Harbin, far　27 ②　28 was cleaning the street　29 (1) doesn't he, does (2) does he, doesn't (3) won't he, won't　30 Paul is the shortest of them all. / Emma is the tallest of them all.　31 Go straight two blocks and turn right. Then go straight 100 meters. It is on your left.　32 What a good habit!

1

A: 너는 학교에 매일 걸어서 오지, 그렇지?
B: 응, 맞아.
A: 멀지 않니?
B: 응, <u>하지만 난 걷는 걸 좋아해.</u>

① 그곳은 매우 가까워
② 나는 여기 살지 않아
③ 너는 걸어가야 해
④ 하지만 난 걷는 걸 좋아해
⑤ 나는 항상 학교에 걸어가

해설 학교까지 걸어가기에 멀지 않느냐는 말에 걷는 것을 좋아한다고 대답하는 것이 가장 자연스럽다.

2

꽃, 묘목이 자랄 수 있도록 씨나 땅 속에 놓다

① 주차하다 ② 심다 ③ 오염시키다 ④ 잡다 ⑤ 짓다

해설 초목의 뿌리나 씨앗 따위를 흙 속에 묻는 행위는 'plant(심다)'이다.

3

얘들아, 안녕. 우리의 환경 보호 습관에 대해 얘기해 보자. 나는 오늘 열 명의 학생들을 인터뷰했어. 다섯 명은 분리수거를 해. 세 명은 에너지를 절약해. 두 명은 에코백을 사용한데. 너희들은 어떠니?

① 에너지를 절약하는 방법
② 사람들이 에코백을 사용하는 이유
③ 쓰레기를 재활용하는 사람들의 수
④ 학생을 인터뷰하는 가장 좋은 방법
⑤ 학생들이 환경을 보호하기 위해 하는 일

해설 학생들의 환경 보호 습관에 대해 이야기하고 있다.

4

① 희망 직업 ② 주말 계획 ③ 환경 보호 활동 ④ 견학
⑤ 가장 좋아하는 과목

해설 10명의 학생들의 환경 보호 활동에 대해 조사한 후 각 활동의 비율을 말하고 있다.

5

A: 실례합니다. _____
B: 한 블록 직진해서 왼쪽으로 돌아가세요.
A: 감사합니다.

① 약국에 어떻게 가나요?
② 약국이 어디에 있나요?
③ 약국을 찾고 있는데요.
④ 약국에 어떻게 가는지 말씀해 주시겠어요?
⑤ 약국은 은행 옆에 있는 것 같은데요.

해설 ①~④는 모두 약국으로 가는 길을 묻는 표현이지만 ⑤는 확실하지 않은 자신의 생각을 말하는 표현이다.

6 ① 가장 추운 ② 가장 긴 ③ 가장 큰 ④ 대회 ⑤ 가장 강한

해설 contest는 '대회, 시합'이라는 의미의 명사이고 나머지는 최상급을 나타내기 위해 형용사에 -est를 붙인 형태이다.

7 ① A: 다음은 뭐니?
B: 황사에 대해 이야기해 보자.
② A: 넌 항상 쓰레기를 재활용하지, 그렇지?
B: 응, 그래.
③ A: 어떤 게 네 가방이니?
B: 나한테 하나 있어.
④ A: 넌 학교 급식이 마음에 드니?
B: 아니. 넌 어때?
⑤ A: 어떤 교내 동아리에 관심이 있니?
B: 난 태권도 동아리에 관심이 있어.

해설 which는 '어떤 것 가운데 하나'라는 의미이며 one은 앞서 언급된 명사와 같은 종류인 '하나'를 가리키는 말이다.

[8~9]

나라: 너 환경 프로젝트 대회에 참여할 거지, 그렇지?
세호: 응, 맞아.
나라: 우리 같이 하면 어떨까?
세호: 좋아. 그런데 아직 아이디어가 없어.
나라: 들어 봐. 난 환경 블로그는 어떨까 생각 중이야.
세호: 환경 블로그? 그게 뭐야?
나라: 학생들이 그곳에서 환경 관련 아이디어를 공유할 수 있어.
세호: 멋진 아이디어 같아. 그것에 대해서 좀 더 이야기해 보자.

8

그런데 아직 아이디어가 없어.

해설 환경 프로젝트 대회에 함께 참여하자고 제안하는 말에 '좋다'고 승낙하자 상대방이 한 가지 아이디어를 제공하고 있으므로 Great. 다음에 이어지는 것이 적절하다.

9 해설 it은 앞서 언급된 명사를 대신 가리키는 지시대명사이므로 a green blog가 적절하다.

[10~11]

A: 실례합니다. 제가 길을 잃은 것 같네요. 윤동주 박물관에는 어떻게 가나요?

B: 오, 윤동주 문학관 말씀하시는군요. 저기에 집이 보이세요?

A: 저기엔 집이 많은데요. 어떤 집이요?

B: (B) 저기 빨간색 벽이 있는 집이요.

A: (A) 아, 네. 보여요.

B: (D) 직진하셔서 저 집에서 왼쪽으로 도세요. 그런 다음 300미터 정도 걸으세요. 그럼 왼편에 있어요.

A: (C) 정말 감사합니다.

10 ① 제가 길을 잃은 것 같네요.
    ② 무엇을 도와드릴까요?
    ③ 저는 문학에 관심이 있어요.
    ④ 우리 박물관에 가요.
    ⑤ 저는 도시를 여기저기 둘러보는 걸 즐겨요.

해설 윤동주 박물관에 가는 길을 묻는 상황이므로 길을 잃은 것 같다는 의미의 I think I'm lost.가 대화의 처음에 오는 것이 가장 자연스럽다.

11 **해설** 여러 집들 중 어떤 집이냐고 묻는 말에 빨간 벽들이 있는 집이라고 구체적으로 가리키면(B) 보인다고 응답하고(A) 가는 길을 상세히 설명하면(D) 감사를 표하는(C) 내용이 나와야 자연스럽다.

12 ① 왕코르와트 – 캄보디아
    ② 콜로세움 – 이집트
    ③ 마추픽추 – 브라질
    ④ 스핑크스 – 베트남
    ⑤ 창덕궁 – 일본

해설 콜로세움은 이탈리아, 마추픽추는 페루, 스핑크스는 이집트, 창덕궁은 한국의 문화 유적이다.

[13~14]

(C) 예전에 어느 왕이 있었다. 그의 궁전에는 아름다운 정원이 있었다. 그러나 한 가지 문제가 있었다. 그것은 못생기고 오래된 나무였다.

(A) 왕은 왕비와 함께 정원을 걷고 있었다. 그는 말했다. "저 오래된 나무는 너무 못생겼어요, 그렇지요?" "네! 저 나무를 없애 버려요." 왕비가 말했다.

(B) 몇 달, 몇 년이 지났다. 모든 새들이 날아가 버렸고, 식물들도 죽었다. 왕은 그 이유를 알고 싶었지만, 어느 누구도 답을 알지 못했다. 그는 아름다웠던 정원이 그리웠다.

13 **해설** (C) 옛날에 왕의 아름다운 정원에 흉한 나무가 있었다는 배경이 제시되고 (A) 왕과 왕비가 정원을 걷다가 이 나무를 없애기로 한 후, (C) 아름다운 정원이 서서히 사라진다는 전개가 가장 자연스럽다.

14 **해설** ⓐ는 went, ⓑ는 flew, ⓒ는 died, ⓓ는 knew로 활용되는 불규칙 동사들이다.

[15~17]

어느 날, 한 청년이 왕을 보러 왔다. 왕은 정원을 보고 있었다. "폐하, 폐하의 정원에는 나방이 필요합니다." 그가 말했다. "무슨 뜻인가?" 왕이 물었다. "20년 전에, 제 아버지가 여기에서 오래된 나무를 가져와 우리 정원에 심었습니다. 많은 나방들이 그 나무에 살았고, 나방의 똥이 땅에 떨어졌습니다. 나방의 똥은 정원에 좋습니다. 그래서 많은 새로운 식물들이 그 오래된 나무 주변에서 자라났습니다. 이제 우리 정원에는 많은 나무들과 새들이 있습니다." 청년이 말했다. "좋아! 나의 오래된 나무를 돌려주게!" 왕이 소리쳤다.

15 **해설** 과거의 한 시점에서 진행되고 있던 동작을 나타내므로 「was/were+동사-ing」 형태의 과거진행형으로 써야 한다.

16 **해설** ⓔ를 제외한 나머지는 모두 오래된 나무를 가리킨다.

17 ① 누가 왕을 만나러 왔는가?
    ② 정원에 필요한 것은 무엇인가?
    ③ 청년의 아버지가 심은 것은 무엇인가?
    ④ 나무 한 그루에 얼마나 많은 나방 똥이 필요한가?
    ⑤ 언제 청년의 아버지가 오래된 나무를 가져갔는가?

해설 한 그루의 나무에 필요한 나방 똥의 분량은 언급되지 않았다.

[18~20]

"폐하." 청년이 말했다. "그 나무로 일 년 만에 정원을 만들 수 없습니다. 오랜 세월이 걸립니다."
왕은 슬퍼 보였다.
"그러나 저희 정원은 단지 저희의 것만은 아닙니다. 저희 정원의 모든 것은 폐하의 정원에서 온 것입니다. 저희는 그저 그것을 잘 돌본 것뿐입니다!"
"이렇게 현명한 청년이라니!" 왕이 말했다. 그는 입이 귀에 걸릴 정도로 활짝 미소를 지었다.
청년은 Green 경(정원을 관리하는 직책)이 되었다. 그와 왕은 왕국의 정원들을 함께 돌보았다. 왕국의 모든 사람들이 정원을 사랑했다.

18 ① 행복해하는 ② 놀란 ③ 신이 난 ④ 슬퍼하는 ⑤ 화가 난

해설 청년이 정원을 만드는 데 오랜 세월이 걸린다고 했으므로 지금 당장 아름다운 정원으로 바뀔 순 없다는 사실에 슬퍼하고 있음을 알 수 있다.

19 **해설** take (good) care of는 '(잘) 돌보다'라는 의미의 숙어이다.

20 ① **수진**: 정원을 아름답게 만들려면 오랜 시간이 걸려.

　② **민주**: 왕은 나무들이 어떻게 자라는지 알고 싶어 해.

　③ **지우**: 현명한 사람은 결코 실수를 저지르지 않아.

　④ **아람**: 청년은 매우 게을러.

　⑤ **경호**: 왕은 그 정원이 결코 예전처럼 아름다워질 수 없다는 데에 화가 났어.

　해설 청년은 왕에게 1년 만에 정원을 만들 수 없으며 오랜 세월이 걸린다고 말했다.

21
> A: 넌 어떤 치마가 마음에 드니, 나래야?
> B: 나는 꽃무늬가 있는 짧은 치마를 원해.
> A: 그렇구나. 그거 너무 예쁘다.

　해설 one은 앞서 언급한 skirt를 뜻하며 앞에는 반드시 the를 써야 한다. with flowers는 '꽃무늬가 있는'이라는 의미이다.

[22~23]
> 안녕, 나는 김연화야. 나는 얼음의 도시 하얼빈에 살아. 하얼빈은 중국에서 겨울에 가장 추운 곳으로 유명해. 또한 세계에서 가장 큰 얼음과 눈 쇼가 열리는 것으로도 유명하지.
> 많은 조선족에게 하얼빈은 안중근의 도시이지. 하얼빈에는 이 영웅을 위한 두 개의 기념관이 있어. 오래된 기념관은 조선민족예술관에 있고, 새 기념관은 하얼빈역에 있어. 새 기념관에서는 안중근 의사의 사진과 유명한 글을 볼 수 있어.
> 새로운 기념관에는 특별한 시계도 있어. 건물 밖에 걸려 있는 시계가 보이니? 몇 시지? 9시 30분이야. 시계 바늘은 움직이지 않아. 그 시계는 그의 의거 당시의 시간을 알려 주고 있기 때문이야.

22 **해설** ⓒ가 가리키는 것은 오래된 기념관이고 나머지는 안중근 의사를 의미한다.

23 ① 공평한　② 유명한　③ 친근한　④ 보통의　⑤ 가능한

　해설 be famous for는 '~로 유명하다'라는 의미의 숙어이다.

[24~26]
> 나는 안중근 의사를 생각할 때면, 윤동주 시인의 '별 헤는 밤'을 읽곤 해. 그 시에는 한국에 대한 사랑이 가득해서 나는 그 시가 정말 좋아.
>
> 이네들은 너무나 멀리 있습니다.
> 별이 아스라이 멀 듯이.
> 어머님.
> 그리고 당신은 멀리 북간도에 계십니다.
>
> 그거 아니? 북간도는 하얼빈에서 멀지 않아. 그리고 윤동주 시인은 어렸을 때 그곳에 살았어. 나는 북간도에서 태어난 것이 자랑스러워. 또한, 나는 안중근 의사의 도시, 하얼빈에서 살고 있는 것이 자랑스러워.

24 **해설** 안중근 의사를 생각할 때면 윤동주 시인의 '별 헤는 밤'을 읽는다고 했다.

25 ① 글쓴이는 어디에 사는가?

　② 글쓴이는 어디에서 태어났는가?

　③ 글쓴이는 하얼빈에 대해서 어떻게 느끼는가?

　④ 윤동주 시인은 그 시를 언제 썼는가?

　⑤ 윤동주는 어린 시절에 어디에서 살았는가?

　해설 윤동주 시인이 언제 그 시를 지었는지는 언급되지 않았다.

26
> 글쓴이는 안중근의 도시인 하얼빈에 살고 있다. 그곳은 북간도에서 그리 멀지 않다.

　해설 연화는 하얼빈에 살고 있으며(I live in Harbin), 하얼빈은 북간도와 멀지 않다(Bukgando is not far from Harbin).

27 **해설** ① rained → raining, ③ coming → come, ④ seating → sitting, ⑤ ringing → rang으로 고쳐 써야 한다.

28
> A: 진수는 뭘 하고 있었니?
> B: 그는 길거리를 청소하고 있었어.

　해설 과거진행형으로 묻고 있으므로 「was/were+동사-ing」 형태로 나타낸다.

29 (1) **A**: Ron은 9시에 학교에 가지, 그렇지?

　　B: 응, 그래.

　(2) **A**: Ron은 11시에 미술 수업이 없어, 그렇지?

　　B: 응, 없어.

　(3) **A**: Ron은 오후 3시에 샤워를 할 거야, 그렇지?

　　B: 아니, 하지 않을 거야. 그는 5시에 샤워를 할 거야.

　해설 부가의문문은 앞 문장의 주어의 인칭과 수, 시제에 맞춰야 한다. (1), (2)에서는 현재시제 일반동사를 썼으므로 각각 doesn't he / does, does he / doesn't를 쓰고, (3)은 미래시제를 썼으므로 won't he / won't로 나타낸다.

30
> Paul은 그들 가운데 가장 크다.

　해설 Paul의 키가 가장 작으므로 short의 최상급인 the shortest를 써서 나타낸다.

31 **해설** 소방서는 두 블록 직진한 뒤에 오른쪽으로 돌아 100m 가면 왼편에 있다.

32 **해설** 감탄문은 「What+(a)+형용사+명사」 순으로 나타낼 수 있다.

Memo

Memo

Memo

지은이

양현권 서울대학교 영어교육과

이창수 유원대학교 호텔관광항공영어과

김기택 경인교육대학교 영어교육과

최정윤 천일중학교

고아영 문래중학교

Middle School English 1 자습서

펴 낸 이   황도순

펴 낸 곳   서울특별시 마포구 월드컵북로 396(상암동) 누리꿈스퀘어 비즈니스타워 10층

(주)NE능률 (우편번호 03925)

펴 낸 날   2018년 1월 10일 초판 1쇄 발행

전   화   02 2014 7114

팩   스   02 3142 0356

홈페이지   www.neungyule.com

등록번호   제 1-68호

I S B N   979-11-253-1976-4 53740

정   가   15,000원

NE 능률

고객센터

교재 내용 문의 : contact.nebooks.co.kr (별도의 가입 절차 없이 작성 가능)

제품 구매, 교환, 불량, 반품 문의 : 02-2014-7114

전화문의는 본사의 근무 시간 중에만 가능합니다.

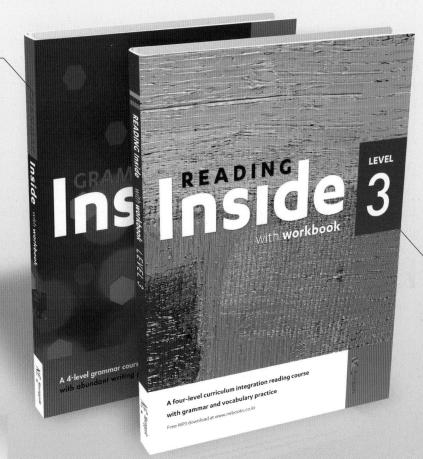

NE능률 교재 MAP

교과서

아래 교재 MAP을 참고하여 본인의 현재 혹은 목표 수준에 따라 교재를 선택하세요.
NE능률 교재들과 함께 영어실력을 쑥쑥~ 올려보세요!
MP3 등 교재 부가 학습 서비스 및 자세한 교재 정보는 www.nebooks.co.kr 에서 확인하세요.

중1	중2	중2-3	중3
중학영어1 자습서 (김성곤_2015 개정)	중학영어2 자습서 (김임득_2009 개정)	생활 일본어 자습서 (2015 개정)	중학영어3 자습서 (김임득_2009 개정)
중학영어1 평가문제집 1학기 (김성곤_2015 개정)	중학영어2 평가문제집 (김임득_2009 개정)	생활 중국어 자습서 (2015 개정)	중학영어3 평가문제집 (김임득_2009 개정)
중학영어1 평가문제집 2학기 (김성곤_2015 개정)	중학영어2 자습서 (김충배_2009 개정)		중학영어3 자습서 (김충배_2009 개정)
중학영어1 자습서 (양현권_2015 개정)	중학영어2 평가문제집 (김충배_2009 개정)		중학영어3 평가문제집 (김충배_2009 개정)
중학영어1 평가문제집 1학기 (양현권_2015 개정)			
중학영어1 평가문제집 2학기 (양현권_2015 개정)			
중학영어1 자습서 (김임득_2009 개정)			
중학영어1 평가문제집 (김임득_2009 개정)			
중학영어1 자습서 (김충배_2009 개정)			
중학영어1 평가문제집 (김충배_2009 개정)			

고1	고1-2	고2	고2-3	고3
영어 자습서 (김성곤_2015 개정)	영어 I 자습서 (2015 개정)	영어 독해와 작문 자습서 (2015 개정)	일본어 II 자습서 (2015 개정)	영어 II 자습서 (2009 개정)
영어 평가문제집 (김성곤_2015 개정)	영어 I 평가문제집 (2015 개정)	영어 독해와 작문 평가문제집 (2015 개정)	중국어 II 자습서 (2015 개정)	영어 II 평가문제집 (2009 개정)
영어 자습서 (양현권_2015 개정)	실용 영어 자습서 (2015 개정)	영어 회화 자습서 (2015 개정)	영어 독해와 작문 자습서 (2009 개정)	심화 영어 자습서 (2009 개정)
영어 평가문제집 (양현권_2015 개정)	실용 영어 평가문제집 (2015 개정)	실용 영어 II 자습서 (2009 개정)	영어 독해와 작문 평가문제집 (2009 개정)	
기초 영어 자습서 (2009 개정)	일본어 I 자습서 (2015 개정)	실용 영어 II 평가문제집 (2009 개정)		
기초 영어 평가문제집 (2009 개정)	중국어 I 자습서 (2015 개정)	영어 회화 자습서 (2009 개정)		
실용 영어 I 자습서 (2009 개정)	실용 영어 독해와 작문 자습서 (2009 개정)			
실용 영어 I 평가문제집 (2009 개정)	실용 영어 독해와 작문 평가문제집 (2009 개정)			
실용 영어 회화 자습서 (2009 개정)				
영어 I 자습서 (2009 개정)				
영어 I 평가문제집 (2009 개정)				

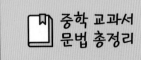

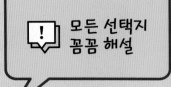